21世纪高等开放教育系列教材

物业管理导论

黄安心　编著

中国人民大学出版社
·北京·

序 言

高等教育物业管理专业在20世纪末仅在少数高校开设，如今，随着物业管理行业的发展，高等学校物业管理专业教育得到快速发展，开设相关专业的院校如雨后春笋，行业和学界无不为之高兴。2019年全国有近116所高职院校和76所本科院校开设了物业管理专业。实行开放教育、网络教育及自学考试的机构也开设了物业管理专业，特别是国家开放大学（原中央广播电视大学）与广州市广播电视大学自2003年合作开设“教育部人才培养模式改革和开放教育试点”开放教育物业管理（专科）专业，到目前累计培养了近5万名物业管理人才。

与此同时，物业管理专业教学资源建设特别是文字教材建设呈现百花齐放的态势。这是一个创新发展的好局面，但也附带隐忧。行业企业的反映不得不引起大家的重视，特别是毕业生理论素养不足、缺少对行业应有的职业价值认同的问题，已成为企业难以承受之痛。在分析此问题时，许多业内人士和专家学者做出了自己的判断。综合起来，主要根源在于专业教育中缺少最不应该缺少的能系统全面地揭示物业管理关系和规律的以成熟学科理论体系为基础的专业基础理论课教材；另外，一些学校和教师对专业理论课教学不重视、学时较少也是重要原因。

只有系统化、理论化、定位准确的教材，才能帮助学生形成完整的学科知识体系，形成职业价值观。而这恰恰又是专业基础理论课教材必须完成的使命和教学任务。因此，编写一本理论性、系统性、规范性较强，又适应目前物业管理专业人才培养改革实际需要的物业管理基础理论教材，就非常必要。作者以此为己任，在出版《物业管理原理》（重庆大学出版社2009年4月第1版，2010年3月第2版）构建全新物业管理学科理论体系的同时，积极应用理论创新成果，2011年编写出版《物业管理概论》（高等教育出版社），这两部教材均被作为物业管理专业或相关专业本科首选基础理论课程教材。为研究编写更加完善的物业管理专业本科基础理论课教材，作者主持了“物业管理理论创新与物业管理教育知识体系构建研究”课题，先后得到了广东省教育科学研究项目立项（课题号：2011TJK178）和广州市教育局科研项目立项（课题号：10B064）。本次国家开放大学与中国物业管理协会合作开设开放教育物业管理本科专业，作者有幸承担专业基础理论知识和导学课程教材编写工作，希望通过不断的努力，为物业管理专业基础理论课教材建设做出应有的贡献。

本教材主要根据物业管理行业发展对物业管理经理人的基本理论知识素质的要求，和对物业管理服务人员素质的要求，并考虑到基于信息化、开放式等现代远程教育新元素对物业管理专业学历继续教育的影响，以及人才培养模式改革和教学模块选择的变化需要，将全新的物业管理学知识体系与相关知识内容有机结合，通过新颖的栏目设计，实现教材的教育功能。

本教材分为三篇，共五章，涵盖物业管理基本知识、理论与方法，物业管理行业管理、物业管理专业学习与职业发展三大知识模块。教材内容力求科学系统，选材合理，条理清晰，旨在通过全面构建系统的物业管理知识体系，帮助学生方便、快捷、有效、低成本地完成学业，形成良好的专业理论素质和职业价值观，练就过硬的专业技能，为打造热爱物业管理事业的“永久牌”的物业管理职业经理人队伍提供理论支持。

基础理论课教材的编写是一项光荣而艰巨的任务，非一人之力所能完成，需要大家的共同探索和努力。本教材由国家开放大学（广州）管理学院黄安心教授策划编著，国家开放大学现代物业服务与不动产管理学院翁国强副院长对教材提纲和内容提出了修改意见，广州现代信息工程职业技术学院黄澜屿老师、国家开放大学现代物业服务与不动产管理学院李瑞老师、国家开放大学（广州）陈妍老师参与了部分内容资料的收集整理工作。在本书的编写过程中，梅汉荣、刘慧、陈少芬、陈晶、赵敏、何石章、伍雪明、沙伟佳、刘凤绮、林冬妹、吕淑颜等老师参与了相关事务性工作，在这里一并表示感谢！

本教材在编写过程中得到了不少领导和专家学者的支持，特别感谢中国物业管理协会和国家开放大学总部、广州分部以及现代物业服务与不动产管理学院有关领导的关心和支持，感谢沈建忠、王鹏、叶志宏、刘志敏、周心怡、翁国强、纪通、李健辉、罗小钢、季如进、黄安永、陈德豪、韩朝、黄亮、陈绩伟等行业教授专家的支持和指导！感谢李瑞、曾晓明、师向前、熊芸露等老师在课程建设中给予的大力支持与配合。

另外，本教材参考了不少专家学者的研究成果和文字资料，所列参考资料可能有所遗漏，在此一并表示感谢。由于时间仓促，加之作者水平有限，书中难免存在疏漏之处，敬请广大读者批评指正！

作者

2020 年 3 月 25 日于广州麓湖

目　录

第一篇　物业管理基本知识、理论与方法

第二篇 物业管理行业管理

第三篇 物业管理专业学习与职业发展

第一篇　物业管理基本知识、理论与方法

物业管理专业学习是从学习物业管理基本概念、基本范畴、基本理论和基本方法开始的，旨在掌握物业管理的基本方法和分析物业管理关系及规律的理论武器，去探索物业管理理论与实践问题，成为专业人士，不至于像个外行，盲目行事。只有把握好物业管理关系和规律才能在理论、政策和社会舆论上掌握话语权，理论的滞后会导致方方面面的被动。我们应学好物业管理基本知识，掌握物业管理理论，做一个物业管理行业的明白人。

这一篇将从历史的视角介绍现代物业管理的起源，国内外物业管理产生与发展情况，物业管理学科理论生成和发展情况；从现实的视角介绍物业管理的类型、物业管理的主体、现代物业管理的特点，以及物业管理的内容与基本环节；从不同学科角度介绍物业、物业区域、物业管理区域等物业管理和服务的基本范畴。本篇可以帮助读者从物业管理理论创新的角度，掌握物业管理学研究的对象、内容与方法；理解物业管理学的性质及理论体系；掌握物业管理基本理论、相关理论的内容，以及物业管理基本方法。

微课 1

第一章　物业管理基本知识

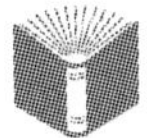

【学习目标】

1. 了解：现代物业管理的起源；国内外物业管理产生与发展情况；物业管理的类型和主体。

2. 理解：物业、物业区域及物业管理区域的含义与特征；物业管理的含义及性质，物业服务的含义及特点。

3. 掌握：现代物业管理的特点；物业管理的内容与基本环节。

【能力目标】

1. 能区分物业、物业区域、物业管理区域、物业管理、物业服务等基本知识范畴，并能结合物业管理服务中的实际问题，科学地理解与运用这些概念，转变观念，改变行业模式，以全新的视角检视长期存在的物业管理实际问题。

2. 会把握现代物业管理的特点与趋势，善于对物业管理服务实际工作提出合理化建议，并科学地指导，实现意见建议有效落实。

【案例导入】

深圳未来的小产权房将何去何从？

深圳作为小产权房的发源地之一，其规模相当大。在深圳快速崛起的背景之下，大量人口涌入带来了很现实的住房问题，再加上深圳本身商品房供给与人口数量之间存在很大的空缺，这就给深圳的小产权房带来了发展的机会。小产权房以低廉的价格迅速占据了市场，引起了全国的大规模模仿。随着时间的推移，小产权房的问题逐渐突出，政策层面对于小产权房依然不予认可，不让建、不认可成为小产权房最根本的问题。那么小产权房今后究竟将何去何从呢？

深圳经营性小产权房转正

2018 年 7 月，深圳出台的《深圳市人民政府关于农村城市化历史遗留产业类和公共配套类违法建筑的处理办法》（以下简称《办法》）为经营性小产权房的转正指明了道路，经营性小产权房可以通过补缴 50％的地价转正。而这一政策也给小产权房带来了希望，只不过《办法》中的转正方式并不适用于小产权住宅。小产权住宅的转正仍难以实现。

集体土地上市交易

集体土地上市交易可以作为商品住宅之外的部分性质用地。这一规定的出台意在盘活集体土地，改变国有土地的绝对供给方式。大家都知道，小产权房是建设在集体土地之上的，而集体土地上市也将被看作小产权房的出路与转机。不过，小产权房的性质为住宅，集体土地上市也不能作为住宅使用。唯一破局的方式就是将小产权房收编，转为住宅性质之外的房产。不过这将触及小产权房住户的利益，因此难以实施。

深圳城中村拆迁

拆迁也许是小产权房的最好出路，随着深圳白石洲城中村拆迁，1 800 位亿万富翁将诞生的消息逐渐传开。城中村其实也属于建设在集体土地上的房产，只不过并不同商品房一样出售，建设规模与方式也与小产权房稍有区别。但拆迁也让小产权房看到了希望，如果能获得拆迁补偿，买小产权房的人也就相当于赚到了钱。不过，小产权房已经被认定为违法建筑，如果拆迁还能补偿就打破了违建的名头。另外，给小产权房拆迁补偿也会助长全国其他地区修建小产权房的风气。

小产权房何去何从

虽然早些年小产权房势头很猛，目前价格仍颇高，但由于其存在不能办理贷款、没有房产证、不能落户等因素，还真比不上深圳的公寓房，公寓房起码是正规房产，可以贷款，无后顾之忧。所以说小产权房目前用来自住尚可，若想集中解决上述问题尚需时日，有可能等到小产权房自己把自己逼到没有利益增长空间、没有价格优势的时候，问题就可以解决了。

资料来源："老百家聊生活"公众号，2019-10-09.

总结：

本案例反映的小产权房这种中国特有的住宅物业建设与管理服务问题，实质是对物业的认识和管理方式方法的问题。这些已经"出生"的住宅物业，是否具有物业的功能作用？是否具有物业的特性？应如何处置？这都是值得思考的。对于这些问题的分析有助于读者理解物业及物业管理的基本概念、性质与特征。

第一节　现代物业管理的起源与发展

一、国外物业管理的起源与发展

（一）物业管理的起源

物业管理起源于 19 世纪 60 年代的英国，当时英国工业正处于一个发展的高涨阶段，对劳动力的需求很大，城市住房的空前紧张成为一大社会问题。一些开发商相继修建了一批简易住宅以低廉租金租给贫民和工人家属居住。由于住宅设施极为简陋，环境条件又脏又差，不仅承租人拖欠租金问题严重，而且人为破坏房屋设施的情况时有发生，严重影响了业主的经济收益。于是，在英国的第二大城市伯明翰，一位名叫奥克维娅·希尔（Octvia Hill）的女物业主迫不得已为其出租的物业制定了一套规范——约束租户行为管理办法，要求承租者严格遵守。同时，房东希尔女士也会及时对损坏的设备、设施进行修缮，确保起码的居住环境。此举收到了意想不到的良好效果，当地人士纷纷效仿，使得这一套管理方法在英国迅速推广并不断完善。

此举逐渐被政府有关部门重视，普遍推广到其他西方国家，一些物业的业主干脆请专人代为管理其物业，形成了一种新型的房屋管理模式，早期的物业管理出现了。后来，英国成立了世界上第一个非营利性的物业管理行业组织——“皇家特许屋宇经理学会”(Chartered Institute of Housing，CIH)，以英国为起源地，在一个多世纪的时间里，现代意义上的物业管理在西方各国逐渐推行开来。

（二）国外物业管理的发展

现代物业管理虽然起源于英国，但真正意义上的现代物业管理却是在20世纪初期在美国形成并发展的。公寓大厦、摩天办公大楼是现代物业管理的催生剂。19世纪末至20世纪初，美国进入垄断资本主义经济阶段，垄断资本在积累巨额财富的同时，也带来大规模的国内民工潮、国际移民潮和求学潮，这样，就加速了美国的城市化进程。同时，美国政府出于对环境保护和长远考虑，对城市土地的使用面积进行了严格的控制，加上建筑新材料、新结构、新技术的出现，一幢幢高楼大厦拔地而起。然而，高层建筑附属设备多，结构复杂，防火、安保任务繁重。特别是一些标志性建筑的美容清洁工作，技术要求很高。所以，对大厦的日常管理、服务、维修、养护等方面的专业技术要求大大超出了传统的物业管理的要求。尤其棘手的是，摩天大厦的业主不是一个或几个，而是数十个甚至数百个，此时，一种适应这种客观需要的专业性物业管理机构应运而生，该机构应业主的要求，对楼宇提供统一的管理和系列的服务，开启了物业管理的大门。专业物业管理机构的出现是现代物业管理诞生的主要标志。

现代物业管理诞生的另一标志是物业管理行业组织的诞生。随着物业管理机构的增加，为协调规范众多机构的运作，物业管理行业组织逐渐建立了起来。

芝加哥摩天大楼的所有者和管理者乔治·A·霍尔特在管理工作中发现，与同行交谈，既能相互学习，又能交流信息，解决了不少管理工作中的疑难问题。在他的策划下，1908年，“芝加哥建筑物管理人员组织”（Chicago Building Managers Organization，CBMO）举行了第一次全国性会议，有来自美国各地的75名代表参加，宣告了世界上第一个专门的物业管理行会的诞生。

CBMO的诞生和运作，推动了另外两个重要的全国性物业管理组织的诞生。在其后的3年中，CBMO先后在底特律、华盛顿、克利夫兰等美国大城市举行年会，促使世界上第一个全国性的业主组织——“建筑物业主组织”（Building Owners Organization，BOO）问世。CBMO和BOO的成立，对美国的物业管理的发展起到了积极的作用。然后，在这两个组织的基础上，美国又成立了“建筑物业主与管理人协会”（Building Owners and Managers Association，BOMA)，这是一个地方性和区域性组织的全国联盟，代表物业管理过程中业主和房东的利益。业主和管理者的追求目标原本是一致的，都是为了物业保值增值和创造一个良好的居住、工作环境，而通过组织活动，就能进一步加强两者之间的情感、理解和协作。后来，随着加拿大、英格兰、南非和澳大利亚分部的成立，该组织于1970年更名为“国际建筑物业主与管理者协会”(BOMI)。

在美国物业管理模式的影响下，欧洲很多国家在第二次世界大战前后都实现了这种管理行为与组织体制的有机结合，并且涌现了一大批高素质的物业管理人才。在20世纪60—70年代，这种物业管理模式被引入新加坡、中国香港等国家和地区。

(三) 国外物业管理产生的原因

物业管理行业之所以最初在欧美资本主义国家诞生并得以快速发展，主要基于三方面原因。

1. 建筑物区分所有权实现的要求

现代工业化和城市化要求节约社会物质资源，改善人们生活条件，因此，人们不断创造出构造形式多样和设施设备齐全的现代建筑。建筑物的复杂化、物业设施的智能化、物业类型的多样化和物业功能的多元化成为现代房地产物质形态的典型特征。建筑物物质形态的变化自然导致其权利状况的变化，出现了区分所有权的建筑物。单个业主仅仅对建筑物的专有部分享有所有权，共有部分的共有权和共同管理权则属于全体业主。如果采用由各个业主和使用人按产权分割分散管理的方式，则难以适应建筑物的复杂性，无法保障设施设备的系统性。因此有必要引入专业的物业公司实施统一管理。

2. 物业产权人及使用人利益最大化的需要

物业的权属性质决定着物业的经营方式，即物业管理经营服务的权利主要来源于物业产权人和使用人。物业产权人依法对其所有的物业享有所有权、使用权和租赁权，物业使用人也可以依法占有和使用物业，获得物业收益，降低物业使用和管理成本。收益体现在经营投资利润的最大化和享受物业服务质量的最优化两个方面。这也是物业管理产生的最根本的经济动因。专业物业管理有利于降低管理成本，引进先进的管理技术，更好地实现物业的保值增值，提高服务水平，实现业主共同决策权的目标。

3. 社会分工与市场经济发展的结果

伴随工业革命的开展和城市化进程的推进，社会分工越来越细。房屋及附属设施设备从单个业主自行管理转变为全体业主共同管理，而共同管理最为经济和高效的方式就是引入市场竞争机制，选聘专业化的物业服务企业，由物业服务企业对业主共有部分实施综合统一的维修养护和管理。物业管理市场作为房地产业的细分市场出现，因其较低的进入门槛，迅速吸引了投资者的目光。市场化既是物业管理行业产生的原因，也是物业管理行业得以快速发展的原动力。

微课 2

二、国内物业管理的兴起与发展

(一) 香港特别行政区的物业管理

为解决住房紧张的问题，香港政府自 20 世纪 50 年代开始兴建公共住房，称为“公屋”，主要出租给低收入人士。第一个拥有大量楼宇的屋村于 1958 年落成。另外，政府部门工务局也兴建了设备齐全的屋村，并由屋宇建设委员会负责管理。为筹划和管理好一批批公共楼宇和屋村，当时的香港政府特别从英国聘来房屋经理。从此，专业性的房屋管理的概念正式引入香港。

由于对住房的需求量很大，单靠政府的财力难以解决问题，于是开发商也积极投资大型屋村的建设。出于成本考虑，这些房屋的管理工作大都交给即将退休的老人负责。由于他们缺乏维修保养知识和防火知识，加之体力有限，难以阻止某些无视公共道德的承租者对房屋的破坏和对邻里的干扰，致使楼宇设施长期缺乏保养，环境卫生条件恶劣，防火通道被占用，存在很大隐患。同时，业主的权益也无法得到有效保障。所以，政府在批准其发展计划时，要求开发商承诺在批地契约签订后的全部有效期限内要妥善管理该屋村。这样就出现了由开发商为私人屋村提供专业化物业管理的服务模式。

随着建筑物高度的增加和屋村规模的扩大，以及人们对居住环境要求的提高，单靠政府或开发商提供管理服务还难以适应。于是，发挥住户自我管理、民主管理的意义就显得越发重要。为此，香港政府于 1970 年制定了《多层大厦（业主立案法团）管理条例》，1973 年修改后简称为《建筑物管理条例》，确定业主可以“参与管理者”的原则，组织业主立案法团。业主立案法团由半数以上的自住（用）业主组成，是合法的管理组织。它可以收取管理费，可以雇用员工，也可以聘请专业管理公司，为大厦提供多方面的服务。业主立案法团是通过召开业主会议，由业主会议委任管理委员会，再由管理委员会在获委托后 28 天内，向土地注册处长申请将各业主注册成为法团成员，业主立案法团是具有法人资格的社团。

进入 20 世纪 80 年代，香港政府倡导“良好大厦管理”，鼓励大厦小业主积极参与大厦的日常管理事务，使得管理服务更具活力。在此期间，成立了“私人大厦管理咨询委员会”和“香港物业管理公司协会”。“私人大厦管理咨询委员会”主要为多层大厦业主立案法团及大小业主提供咨询服务。

1987 年，该委员会设立工作小组，制定了《公共契约指导》并推动修订了“不公平公契”。1989 年，香港成立了“香港物业管理公司协会”，主要的物业管理公司都是该协会成员，协会可以代表物业管理人士发言，也可以对同业进行监督。这些组织的建立，使得香港物业管理更加全面、深入，更具群众基础和权威性。

当时的香港政府主要是通过立法对物业管理进行引导，并分别由建筑事务监督员、消防专员、卫生专员按照法律规定进行检查和监督，以确保物业管理的各项工作和内容符合有关条例的要求。

香港回归后，物业管理发展加速，制度逐步完善。目前香港物业管理市场上，大约有 800 间物业服务公司，4 000 多名具有资格的物业管理经理，7 500 名具有资格的物业管理主任。2016 年 5 月 26 日香港立法会通过《物业管理条例》，并成立了物业管理业监管局，将实施强制性发牌制度，提供一个法律框架，并制定细则。物业管理业监管局的主要职能是通过给物业管理公司及物业管理人发牌制度，规范管理及管制在香港提供物业管理服务的公司及人员；推动物业管理专业行事持正，并提高该专业的能力及专业性，以及维持和提升物业管理专业的地位。其权力主要有订明物业管理服务；制定持牌准则、施加于牌照的条件及牌照费；规定物业管理公司提供订明的资料给客户；制定操守守则及持续进修的规定；纪律处分有违纪行为的持牌人。

（二）内地的物业管理

1. 早期物业管理实践

19 世纪 20 年代初到新中国成立前夕，是中国房地产和物业管理的萌芽阶段。在此期间，我国的上海、天津、武汉、广州等地出现了大量八九层高的建筑物。上海此间还出现了 28 座 10 层以上的高层建筑，如外滩的建筑群、南京路及淮海路的商业街、西区住宅群等，上海也因此获得“万国建筑博览”的美誉。那时，出于房地产交易、使用等的需要，产生了代理经租、清洁卫生、住宅装修、服务管理等经营服务性的专业公司，初显专业化、企业化的现代物业管理的雏形。

1949年新中国成立后，国家对城市房地产逐步实行国有化的政策。一方面，大量城市房屋经过私房社会主义改造转化为国有；另一方面，政府和国营企业又建造大量的住房提供给居民和职工租用，形成了具有中国特色的公有住宅体系。除国营单位自行经营管理的房屋外，政府房地产行政主管部门还直接管理一部分公房，出租给居民使用，由房管所具体负责管理和养护。在计划经济环境下，房地产这一生产、生活要素就几乎没有像其他商品一样进入流通领域，物业经营活动也随之停止，中国的物业管理从此进入冬眠期。

1978年以后，随着我国经济体制改革逐步展开，房地产领域进行了三项改革：一是城镇住房制度改革；二是城市土地使用制度改革；三是房地产生产方式改革。其中，城镇住房制度改革是经济体制改革的重要组成部分。1979年国家开始逐步推行城镇住房制度改革，开始实行向居民售房的试点。1998年，国务院发布了《进一步深化城镇住房制度改革加快住房建设的通知》（国发〔1998〕23号），取消住房实物分配，开始实施住房分配货币化。随着商品房市场的建立和完善，居住区规划布局日臻合理，商品房数量越来越多，规模越来越大，建筑水平越来越先进，与之配套的设施设备日益完善，为推行专业物业管理创造了有利条件。

2. 物业管理专业化发展

我国专业物业管理发展经历了引进探索、快速发展、规范调整、转型升级4个阶段。

（1）引进探索阶段。主要是成立专业物业管理公司，展开专业物业管理探索实践。20世纪80年代初期广州和深圳经济特区成立，借鉴国外先进物业管理经验，结合中国的实际，大胆探索，在一些涉外商品房屋管理中，首先推行专业化的物业管理方式。1981年3月10日，深圳市第一家涉外商品房管理专业公司——深圳市物业服务公司正式成立，开始对深圳经济特区的涉外商品房实施统一的物业管理。1982年广州市在东湖新村开始试点实行新型住宅管理方式，东华实业公司参考了香港屋村管理经验，在新村内组建管理处，并在几个方面实施了专业物业管理措施。尽管初期的管理水平较低，但颇受好评，引起有关部门和社会的重视。房地产业的迅速发展，带动了物业管理的发展，从南方到北方，从沿海到内地，物业服务企业像雨后春笋般涌现，物业管理行业发展进入了快车道。

（2）快速发展阶段。主要是成立物业管理行业组织，制定相关政策制度，大力推进专业物业管理模式，使专业物业管理在全国快速扩张和发展。1993年6月30日，全国首家物业管理协会——深圳市物业管理协会成立。1994年4月建设部颁布了33号令，即《城市新建住宅小区管理办法》，正式确立了我国物业管理的新体制。自建设部颁布33号令以来，全国新建住宅小区，特别是沿海和经济发达地区的大中城市的新建住宅小区普遍实施了专业化、企业化、社会化的物业管理模式，越来越多的商业、办公楼宇和工业大厦开始实行物业管理。为了规范物业管理行业和物业管理活动，相应的立法工作也受到重视，1994年以来，建设部会同财政部等有关部门先后制定了《物业服务企业财务管理规定》《住宅共用部位共同设施设备维修基金管理办法》《物业服务企业资质管理办法》等部门规章（后有修改）。2000年10月15日，中国物业管理协会在北京成立，这是以物业服务企业为主体的全国性的行业自律组织，在推进我国物业管理行业发展中发挥了应有的作用。

（3）规范调整阶段。主要是针对前一时期物业管理快速发展带来的问题，不断总结经验教训，完善物业管理法规体系，规范物业管理市场秩序，保证物业服务质量。1999 年，建设部在深圳召开了全国第三次物业管理工作会议，推广深圳物业管理项目招标投标制度和经验，明确了物业管理市场的核心问题是推进竞争、规范行为，应当把市场竞争作为推动物业管理健康发展的根本途径。尽管如此，全国性物业管理法规仍旧滞后于实践，物业管理队伍的壮大以及加入 WTO 的机遇，使物业管理市场竞争加剧，经营风险加大，因此需要加强物业管理法制建设。2003 年 9 月 1 日起实施国务院颁布的《物业管理条例》。2007 年 10 月 1 日起施行《中华人民共和国物权法》（以下简称《物权法》）。《物权法》的颁布实施，促进了《物业管理条例》的贯彻执行，使物业管理活动更加有法可依。为提高物业经营管理人员水平，2007 年底，人事部和建设部联合下发了《关于公布物业管理师资格认定考试结果的通知》，全国共有 1 119 名从业人员取得了物业管理师资格，2010 年 10 月首次举行了全国物业管理师考试。物业管理师制度的实施，有助于职业经理人队伍的成长，推进了我国物业管理专业化、市场化、社会化和国际化的进程。2009 年 9 月 1 日起施行《最高人民法院关于审理城镇房屋租赁合同纠纷案件具体应用法律若干问题的解释》，2009 年 10 月 1 日起施行《最高人民法院关于审理物业服务纠纷案件具体应用法律若干问题的解释》和《最高人民法院关于审理建筑物区分所有权纠纷案件具体应用法律若干问题的解释》。这 3 个司法解释进一步规范了物业管理活动，促进了物业管理规范化、有序化、法治化进程。2010 年 1 月 1 日起实施的《业主大会和业主委员会指导规则》规范了业主大会和业主委员会的活动，2011 年 1 月 1 日起施行的住建部《物业承接查验办法》旨在加强前期物业管理活动的指导和监督，规范物业承接查验行为，维护业主的合法权益，成为完善我国物业服务市场体系的重要制度。

（4）转型升级阶段。这一阶段主要是针对政府职能转变，加强行业自律发展、企业信用制度建设和适应 5G 时代到来；针对物业管理环境变化发展，采取标准化建设、人才发展、职业技能大赛、质量提升、资本运作、社区服务与社区治理、科技创新应用、信息化智慧化城市服务等应对措施。从 2008 年至 2012 年，国务院《政府工作报告》三次提出“大力发展物业服务业”。2012 年 12 月，国务院发布《服务业发展“十二五”规划》，提出了“十二五”期间物业服务业的发展目标、工作重点和保障措施。2017 年 1 月 12 日发布的《国务院关于第三批取消中央指定地方实施行政许可事项的决定》（国发〔2017〕7 号），决定第三批取消 39 项中央指定地方实施的行政许可事项，其中第 12 项就是取消二级以下物业服务企业资质的认定，并提出体制改革要求，要研究制定物业服务标准规范，通过建立黑名单制度、信息公开制度和推动行业自律管理等方式，加强事前事中事后监督。2017 年 6 月 12 日《中共中央国务院关于加强和完善城乡社区治理的意见》发布，提出要“着力补齐城乡社区治理短板”“改进社区物业服务管理”。2018 年 7 月 23 日，中国物业管理协会与国家开放大学在北京签订战略合作框架协议，筹建国家开放大学学习成果认证中心（物业）和现代物业服务与不动产管理学院，加快物业管理中高端人才培养的进程。近年来，杭州、武汉、深圳、广州、上海等地探索形成了以党建引领推进业主委员会和物业服务企业建设、以红色物业推动物业服务融入基层社会治理创新、创建社区物业党

微课 3

建联建“三位一体”等实践经验，推动物业力量与社区力量有效融合，推动物业服务企业提升服务质量，打通服务群众“最后一公里”，创造了行业新价值和新形象，为广大业主创造了美好的生活环境，成为参与新时代社会基层治理不可或缺的重要力量。

三、现代物业管理的特征

自20世纪80年代以来，发达国家的物业管理更趋成熟，物业管理体制日益健全，呈现出现代物业管理的主要特征。

（一）物业管理组织管理体制完善，管理行为规范，实现物业管理制度化

由美国引领的现代物业管理在组织体制方面的建构，在第二次世界大战以前已经有一定的基础，战争结束以后，发达国家的物业管理组织体制应该说已基本上形成了比较健全的架构和运作方式。管理机构的建设也实现了从中央到地方、从宏观到微观的多种形式的体系化，而且物业管理的行政机构体系、平行权力的监督机构体系、物业管理同业公会体系三者之间形成了一种权限职能不同但相辅相成、相互制约又彼此促进的良性的结构关系。

（二）多种管理机制有机结合，促进微观物业管理机制良性化

发达国家的各类物业管理机构，不论是行政管理机构，还是中央监督机构或同业公会，它们在运作的过程中，常常是突出或兼顾市场调节的基础性作用。所以，对微观物业管理行为的影响，一般不采用直接干预方式，而主要是通过法律和制度进行规范与引导。另外，不少国家还十分注意吸引民间或民众参与政府的决策与管理；有的还形成了惯例或制度。这样做不仅有利于形成物业开发与管理上的合力，而且有助于参与机制、凝聚机制或动力机制的形成。也就是说，在发达国家物业管理体制的运作过程中，多种机制综合作用，如行政管理机制与市场机制、宏观管理机制与微观管理机制、中央监督机制与行业自律机制、法律规范机制与公众参与机制等一起发生作用，并形成一种化互斥为协调、化冲突为平衡、化消极为积极的有机运作关系，促进微观物业管理机制良性化。

（三）物业管理与人居及生态问题同等对待观念的转变，将物业管理同房地产开发同步化

20世纪80年代中期以前，发达国家上自政府及其各部门，下至广大物业管理工作者，在住房上的管理理念是“先有房子，后有管理”，即只有先解决了家庭或个人的住房问题，然后才有住房的维修、安保、绿化、保洁等管理行为。20世纪80年代中期以后，则意识到“先有物业管理，才会拥有那儿的房子”，即有没有专业性物业管理或者有没有现代物业管理方式存在，已经成为人们选房、买房、租房时考虑的前提条件之一。日本物业管理服务贯穿房屋设计、建造和物业使用寿命全周期，形成“全生命周期”的物业管理服务理念。这些都体现了这种观念的转变与现代城市管理的发展相适应，又与联合国“人居委员会”推广普及的国际文明居住标准的战略要求相吻合，这种重视既表现在立法上、人才流动方向上，又表现在管理体制的改革上。

（四）物业管理向综合化、专业化、智慧化方向发展

综合化又叫“全方位化”，指微观物业管理的业务或服务范围，包括居住的“实体环境”或“硬环境”，通过维护、保洁、绿化、治保等物业服务行为营造或体现；“人文环境”或“软环境”，通过居住物业管理区域文化建设、邻里关系、管理者与被管理者的关系、管理者之间的关系等人际关系营造或体现；“生态环境”或“自然环境”，通过绿色建材、设备和设施的使用，“绿色”消费行为和“绿色”管理行为联合营造或体现。

专业化主要是物业管理的模式，已由直线式的“垂直管理”改为事业部制的分权管理，更多的是开发公司或业主另聘专业性物业服务企业实施契约式社会化管理，即物业服务企业在接受委托完成内容十分广泛的服务时，一般不是通过“小而全”的方式，而是利用现代社会本已存在的企业间高度专业分工的有利条件，通过支撑自己的计划和协调、监督作用，采取契约化运作方式，将有关专项管理任务交给社会上的专业性经营公司去完成。

智慧化主要是利用现代网络信息技术手段，推进物业管理服务数字化、智能化、网络化发展，提升物业管理信息化水平，催生物业服务新产品、新模式和新业态。首先是物业管理网络化，主要由电子信息网络、职能部门电子化运作网络、电子中央监控网络这三类网络系统构建或体现。在一些智能电子居住物业管理区域，则是上述三类网络系统的完整建设与运用，即实现了网络化系统管理。其次，随着5G时代的到来，5G的高带宽、低时延等特性将进一步提升移动互联网用户体验，促进物业服务消费持续扩大升级，提升物业服务数字化、智能化水平，许多传统的物业管理手段和服务工作将利用万物互联、大数据、云计算、人工智能、机器人技术条件来实现，并且创造出新的服务产品、模式和业态。

第二节　物业管理的概念与性质

一、物业与物业管理区域

（一）物业

1. 物业的含义

物业是购房业主所拥有的物质产业的总称。具体是指已建成并具有使用功能和经济效用的各类供居住和非居住的房屋，以及与之相配套的设备，包括市政、公用设施，房屋所在的土地与附属的场地、庭院等。该词由英语 property 或 estate 翻译而来。

从实体形态上看，一个完整的物业，应至少包括以下几个部分：（1）建筑物，包括房屋建筑、构筑物（如桥梁、水塔等）、道路、码头等。（2）设备，指配套的专用机械、电气等设备，如电梯、空调、备用电源等。（3）设施，指配套的公用管、线、路，如上下水管、消防、强电（供变电等）、弱电（通信、信号网络等）、路灯，以及室外公建设施（如幼儿园、医院）等。（4）场地，指待开发建设空地或露天活动、放置物品之地，包括建筑

地块、庭院、停车场等。

从物业权益上看，这些"物业"应该有明确的所有权人，即说明物业处在一定的建筑用地范围内、已建成并确定业主权益、有特定四至界限。"已建成"是形成可供使用、需物业管理的前提；"已确定业主权益"表明已建成的物业是经过法定竣工验收程序验收合格的并对物业的权益归属已从法律上给予确定。业主，即物业产权人，指房屋所有权人和土地使用权人。业主可以是个人、企业、国家。

物业含义主要包括两大部分：(1) 已建成并具有使用功能的各类供居住和非居住的建筑物，与这些建筑物相配套的设备和设施、相关的场地；(2) 依托实体上的权益。但是由于物业与人们生产生活密切相关，对其含义不仅要从物理形态上的实物本体和经济形态上的产权权益角度理解，还可以从政治、法律、社会、文化等不同形态、角度上理解。

微课 4

2. 物业的特性

物业具有自然属性和社会属性。物业的自然属性又称物业的物理属性，是指物业的物质实体或物理形态上的属性，物业的社会属性是物业权属性质及其反映出的产权关系。这些属性具体表现为一些物业本身较典型的特性。

(1) 自然属性。它是指物业的物质实体或物理形态上的属性，是物业社会属性产生的基础，包括以下几项：一是构成上的整体性。已建成的物业由土地及地面上的建筑物构成，表面上是"二元"的，但它是一个整体。土地是建筑物的载体，建筑物是物业构成的要素，物业是建筑物与土地的统一构成体，建筑物总是与物业构成一个有机的整体，两者缺一不可。二是空间上的固定性。房屋等建筑物是建筑在一定的土地地块上的，由于土地的空间方位、位置是不可移动的，因此决定了物业在空间上的固定性。物业具有"不动产"的性质，使物业与其他商品区分开来，成为一个特殊的商品领域。三是时间上的耐久性。物业的使用寿命具有长期性，房屋是一种耐用消费品，现代建筑技术与材料使物业可以使用几十年甚至上百年。构成物业的土地使用权也具有长期性，其物权关系可以延续一代人甚至几代人。四是形式上的多样性。处在不同地理位置或区位的物业有自身的设计风格和功能要求。不同的建筑物的结构、功能、技术水平也不尽相同，也就形成了物业的多样性。五是物业区域的系统性。具有完整功能的物业是一个区域系统，满足人们的生产生活的需求，客观上存在体系性、生态性、配套性等系统性要求，以保证物业区域系统各种设计功能的实现。

(2) 社会属性。它是指由物业实体引起的社会经济关系性质，包括以下几项：一是资源上的相对稀缺性。稀缺性是相对人类需要而言的，土地资源供应上的绝对短缺与建筑资源供应上、不同需求者现实需求的相对短缺，造成了物业的稀缺性。二是房地产和物业服务的价值属性。一方面，房地产商品和物业服务产品是以一定的物化劳动价值成果——生产技术条件为支撑和以一定活动或劳动来凝结的，是有价值的，体现了商品经济属性；另一方面，物业本体作为资产和产生生活物业的条件，需要保持其物理形态完好，确保在功能上安全实用，在资产上保值增值。三是法律上的契据性。物业赋有物权属性，物权人在法律规定的范围内享有房屋的所有权，及其占有土地的使用权。因此，物业交易的契据性特点非常明显，它是合法交易的前提，约定了交易的权利义务的内容和契约形式。四是权利实现上的权属性。物业产权性权利是通过法定的物业权属性来实现的，权利人依法对物业享有直接支配和排他的权利，包括所有权、用益物权和担保物权。物业的所有权人即业主，对自己所有的不动产依法享有占有、使用、收益和处分的权利。所有权人有权在自己的不动产上设立用益物权和担保物权。五是社会环境上的易受政策影响性。物业作为生产生活的载体，对社会经济发展和社会生活、社会文明进步影响巨大，政府直接或间接将房地产和物业管理服务作为重要的宏观调控对象，出台相关政策影响物业管理市场及物业服务行为。

微课5

3. 物业的类型

（1）按物业使用功能不同划分。一是居住物业，包括住宅物业区域、单体住宅楼、公寓、别墅、度假村等。二是商业物业，包括综合楼、写字楼、购物中心、宾馆酒店、康乐场所等。三是工业物业，包括工业厂房、仓库、货场等。四是特种物业，指除以上几种物业之外的物业类型，如交通运输、邮政通信、广播电视、医院、学校、体育场馆等。五是村镇社区物业，是既综合了上述几种类型的特性，又有村镇社区特性的综合性社区物业，这些村镇社区包括灾后自然村镇社区、工业化自然村镇社区、规划进城村镇（即“城中村”）社区、经济移民新村镇社区、灾后重建村镇社区。

（2）按物业所有权性质不同划分。可分为专有产权物业和共有产权物业两种类型。专有产权物业，又称独有物业，是产权归一个业主所专有的物业；共有产权物业，包括两方共有、部分共有和全体共有产权物业。

（3）按物业的所有权人的多少划分。可分为单一产权物业和多元产权物业等。单一产权物业，即某物业的业主只有单个个人或单个单位，如过去单位所拥有的某栋住宅楼，产权归该单位所有。多元产权物业，即某物业的业主是多个个人或多个单位，如目前大部分新建的商品住宅区。

（4）按经营性质划分。可分为收益性物业和非收益性物业两种。收益性物业是指其原始设计功能为经营性的房屋，能为业主带来经济效益，如办公楼、店铺、商场、标准厂房、停车场、宾馆、酒店、会展中心等。非收益性物业则是指其原始设计功能为公益性、消费性的房屋，业主并不要求其产生经济效益，如自有自用公寓、别墅、花园住宅、国家机关和事业单位的办公用房、学校、医院、图书馆、福利院、敬老院、公园、宗教用房等。

4. 与“物业”相关的概念及其区别

与“物业”相关的概念包括：房地产、不动产、房屋、住宅、商品房。“房地产”主要用在宏观经济管理领域，“不动产”主要用在法律领域，“房屋”“住宅”“商品房”在经济商业活动、日常生活及相应的法律领域都有使用。

（1）“物业”与“房地产”的区别。房地产是房产与地产的总称，在宏观经济管理中使用较多。而物业是指已经建成可投入使用或已经投入使用、进入消费领域的房地产产品，是一个微观具体的概念，是规定物业实体及权益的范畴，包括物业本体及与物业及本体相关联的配套设施设备、场地及物业实体形成的区域的相关权益。

（2）“物业”与“不动产”的区别。不动产侧重从物业及其定着物不可移动性来界定其含义，物业定着物包括物业区域内的附着物、固定物。而物业则侧重以建成投入使用的房地产业，即作为消费产品的房地产为对象来界定物业，是进入消费环节的不动产，具有定限性和单元性。

微课 6

(3)“物业”与“房屋”“住宅”“商品房”的区别。房屋、住宅、商品房等概念主要使用在特定领域，主要是指物业本体，而物业概念在物理形态上涵盖整个物业区域内的所有建筑物本体、附属设施设备和建筑区域的道路、场地、绿化等，同时更具有从政治、法律、经济、社会、人文等全角度使用、理解的概念工具性通用价值。

(二) 物业区域与物业管理区域

1. 物业区域与物业管理区域的含义

物业区域是指由一种或几种物业、一栋或数栋房屋及其附属设备、相关设施组合在一起构成的一个自然街坊或封闭建筑群落区域。

微课 7

物业管理活动作为服务商品，服务作用范围是有限的，是有边界的，这样就形成了物业管理区域这个重要概念。它是指一个物业管理项目作用界线内的物业区。一般情况下，物业及其附属的共用设备设施不能分割，从而组合成一个个相对独立的物业管理单元。物业管理区域可以是一个物业单元，也可以是多个物业单元组成的管理区域。

2. 物业管理区域的形成

(1) 自然形成。包括自然形成街坊居住区和原设计构成的封闭物业区域。自然街坊是城市建设中自然形成的相对独立的居住社区。具有当地社区的文化特色，是管理的重要依据。原设计构成的封闭物业区域是房地产开发中根据开发商与政府规划要求设计形成的居住物业区域。此类物业管理区域在共用设施设备、公共场地上有密切关联性，大都实行封闭管理，称为封闭物业区域。一个封闭物业区域划为一个物业管理区域，有利于对房屋及相关设施的管理。

(2) 行政划定。物业管理区域的范围，由区、县房地产行政管理部门按照楼宇与附属设施的相关情况(可以是一栋或几栋大楼，也可以是一个楼宇群体，主要是考虑共用设施设备、公共场地的关联性，以及方便管理等因素)进行适当的调整划定。区、县房地产行政管理部门应在辖区地图上予以注记，一经划定，如无特殊情况，不得做任意改动。这样，物业管理区域范围就会相对固定，有利于业主委员会和物业服务企业管理上的稳定性和延续性。

微课 8

(3) 约定形成。对于独体单个物业，或设施、设备和场地关联不是很紧密的物业，可以约定为物业管理区域，选聘物业服务企业进行管理。此类管理区域主要有工业物业、商业物业、写字楼、学校物业、医院物业、单独建立的房屋或别墅等物业管理区域。

二、物业管理的含义与特征

(一) 物业管理的含义

1. 物业管理的一般定义

物业管理应该是物业管理主体为达到物业管理目标，运用一定的资源对物业及物业管理区域所实施的管理活动。关于物业管理的含义，不同领域有不同的解读，如工程管理学、民法学、经济学均有不同的表述形式。如最早的官方提法出自《城市新建住宅小区管理办法》（建设部令第 33 号〔1994〕），其中第二条“本办法所称住宅小区管理，是指对住宅小区内的房屋建筑及其设备、市政公用设施、绿化、卫生、交通、治安和环境容貌等管理项目进行维护、修缮与整治”，就是从工程管理角度界定。2003 年发布的《物业管理条例》规定，“物业管理，是指业主通过选聘物业服务企业，由业主和物业服务企业按照物业服务合同约定，对房屋及配套的设施设备和相关场地进行维修、养护、管理，维护物业管理区域内的环境卫生和相关秩序的活动。”这是从经营管理学角度界定，也是目前使用最广泛的概念。有些学者如李笑等认为：“物业管理是指业主对区分所有建筑物共有部分以及建筑区划内共有建筑物、场所、设施的共同管理或者委托物业服务企业、其他管理人对业主共有的建筑物、设施、设备、场所、场地进行管理的活动。”[①] 这个定义就是从民法上的产权实现的角度界定的。物业管理“是指专门的机构受物业所有人的委托，按照国家法律以及合同和契约行使管理权，运用现代管理科学和先进的技术对已投入使用的物业以经营的方式进行管理，同时对物业周围的环境、清洁卫生、安全保卫、公共绿化、道路养护等统一实施专业化管理，并向业主或租户提供多方面的综合性服务”[②]，就是从服务经济学角度界定的。

2. 物业管理的管理学定义

本教材作为管理学教科书，我们还是从管理学角度界定，其他学科的界定，用在特定的领域则更恰当。管理学强调管理权的来源与实现方式，物业管理也应当从物业管理权的来源及实现方式来分析，以确保物业及物业区域资源的合理配置与效用。

从物业管理权的来源和实现的角度来分析，物业管理主要包括 5 个层面的管理活动：一是业主基于物业产权的自行管理，如香港地区业主法团对所持有物业的自行管理。二是基于产权分解后的物业公共事务管理权的委托的物业服务企业或其他管理人进行的委托管理活动。这其中也包括物业服务企业利用物业管理区域公共资源和自身经营资源进行的经营活动。这也是日常生活中人们所能理解的专业的物业管理活动，即业主通过选聘物业服务企业，由业主和物业服务企业按照物业服务合同约定，对房屋建筑及配套的设施设备和相关场地进行维修、养护、管理，维护相关区域内的环境卫生和秩序的活动。三是基于公权的政府物业行政管理。如政府发布物业管理政策法规的抽象物业行政管理行为；政府对物业管理区域业主自行管理组织及活动、物业服务企业的物业管理活动依法采取的指导、监督、行政规制措施等具体物业管理行政行为。四是基于会员自愿的行业协会自律管理。如行业协会对会员企业的信用管理、组织企业员工开展教育培训和职工技能竞赛等。五是基于管理权力的交叉、关联性的物业区域的社区治理，主要是物业业主、社区居民、经营单位和公用事业单位、专业公司、基层政府组织、基层党组织、民间组织、各种媒体及其他利益相关者进行的互动式、渗透式管理活动，或关联性影响活动。

因此，从管理学角度看，物业管理应该是指合法的物业管理主体（物业管理组织或个人）为实现物业产权人和物业相关利益主体的权益，达到经济效益、社会效益、环境效益

---

① 李笑．物业管理实用手册［M］．北京：经济管理出版社，2012：5－6．

② 郭建波，刘洪玉．房地产经营管理百科全书：第二卷 物业管理实务［M］．北京：人民中国出版社，1999：829 页．

微课 9

等综合效益最大化，以物业本体或物业区域为对象而开展的对物业本体、物业关系、物业区域公共资源和物业区域秩序管理活动的总和。

（二）物业管理的特征

1. 管理分工社会化

物业管理的社会化是指物业管理将分散的社会工作集中起来统一管理，它是社会分工的必然产物。物业管理专业化和业主专注所从事的专业工作，这样的分工，使通过业主让渡管理权和物业服务企业提供的专业服务来实现业主和物业服务企业各自的更理性的效用目标成为可能。

2. 管理工作专业化

专业化有 3 层含义：一是业主有较高的物业管理意识和成熟的业主素质；二是物业服务企业拥有符合要求的物质技术条件、专业技术人才以及成熟的经营管理模式；三是政府的宏观调控能力、行业协会的自律能力和企业诚信经营水平较高。

3. 管理运作市场化

尽管物业管理的根本属性是公共管理，但是要通过物业服务企业来实现管理目标。物业服务企业作为一个独立的法人，必须依照物业服务市场的运行规则参与市场竞争，依靠自己的经营能力和优质服务在物业服务市场上争取自己的生存与发展的空间。当然，由于物业服务的公共性，物业服务企业在市场化运作过程中还要处理好与业主委员会及公安、市政、街道、居委会、邮电、交通等行政或公用事业性单位的关系。

4. 管理服务有偿性

物业服务企业所提供的服务是有偿的，即通过收取合理的费用，维持企业的正常运转。物业管理的经营目标是保本微利，量入为出，不以高额利润为目的。目前，物业服务企业承担了许多社区公益责任，如残疾人就业、社区就业、扶贫济困、社区安全等，但这并不能否定物业服务的有偿性。

5. 管理效益最大化

物业管理应以追求经济、社会、环境等方面的最大化综合效益为目标。综合效益的最大化就是在考虑物业服务企业、业主和非业主使用人、物业区域其他组织的合理收益的基础上，发挥各利益主体的优势，通过利益共享机制的建立，实现共赢，从而使整体效益最大化。

微课 10

三、物业管理的性质

（一）物业管理的根本属性

1. 物业管理的性质问题的提出

关于物业管理的性质，目前无论是理论界还是实业界都存在不同的看法，主要有两种：一种看法认为物业管理是公共行政管理；另一种看法认为是私人管理，即经营性管理。这两种看法对物业管理实际工作影响很大。前者以社会公共利益为导向，忽视物业区域业主或非业主使用人的公共利益，使管理者倾向传统的“房管所式”的行政管理模式，不能体现业主产权主体前提下的业主本位特性。后者以企业利益最大化为导向，使管理者倾向于私人管理模式，这可能出于物业服务企业多由房地产开发建设单位（商）组建或控制的原因，物业管理大多是房地产开发建设单位投资经济活动的一个营销要素而已。具体表现为，一方面使“压榨”业主或非业主使用人的方式盛行，或与房地产开发建设单位（商）合谋，损害业主利益，或通过乱收费、乱涨价等增加自身利益；另一方面尽可能提供更少的服务产品、降低服务质量以降低成本。这都将造成管理者与业主或非业主使用人关系的紧张，物业服务企业将从根本上面临生存危机。另外，还有仅从工程管理角度考虑问题的倾向，认为只要搞好水电等硬件管理即可，缺少对人的关心，业主满意度不高。因此非常有必要对物业管理性质做出恰当的界定。

2. 物业管理根本属性辨析

从物业服务产品属性来看，物业管理包含了公共管理和私人管理双重属性，即物业管理内容、宗旨上体现了公共性，但物业管理活动又是借助于企业管理形式来施行，且有营利目的。物业服务企业主要提供公共服务产品，但也开展多种经营管理。物业服务企业的经营行为并没有改变物业服务企业必须按物业服务合同提供物业公共服务产品的基本任务，否则就会丧失物业管理项目经营的机会。

从制度安排来看，业主集体之所以采取委托管理模式，是建立在双方各自有专业工作的基础上，所谓“术业有专攻”，可以实现双方利益最大化，从而也提高了物业管理区域公共事务管理的效率，增进社区公益。

从物业管理权来源来看，业主集体委托给物业服务企业行使的物业管理权属于业主产权中共同管理权部分让渡所派生的权利，业主的物业产权是物业管理区域公共权力的基础和来源。因此，物业服务企业行使物业事务管理权，即为业主共同管理权的实现，其性质必然是公共管理。

从企业经营管理角度看，物业管理是以企业方式为物业业主提供的因建筑物业区分所有权不可分割而产生的公共事务管理服务。在计划经济条件下，物业管理作为社会性事务管理，分别由房管所和国家机关及企事业单位管理。在专业物业管理出现后则由物业服务企业按市场化方式管理，只是提高了物业管理区域公共管理服务的效率，并没有改革其根本属性。即公共管理。此外，政府机构为达到“为社会服务、维护物业的价值”① 的公益目的，仍然要参与物业行政管理，并不会让物业服务公司的经营偏向纯经营管理。事实上，一些国家已将物业管理纳入社区治理或社会治理轨道。物业管理者开展的迎宾服务、资产管理服务、技术专家顾问、租赁代理等物业经营性业务只是“物业管理中的特殊机遇”② 而已。在这一点上，物业管理采用企业化的方式，实现了企业家精神在公共管理活动中的有机结合，符合现代管理、公共管理与经营管理在理念方式、方法上越来越趋向一致的特点。

从业主利益角度来讲，物业管理区域的经营性管理活动如果偏离了公共管理性质，就成了与其他商业性活动毫无区别的纯粹的商业经营管理活动，不但偏离了物业管理的正常

---

① ［美］罗伯特·C·凯尔．物业管理案例与分析［M］．朱文奇，译．北京：中信出版社，2001：50.

② 同①12.

轨道，而且将导致失信于业主，迟早会失去项目管理权。因此，公共管理性是物业管理的根本属性，也是经营者必须坚守的理性原则。

3. 物业管理的公共管理属性的逐步显现

首先，从国外物业管理实践活动的内容看，物业管理具有明显的公共管理属性。在国外，物业管理在不同对象和内容上体现物业管理的公共管理属性，即租户（或物业使用人）在使用物业过程中的建筑物及设施设备的公共事务管理与业主的由区分所有权引起的产权关系、公共关系的管理。如英国 19 世纪 60 年代伯明翰市的奥克维娅·希尔最早为其出租的物业制定了一套约束所有租户的行为管理办法，要求承租者遵守，同时她本人也及时对损坏的设备、设施进行修缮，确保起码的居住环境。这些早期的物业管理也体现了建筑物及设施设备的公共事务管理属性。在宏观上，伯明翰市政府为适应当时的工业发展的需要，从城市建设的角度出发，开创了由政府出面主持房地产即物业的成片开发、租赁、管理的先例，体现了政府公共管理对物业管理领域的渗透。

其次，从物业管理较为成熟的香港的物业管理主体演变发展趋势看，物业管理的公共管理属性越来越突显出来。过程如下：（1）政府管理（行政管理）。如香港早期的物业管理主要是“看更”服务和“公共房屋计划”的实行等。（2）开发商管理（企业管理）。政府要求开发商承诺在批地契约后的全部年期内要妥善管理该屋村。（3）业主会议委任管理委员会业主立案法团管理（公共事务管理）。如制定了《多层大厦（业主立案法团）条例》《建筑物管理条例》，业主可以以“参与管理者”的身份，组织业主立案法团，开展合法的自主公共管理。（4）政府宏观调控下的业主立案法团管理，即政府调控下的业主对物业公共事务的自治。主要通过立法、执法和培训制度来介入业主自行管理活动，在政府引导下业主开展物业公共事务管理。

再次，从中国大陆短暂的物业管理发展历程看，呈现出与香港物业管理发展过程相类似的轨迹。（1）政府多层次多头的直接管理，即政府机关、企业事业单位和房管所的房屋管理。它是指政府机关、企业事业单位对其所属物业的直接管理，房管所对城市国有房产进行的直接管理。（2）开发建设单位设置的物业服务企业管理。20 世纪 80 年代初期，沿海开放城市如广州和深圳经济特区推行的专业化的物业管理方式。（3）政府指导下的业主委员会的自行管理与委托物业服务企业实施企业化的公共管理。《物业管理条例》第一条规定：“为了规范物业管理活动，维护业主和物业服务企业的合法权益，改善人民群众的生活和工作环境，制定本条例。”该条强调了公共服务的宗旨。第二条规定：“所称物业管理，是指业主通过选聘物业服务企业，由业主和物业服务企业按照物业服务合同约定，对房屋及配套的设施、设备和相关场地进行维修、养护、管理，维护相关区域内的环境卫生和秩序的活动。”可以理解为，从物业管理内容强调了“公共性”，即物业管理是对公共设施设备的维修、养护、管理和公共环境、公共秩序的管理。（4）物业管理服务融入社区治理体系的必然性与可行性逐步显现，公共管理的属性充分体现。近几年，人们开始重视物业管理在社区治理体系中的物质基础保障作用、管理服务枢纽地位、基层政权建设抓手和以党建巩固社区组织的红色物业引领作用。党中央和国务院也要求“补齐城乡社区治理短板”“改进社区物业服务管理”。

综上所述，可以看到物业管理的公共管理属性逐渐显露的过程：从物业管理的政府多层次多头的直接计划行政管理，到房屋管理开发建设单位设置的物业服务企业的企业管理，再从政府指导下的业主委员会自行管理与委托物业服务企业管理相结合的企业化的公共事务管理，到物业管理服务融入社区治理体系的大物业服务。

微课 11

（二）对物业管理属性的理解

物业管理的根本属性是公共管理，但并不影响其经营属性或私域管理属性，即专业物业管理服务者获得业主集体委托，以市场化的方式为业主提供基本的、综合性的公共服务，同时也提供其他多种经营服务，作为市场主体的物业管理服务者也要降低成本，增加利润，追求经营效益。因此，物业管理具有公共管理和经营管理双重属性。在实践中应灵活运用好公共管理属性和经营属性所决定的规律、理念与方法，明晰物业管理服务的思路与方向，减少物业管理矛盾、纠纷和冲突。为此，应当从以下几点进一步理解物业管理的性质。

1. 物业管理主体的独立性

物业管理必须与房地产开发分业经营。通过分业经营和分开运营实现物业管理自身的价值与功能，实现物业经理人的自身价值。其实质是所有的物业管理活动必须按物业服务市场规则运作，体现各市场主体的独立经营与成果。

2. 物业管理活动的独特规律性

物业服务企业在提供物业服务产品时，在遵守一般的商业规则的同时，也应注意遵循其公共管理属性，如业主集体通过“公共选择”雇请物业管理人，物业服务企业应将物业公共管理服务作为其核心业务，以增进物业区域共同利益为根本宗旨，在服务的方式、方法上要根据公共服务的特点和规律来开展，提高业主对服务质量的认同度，化解物业纠纷。

3. 物业管理模式的复合性

不应将物业管理服务产品同物业服务企业内部经营管理相混淆。要处理好委托专业物业管理（对物业管理区域内提供物业服务）与物业服务企业管理（对企业内开展经营管理）的关系。处理好物业公共服务与物业区域经营性服务的关系。经营性服务必须是物业区域所必要的，应是对物业管理公共服务的补充，而不是损害。

4. 物业服务项目管理权的从属性

物业服务企业的项目管理权或服务权来源于业主的授权。业主是原始产权主体，物业服务企业是市场从属主体。物业服务企业的项目管理权或服务权来源于业主集体委托，是有范围和边界的有限权利。

5. 物业管理服务产品的社区性

微课 12

由于物业管理活动是在一个物业管理区域内实现的，因此需要协调处理物业区域内外各种物业管理关系，以保证各利益主体共存共赢，保证社区和谐稳定。

四、物业服务的含义与特点

（一）物业服务的含义

物业管理是与我国房改和住房商品化密切相关的。在我国，物业管理作为一种独立的行业，出现在20世纪80年代，但是物业管理的真正发展是从20世纪90年代开始的。旧物业区物业管理部门往往由原房管所转变而来，新成立的物业区域则往往由各开发商自己成立物业服务企业，主要履行物业区域安全管理、物业维修等职能。值得一提的是，相当一部分物业服务企业是从原房管部门或单位后勤部门转制而来的，行业队伍素质偏低，与业主之间的服务关系没有确立，物业管理的服务特征被淡化。《物权法》出台之前，我国法律中并未区分物业服务和物业管理的概念，造成社会对物业服务企业的性质、职能及其与业主关系的认识较为模糊，平添了不必要的困扰。

随着物业服务市场化的推行和发展，物业服务企业和业主首先开始重视物业管理过程中的“服务”问题。2007年颁布的《物权法》将以往的“物业管理企业”更名为“物业服务企业”，其后《物业管理条例》也顺应《物权法》做了相同的修改。这个名称的改变强调了物业的“服务”性质，也使业主和物业服务企业双方关系的定位更加准确，不但有利于人们对物业管理含义、范围和界限的准确理解和把握，同时也有利于转变物业管理行业的经营管理作风。

人们通常所理解的物业管理是指物业服务企业接受业主委托所开展的物业管理活动，是一种商业性物业管理活动，通常称为专业物业管理即物业服务。它是指物业服务企业或其他管理人接受业主委托提供物业服务产品并获得收益的经营管理活动。

物业服务包括3层意思：一是有明确的物业服务主体。业主、专业服务公司或其他管理人都可以成为服务主体。二是物业服务的基础和依据是物业服务合同。物业服务活动是一种基于经济理性的物业服务产品交易活动，物业服务企业提供物业服务产品，并由此获得报酬或利润，业主获得服务产品，获得效用，得到满足。物业服务合同确立了业主和物业服务企业之间被服务者和服务者的平等的民事法律关系，明确了物业服务活动的基本内容，即权利和义务。三是物业服务的内容是物业服务企业按照物业服务合同约定，对物业进行维修、养护、管理，对相关区域内的环境卫生和秩序进行维护管理。除此之外，物业服务企业还可以接受业主和使用人的特别委托，为其提供物业服务合同没有约定的服务项目，也可接受供水、供气、供热等公用事业等单位的委托，为其向业主代收有关费用，还可接受政府委托提供公共行政服务等。

微课13

（二）物业服务的特点

1. 服务对象的相对稳定性

一般的维修服务或酒店服务提供者与服务对象接触的时间较短，大多数都是一次或数次。而物业服务对象则是业主或非业主使用人，委托物业服务企业实施管理服务的期限一般是1～3年，而且可以续聘。这样，提供服务者和接受服务者之间便建立起相对长期的、稳定的服务关系。相对长期性和稳定性对物业服务提供者和业主都有有利的一面，因为双方可以在一段较长的时间里互相适应，可以减少业主因服务提供者的一次不好的服务而对服务水准和质量的整体评价的偏差，也可以让服务提供者有较充分的时间来调整和改进服务质量。但同时也增加了物业服务的难度，因为要长期使业主满意并非一件容易的事情。

2. 服务内容的公共服务主导性

虽然物业服务内容有公共服务和经营服务，但物业服务的主要内容是公共服务。物业服务企业接受业主集体委托向业主提供物业服务，表明物业服务企业物业管理权来源于业主集体，代表业主集体管理物业区域的公共事务。没有业主公共事务管理权的委托，物业服务企业无法承接物业服务项目。物业服务企业接管物业后如果不能做好公共服务，也就会令业主不满意，从而丧失物业服务项目管理权。

3. 服务监督的直接性

物业管理属于委托服务，业主委员会有权根据业主大会的决议与物业服务企业订立、变更或解除物业服务合同，业主和业主委员都有权监督物业服务企业的管理服务活动，这种直接对服务的监督，在服务业的其他行业中还是比较少的。业主监督的直接性，促使物业服务企业更好地履行物业服务合同，按照委托合同规定的管理服务项目、标准和要求提供物业管理与服务。

4. 服务活动的规范性

政府有关部门制定的物业管理法规政策对推动物业管理的发展极为重要，对提升物业服务质量也有一定的影响。如物业服务标准的确定、服务指导价的制定、企业资质管理、行业信用评价、服务质量考证等，都有很强的政策性。如政府由于考虑到群众的承受能力和社会稳定，所制定的物业服务费政府指导价一般都比较低，有的甚至低于成本价。

5. 服务需求的差异性

业主对物业管理的认识程度不同，对购买服务产品的价值观念也有差异。沿海经济发达地区，如上海、广州、深圳、大连等地，物业管理工作开展较早，业主对物业管理服务需求较强，能与物业服务企业提供的专业化服务相适应，关系协调。相反，在内地及一些中小城市，由于物业管理工作开展较迟，物业意识不强，服务需求较低，并易发生纠纷。

6. 环境条件的制约性

物业周边的环境，如治安、商业、人文、交通等状况，以及大环境下的社会服务体系的完善程度，都会对物业管理的发展造成人力、成本、效果等多方面的影响。

微课 14

（三）物业服务与物业管理的联系与区别

物业管理行业属于现代服务业，它的基本职能就是为业主、住户提供完善的服务。不过从理论上讲物业管理和物业服务是两个不同角度界定同一事物的方法，它们既有区别也有联系。

1. 物业服务与物业管理的区别

（1）概念的解释方法不同。物业管理是从管理权来源或取得、管理权实现、管理功效等管理学角度解释物业管理活动的方法；而物业服务是从服务产品交易的经济学角度解释物业管理活动的方法。

（2）立足点不同。物业管理立足于对物业、物业关系、物业区域环境秩序管理的综合效益，是全方位、全过程的管理活动，包括实体管理、资产管理和秩序管理等方面；而物业服务立足于合同约定的，有标准、有边界的物业服务项目效益目标的达成，此时的管理活动只是达成服务目标、取得服务效益的手段。

（3）价值追求和理念有不同倾向。管理强调以事为中心，围绕管理目标、职责和任务展开管理活动，强调目标有效达成，追求高效率；而服务强调以人为中心，围绕人性激发和人的需要满足程度来展开管理活动，强调高满意度，追求高效益。如物业服务企业是以物业功能正常发挥、环境优美、物业区域安宁为判断标准，还是以物业效用、业主满意度、物业区域生活品位为判断标准，反映了不同的价值追求和管理理念。

（4）使用的领域不同。物业管理可以应用于与物业相关的所有社会活动的领域，包括物业服务领域。如物业服务企业的服务活动不但要受到宏观、中观（地方政府及协会）物业管理行为的影响与制约，而且物业服务目标的达成要通过具体的物业管理活动去实现。物业服务只在商业化的物业服务产品交易活动中才出现。

2. 物业服务与物业管理的联系

（1）服务是管理的一种表现形式。从管理学意义上讲，管理本身就包含平等关系下的管理和不平等关系下的管理（即管制）两种模式。通常讲的服务即是在平等关系下的管理活动，是管理的一种表现形式。平等关系下的管理是基于平等民事关系（通常是经济交易关系）的管理模式。这种管理模式从理论意义上讲只可能产生于市场经济条件下的物质产品或服务产品的交易活动中。其主要有3个含义：主体平等，等价交换，自由竞争。随着物业管理行业的市场化进程加速，这种平等交易模式越来越浓厚。但是在物业服务中有大量的活动是在不平等的管理方式下实现的，如个别业主不按物业用途使用物业，物业服务人员就可依合同以全体业主委托的公共事务管理权实现者的身份，对其实施规制约束措施。此时双方虽然在法律上是平等的，方式上可以人性化一些，但双方在这一具体行为中的地位显然不是平等的，物业服务人员代表的是全体业主，而个别业主只代表自己，并且要服从包括自己在内的全体主体制定的管理规约和物业服务合同的约束。

（2）服务内容具体表现为管理活动，或者说服务是由具体的管理活动来实现的。如要满足业主对“环境优美”这一服务的需求，就需要通过对环境资源进行配置管理来实现。

（3）两者都反映了管理风格。管理的两种模式在不同时代或不同情境条件下都可能成为最佳的选择，体现适应环境的管理风格的差异。两者之间是可组合、可优化的关系，不是排斥关系。不平等关系下的管制实际上最早产生于落后社会形态的专制体制下的管理活动，同时，也存在于现代社会各个领域，主要体现在国家治理，特别是行政管理等宏观活动中，机关、事业、企业单位的微观管理中也大量存在管理手段，如对不规范的行为、不符合要求的产品或服务实行纠正和惩处措施。反过来，上述组织在现代社会也在推广人性化的服务。当关系不协调、运行无序、社会不和谐时，就需要管制或管理；当关系协调、运行有序、社会和谐时，则更多强调的是服务。

（4）反映不同企业经营管理的专业特色。这可以从公司的名称与专业特色的联系上看出来。从管理或服务的专业领域看，有的以资产管理为主，用“管理公司”名称；有的以服务为主，用“服务公司”名称；有的以顾问、中介为主，用“顾问公司”“管理公司”名称。因此，可以说“管理”中有“服务”，“服务”中有“管理”，服务提高管理效果，管理保障服务的稳定提供和服务的质量。

微课15

第三节　物业管理的主体、内容、类型与基本环节

一、物业管理的主体

从物业管理市场的角度看，可以将物业管理的主体分为需求主体、供给主体、调控主

体和其他主体。从物业管理主体性质看，可以分为自行管理主体、物业服务主体、行业自律管理主体、行政管理主体和其他相关管理主体。不同类型的管理主体，其管理服务关系及规律不同，从管理主体性质来分析探讨物业管理主体有利于遵循物业管理规律，提高管理效率和效益。

（一）自行管理主体

物业管理中的自行管理主体包括业主及业主组织。在物业管理活动中，业主可以以业主个体行使管理权利，承担义务，也可以通过成立业主组织，如业主大会、业主委员会，共同行使业主权利，并履行业主组织的责任。在物业管理实践中，单个业主或业主组织可以开展业主自行管理模式的物业管理活动，也可以委托物业服务企业或其他管理人开展专业物业管理模式的物业管理活动。

1. 业主和非业主使用人

（1）业主。房屋的所有权人为业主。单个业主即专有部分的所有权人，可以是自然人，也可以是法人，如某单位或某企业。根据《物权法》和《最高人民法院关于审理建筑物区分所有权纠纷案件具体应用法律若干问题的解释》的规定，以下自然人或者法人应当认定为业主：一是依法登记取得建筑物专有部分所有权的；二是因人民法院、仲裁委员会的法律文书或者人民政府征收决定取得建筑物专有部分所有权的；三是因继承或者受遗赠取得建筑物专有部分所有权的；四是因合法建造、拆除房屋等事实行为取得建筑物专有部分所有权的。另外，基于与建设单位之间的商品房买卖民事法律行为，已经合法占有建筑物专有部分，但尚未依法办理房屋所有权登记的自然人或者法人，可以认定为业主。

（2）非业主使用人。物业的承租人、借用人或者其他物业使用人，由于不拥有物业的所有权，因此不能参与物业的实际管理。但作为物业的实际使用人，享有接受物业服务的权利，承担物业管理中的社会责任，并受管理规约和相关法律法规的约束。《最高人民法院关于审理物业服务纠纷案件具体应用法律若干问题的解释》明确指出："因物业的承租人、借用人或者其他物业使用人实施违反物业服务合同，以及法律、法规或者管理规约的行为引起的物业服务纠纷，人民法院应当参照本解释关于业主的规定处理。"非业主使用人与业主在物业管理活动中拥有的权利上的最大区别，是非业主使用人在业主大会中没有业主大会议事决策的投票权、没有业主委员会委员的选举权和被选举权。

2. 业主组织

业主在行使共同管理权管理物业区域公共事务时需要通过成立业主大会和业主委员会（或物业管理委员会）来实现。业主作为产权原始来源主体将共同管理权让渡给业主组织集体行使，业主组织便成为重要的物业管理主体。

（1）业主大会。业主大会是业主参与物业管理活动的组织形式，由物业管理区域内的全体业主组成。根据物业管理区域的划分成立，一个物业管理区域成立一个业主大会。只有一个业主，或业主人数较少且经全体业主同意不成立业主大会的，由业主共同履行业主大会职责。物业管理区域内已交付的专有部分面积超过建筑物总面积50%时，可以成立业主大会。业主大会代表和维护全体业主在物业管理活动中的合法权利，履行相应的义务。业主大会也可以自然产生，即随着业主身份的确立和两个以上业主的存在，业主即拥有可召开业主大会的权利。此时，业主大会不需要通过某种方式产生，已经自然存在，只需要成立业主委员会或成立物业管理委员会即可。

（2）业主委员会。业主委员会是业主大会的常设机构，经业主大会从全体业主中选举产生，由 5 至 11 人单数组成，业主委员会委员应当是物业管理区域内的业主。业主委员会是业主大会的执行机构，向业主大会负责。业主大会和业主委员会，对业主损害他人合法权益和业主共同利益的行为，有权依照法律法规和管理规约，要求停止侵害、消除危险、排除妨害、赔偿损失。业主大会或者业主委员会的决定对业主具有约束力。

（3）物业管理委员会。业主委员会并非唯一选择，关键是要以某种组织形式让业主权益得到正常行使。近些年，广州市和北京市探索成立物业管理委员会来保证业主权利实现。主要是在不具备成立业主大会条件的；具备成立业主大会条件但因各种原因未成立的；业主大会成立后未能选举产生业主委员会的；需要重新选举业主委员会，经物业所在地街道办事处、乡镇人民政府组织、指导后仍不能选举产生业主委员会的等情形出现时，应在基层政府组织下，由物业管理区域内的业主和有关单位成立物业管理委员会，承担业主委员会相关职责，并组织、推动符合条件的物业管理区域成立业主大会，选举产生业主委员会。一旦业主委员会成立，物业管理委员会就不再履行业主委员会的职责，或自动解散。但由于存在业主与居民身份之间的社区层面社会事务的交叉性、重叠性或城乡公共管理领域的社区覆盖的衔接问题，物业管理委员会有其存在的价值，可履行物业管理区域业主委员会职责之外的社会性、公共性协调组织职责。

微课 16

（二）物业服务主体

物业服务主体主要包括物业服务企业或其他管理人。当业主或业主组织决定将选择专业物业管理机构来提供物业管理服务时，物业服务企业或其他管理人就作为物业服务产品提供者出现。目前，我国的物业服务主体主要是指物业服务企业。

1. 物业服务企业及其特征

物业服务企业是依法成立、具备从事物业管理服务专业技术条件并具有独立企业法人地位，依据物业服务合同从事物业管理服务相关活动的经济实体。根据这一概念，我们可以将物业服务企业的特征归纳为以下 3 点：

（1）物业服务企业是具备物业管理服务专业技术条件的独立企业法人。物业服务企业是从事物业服务活动的市场主体。作为市场主体，应当具有相应的主体资格，享有完全的民事权利能力和行为能力，能够独立地承担民事责任。《物业管理条例》明确规定，从事物业管理活动的企业，必须是独立的法人。按照《民法通则》的规定，法人是具有民事权利能力和民事行为能力，依法独立享有民事权利和承担民事义务的组织。物业服务企业应当具有独立的法人资格，意味着物业服务企业应当具备下列条件：1）依法成立。2）有必要的财产或者经费。3）有自己的名称、组织机构和场所。4）能够独立承担民事责任。物业服务企业应当具备物业管理服务应具有的专业技术条件，包括必要的设备，专业的经营、管理和技术人员等。

（2）物业服务企业属于服务性企业。物业服务企业通过对物业区域的管理服务，确保物业正常使用，为业主和物业使用人创造一个舒适、方便、安全的工作和居住环境。物业服务企业本身并不制造实物产品，它主要是提供常规性的公共服务、延伸性的专项服务、随机性的特约服务、委托性的代办服务和创收性的经营服务等，与制造业等不同。

（3）物业服务企业具有一定的公共管理性职能。物业服务企业在向业主和物业使用人提供服务的同时，还承担着物业区域内公共秩序的维护、市政设施的配合管理、物业的装修管理、城市公共服务、社区服务等，其内容带有公共管理的性质。

2. 物业服务企业的类型

我国的物业服务企业按不同标准可划分为不同类型。

（1）按隶属关系划分。1）由建设单位成立的关联物业服务企业。建设单位的关联企业有两种情况：一种是由物业的开发建设单位投资成立的法人或非法人物业服务企业，是建设单位的下属子公司或分公司；另一种是与建设单位同属于一个上级公司，与建设单位是平行的子公司关系。这类物业服务企业过去的主要管理对象仅限于与其密切关联的建设单位开发的物业项目，近年来随着物业管理市场化进程的不断推进，越来越多的物业服务企业除接管建设单位开发的项目以外，也会通过市场获取更多的物业管理项目。2）单独成立的物业服务企业。即按照《公司法》要求，由社会上的公司、个人发起组建的，通过市场竞争取得物业管理权的物业服务企业。该类企业是自负盈亏的物业服务企业，通常称为第三方物业服务企业。第三方物业服务企业最显著的特征就是独立，即不依赖于建设单位和业主中的任何一方。3）由房地产管理部门附属房管所改制的物业服务企业。这类企业转制时间不长，行政色彩较浓，尚需进一步转换机制，适应物业服务市场化需要。4）由机关、企事业单位后勤、总务、房管部门改制的物业服务企业。此类物业服务企业福利色彩较浓。但由于大多处理某专门的事业领域，往往有一定的专门技术，在专门的物业类型管理服务中较有竞争力，但服务意识和综合素质不高。

（2）按业务性质划分。1）委托服务型物业服务企业。这类企业也称为“实体型”物业服务企业，大多从事住宅物业区域的物业管理服务，以做好公共服务、专项服务和特约服务工作为主。同时也充分利用物业区域公共资源开展一些经营性服务项目。2）租赁经营型物业服务企业。有些房地产开发建设单位建成后的商业大厦、写字楼、工业大厦、批发市场等物业并不出售，而交给从事租赁经营的物业服务企业管理，通过租金收回投资。此类物业服务企业不仅具有维护管理服务的职能，更主要的是对所管物业进行租赁经营，实质上是房地产开发的延续，通过物业的出租经营为开发建设单位回收项目投资和获得长期、稳定利润。这类物业服务企业，虽然以物业的租赁经营业务为主，但管理服务也占有相当重要的地位。3）委托代理型物业服务企业。这类企业可称为“委托顾问型”物业服务企业，或称为管理型物业服务公司。尽管代理的方式和内容有差异，但委托代理型物业服务企业的共同特点是只有管理层，不设或只设很少的操作层，清洁卫生、园林绿化、电梯维护、水电设备的运行维护、治安防范等均委托专业公司实施，物业服务企业与专业公司建立合同关系，并且对专业公司的服务进行及时的监督、检查和考核。而其本身主要的管理服务职能是：物业的产权产籍管理、物业产权经营、中介服务（房地产估价、经纪及咨询等）、物业档案资料管理、物业维护计划的制订、整体管理计划的制订与组织实施、建立健全各种规章制度、做好群众工作和其他管理，如签订服务协议、办理入伙手续等。

（3）按业务综合程度划分。1）综合物业服务型企业。综合服务企业是指独立承担一个物业区域的整体物业服务的企业，如前述的委托服务型物业服务企业、租赁经营型物业服务企业、委托代理型物业服务企业中的第二类形式。《物业管理条例》中规定的从事物业管理工作的企业主要是指综合服务企业。2）专项服务型企业。专项服务企业是指只承担一个物业服务项目的某一方面的业务的企业。如前述的委托代理型物业服务企业中第一类形式、在委托代理型物业服务企业中的第二类形式下出现的从事（清洁卫生、园林绿化、秩序维护、专业维修等）专项服务业务工作的服务企业以及物业咨询中介服务企业。3）城市服务型企业。随着科技的进步，5G时代的到来，大数据、云计算、人工智能、机器人等现代信息技术支撑万物互联，使城市区域各主体及要素整体关联度越来越高，以至于需要从整体上设计城市服务方案，推进现代城市区域标准化、信息化、智慧化、动态化、场景化。目前已经出现这类智慧化的现代城市服务企业。

微课 17

（三）行政管理主体

物业管理涉及政治、经济、社会、文化、生态、科技、教育各个方面，需要以社会治理的理念与方法来开展物业行政管理活动。在宏观层面，国家需要通过直接行政管理措施、行政指导、行政指令等行政行为来规范物业管理活动，需要通过间接宏观调控政策来引导政策资源投向。在微观层面，需要以“共建、共治、共享”的理念，在行政主体主导下，发挥社区多元主体整合作用，构建街道办事处（乡镇）、社区党组织、居民委员会、业主委员、物业公司和其他利益相关主体“多元位一体”的社区治理体系，发挥各主体在社区治理中的积极作用，特别是发挥物业管理的社区管理服务基础性作用、社区治理体系枢纽地位和社区和谐稳定器作用。

1. 行政主管部门

从宏观角度，国家和省、市、自治区应当搞好宏观调控与政策制定工作，以调控物业管理市场，引导物业管理行业发展方向。住房和城乡建设部房地产市场监管司负责全国物业管理市场的监督管理；拟定市场监管政策、措施并监督执行；提出物业管理行业的发展规划、产业政策和规章制度；拟定物业服务企业的资质标准并监督执行等。房地产市场监管司下设物业管理处，分管与指导监督全国的物业管理工作，规范全国的物业管理市场秩序，推动物业管理市场的健康有序发展。

从城市中观管理和社区微观治理角度，各地市、县（区）及街道办事处（乡镇）地方物业管理行政管理机构应按照国家有关物业管理市场发展与规范的宏观指导精神，负责制定本辖区的有关物业管理法规、政策和实施细则，并贯彻执行，还负责指导和监督物业服务企业、业主大会和业主委员会的具体工作，实行行业归口管理。

2. 其他行政职能部门

从物业管理市场角度，应纳入我国市场体系进行监督管理。市场监管职能部门主要有市场监督管理、公安、税务和物价等部门。市场监督管理部门主要负责物业管理市场的市场秩序管理；公安部门的主要职责是防范和打击物业管理市场的犯罪行为；税务部门主要负责监督物业服务企业依法纳税，查处偷税、漏税的活动；物价部门则主要负责制定物业管理服务价格和监督交易者执行价格政策等。

从社会管理角度，物业管理涉及社会各个领域，需要相关行政职能部门发挥各自在物业管理服务的行政管理和行政性指导作用，因此物业管理是社会治理的重要组成部分。如住房建设管理部门负责物业管理政策制定与执行，物业更新改造与环境整治，物业管理主体信用管理，开展打黑除恶专项行动等工作。民政部门应做好居民自治组织、业主组织的成立、运作与政策指引作用，健全业主大会和业主委员会组织机构，为物业管理提供良好的社会环境。司法部门负责居民委员会的社区人民调解委员会建设与运作的指导、服务工作，做好人民调解在基层社区物业管理纠纷中的调解服务工作，建立物业管理纠纷调解机制，通过简易调解快速调解物业管理纠纷。公安部门主要负责社区治安管理网络设施建设，治安信息采集，治安管理与案件处理，安保人员培训等工作。环境保护部门负责社区环境保护政策制定与执行、垃圾分类管理、环境整治等工作。

（四）行业自律管理主体

物业管理行业协会属于民间行业组织，是社会团体法人，不受部门、地区和所有制的限制，也不改变成员企事业单位的隶属关系。它不以营利为目的，代表物业管理行业的共同利益，并为其服务。物业管理协会按照政府的产业政策和行政意图协助主管部门推动行业的管理和发展。物业管理协会根据政府主管部门的委托可以行使某些行业管理的职权。可以把物业管理协会看作物业服务企业与政府相关部门之间的纽带和桥梁，是政府主管部门的“助手”和“参谋”。

物业管理行业协会主要负责经政府有关部门批准或委托，参与物业管理行业法律、法规、行业标准，以及宏观调控、产业政策、行业发展规划、行业准入条件等研究制定，积极向政府部门反映行业和会员诉求，提出行业发展和立法等方面的意见和建议；建立物业管理行业自律机制，制定行规行约，开展信用评价，推动物业管理行业诚信体系建设；推动行业标准化建设；发布行业和企业发展报告；开展行业理论研究和学术交流；组织开展行业技能竞赛，加强行业人才培养；建立物业管理纠纷调解机制；开展行业宣传，加强与新闻媒体的沟通联系，正确引导社会舆论，提高社会公众的物业管理意识，维护行业声誉；为会员提供行业信息服务；建设国内外行业交流服务平台，开展国内外经济技术交流与合作；团结和组织本会会员，在职责范围内，广泛开展物业管理、白蚁防治、房屋安全鉴定、物业维修资金研究、物业设施设备管理、标准化建设等方面的工作；承接政府管理部门授权或者委托的其他事项，开展行业协会宗旨允许的其他业务。

（五）与物业管理相关的其他主体

物业管理市场的主体，还包括建设单位、市政公用单位、居民委员会、专业性物业服务企业、物业管理中介机构、新闻媒体等与物业管理有一定联系的机构。

1. 建设单位

建设单位作为物业的开发建设者，与物业服务企业、业主等主体具有非常密切的关系。物业开发建设的品质直接影响着后期物业管理的质量。建设单位在销售完商品房之前，拥有待销售房屋的产权，本身也是业主。

与其他销售行为不同，商品房销售是一个逐渐的过程，不可能等到建设单位销售完所有房屋，购房人全部入住，成立业主大会以后，才来选聘物业服务企业实施物业管理服务。业主大会成立之前的物业管理服务，也就是前期物业服务，客观上只能由建设单位选聘的物业服务企业来实施。但是在前期物业管理阶段，物业服务企业提供服务的对象不仅是建设单位，更是物业买受人，这就存在合同的签订者和合同权利义务的承受者在一定程度上分离的现象。为了解决这个问题，《物业管理条例》要求，物业买受人在与开发建设单位签订的房屋买卖合同中，必须包含建设单位与物业服务企业签订的前期物业服务合同的内容，以明确规范购房人承担前期物业服务合同中约定的关于物业管理的权利义务。业主在前期物业管理阶段接受物业管理服务，实际上是建立在3个契约基础之上：一是建设单位与物业买受人签订的包含前期物业服务内容的房屋买卖合同；二是建设单位制定并由物业买受人签署的临时管理规约；三是建设单位与物业服务企业签订的前期物业服务合同。根据《物业管理条例》，开发建设单位在物业管理活动中，应当履行以下十项义务：(1) 签订前期物业服务合同；(2) 制定临时管理规约并向物业买受人明示；(3) 通过招标投标的方式选聘住宅物业的前期物业服务企业；(4) 提供必要的物业管理用房；(5) 不得擅自处分物业共用部位和公用设施、设备的所有权和使用权；(6) 与物业服务企业办理承接查验手续；(7) 移交物业管理资料；(8) 承担物业的保修责任；(9) 承担未售出或未交付房屋的物业服务费；(10) 参与筹建业主大会。

2. 市政公用单位

与业主日常生活、工作密切相关的供水、供电、供气、通信、有线电视等公共服务的提供者，统一称为市政公用单位。这些单位向业主提供产品和服务，业主支付相应费用。因此，这些市政公用单位与业主之间也是一种合同关系，各自承担相应的权利义务。但是，市政公用单位应当向最终用户收取费用，可以委托物业服务企业提供有偿代收费用服务，双方应当签订委托合同，确立委托关系。

3. 居民委员会

居民委员会（以下简称“居委会”）是居民自我管理、自我教育、自我服务的基层群众性自治组织。居委会是和社区对应的组织，与物业服务企业的管理范围并不一定吻合。居委会协助街道办事处开展工作，其职责包括户籍、治安、计划生育、征兵、民政优抚、爱国卫生等管理工作以及退休、就业保障等社会服务工作。虽然是自治组织，但要办理许多政府的事务，具有明显的行政性色彩。居委会和物业服务企业同是城市建设管理的最基层单位，是城市管理工作的重要组成部分。物业服务企业在追求经济效益目标的同时，也要注重社会效益，应在日常物业管理过程中，积极支持和配合居委会的工作，自觉接受居民委员会的指导和监督，支持并参与社区精神文明建设和物质文明建设。

4. 专业性物业服务企业

根据《物业管理条例》的规定，一个物业管理区域内，只能由一个物业服务企业实施物业管理。物业服务企业可以将物业管理区域内的专项服务业务委托给专业性服务企业，但不得将该区域内的全部物业管理委托给他人。近年来，越来越多的物业服务企业开始根据物业管理项目的特点，以合同的方式将绿化、保洁、保安、餐饮、设备运行等专业服务项目外包给专业性的公司经营。通过业务外包享受到专业化分工所带来的高效率，降低企业经营成本，提高服务质量，使企业资源集中在最具成本效益、最有价值的核心业务上，增强企业核心竞争力。同时，物业服务企业也要加强对外包企业的管理，确保专业服务质量。

5. 物业管理中介机构

物业管理中介机构包括物业管理的咨询、代理和经纪等机构，尤指专门负责物业管理市场上的招标投标事宜的专业机构。物业服务企业在不十分熟悉如何在市场上投标、怎样参加投标成功机会更大的情况下，可以委托专业机构代理物业管理市场上的招标投标等诸多事项，以提高中标成功率及中标质量。物业管理市场的中介机构对物业管理行业的积极健康发展起着良好的推动作用。

6. 新闻媒体

新闻媒体既是社会公信力的代表，也是公众获取信息的主要渠道，具有很强的舆论引导、舆论监督职能。对于物业服务企业来说，新闻媒体的力量不容忽视。媒体通过对信息的汇总和传播，充分利用自身的优势发挥其在企业监督方面的作用，维护市场经济秩序，保障投资者的利益，促进社会和经济的全面发展。媒体对物业服务企业正面的报道，如社区文化建设的成就、解决大量劳动力就业等，可以提升物业服务企业的形象，提高企业的知名度；与此同时，媒体对物业服务企业负面的报道，如服务性价比不匹配、管理不到位、管理纠纷等，将使企业面临强大的舆论压力，或引起监管机构的注意。

7. 社区民间组织

各种社区民间组织也是参与、影响物业管理的重要力量。社区民间组织是指立足于社区，由社区居民自愿组成，自我管理、自主活动，有一定的活动目标，以实现社区、居民和谐发展为宗旨的组织，它是介于社区主体组织（社区党组织、居委会）和居民个体之间的组织，大体包括四大类：社会服务类、文化体育类、慈善救助类和社会维权类。随着改革开放的不断深入和社会主义市场经济体制的不断完善，社区民间组织在社会事务管理、社会公益事业，尤其是在社区建设方面的作用日益显现。从宏观上看，它可以弥补市场失灵和政府政策的不足，如果把政府和市场分别比作“第一只手”“第二只手”的话，则民间组织就是“第三只手”；从微观上看，它是政府与居民交流沟通的纽带，有助于推动社区建设健康、有序发展。特别是社区各类微观活动，如业主大会和业主委员的成立与运作、社区垃圾分类管理、社区文化活动等，都需要社区强有力的组织才能开展。

二、物业管理的内容

不同的物业管理主体所开展的物业管理活动性质不同，内容也不一样。专业物业管理服务即物业服务，也就是物业服务企业接受业主委托按物业服务合同约定提供的物业管理服务产品的活动。这里所讲的物业管理内容是从专业物业管理服务的角度来界定的。

根据物业服务的宗旨和本质要求，物业服务的内容应是多样化、全方位的。

（一）公共性物业服务

公共性物业服务是物业服务企业针对物业区域物业共用部位、共用设施设备和相关场地及居民所开展的综合性的、普惠性的服务。此类服务是业主与物业服务企业根据双方签订的物业服务合同的约定，实现交易的服务业务。现将其基本的服务内容归纳为以下 5 个方面。

1. 为物业实体提供的服务

这类服务是指对房屋建筑、附属设备设施及相关场地的维护、保养、修缮、装修、翻新、改造等。

2. 卫生清洁服务

这类服务是指对物业区域内物业环境进行全面清扫保洁。包括：对公共场地和公共部位的日常清扫保洁；定时、定点收集垃圾，清运垃圾。

3. 绿化养护服务

这类服务是指对物业区域内的公共绿地、宅旁绿地、庭院绿化和道路绿化的日常养护、恢复整顿、美化修理以及提供家庭私人绿化服务与指导。

4. 安全维护及消防管理服务

这类服务是通过安排保安或秩序维护人员值班、巡逻所进行的防火、防盗、防突发事件等工作，保证物业区域内生活秩序井然，及时处理突发事件，维护物业区域正常生活秩序。

5. 车辆道路交通管理服务

这类服务是指通过保安或秩序维护人员所开展的对车辆进出、车库占用及收费等的管理服务，以及道路交通方面的管理服务。

（二）经营性物业服务

经营性物业服务包括专项服务和针对性服务。专项服务一般是指能通过专业商家规模经营方式提供的商业服务，并在专门的营业场所交易的项目。如在“店”“场”“所”“室”等物业区域商业服务场所交易的项目，其内容很多。针对性服务是指以个别委托的中介服务或劳务服务提供的无固定交易场所的交易活动。

1. 专项服务

实际上，住户（业主）的成规模或批量需要中，能支撑商户经营的项目主要是可经营的专项服务项目，包括衣、食、住、行、娱乐、购物等方面。下面列举一些服务项目：

（1）衣着方面。如洗涤服装服务；裁剪、制作服装服务。

（2）饮食方面。如酒店、餐饮店提供的餐饮和住宿服务；音乐茶社、咖啡店等提供的便民休闲服务。

（3）居住方面。如房屋装潢、房屋修缮、搬家服务等。

（4）文体娱乐方面。如成立棋牌社、读书社；举办影视、歌舞等文艺活动和游泳、球类等体育活动。

（5）购物方面。通常为日用百货供应和粮油蔬菜供应。

2. 针对性委托服务

针对性的委托服务项目主要包括以下两方面：

（1）家政服务。这类服务是指对全体住户进行衣、食、住、行、医、娱、用、修等全方位的家政服务。

（2）资产经营服务。为业主提供租赁、理财、保险等资产经营服务，如出租服务、产权交易中介；利用物业区域资源进行广告位出租服务；物业区域临时停车时的车辆看管服务和场地出租服务等。

三、物业管理的类型

按照不同的分类标准或角度，可以把现代化市场化物业管理划分为以下几种类型。

（一）托管型与自管型

托管型又称委托管理型，该类型的物业管理主要是指房地产开发企业将自己开发建成的房屋出售或出租给用户，并委托下属的或社会化的物业服务企业对房屋进行日常的管理，完善其售后服务；或者业主大会将业主所拥有的物业委托给一家社会化的物业服务企业进行管理。委托管理型物业服务企业一般只有经营管理权，而无物业产权。

自管型又称自主经营型或租赁经营型，是指房地产开发企业建成房屋后并不出售，而交由下属的物业服务企业管理，或交由专门从事租赁经营的物业服务企业管理，通过收取租金收回投资。提供自管型物业管理的物业服务企业一般不仅拥有经营管理权，而且拥有产权；不仅具有维护性管理的职能，而且可出租经营所管物业，这实质上是房地产开发的延续，通过物业的出租经营达到为开发公司收回项目投资和获取长期、稳定利润的目的。

（二）直接管理型与顾问管理型

这是从开发商与物业服务企业合作的形式来划分的。按照这种划分标准，可把物业管理分为直接管理和顾问管理两种类型。直接管理型又可分为三种：雇佣型、管家型、合作型。顾问管理型又称咨询型，即专业物业顾问公司为开发商的物业制订全盘管理计划、管理制度及预算，提供管理软件等。顾问管理型分为派人常驻及不派人常驻两类。顾问管理型的费用较为低廉。

（三）包干型与酬金型

从物业服务企业接管楼盘的财务渠道划分，可把物业管理划分为包干型物业管理和酬金型物业管理。包干型管理指大业主（开发商）或小业主（购房者）按合同契约，或按政府有关部门规定的费用，或按指导价格付给物业服务企业一定费用（一般按每平方米计价或每套房屋来计价），由物业服务企业承包，亏损和盈利都由物业服务企业来承担或享有，此类属“包干型”。酬金型管理，即物业服务企业所有的成本都须经业主审定，然后由业主再按比例付给物业服务企业一定的酬金。一般来说这个比例为6％～15％。

（四）管理型、实务型及半管理半实务型

按经营形态不同，可把物业管理划分为管理型、实务型、半管理半实务型三类。

1. 管理型

管理型主要进行产权产籍管理、物业的产权经营、中介服务和房地产经纪等，也包括对物业的档案资料管理。而具体的实务管理操作，如清洁、安保、维修、养护和公共服务，是以分包和与专业公司合同工、钟点工挂钩的服务形式分解的。管理型物业服务企业必须对专业公司的服务进行监督、检查和考核。

2. 实务型

实务型一般是以专业公司的形式出现的，如保安公司、绿化公司、清扫保洁公司、房屋维修公司、机电设备保养维修公司等。它们以开展物业专业服务管理为业务，工程技术设备齐全，服务质量比较高，通过接受物业服务企业的分包来取得管理业务。

3. 半管理半实务型

这是介于以上两者之间的类型，其管理模式的优点在于优势互补。它一方面可以充分发挥自己的长处，另一方面又可以充分利用别人的优势，取长补短，优化管理组合要素，达到最佳效果。

除上述几种分类方法外，还可根据引进物业管理的国家与地区的不同来划分，如日式

管理、港式管理、美式管理，等等。

四、物业管理的基本环节

专业物业管理服务的运作，基本环节包括：物业服务的策划阶段、物业服务的前期准备阶段、前期物业服务阶段、业主自行管理阶段。

（一）物业服务的策划阶段

这一阶段的工作包括物业服务的前期介入、制定物业管理方案、选聘物业服务企业这3个基本环节。

1. 物业服务的前期介入

所谓物业服务的前期介入，是指物业服务企业在接管物业以前的各个阶段（项目决策、可行性研究、规划设计、施工建设等）就参与房地产开发活动，从物业服务运作的角度对物业的环境布局、功能规划、楼宇设计、材料选用、设备选型、配套设施、管线布置、房屋租赁经营、施工质量、竣工验收等多方面提供有益的建设性意见，把好规划设计关、建设配套关、工程质量关和使用功能关，以确保物业的设计和建造质量，为物业投入使用后的物业服务创造条件。

2. 制定物业管理方案

在前期介入的同时就应着手制定物业管理方案。由于此时物业服务企业还没有到位，物业管理方案的制定由房地产开发企业完成。房地产开发企业可聘请物业服务企业为其代做物业管理方案。作为物业服务企业，如果有能力提供这种服务，无疑会增加接受物业服务委托的机会。物业管理方案包括以下主要内容：确定管理档次；确定服务标准和服务内容；确定预算收支规模。

3. 选聘物业服务企业

在物业管理方案制定并经审批之后，应根据方案确定的物业服务档次，通过招投标方式选聘物业服务企业。前期物业管理，由建设单位选聘物业服务企业，并应当签订书面的前期物业服务合同。

上述3个环节均由房地产开发建设单位来进行操作，这3个环节是物业服务全面启动和运作的必要先决条件。

（二）物业服务的前期准备阶段

前期物业管理，是指物业开始销售（预售）起，至业主委员会成立、业主或业主大会选聘物业服务企业之前，由建设单位选聘物业服务企业实施物业管理的整个阶段。物业管理的前期准备工作包括物业管理服务企业内部机构及岗位的设置、物业管理服务人员的选聘和培训、规章制度与临时管理规约的制定、物业租售的介入等几个基本环节。

1. 物业管理服务企业内部机构及岗位的设置

企业内部机构及岗位要依据所管物业的规模及特点灵活设置。其设置原则是使企业的人力、物力、财力资源达到优化高效的配置，建立一个以最低人力资源投入达到最高运营管理效率的组织。岗位设置和职能安排既要分工明确，又要注意各部门之间的衔接配合，并最大限度地减少冗员。具体员工数还需视实际需要而定。

2. 物业管理服务人员的选聘和培训

选聘人员一般需要两种类型：管理类型和工程技术类型。招聘的人员应由富有经验的专业人员进行培训，培训时间宜在开展工作前 3～6 个月。培训的重点对象是各部门的负责人或骨干；培训的目的是胜任所承担的工作。必须特别注意的是：电梯、锅炉、配电、空调等特殊工种要取得政府主管部门的岗位资格认定方可上岗。

3. 规章制度的制定

应该依据国家和政府有关部门的法律、法令、文件和示范文本，结合本物业的实际情况，制定一些必要的、适用的制度和管理细则。根据《物业管理条例》的规定，建设单位应当在销售物业之前，制定临时管理规约，对有关物业的使用、维护、管理，业主的共同利益，业主应当履行的义务，违反临时管理规约应当承担的责任等事项依法做出约定。这是物业管理规范化、法制化的前提，也是实施和规范物业管理行为的必要措施和保证。

4. 物业租售的介入

物业的租售在其建设阶段就已开始。房地产开发企业除自行进行的市场营销与租赁外，通常将之委托给经纪代理机构进行，特别是物业管理企业开始实施管理服务后剩余物业的销售与租赁。物业管理企业在具备相应的资质后，可介入物业的租售工作。

（三）前期物业服务阶段

前期物业管理的启动以物业的承接查验为标志，从物业的承接查验开始到业主委员会正式成立，包括物业承接查验、用户入住、产权备案和档案资料的建立、前期物业管理的运作等。

1. 物业承接查验

当前期物业服务合同签订生效后，根据《物业管理条例》，物业服务企业承接物业时，应当对物业共用部位、共用设施设备进行查验。在办理物业承接查验手续时，建设单位应当向物业服务企业移交下列资料：竣工总平面图，单体建筑、结构、设备竣工图，配套设施、地下管网工程竣工图等竣工验收资料；设施设备的安装、使用和维护保养等技术资料；物业质量保修文件和物业使用说明文件；物业管理所必需的其他资料。

2. 用户入住

用户入住是指住宅物业区域的业主入住，或商业楼宇中业主和非业主使用人的迁入。这是物业服务企业与服务对象的首次接触。用户入住时，首先要签订《前期物业服务协议》。为了能有一个良好的开端，物业服务企业需要做好下列工作：通过宣传使用户了解和配合物业服务工作；配合用户搬迁，主要做好清洁卫生、协助用户搬迁、秩序安全等工作。

3. 产权备案和档案资料的建立

房地产的产权备案和权属登记是不同性质的工作，权属登记是政府行政部门对行业的管理。产权备案是物业服务中十分重要的一个环节，根据国家规定，产权人应按照城市房地产行政主管部门核发的所有权证规定的范围行使权利，并承担相应的义务。专业的物业服务就是使产权人的权利得到保障。

4. 前期物业管理的运作

前期物业服务主要是提供日常综合公共服务。日常的综合服务是指用户入住后，物业服务企业按照前期物业服务合同的约定，提供公共服务。

前期服务中重要工作是对用户装修的管理。迁入新居的住户和单位一般都要对房屋进行装修。对此，物业管理企业除给予积极协助外，还要特别注意加强对房屋装修的管理，包括建立对房屋的装修尤其是房屋结构变动和室内原有设备、管线改动的申报审批制度，对装修工程中的垃圾、噪声、用火和用电安全的管理，对装修和装修材料的管理等。

（四）业主自行管理阶段

业主自行管理阶段，指首次业主大会召开，并成立业主委员会，由业主大会选聘物业服务企业，由业主委员会与物业服务企业签订物业服务合同，转入正常物业服务的整个过程，包括首次业主大会的筹备与召开、业主大会选聘物业服务企业、正常物业服务的开展等环节。

1. 首次业主大会的筹备与召开

当物业管理区域的入住业主超过一定比例时，业主就可以召开首次业主大会，至于达到什么比例才能召开，各地的地方性物业管理法规规定略有差别，一般而言，出售并交付使用的物业建筑面积达到物业管理区域建筑面积50%以上，可以申请召开首次业主大会，这是很多省、市的物业管理法规的规定，也是业主大会能够通过一些决议的起码条件。有的地方法规中规定占业主总数的20%的业主可以联合申请召开业主大会，但如果物业出售并交付使用的面积还未达到物业管理区域建筑面积50%以上时，召开业主大会也是没有意义的，因为这样的业主大会不能通过任何决议。根据《物业管理条例》第十二条规定：业主大会决定本条例第十一条第（五）项和第（六）项规定的事项，应当经专有部分占建筑物总面积2/3以上的业主且占总人数2/3以上的业主同意；决定本条例第十一条规定的其他事项，应当经专有部分占建筑物总面积过半数的业主且占总人数过半数的业主同意。

2. 业主大会选聘物业服务企业

首次业主大会召开，产生业主委员会，业主就可根据自己的意愿选聘物业服务企业。虽然首次业主大会有此项议程，但因前期工作量很大，一般情况下，首次业主大会可能只通过一个原则上的意见，具体工作推到业主委员会成立后才做。

3. 正常物业服务的开展

选聘的物业服务企业承接物业时，应当与业主委员会办理物业验收手续，业主委员会应当将前期物业服务合同终止时（前期）物业服务企业移交给业主委员会的资料向物业服务企业移交。物业服务企业按物业服务合同要求提供物业服务，并可根据业主的委托提供物业服务合同的约定以外的服务项目，服务报酬由双方约定，物业管理区域进入《物业管理条例》所定义的物业管理阶段。

微课18

【本章小结】

本章主要介绍物业管理基本知识，帮助读者通过了解国内外物业管理的起源与发展情况，掌握物业管理发生发展规律，熟知现代物业管理的特征；通过对物业管理相关概念，如物业、不动产、房地产、物业区域、物业管理区域、物业管理、物业服务等概念的辨析，理解并掌握物业管理的基本概念范畴、基本逻辑与规范。读者可通过对物业管理主体、内容、类型、方式与环节等业务工作要素的了解与掌握，初步建立物业管理服务工作的基本思路框架，为后续章节深化理论学习打下知识基础。

【互动空间】

如何做好物业管理的5C理论

“5C”即“5常”，指5个物业管理常态活动，适用于物业基层员工乃至高层管理者。物业管理服务的本质就是管好物业、服务好业主，这就要物业人员具备良好的物业专业知识及优秀的沟通协调能力。以下是从物业管理活动中提炼出来的5个常态理论。

1. 常快乐

人的情绪可以在一定程度上感染给他人，要想提供舒心的服务，首先服务人员自己要快乐。乐从何来？知足常乐，助人为乐。人是社会群居体，时常想想自己的服务为客户带来了便利，给社会创造了价值，在服务过程中我们的能力提升了，由此心境会更愉悦，从而营造良好的服务氛围。保持一个良好的心态对于服务者本身尤为重要。

2. 常换位

怎样主动提高服务质量？最直接的方法就是常常假想自己是客户，换位思考：“我会对怎样的服务更满意？”然后朝着那个方向去不断改进。那么，客户到底有着怎样的服务需求，我们如何把握？这就引出了下一“常”，即“常维系”。

3. 常维系

为了解客户需求变化，避免服务与需求脱节，在满足客户日常物业服务需求的同时，我们要常常与“关键客户”（一般为业主代表）保持沟通，一方面维持与客户良好的人际关系；另一方面，通过沟通掌握客户需求趋势，同时发现客户对物业服务不满意的方面，便于我们把握服务改进方向。

4. 常规范

物业项目服务的规范，包括与项目物业服务相关的各项管理制度、流程、操作规范、作业指导、监督检查流程、标准等，以保证物业活动是最适合客户需求的。

5. 常培训

包括3个层次的工作，即“培育、培训、培养”。培育，指的是基层员工后备力量的培育。一方面，是对于现有基层团队不稳定因素的填补；另一方面，是为公司新项目的拓展做准备。培训，指的是现有物业团队的培训、教育。培训方式应尽量避免文字说教，而应采取全员互动、情景模拟、流程图示等更加形象直接的方式进行。培养，指的是预备管理人员的培养。服务质量的持续提升，取决于服务团队的持续提升。不断培养优秀的预备管理人员，是服务公司持续发展的必备条件。

资料来源：“物业资讯”公众号，2019-07-01.

讨论问题

1. 物业管理的5C理论是一种将大道理融入常规工作中的方法，请你总结一下其中的科学性、合理性和可行性。

2. 结合你的工作实际或观察体验，谈谈做好常规物业管理服务工作的基本思路。

【问题探讨】

1. 简要回顾中国物业管理发展历史，从不同角度归纳其中的规律性，并谈谈对当前工作的启示。

2. 结合实际工作，特别是常见的矛盾纠纷问题，谈谈对物业管理主体关系的处理经验，并列举相关案例进行说明。

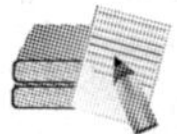

【作业练习】

一、判断题

(　　)1. 物业管理起源于19世纪60年代的美国。

(　　)2. 英国成立了世界上第一个非营利性的物业管理行业组织——皇家特许屋宇经理学会（Chartered Institute of Housing，CIH）。

(　　)3. 2016年香港立法会通过了《物业管理条例》。

(　　)4. 物业具有自然属性和社会属性。

(　　)5. 目前，我国物业服务的主体主要是指物业服务企业。

(　　)6. 1994年4月建设部颁布了33号令，即《城市新建住宅小区管理办法》，正式确立了我国物业管理的新体制。

(　　)7. 1998年，国务院发布了《进一步深化城镇住房制度改革加快住房建设的通知》，取消住房分配货币化，开始实施住房实物分配。

(　　)8. 物业是购房业主所拥有的物质产业的总称。具体是指已建成并具有使用功能和经济效用的各类供居住和非居住的房屋，以及与之相配套的设备，包括市政、公用设施，房屋所在的土地与附属的场地、庭院等。

(　　)9. 非业主使用人在业主大会中既有业主大会议事决策的投票权，又有业主委员会委员的选举权和被选举权。

(　　)10. 前期物业管理，是指物业开始销售（预售）起，至业主委员会成立、业主或业主大会选聘物业服务企业之前，由建设单位选聘物业服务企业实施物业管理的整个阶段。

二、单选题

1. 真正意义上的现代物业管理是20世纪初期在(　　)形成并发展的。

A. 美国　　B. 英国　　C. 日本　　D. 德国

2. 我国《物业管理条例》于(　　)起施行。

A. 2003年7月1日　　B. 2003年9月1日

C. 2005年7月1日　　D. 2005年9月1日

3. 2007年颁布的（　　）将以往的“物业管理企业”更名为“物业服务企业”，其后（　　）也顺应做了相同的修改。

A. 《物权法》《物业管理条例》

B. 《城市新建住宅小区管理办法》《物权法》

C. 《物业管理条例》《物业服务企业资质管理办法》

D. 《城市新建住宅小区管理办法》《物权法》

4. 2000 年 10 月 15 日，中国物业管理协会在(　　)成立，这是以物业服务企业为主体的全国性的行业自律组织，在推进我国物业管理行业发展中发挥应有作用。

A. 北京　　B. 上海　　C. 广州　　D. 深圳

5. 在房地产领域进行的若干项改革中，(　　)是经济体制改革的重要组成部分。

A. 城镇住房制度改革　　B. 城市土地使用制度改革

C. 房地产生产方式改革　　D. 物业管理制度改革

6. 物业管理区域内已交付的专有部分面积超过建筑物总面积(　　)时，可以成立业主大会。

A. 20%　　B. 30%　　C. 40%　　D. 50%

7. 房屋等建筑物是建筑在一定的土地地块上的，由于土地的空间方位、位置是不可移动的，因此决定了(　　)。

A. 物业的多样性　　B. 物业的整体性

C. 物业在时间上的耐久性　　D. 物业在空间上的固定性

8. (　　)是物业管理的根本属性，也是物业服务企业必须坚守的理性原则。

A. 公共管理性　　B. 专业服务性

C. 经营开发性　　D. 资产运营性

9. 物业服务企业的项目管理权或服务权来源于业主的授权，这体现了物业服务项目管理权的(　　)。

A. 从属性　　B. 规律性　　C. 独立性　　D. 特殊性

10. (　　)是物业服务企业针对物业区域物业共用部位、共用设施设备和相关场地及居民所开展的综合性的、普惠性的服务。

A. 公共性物业服务　　B. 经营性物业服务

C. 专项服务　　D. 针对性委托服务

三、多选题

1. 物业管理行业之所以最初在欧美资本主义国家诞生并得以快速发展，主要原因是(　　)。

A. 建筑物区分所有权的要求

B. 物业产权人及使用人利益最大化的需要

C. 生态环境恶化的结果

D. 社会分工与市场经济发展的结果

2. 我国专业物业管理成长发展经历了(　　)阶段。

A. 引进探索　　B. 快速发展　　C. 规范调整　　D. 转型升级

3. 物业管理区域的形成，可以是(　　)。

A. 自然形成　　B. 约定形成　　C. 委托形成　　D. 行政划定形成

4. 物业服务具有(　　)的特点。

A. 服务对象相对稳定　　B. 服务活动规范性

C. 服务需求统一性　　D. 环境条件制约性

5. 专业物业管理服务的运作，基本环节包括(　　)。

A. 物业服务的策划阶段　　B. 物业服务的前期准备阶段
C. 前期物业服务阶段　　D. 业主自行管理阶段

四、辨析题

1. 物业、房地产、不动产
2. 物业区域、物业管理区域、小区、社区
3. 物业管理、物业服务

五、案例分析题

经理换了，小区变了

某花园物业区域业主陈先生刚住进物业区域时，感觉物业区域物业管理服务很好。物业区域楼道、公共区域经常看到清洁工在做卫生，物业区域路面很干净，绿化带也经常有人整修，物业区域楼间有艺术雕塑和适合不同年龄业主的休闲设施。每天早晨能看见保安出操，所有楼层都安装有先进的电子监控设备，保安人员定期巡逻，物业区域入口处有保安 24 小时值班，对来访人员进行询问及登记，物业区域居民安全感满满的。物业区域居民出门买东西太多时保安还主动帮助送到家里。另外，物业区域配套建设有学校、超市、医疗服务中心、幼儿园、会所、网球场、游泳池等生活服务设施、娱乐休闲设施、社区教育设施等。一切都那么安全、优美、高尚、和谐。生活在其中，乐在其中。

三年后，物业管理处经理换了人，情况发生了变化。举个例子吧，一到晚上，物业区域到处是遛狗的，吓人不说，还随处可见狗屎；物业区域到处停车；电梯广告收益不公开；物业区域一楼商铺出租给经营音像的商户，营业时噪声很大；物业区域会所、网球场、游泳池等生活服务设施、娱乐休闲设施有大量的外来非业主光顾，等等。这种变化让陈先生难以适应。陈先生认为这个新上任的物业经理重视经营效益，但没有考虑物业区域利益。

据陈先生介绍，现在物业区域业主提出要成立业主委员会，目的之一就是打算炒掉现在的物业服务公司，该物业区域经理听说后，认为物业公司是企业，企业搞好经营并没有错，有些服务没有做好，与总公司在一年后没有补贴，还要搞项目单独核算有关。由于人力资源成本上升，物业服务费收入减少，其他收入来源又少，效益不好，员工数量也减少了，一些事情管不过来。但是物业经理的解释并不能令业主满意，业主认为是物业公司没有将物业区域公共服务管理工作当回事，只顾自己的经济效益，没有履行物业管理服务的职责。

问题：

1. 你认为物业区域业主的观点对吗？为什么？
2. 物业公司的问题出在哪里？如何改变被动局面？

六、训练题

物业管理的基本环节工作调查

1. 训练目标

物业管理工作从熟悉物业管理基本环节开始，通过深入物业管理区域调查研究，真实感受物业管理业务工作内容，重点掌握物业管理的基本环节，对每个环节的工作内容有一定的认识，了解每个环节的工作重点及难点。通过调查研究增强对物业管理的感性认识，

增强对物业管理行业的感情。同时了解物业管理各环节的问题，激发学习兴趣，提高学习的针对性。

2. 训练要求

（1）成立调研小组，每个小组3～4人，组员尽量差异化，以便根据不同特性分配恰当的角色任务。应根据学生的条件及兴趣，分配调研任务。每个小组可选择物业管理的一个或多个环节为调查研究内容。

（2）做好前期准备工作。主要是搜集相关资料，整理相关环节的工作内容和主要问题，以便设计调查问卷和编写访谈提纲。确定3～5个要调查的对象的物业管理区域，做好联系协调工作。

（3）实施调查与访谈。根据分工和计划，同时进行访谈和问卷调查。

（4）根据角色分工完成数据分析和调查报告撰写工作。

3. 成果交流

（1）召开小组会议，总结调研工作经验，交流调研工作心得，并对调研报告提出修改意见。

（2）各自写出会议交流总结，同调研报告一起作为本章作业提交。

第二章　物业管理基本理论与方法

【学习目标】

1. 了解：物业管理学科理论产生与发展的情况；物业管理学研究的对象、内容与方法。

2. 理解：物业管理学的性质；物业管理基本理论、相关理论的内容与应用方法。

3. 掌握：建筑区分所有权理论基本知识；物业管理基本方法。

【能力目标】

1. 能认清物业管理及物业管理学的性质；能将物业管理基本理论和相关理论应用到工作实际，解决物业管理实际问题。

2. 会综合运用物业管理学基本知识、基本理论和相关理论，系统地分析物业管理行业企业深层次理论与重大实践问题；会运用新理念、新知识、新思想和新方法，针对工作中的问题提出完整的物业管理创新工作方案。

【案例导入】

做物业管理，必须弄清一些基本问题

物业管理行业经历了几十年的发展，已经成为影响我国国民经济的重要行业，它在经济、社会生活中的地位和作用日益明显。可以说，物业管理在当今已经成为人们生活、工作的一部分。然而，在物业管理行业迅速发展的过程中，物业服务纠纷总是如影随形，原因何在？笔者认为，其中一个重要原因是市场主体对物业管理的理解不一致和信息不对称。当下，全行业都在推动物业管理的转型升级。但是，笔者认为，不忘初心，方得始终。因此，很有必要对物业管理的一些基本问题进行深入探讨，既深化对物业管理的认识，又促进行业健康协调发展。

物业管理是“管理”的实践

如果问什么是物业管理，相信大家首先会联想到《物业管理条例》中的定义：“物业管理是指业主通过选聘物业服务企业，由业主和物业服务企业按照物业服务合同约定，对房屋及配套的设施设备和相关场地进行维修、养护、管理，维护物业管理区域内的环境卫生和相关秩序的活动。”业内外很多人对此概念倒背如流，问题在于对其概念的理解尤其是对“管理”二字的理解相差甚远，或许这就是导致物业纠纷频繁发生的根源所在。物业管理按组织形式不同可划分为委托管理、共同管理、自行管理（简称托管、共管、自管）3种方式。要做好物业管理，我们不能把思想认识局限在法规的定义上，要深入研究和了解物业管理的本质以及它的内涵和外延，致力于符合规律的“管理”实践。

物业管理是业主的需求

业主是物业的所有权人和物业管理的主体。业主之所以通过购买、继承等方式取得物业，是因为物业对取得方有用，之所以有用，是因为物业具有相应的设计功能及使用价值，能够满足物业取得方的需要；作为商品的物业，业主不仅需要物业的有用性和功能性，还需要物业的安全性和保值增值。基于业主的建筑物区分所有权，物业存在专有部分和共有部分，对共有部分的管理，不得不依靠全体业主共同协商决定相关的重大事项，从而形成业主与业主之间相互联系、相互配合、相互支持的社会关系，这是业主需要物业管理的内在原因。我们应当充分尊重业主对物业管理方式和物业服务企业的选择权，应将承接物业服务项目理解为业主对物业服务企业的认可和信任，不是理所当然的“接管”。

物业管理源自法律赋权

《宪法》第十三条规定：国家依照法律法规保护公民的私有财产权和继承权。《物权法》规定：所有权人对自己的不动产或者动产，依法享有占有、使用、收益和处分的权利。业主行使权利不得危及建筑物的安全，不得损害其他业主的合法权益。业主对建筑物专有部分以外的共有部分，享有权利，承担义务；不得以放弃权利不履行义务。业主可以自行管理建筑物及其附属设施，也可以委托物业服务企业或者其他管理人管理。业主应当遵守法律、法规及管理规约。因此，物业管理既是业主的权利，也是业主的义务。物业管理的一切行为，都不得违背法律规定。

物业管理是民事活动

所谓民事活动，是指民事主体为了一定目的设立、变更、终止民事权利民事义务的行为。《民法通则》规定：当事人在民事活动中的地位平等；民事活动应当遵循自愿、公平、等价有偿、诚实信用原则；公民、法人的合法的民事权益受法律保护，任何组织和个人不得侵犯；必须遵守法律，法律没有规定的，应当遵守国家政策。《侵权责任法》规定：侵害民事权益，应当依照本法承担侵权责任，等等。业主、物业服务企业等民事主体在物业管理活动中，包括管理对象、管理内容、管理费用、服务标准、服务期限、纠纷处理方式、项目承接查验、进入及退出条件以及当事人双方的权利和义务等，都应当充分协商并形成明确的契约文件或者物业服务合同，依法设立、变更、终止民事权利和民事义务。民事主体任何一方不能擅自改变经协商达成一致的契约条款，更不能随意违约而侵害对方或其他人的合法权益。

物业管理是一门科学

所谓科学，是指各种知识通过细化分类研究，形成逐渐完整的知识体系，它是关于发现、发明、创造、实践的学问。我国物业管理已经历了几十年的发展，虽已实现对物业管理这个新生事物从“知之不多”向“知之甚多”，从“边实践边总结”向“有理论有目标”的转变。但也要看到，物业管理行业还有许多领域需要我们去探索、还有许多问题需要我们去研究、还有许多真理需要我们去发现，还有许多理论需要我们去实践。如果不从科学角度认识物业管理，看不到它的自然属性和社会属性，就不会明白它的内在逻辑，难以理顺相应的关系，束缚我们的思想行为。

物业管理是系统工程

笔者认为，物业管理的本质在于保障物业的有用性、功能性及社会性。如果丧失了物业的有用性和功能性，物业管理将失去意义；如果丧失了物业的社会性，物业管理将无法进行。物业管理不是抽象的"高、大、上"，从内容到形式都是具体的。物业管理的内涵是业主组织和利用相关要素（人、财、物、信息、技术、时空等），借助管理手段实现房屋及配套设施设备和相关场地功能目标的过程。物业管理内容应当包括"八个模块"，即财产管理（含不动产或者动产）、使用管理、安全管理、维养管理、秩序管理、客户管理、信息管理及档案管理。物业管理活动是"八个模块"与"六大体系"（业主大会和业主委员会治理体系、物业管理项目承接服务体系、物业管理中介特约服务体系、水电气等专业单位供给服务体系、物业纠纷处理救济体系以及政府、社区、行业协会等公共服务体系）相互联系、相互作用、相互影响的过程。也就是说，物业管理不是单一的管理活动，工作中要善于系统思维，既要突出重点又要统筹各方，协调好物业管理的重要环节和方面，着力于全面提升物业管理质量及物业服务水平。

资料来源：宋学明．关于深化物业管理认识的几点思考．中国物业管理，2017（1）．

总结：

本文作者从自己的角度对物业管理深层次理论问题做了分析，对物业管理的本质、基本规律、物业管理关系、属性、系统等问题提出了自己的看法。物业管理理论正是要回答这些问题。没有科学的理论，就难有正确的认识，就没有科学理性的行动，物业管理行业企业的发展就难以顺利进行。只有正确认识和理解物业管理，才能找到物业管理规律，推动解决物业问题，促进行业企业正常发展。

第一节　物业管理学概述

一、物业管理理论的产生和发展

（一）物业管理理论产生的前提条件

物业管理理论产生的两个前提是物业管理实践和物业管理学科独特的方法论。

1. 实践经验

首先是国外的实践经验。如前所述，物业管理起源于19世纪60年代的英国，并在20世纪初期在美国发展成为现代物业管理。150多年来，国外物业管理在政府宏观物业管理、企业微观运营管理、业主自行管理等方面积累了大量的实践经验。

其次是中国物业管理行业的快速发展的实践经验。经过40年的发展，物业管理行业在我国已经逐步形成一个崭新的行业。结合我国国情和管理现状，研究房地产开发建设、房地产流通、房地产消费以及在房地产消费过程中管理与服务活动的规律与特点，特别是研究物业管理学科范围所涉及的一系列问题，已经成为物业管理行业广大实务工作者和理论工作者的历史使命，物业管理学及物业管理理论也因此应运而生。

2. 方法论前提

独特的研究方法和研究对象决定了物业管理学科存在的理论价值，这是物业管理学科作为管理学科分支的理论前提。物业管理学科性质界定的理论前提是物业管理学科的独立存在的价值，即有其学科研究的方法论和独特的研究对象。从区分物业管理与房地产经济的学科角度分析，两者的方法和对象是根本不同的。物业管理是从管理角度介入研究建成投入使用的房地产物业产品的基于建筑物区分所有权不可分割性而产生的公共设施设备和公共事务的管理与服务问题，交易的是物业服务产品；而房地产经济则是从房地产经济学的角度研究房地产商品的开发与经营中投入、产出和效益问题，交易的是房地产商品本身。

物业管理作为独立学科存在的实际价值在于它的研究对象的独立性。其一，物业管理学科研究的物业管理和物业服务活动是一种独立于房地产开发的物业服务活动，要有方法论和理论的创新才能实现理论化和系统化。其二，物业管理学科研究的物业管理和物业服务活动是客观存在的管理服务活动，需要探寻其内在联系，找到其自身规律，优化管理与服务。其三，物业管理学科所研究的物业管理和物业服务活动是不断适应居民的社会生活水平变化的动态活动，需要在发展变化中解答物业管理与服务的理论和实践问题。其四，物业管理学科所研究的物业管理服务活动是在社会主义市场经济下进行的。这就需要对来源于西方国家的物业管理与物业服务思想理论、我国计划经济时代的物业管理思想理论和改革开放以来物业管理与物业服务的实践总结出的经验主义思维材料，进行理论化、系统化的抽象思维与实证研究，形成具有本土特色的物业管理学科体系。

微课 19

（二）国内外物业管理理论研究概况

物业管理理论研究首先要解决学科属性问题。完成了物业管理学科性质定位，才能构建物业管理学逻辑及系统化的理论体系。

国外一些学者从不同学科角度对物业管理进行了研究，主要研究领域包括物业管理体系，物业管理与政府治理的关系，物业管理的溢出效应，物业管理向资产管理转化的路径、资源与可持续发展等物业管理活动中的重要关系问题，还从服务质量、消费心理、组织创新与团队管理、管理决策、社区智能化等方面研究了与物业管理相关的管理问题。但是国外学者并没有将物业管理作为一个学科来研究。因此，国际上也没有物业管理的统一的定义，一些国际组织只是从写实的角度，对物业管理做出界定，如国际建筑研究与建筑文献委员会（International Council for Research and Innovation in Building and Construction，CIB）对运营阶段的物业管理（Facility Management，FM），从经济学、环境学、社会学角度及运营角度进行了工作内容的系统归纳。国际物业设施管理协会（International Facility Management Association，IFMA）也做了类似的定义：物业管理的任务是协调工作场所与人和组织的工作。它集成了经营管理、建筑科学、行为科学和工程科学的知识和经验。

国内理论界和实业界人士（包括物业服务企业和行政官员）多从经济学角度解释物业管理学科性质。如叶天泉就认为物业管理学是房地产经济学的一个分支学科，它以经济学的原理来研究物业管理问题，即研究物业管理的运动规律及其所体现的经济关系。

国内外关于物业管理学科性质的主要观点目前主要有 4 种。第一种是行政管理理论，该理论遵从政府（行政权）本位，这是在早期房管所式行政管理体制下形成的，带来的是低效率高管制。第二种是房地产经济学（也称为城市经济学）理论，该理论遵从（资本）企业本位，以此理论为基础的研究重视企业自身利益的最大化，因此常常与业主利益产生冲突。第三种是工程技术管理理论，遵从房屋本体（质量）本位，这种理论推动了专项业务外包化。第四种是业主公共事务管理理论，该理论以业主为本位，强调业主主权，即物业管理是业主公共事务的自行管理，或业主将公共事务委托给专业物业服务企业或其他管理人进行管理。第四种理论较全面地揭示了物业管理自身规律，有利于提高物业管理工作效率，处理好各种物业管理关系，化解物业管理矛盾和纠纷，实现多方利益共赢。其他理论也能从某一侧面分析物业管理工作中的某些方面规律，促进物业管理活动的开展。

微课 20

（三）中国物业管理理论的引进与成长

现代物业管理源于西方的工业化和城市化，但中国物业管理行业实践和社会背景有其独特性，从引进到消化吸收，有一个过程，也产生了一些本土特色的学科研究成果。中国的物业管理学科发展大致经历了 4 个阶段。

1. 引进西方资本主义国家物业管理理论阶段

20 世纪 80 年代初至 90 年代初期，主要是从房地产开发角度，通过物业管理为房地产开发经营增加市场营销的因素，帮助房地产开发经营实现更大价值。比较典型的代表是黄安永编著的《现代房地产物业管理》（1996）、刘亚臣主编的《房地产物业管理》（1998），都主要是从房地产商品市场营销的角度研究物业管理问题。

2. 物业管理理论反思阶段

20 世纪 90 年代中后期，学界主要对“房地产物业管理”观点进行批判和反思，提出物业管理新行业的观点。比较典型的代表是王青兰，她的观点在其专著《物业管理——一个新兴的与千家万户密切相关的行业》（1994）中得到体现，她比较全面地借鉴国外物业管理理论和知识，并对中国物业管理行业的特点进行全面系统的理论和实践分析，特别是对物业管理学科性质进行了分析，提炼出了一些基本概念和原理。还有方方、吕萍编写的《物业管理》（1997）也是这一阶段的代表。这一阶段与前一阶段是交叉进行的，反映了两种不同的学术观点。

3. 物业管理经验知识系统化阶段

21 世纪头十年，由于物业管理实践的推动，物业管理基本知识内容在实践基础上开始形成系统。一些实践专家以务实的态度对物业管理理论加以阐述，初步形成了比较系统的知识体系，但理论不足。比较典型的是陈德豪、杨振标主编的《物业管理实务（上）》，对物业管理实务的性质、特点进行了分析，依旧是理论不足，且篇幅太少；黄安永主编的《物业管理实务》在理论化、系统化上均迈出了较大一步。

4. 物业管理理论系统化阶段

关于物业管理理论的探讨，许多专家学者一直在进行。2003 年以后，由于我国《物业管理条例》的颁布，物业管理作为新行业的地位得以确定，物业管理学科性质定位也开始清晰，但在学科理论体系的构建上产生了分化。有些学者从经济学角度研究物业管理服务中的经济问题，如张贯一的《物业服务与管理》（2005）、陈淑云的《物业服务经济概论》（2006）、韩朝的《物业管理经济学》（2007）等。有从工程管理角度研究物业管理服务规则、标准，量化管理等方面的管理技术问题等，如黄安永的《物业管理》(2008)。也有从管理学角度研究物业管理学科理论，如黄安心系统研究了物业管理学科属性，探讨物业管理自身规律，认为物业管理根本属性是公共管理，同时兼有经营管理属性，物业管理学的基本属性是公共管理（2004）；认为物业管理融入社区治理体系是物业管理走向成熟的必由之路（2012）；提出物业管理学是以建筑物区分所有权理论为基础、以公共管理理论为核心，以委托代理理论为主要运行理论的反映业主主权论的物业管理的基本理论体系，并在《物业管理原理》（2009，2010）中进行了全面阐述。《现代物业》以“标准持重，理论奠基”的标题评论该著作，认为该著作是物业管理理论系统化的基础著作。

这些研究著述为我国本土化物业管理理论的形成提供了丰富的研究视角和重要的理论支撑。只有成熟的物业管理学科理论，才能做到按物业管理规律办事，才能支撑更加科学、更加完善的法律法规政策，才会有物业管理多元主体合规、理性的行动，才能打造平安有序、和谐幸福的高尚的社区生活。

微课 21

二、物业管理学的性质

（一）物业管理学科性质问题的提出

目前对物业管理学科性质的共识并未形成，存在比较明显的分歧与争论，主要有 3 种看法：早期看法认为物业管理是房屋管理，是公共行政管理，从行政管理学角度去研究物业行政管理关系及规律；随着房地产业的兴起，很多人认为物业管理是私人管理，是房地产经营管理的部分，因而从房地产经济学角度去研究物业管理中的经济关系及规律；近些年随着物业质量问题及纠纷的增多，又有不少人认为物业管理是工程技术管理，从工程技术角度去研究物业管理中的“机与机关系”的维护与管理。前两种看法对物业管理实际工作影响很大。笔者认为这 3 种看法都有一定的价值，但也存在一些偏颇，给实际工作带来一些问题。

第一种看法以社会公共利益为导向，有利于当时计划经济条件下的有限物业资源的统一配置。但实际上，由于重视政府的公共行政效率，忽视物业自治区域业主或非业主使用人的公共利益，并影响到经营者也倾向这种传统的“房管所式”的行政管理模式。一方面不能体现物业管理的物业区域（如住宅小区）业主自行管理本位特性，另一方面使物业管理效率难以提高。

第二种看法以企业利益最大化为导向，使管理者倾向于私域管理模式，这种模式有利于提高资源的市场配置效率，有利于企业的经营效益提高，但也促使业主以及其他相关市场主体以自身利益为重，难以调和相互之间的利益关系。特别是会出现强势主体对弱势主体的欺凌行为。如开发商物业服务企业联合起来欺凌业主和非业主使用人，一方面使物业服务企业与开发建设单位合谋在物业质量、小区规划等诸多方面欺诈业主或非业主使用人，另一方面尽可能提供少的服务产品、降低服务质量以降低成本。

第三种看法显然属于工科范畴，工程管理是物业管理的基础性工作，对保证物业区域正常运行有着非常重要的作用，但工程管理如物业设施设备管理，研究的是“机与机的关系”，属工科类学科范畴，不属于研究“人与机的关系”和“人与人的关系”的管理学科范畴，它是从工程技术管理角度，以物业管理活动相关的专项业务途径介入物业管理活动。早期物业服务企业提供此类业务，但此类业务国内外的趋势是外包化。

产生上述看法的根源在于：在对物业管理学科性质界定时，依据的是物业管理活动的主体及其工作性质，而不是依据物业管理活动本身内在的规定性。

（二）物业管理学科性质的界定

物业管理的市场主体及其管理工作性质显然是各不相同的，这是因为参与管理活动的市场主体有政府、物业服务企业、开发商、公用事业单位、业主、非业主使用人及其他物业管理利益相关者。它们的经营管理活动目的、性质、逻辑各不相同，如果站在不同主体角度来研究物业管理，就会有不同的物业管理学科性质的界定结果。政府官员可以认为物业管理是城市行政管理，房地产开发商认为是房地产经营管理的延伸，建筑与维修业者认为物业管理就是物业工程技术管理等。物业管理学研究的物业管理活动内在规定性，即是物业管理关系及其规律，目的就是寻求处理好物业管理关系，建立物业管理有效运营体制，提高物业管理水平和物业服务质量，有效增进物业区域的各方整体综合效益最大化，满足人们日益增长的物业管理与物业服务的需要。

由于物业管理的根本属性是公共管理，因此物业管理学科的基本属性也就只能是公共管理学科性质，即应当从公共管理角度研究物业管理基本关系及其规律。由于物业管理同时还兼有经营性，因而从经济学角度研究物业服务企业经营管理和研究利用物业区域公共资源和企业内部资源提供的经营性服务也是非常必要的。不过建议用经济学方法研究物业管理活动规律的学科叫物业经济学，以区别于物业管理学。同时，由于公共管理服务业务的微利性和经营性业务的高报酬性的影响，人们对从经济学角度研究物业管理的兴趣大于从公共管理角度研究物业管理也是正常现象。客观地讲，从经济学角度研究物业管理活动中的投入生产，成本收益问题是非常重要的。但这并不能从根本上否定物业管理学科的公共管理性质。

物业管理学科的公共管理属性在国内外一些学者研究成果表述中也有火花般的闪现，美国学者罗伯特·C·凯尔就认为经营性业务只是“物业管理中的特殊机遇”而已，同时认为物业管理者的具体职责就有“作为社区成员的管理者”和“业主利益促进者”两项。他们也指出了“政府控制”“干预”对物业管理领域的影响，以及“伦理道德”的遵守。较早研究物业管理的中国学者王青兰在对物业管理做出“服务性”专业的性质界定的时候，指出了物业管理的经营方针是“保本经营，服务社会”。这些观点除了都说明了物业管理具有公共管理性和私域管理性（经营性）双重性外，还把公共利益、伦理道德和公共管理放在首要的或重要的位置。

微课 22

三、物业管理学科理论体系

物业管理学是研究物业管理与物业服务关系及其规律的科学，是研究在物业业主公共事务管理关系为主、物业经营管理关系为辅的关系模式下，达到物业管理区域综合效益最大化的规律的科学。

目前，物业管理学著述大多是经验加相关学科理论的简单应用，没有形成令人信服的理论化、系统化的学科体系。同时，正如前面所述，物业管理学科理论的混乱状态也给物业管理实际工作者和业主带来了一些思想上的混乱和行为逻辑上的不协调，以及大量的物业矛盾和纠纷。

由于物业管理活动牵涉面广，涉及学科必然众多，但物业管理学科不可以是一些学科知识的堆砌，而应该是有机整合。同时，物业管理作为综合性学科，又很难以一种工具性学科理论，如经济学、心理学等来解析清楚，它应是以某一学科为核心构成理论体系。因此有必要从管理学科的角度出发，围绕主要学科中心，整合现有其他学科理论，在多学科互相融合中推陈出新，形成完善的物业管理学科理论体系。下面通过图 2－1 来说明物业管理理论体系。

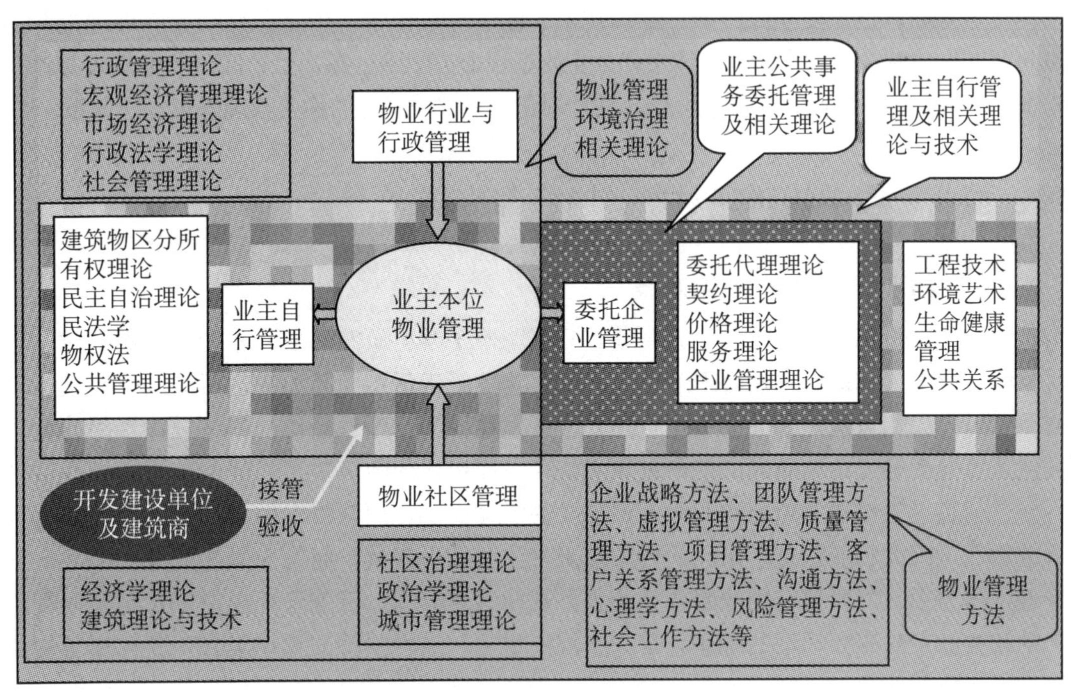

图 2－1　物业管理的理论体系构成图

资料来源：黄安心．物业管理原理．2 版．重庆：重庆大学出版社，2010.

这个体系是以业主本位为立论的理论体系，它包括了一个核心理论、两个运营理论、三大层次理论系列、四个理论作用的管理领域。一个核心理论是指业主公共事务管理理论，也是指导物业管理活动、反映物业管理学科性质的核心理论。两个运营理论是指业主自行管理活动和委托代理条件下的专业物业管理活动的理论，分别是建筑物区分所有权理论和委托代理理论。三大层次理论系列是指以业主公共事务管理委托代理理论为基本作用领域的物业管理基本理论系列、与物业管理的环境治理相关的理论系列和物业管理方法系列。四个理论作用的管理领域是指业主自主物业管理、委托企业物业管理、物业社区管理和物业行业与行政管理。

具体来说，物业管理学科体系，是建立在其他学科理论支撑和本学科理论系统化与实践需要的基础上的完整科学体系。它的逻辑主线可以简述为：从建筑物区分所有权理论出发——构成物业业主自行管理的产权基础；沿着业主公共事务自治管理的轨迹开展物业管理活动——确保业主共同管理权有效实现；专业物业管理按照物业服务企业和业主的物业服务（主要是公共服务）产品市场化交易委托代理关系的市场交易方式——确保业主权益的实现和需求的合理满足；以物业服务企业为专业物业管理的市场化物业服务产品供给主体——保障物业公共服务与经营活动的市场高效率；围绕物业管理区域社区公共环境因素综合治理的理念——达到社区微观的有效治理；最终实现物业业主满意、物业服务企业发展与社区文明进步的目的——全面提升物业管理区域综合效益。

微课 23

随着物业管理行业的发展，国内外对物业管理理论也需要不断完善和发展。一方面，要不断完善以建筑物区分理论为基础、公共管理理论为核心构建起来的物业管理理论体系；另一方面，也需要从经济学、工程技术、法学等其他学科角度研究物业管理理论与实践问题。形成物业管理学科主干体系和分支体系，形成学术生态，繁荣我国物业管理理论研究事业，丰富我国物业管理学术思想，早日创建和完善中国化的物业管理思想理论体系。

四、物业管理学的研究对象、内容与方法

（一）物业管理学的研究对象

每一门学科都有其特定的研究对象，只有明确了学科研究对象，才能深入地探讨学科对象的特有发展规律，物业管理学也是如此。物业管理活动同其他管理活动一样有其活动规律。以往人们可能比较关注物业管理基于开发建设项目经营活动的经济规律，因此比较关注从房地产开发角度研究房地产进入消费环节而形成的经济关系。但由于物业管理活动主要是围绕进入消费领域的物业服务产品交易活动展开，而其根本的属性是物业公共事务管理属性，因此物业管理学研究的对象很难专注于某一领域，而是应以物业业主公共事务管理规律为主，同时研究物业服务企业服务规律、政府物业行政管理规律以及与物业管理活动相关的专项服务活动的规律，是一组规律集合。这种独特的规律集合，就构成了物业管理学研究的对象。

正因为如此，物业管理对象是十分广泛而复杂的，它不仅包括对物业维修养护、使用功能的完善和使用寿命的延长等方面的研究，而且包括更突出的物业产权关系及业主自主治理模式、物业服务市场体系、物业区域人与环境、物业区域综合经营、社区公共关系和文化建设、物业行政管理等物业管理活动领域的规律的研究。前者是早期物业管理研究比较关注的重点，后者是当今社会越来越关注的重点。所以，物业管理学是研究物业管理活动的现象、关系和运行规律的学科，是研究物业管理基本理论和基本方法的学科。

（二）物业管理学的研究内容

物业管理学的研究内容包括物业管理的基本范畴、基本原理、基本内容、基本关系、基本制度和基本方法等，具体来说有：物业、物业管理、物业服务及其相关范畴；物业管理基本理论；物业管理相关理论；物业管理基本方法；物业管理环境、关系与体制；物业服务企业经营管理；物业管理行业自律管理；物业服务市场管理；物业服务产业创新发展；物业行政管理；智慧物业管理等内容。

（三）物业管理学的研究方法

一般来说，物业管理学的研究方法有以下3种。

1. 唯物辩证法或抽象法

唯物辩证法是研究物业管理学的基本方法。物业管理学的研究，一定要坚持运用辩证唯物主义的观点和方法，在纷繁复杂的诸多矛盾中寻求符合客观实际的正确答案，这样才能发现物业管理活动内部的本质联系，从而找到符合物业管理特点的解决问题的途径。

2. 系统方法

所谓系统方法，就是用系统的观点来研究和分析物业管理活动的全部过程。系统方法要求我们了解和把握系统的特性，从中找出系统的特点，并据此研究、分析和解决物业管理中的各种问题。物业结构、设备设施的复杂性，物业使用功能的多样性，物业管理与政府部门、开发商及业主等方面交往的多层面性，都要求我们以系统的观点进行观察和研究。

3. 实证方法

在具体应用宏观调控与微观管理相结合、静态管理与动态分析相结合、定性研究与定量分析相结合等方法的同时，既要注重理论演绎的方法，更要特别注重实证方法的研究与应用。所谓实证方法，简而言之，就是用实际情况予以证实的方法。通过有关数据的收集、整理，对基本情况和过程的描述，为进一步的理论阐述与研究提供事实基础以及充分的案例分析。所以，在物业管理学科研究方法上只重视理论探讨而忽视实证分析，常常无法得出令人信服的结论。只有经过实践证明的案例或事实，才具有操作的可重复性、结论的可验证性；只有将实证分析置于理论演绎之中，才能使理论具有普遍性的意义。

第二节 物业管理基本理论

一、建筑物区分所有权理论

（一）建筑物区分所有权的含义与特征

1. 建筑物区分所有权的含义

建筑物区分所有权是指两个或两个以上的区分所有权人共同拥有一栋建筑物时，各区分所有权人对建筑物所享有的复合权利，它是各区分所有权人对建筑物专用部分所享有的专有所有权，对建筑物共用部分所享有的共用部分持分权，以及因区分所有权人之间的共同关系所产生的成员权的总称。我国《物权法》第70条规定："业主对建筑物内的住宅、经营性用房等专有部分享有所有权，对专有部分以外的共有部分享有共有和共同管理的权利"。

建筑物区分所有权包括下列3种权利。

（1）专有所有权：每一独立单元的所有人就该独立单元享有的单独的所有权（亦称为专有部分的所有权）。

（2）共有所有权（亦称共用部分持分权）：对于建筑物及其附属物的共有部分，除当事人另有约定外，由业主按其专有部分占整个建筑物的比例享有不可分割的共有所有权。

（3）成员权（亦称构成成员权或共同管理权）：当整栋建筑物或整个物业区域的全体所有人成立管理组织以便有效管理相关事务时，各个所有人即享有成员权，包括对重要管理事项的表决权、参与订立规约的权利、选举管理者的权利、解除管理者的权利和请求停止违反共同利益行为的权利等。

2. 建筑物区分所有权的客体

建筑物区分所有权作为一项独立的不动产权利形态，仅是指一栋建筑物的一部分，这样，就面临着建筑物区分所有权的成立与“一物一权主义”的关系问题。一物一权主义是罗马法颁布以来物权法的基本原则。根据这项原则，一物一权的客体是以一物为限及一物之上不能存在两种相同的物权。这里所指的“物”是指除人的身体外，凡能为人力所支配，具有独立性，能满足人类社会生活需要的有体物及自然力。对建筑物来说，将其划分为不同的部分而分别设有所有权，不仅不会影响物的使用功能，恰恰是使用该建筑物所需要的，特别是对建筑物中的专有部分完全可以进行独立的和排他性的占有、使用、处分，并可以通过房地产登记公示于众。因此，于建筑上设定区分所有权，并不违反一物一权主义，关键是对民法上的“物”要做到灵活的理解。

建筑物区分所有权所涉及的另一问题是“空间”是否为“物”。因为建筑物区分所有权是存在于一栋建筑物的各个被区分的空间上，也就是说，“空间权”是否确立。

在农业社会，人类对于土地的利用，一般以地表的平面利用为主，人们使用土地的目的是从事种植业、养殖业等。人们占有、使用土地也就是占有、使用土地地表。在土地立法以前，人们对这个问题的认识并不深刻。假如一个人拥有的土地仅仅以地表为限，也就是说，土地的所有人不能建屋掘井，这样，难以保护土地所有权的安全。19 世纪的工业革命使城市地价高涨，土地的立体化利用已很普遍，使得土地的立法由平面转向立体，即土地所有人对自己所拥有的土地以地表为中心，而有上下垂直的支配权力，在此情况下，“空间权”的概念应运而生，因此，“空间”作为物，可成为区分所有权的客体。

微课 24

3. 建筑物区分所有权的特征

建筑物区分所有权作为现代民法中一种重要的不动产所有权形式，具有以下区别于一般不动产所有权的特征：

（1）复合性。复合性指建筑物区分所有权由专有所有权、共有所有权和成员权构成。一般不动产所有权仅指权利主体对不动产享有占有、使用、收益和处分的权利。

（2）主导性。在建筑物区分所有权所包含的 3 项内容中，专有所有权具有主导性。其主导性表现在：区分所有权人只有取得专有所有权，才能取得共有所有权和成员权；区分所有权人专有所有权的大小，决定了共有所有权和成员权的大小。

（3）一体性。一体性即构成建筑物区分所有权的三要素的专有所有权、共有所有权及成员权必须结为一体，不可分离。在对专有部分进行处分时，其他部分同时处分；不可能对某一部分进行处分而保留其他部分。

（4）多重性。建筑物区分所有权因由专有所有权、共有所有权和成员权 3 个要素构成，所以区分所有权人的身份也具有多重性。对专有部分的所有权主体而言，区分所有权人为专有所有权人；对共有部分享有所有权而言，区分所有权人为共有所有权人；对区分所有建筑物的行使管理权而言，区分所有权人为成员权人。

微课 25

(二) 建筑物区分所有权的内容

1. 专有所有权

(1) 专有所有权的含义。专有所有权又称“专有权”或“特别所有权”，是指区分所有权人对专有部分予以自由使用、收益及处分的权利。

(2) 专有部分的范围。区分所有建筑物的专有部分是由具有一定平面的长度与一定立体的厚度所构成，与其他专有部分或共用部分以墙壁（共同墙壁）、天花板、地板相间隔。因此，所谓专有部分的范围，也即专有部分的界限。由于专有部分的界定直接影响境界部分相接处各区分所有权人自由使用、改良的权利；同时也间接影响建筑物整体的安全，因此有必要对各区分所有权专有部分的范围进行界定，防止可能产生的损害建筑物安全的行为。

关于专有部分的认定，《最高人民法院关于审理建筑物区分所有权纠纷案件具体应用法律若干问题的解释》第 2 条规定，建筑区划内符合下列条件的房屋，以及车位、摊位等特定空间，应当认定为《物权法》第六章所称的专有部分：1）具有构造上的独立性，能够明确区分；2）具有利用上的独立性，可以排他使用；3）能够登记成为特定业主所有权的客体。

微课 26

(3) 区分所有权人作为专有所有权人所享有的权利。1）所有权。专有所有权是以区分所有建筑物的专有部分为客体而成立的单独所有权，具有绝对性、永久性和排他性，区分所有权人在法律界限范围内，可以自由使用、收益、处分专有部分而不受他人干涉，也享有物权保护请求权等。2）相邻使用权。所谓相邻使用权，是指区分所有权人为保存其专有部分或共有部分，或于改良的必要范围内，可以请求使用其他区分所有权人的专有部分，或不属于自己所有的共有部分。

(4) 区分所有权人作为专有所有权人应承担的义务。专有权人的义务，实际上就是建筑物区分所有人的专有义务，归纳起来主要有下列几项义务：1）尊重建筑物区分所有权的性质以及建筑物专有部分的自身性质和用途，按照本来的用途使用专有部分，不得擅自改变本来用途。2）正当维修和改良的义务，即专有权人如果对专有部分进行维修和改良，必须遵循正当性，不得破坏建筑物安全及外观，不能妨碍建筑物整体的正常使用以及违反各个区分所有人的共同利益。3）容忍他人行使专有权的义务，即建筑物区分所有人都有行使专有权的权利，当区分所有人正当使用、维修、改良其专有部分时，其他区分所有人有容忍的义务，不得阻碍和妨害。例如，其他区分所有人因维护、修缮其专有部分或设置管线，必须进入另外所有人的专有部分时，该专有部分的所有人无正当理由不得拒绝。

关于业主在专有所有权方面的权利与义务，《物权法》第 71 条规定：业主对其建筑物专有部分享有占有、使用、收益和处分的权利。业主行使权利不得危及建筑物的安全，不得损害其他业主的合法权益。

微课 27

2. 共有所有权

(1) 共有所有权的含义。共有所有权，或称共用部分持分权，是指建筑物区分所有权人依照法律法规或物业管理区域的管理规约，对区分所有建筑物的共用部分所享有的占有、使用和收益的权利。

（2）共有所有权的形态。1）按份共有。按份共有，又称分别共有，是指数人按应有份额（部分）对共有物共同享受权利和分担义务的共有。在按份共有中，各共有人对共有物享有不同的份额。各共有人的份额，又称应得份额，其具体数额一般是由共有人约定明确的。在区分所有建筑物中，区分所有人应占的共用部分的份额，一般是按物业登记时颁发的房屋产权证中的产权面积作为计算基础。如楼梯、走道、电梯间及电梯间前厅的面积分摊，均按产权面积所占份额计算。2）共同共有。共同共有是指两个或两个以上的民事主体，根据某种共同关系而对某项财产不分份额地共同享有权利并承担义务。共同共有的特征包括：第一，共同共有根据共同关系而产生，以共同关系的存在为前提。第二，在共同共有关系存续期间，共同财产不分份额。这是共同共有与按份共有的主要区别。第三，各共有人平等地对共有物享受权利和承担义务。在区分所有建筑物中，道路、绿地、文体设施等就属于共同共有。

（3）区分所有权人在共有所有权方面的权利。1）对共用部分的使用权。这是建筑物区分所有权人作为共有所有权人的一项基本权利。在一栋建筑物上，专有所有权人对共用部分，如走廊、电梯等依其性质为共同使用，因此，共用部分不管其持分多少，在使用上应是全体使用。2）收益权。这是建筑物区分所有权人作为共同所有权人所享有的一项基本权利，即各共有所有人根据规约或其持分，获得因共用部分产生的利益的权利。如物业区域公共资源经营的收益，扣除物业服务企业经营成本和正当收益外的盈余部分应归业主所有和支配。3）对共有部分的单纯的修复和修缮改良权。该项权利是指承担各共有所有人基于居住或其他用途的需要，可对共用部分享有单纯的修缮改良权。所谓的单纯修缮改良，是指不影响或损及建筑物共用部分原有性质的修缮改良行为。

（4）区分所有权人作为共有所有权人的义务。1）按共用部分的本来用途使用共用部分。所谓本来用途，是指必须根据共用部分的种类、位置、构造、性质及规约的共用部分的目的或用途。例如，停车场用于停车，不允许堆放杂物，用于垂直运输的工具电梯（货梯）不能用于载客等。2）分担共同的费用和负担的义务。区分所有建筑物的共用部分，通常是整体建筑物的实体部分，而为此所发生的管理、修缮、维持、改良费用，应由全体区分所有权人分担。鉴于共用部分分为全体共用和部分共用两类，因而各国都立法规定，全体共用部分的费用由全体区分所有权人分担，部分共用的费用由该部分区分所有权人分担。关于共同费用和负担的范围，主要包括：日常维修和更新共有部分及共用设备的费用；管理事务的费用，包括管理人员的酬金；由区分所有权人共同负担的税项；不动产或区分所有权人连带负责的债务。至于共同费用和负担的份额分担，一般按共有所有权人对共用部分所占的共同持分的比例予以核定。区分所有权人不得以放弃权利不履行义务。

微课 28

3. 成员权

（1）成员权的含义。成员权亦称为构成成员权，我国《物权法》称共同管理权。它是指建筑物区分所有权人基于在一栋建筑物的构造、权利归属及使用上的不可分割的共同关系而产生的，作为建筑物的一个团体组织的成员享有的权利和承担的义务。建筑物区分所有权的成立，是以一栋建筑物为基础的，在该建筑物中，区分所有权人为了实现使用专有部分的目的而必须使用共用部分，各区分所有权人在行使专有部分权利时，不得妨碍其他区分所有权人对其专有部分的使用，不得违反全体共有所有权人的共同利益，此种建筑物构造与权利归属和使用上的不可分割的相互关系，使各区分所有权人在事实上总有该建筑物的共同使用的建筑空间，从而使全体区分所有权人之间形成一共同的关系。为了维持该共同关系的存在，尤其是为了相互力量共同管理共用设施等共用部分及其他共同事务，从而维持区分所有权人继续存在的机能。这样一来。便产生了各区分所有权人作为团体组织成员之一，参与共同管理，享受应有的权利和承担相应的义务，即形成所谓的共同管理权。

（2）区分所有权人作为成员权人的权利。1）表决权。表决权是指业主参加建筑物管理团体的集会，对业主大会讨论的事项所享有的投票表决权。2）提议权。业主可以依法提出召开业主大会，就重要事项进行讨论、决定，或提出意见的权力。如经20%以上的业主提议，业主委员会应当组织召开业主大会临时会议。3）知情权和监督权。按照物业服务合同的约定，接受物业服务企业提供的服务，并监督物业服务企业履行物业服务合同；监督业主委员会的工作；对物业共用部位、共用设施设备和相关场地使用情况享有知情权和监督权；监督物业共用部位、共用设施设备专项维修资金的管理和使用。4）请求权。请求权主要包括以下四项：请求召集业主大会会议的权利；请求正当管理共同关系之事务；请求收取共用部分应得的利益；请求停止违反共同利益的行为。

（3）区分所有权人作为成员权人的义务。1）执行业主大会所做出的决议。业主大会所通过的决议，是管理团体的集体意志，对于全体业主都有约束力。2）遵守管理规约。业主应当依照管理规约的规定行使权利，履行义务。3）接受、服从管理人及其管理服务人员的管理。4）支付共同费用。业主具有对建筑物中属于全体共用部分的管理、维护、修缮和改良所需的负担和费用的分担支付义务。而这个共同费用实际上就是物业管理活动中的物业管理费。

微课 29

（三）物业公共事务管理权及其实现

1. 物业公共事务管理权

建筑物区分所有权重要组成部分的共同管理权的实现，具有相当的公共性质，需要由共同管理人通过一种公共性的治理途径实现。这便衍生出物业管理区域以业主产权实现为核心的、带有社区管理性质的物业管理区域公共事务管理权（简称物业公共事务管理权）。它是共同管理权的业主集体行使的必然产物。当业主集体将物业公共事务管理权委托给物业服务企业后，便产生了物业管理市场上的物业服务企业物业管理项目经营管理权。

2. 物业公共事务管理权的特性

物业公共事务管理权具有以下特性：一是物业公共事务管理权具有可委托性。物业管理权在分解的情况下，业主可以自己行使公共事务管理权，也可以委托物业服务企业或其他管理人行使。二是物业公共事务管理权具有绝对性。物业公共事务管理权是区分所有权人享有的权利，必然具有绝对性，排除他人的干涉。三是物业公共事务管理权具有从属性。物业管理权衍生于建筑物的区分所有权，从属于区分所有权，随其转移而转移，随其消灭而消灭。四是物业公共事务管理权具有社会公益性。物业管理的对象是物业整体，即整个物业管理区域。针对的也不只是某一位区分所有权人，而要涉及各建筑物区分所有权人之间的关系，物业管理区域内部与外部的关系，更具社会公益性。五是物业公共事务管理权具有让渡性。基于物业公共事务管理的复杂性和专业性，由业主共同管理权衍生出来的并由业主组织行使的物业公共事务管理权，一般要由具有专门物业管理知识和技能的个人、组织行使，如委托专业公司行使。

3. 物业公共事务管理权的实现

物业公共事务管理权是由共同管理权衍生而来。物业服务企业行使的物业管理项目经营权源于业主集体的物业公共事务管理权的委托和由此带来的物业区域公共资源垄断经营权。业主的公共事务管理权主要是通过合同确定双方的权利和义务，并通过履行合同来实现的。

为保证物业公共事务管理的有效实现，物业服务企业和业主双方当事人依法享有自愿订立合同的权利，任何单位和个人不得非法干预。在物业服务合同签订的过程中，当事人应当在最大限度地考虑目标物业管理区域物业特征的基础上细致、详尽地约定合同条款，其中包括合同当事人的权利、义务和违约责任。特别要注意的是，由于业主与物业服务企业、业主与开发商的信息不对称，存在履约风险，经济实力上，业主大都处于弱势，因此在物业服务合同的缔结过程中，业主更应该注意保护自身的合法权益，注意规范物业服务合同的条款。

业主权益实现仅限于产权主体角色，不能以业主委员会替代居民委员会，甚至搞无政府主义。不仅如此，业主权利实现还有赖于政府、居民委员会、物业公司、社工组织、民间组织等组织主体对良好有序的物业管理区域环境的营建与保障，形成和谐共治共赢的局面。业主及业主委员会应按各自的角色和职责行事，并参与到社区治理体系中，不能在社区性职责上有僭越行为，不能以业主产权替代其他公民权或居民权等其他个人或集体权益，并绑架业主为己牟利。

微课 30

（四）管理团体与管理规约

1. 管理团体

（1）管理团体的产生。为了维护建筑物各部分应有的机能，解决彼此间纷争，维护共同生活秩序。协调彼此间的共同利益，需要一个超越个人的团体组织，以借助该团体组织的力量，妥善订立管理规约，设置管理机构，处理共同事务。区分所有权人团体组织因而形成。

（2）管理团体的建立。由此可见，所谓团体，是指一栋区分所有建筑物上全体区分所有权人为进行建筑物及其基地、附属设施及共同事务的管理而结成的管理组织。业主委员会是管理团体的具体表现形式。

（3）管理团体的模式。区分所有权人管理团体的法律性质是现代区分所有建筑物管理制度上的一个重大问题，比较各国立法，我国学者认为，管理团体的法律性质可归纳为 4 种模式。1）不具法人资格的团体。此类是以德国现行住宅所有权法为代表。我国台湾地区的“管理委员会”也是不具有法人资格的管理团体。2）具有法人资格的团体，其代表国家如法国、新加坡。此模式不分情况，一律承认区分所有权人管理团体享有法人资格，我国香港特区采用这一模式。我国业主委员会法人资格问题，尚有争议，但从现有的法律条文和司法解释看，事实上已被看作法人团体。3）管理团体法人（附条件的法人资格模式）。如日本建筑物区分所有权法规定，由 30 人以下的区分所有权人所构成的管理团体在性质上即为无权利能力的社团。称为“区分所有权人的团体”（或管理团体）；但区分所有权人人数为30人以上，且“由区分所有权人及议决权（表决权）各以3/4以上的多数的集会会议，决定成立法人，规定名称和办公场所，并在主要办公处所所在地进行登记”，即成为拥有法人资格的“管理团体法人”。4）判例实务上法人资格。如美国，在现有法律制度上不承认区分所有权人管理团体（公寓所有人协会）具有法人资格，但在实际上，在法院案例判决上，区分所有权人管理团体（公寓所有人协会）的法人资格已普遍获事实上的承认。

微课31

2. 管理规约

（1）管理规约的概念。现代各国建筑物区分所有权立法与实务中所说的管理规约，是指全体区分所有权人就建筑物的管理、使用及所有关系，以书面形式所订立的自行管理规则。一般来说，建筑物规模大而且区分所有权人数较多时，共用部分的管理及所有关系也变得比较复杂。有必要设定一个各区分所有权人共同遵守的规约，以维护区分所有权人全体的合法权益，以及物业管理区域内的公共环境秩序，保障物业的安全与合理使用。管理规约的性质，是区分所有权人管理团体客观化了的自治法规，如同国家的宪法和公司的章程，为区分所有权人管理团体的最高自治规范。

（2）管理规约的设定、变更及废止。关于管理规约的设定、变更和废止，各国立法及实务虽然不尽一致，但归纳起来主要有两种途径：一是通过区分所有权人全体会议进行；二是房地产开发建设单位或出售单位预先制定，在分批出售房屋时，分别与单个买受人（受让人）达成同意该项管理规约的协议。

（3）管理规约的内容。1）关于区分所有权人间的基础法律关系（或所有关系）事项。例如共用部分的持分比例、共用部分的所有关系——部分共用部分与全体共用部分，各专有部分分配基地利用权的比例，建筑物灭失（或部分灭失）时等，以及各区分所有权人的权利和义务。2）关于区分所有权人间共同事务的事项。例如，管理团体的组织机构、人数、权限及营运方式，管理人的选任、任期及职务权限、集会的方式（如召开会议的通知，表决权比例与法定人数变更时），管理费用的数额及缴纳方法（如缴费日、迟延利息及存放等）。3）关于区分所有权人间利害关系调整的事项。一是专有部分的使用限制。专有部分虽然为专有所有权客体，区分所有权人可以任意使用、收益及处分，但为了建筑物的安全使用及维持区分所有权人间的共同体秩序，专有所有权的行使应受到一定的制约。例如重量物、易燃物、爆裂危险物、不洁物、散发恶臭物等均可以用规约规定严禁携入；对其他区分所有权人构成妨碍或危害的动物饲养的禁止；供居住用建筑物，一般不得从事非居住活动，尤其禁止饮食店等营业使用。但居住建筑物对用途限制不得超过合理限度。二是共用部分（含基地）及附属设施的使用方法。如在基地内的一幢住宅，其一定部分作为某些区分所有权人的专用庭院，或将基地某一部分作为停车场，使拥有汽车的人作为无偿或有偿使用。当然，这些部位的使用有一定的限制，并且在不损害其他区分所有权人使用其他部分时，规约方为有效。4）关于对违反义务者的处置意见。区分所有权人违反了管理规约的约定，应承当相应的违约责任。因此，在制定管理规约时应说明对违反者的处理程序和方法。

（4）管理规约的效力、保管及阅览。管理规约是区分所有权人团体的最高自行管理规则，因此，区分所有权人集会的决议、管理者的行为等均不得与规约相抵触。关于规约的时间效力，规约本身若定有生效日期，以规定为准；若没有定生效日期，一般解释为自规约订立日起生效。规约一般由管理者予以保管。但在无管理人时，则由使用建筑物的区分所有权人或其代理人根据规约或集会决议所定的保管人予以保管。保管规约的人在有利害关系的人请求查阅时，除有正当理由外，不得拒绝对规约的阅览。关于规约的保管地点，一般是张贴在建筑物内易看见的地方，或每个区分所有权人都有一份。

微课 32

二、公共管理理论

（一）公共管理的基本概念

公共管理是指公共部门与准公共部门共同满足公共需求、处理公共事务、提供公共产品和公共管理，以实现良好治理的管理活动。公共管理包括“公共”和“管理”两个方面。“公共”是指公共管理的本质属性，它表明公共管理的本质是提供公共产品，管理社会公共事务，以满足社会公共需求；“管理”是指公共管理作为管理活动的一般属性，它表明公共管理是公共管理主体实施公共事务管理的一系列计划、组织、协调、控制等管理活动的总和。

处理公共问题的关键是通过公共部门与准公共部门的合作，共同满足社会公共需求、提供公共产品与公共服务、处理社会公共事务，从而实现良好的治理目标。

（二）公共管理的基本理论

1. 公共产品理论

公共产品理论是新政治经济学的一项基本理论，也是正确处理政府与市场关系、政府职能转变、构建公共财政收支、公共服务市场化的基础理论。根据公共经济学理论，社会产品分为公共产品和私人产品。按照萨缪尔森（Paul A. Samuelson）在《公共支出的纯理论》中的定义，纯粹的公共产品或劳务是这样的产品或劳务，即每个人消费这种物品或劳务不会导致别人对该种产品或劳务消费的减少。而且公共产品或劳务具有与私人产品或劳务显著不同的 3 个特征：效用的不可分割性、消费的非竞争性和受益的非排他性。而凡是可以由个别消费者所占有和享用，具有敌对性、排他性和可分性的产品就是私人产品。介于二者之间的产品称为准公共产品。由于公共产品具有消费上的非排他性，不管是否付费，都可以获得消费收益，就会出现“免费搭车”现象，因而公共产品的生产费用一般采取税收方式强制性地分摊。

公共产品的提供方式有 3 种。一是由公共部门提供。基本公共产品要由政府部门亲自提供，如由政府独资经营的公共产业、公安服务、义务教育、社会保障等。二是由市场和私人部门提供。政府负有生产公共产品的责任，但不是由政府机关亲自提供公共服务，而是由社会组织、基层组织和民营企业去提供公共服务，政府负责监督公共产品提供的效果与效益。混合公共产品可以由私人部门或非政府组织生产，如政府发包的公共工程，由民营企业竞标承建；又如政府修建好的高速公路，交由民营企业或社会组织承包经营；再如城市自来水供应，既让国有企业提供，又让民营企业进入，形成竞争等。三是由政府公共部门与非政府组织、私人企业合作提供。一部分混合公共产品可以采取由公共部门、非政府组织、私人部门三者共同提供的方式。

2. 新公共管理理论

新公共管理理论的理论来源主要是公共选择理论、新管理主义理论和新制度经济学理论。其中，公共选择理论主张重新界定政府、市场、社会三者之间在提供公共产品和公共服务中的作用，主张缩小政府在提供公共产品与公共服务中的作用，扩大市场和社会在公共服务中的作用。政府的职能只能是掌舵，而不是划桨。

根据“新”公共管理的市场化和社会化的基本思想和理论，社区管理属于公共管理范畴；为公共管理在“社区”层次的理论研究和社会实践开创了一片新天地。社区管理的公共管理属性表现如下。首先，社区是社区成员的“利益共同体”，是一个非营利的社会组织，其“共同利益”不具有私人性质。其次，社区的“共同利益”的内容不仅仅指物质利益，如社区基础设施、社区环境等公共物品或服务，还包含更多非物质利益，比如价值观念、习俗文化、生活方式等，是一个比较抽象的社会性概念，具有社区“共享性”。社区共享利益的内容是社区的本质、社区存在和发展的标志。再次，社区没有一个明确的界限，成员可以流动，拥有的资源系统也处于不断的变化中，其共同利益具有动态的可变性；而且显示出一定的非私人性，从而具有较强的公共性质。

社区公共利益具有社会共享性，就必须确保公共利益的增加和公平分配，就需要“管理”来引导、协调、控制和监督等，以实现社区的良性运行和协调发展。社区是一个组织，其宗旨或活动目标、活动空间、约束范围等都以社区为基础，具有动员社区自然资源、社会资源及人力资源，组织生产，开展服务，解决问题等的“管理能力”，实现这个管理能力的活动就是“社区管理”。但是，如何增进和分配公共利益是社区管理的关键问题。社区管理的基本思想是“民主自治”管理，“自治”的核心就是由社区居民处理社区公共事务，决定社区“公共领域”的运行。可见，社区管理远离政府干预，具有现代意义上的公共管理内涵。

3. 新公共服务理论

新公共服务理论是从市场和经济学的角度重塑行政的理念和价值，从而建立了一整套全新的行政发展架构的理论体系。在对新公共管理进行批判和反思的基础上，一些学者提出了新公共服务的理论。新公共服务理论是在与新公共管理理论的争论中产生与发展起来的，从新公共管理学派产生起，新公共服务学派就对其加以不断的尖锐的批评，用公共服务理论的公共取向、民主取向或社群取向批评新公共管理学的“市场模式”。

新公共服务学主张在公共管理改革中倡导参与式国家模式，强调保护公民自由，发挥社区与非政府组织在公共管理中的作用，发挥民主特别是直接民主机制的作用。

首次正式、系统地提出新公共服务理论的是美国行政学者罗伯特·丹哈特（Robert B. Denhardt）和珍妮特·丹哈特（Janet Vinzant Denhardt）。新公共服务理论的基本原则如下：第一，政府的作用是服务而不是掌舵；第二，公共利益是目的，而不是副产品；第三，战略地思考，民主地行动；第四，服务于公民，而不是顾客；第五，责任不是一个简单的概念，公务人员不仅要关注市场，还应该关注依法行政、政治规范、专业标准与公民利益；第六，尊重人的价值，而不是仅仅重视生产力的价值；第七，尊重公民与公共服务的价值，重于企业家精神的价值。

（三）公共管理理论在物业管理上的应用

在物业管理活动中，公共管理理论的意义在于为物业管理或物业服务提供了一些新的思考方式。严格来讲，物业公共事务管理不是传统意义上的公共管理，充其量只能算准公共管理。但实际如前所述，物业管理有公共管理性质是确信无疑的，关键是不要受传统观念的束缚，重新审视物业管理这个新学科、新事物。我们不妨从公共管理角度界定的物业管理基础性新概念出发谈谈如何开展物业管理工作。

1．维护物业公共事务管理主体利益，确保业主自行管理权的实现

从产权角度，物业公共事务管理原始主体是业主。业主通常通过业主大会和业主委员会形式或其他自治组织形式来实现其管理权，维护自身利益。从派生角度，业主又是通过业主大会集体委托形式，将物业管理权委托给物业服务企业或其他管理人，物业服务企业或其他管理人成为派生的市场主体。产权的分解性使业主成为物业公共事务管理的主体变成可能，这时，从业主产权角度，有可能分化及同时出现两个角色：一是产权未分解时的完全私人物业产权管理主体；二是产权分解时的专有产权主体、共有产权主体和共同管理权主体。共有产权主体和共同管理权的行使，衍生出业主公共事务管理主体。业主成为物业公共事务管理的主体的前提是区分所有建筑物的存在，并有相应的制度保障。

建筑物区分所有权制度，一方面保障了业主对专有部分排他的所有权；另一方面，对于不具有排他性的共有部分的公共事务，则交由全体业主集体通过自行管理方式解决，既避免了共有产权模式下个别协商成本高昂、效率低下的难题，又保全了业主个体对专有部分的完整所有权。因此，业主集体自行管理所指向的对象不是针对专有部分，而指向共有部分以及共同管理物业区域的公共物业事项。

2．物业服务企业保证所提供的物业服务产品必须是业主集体的共同需求

物业管理中的公共需求是物业区域区分所有权人在物业管理区域内物业共用部位和共用设施设备的使用、公共秩序和环境卫生的维护中所形成的服务需求。这种服务需求是物业区域共同需要，并经业主与物业服务企业谈判确立需求等级、标准和要求，订立在物业服务合同中，双方按物业服务产品交易的规范和模式进行交付和消费。物业服务需求是社会成员的共同需要，也称普惠性需求，社会成员平等享用。

因此，物业服务企业及员工在开展服务时，一是要认真调查了解业主的公共需求，要一切“以业主为中心”，了解其实际需求；二是要积极参与业主大会及业主委员会的活动，及时掌握业主需求信息，提早做好服务准备工作；三是要在与业主谈判签订物业服务合同时，应对双方权利义务认真研究，仔细斟酌，要将日后服务标准要求能否实现、服务工作能否正常开展作为签约的重要价值准则。否则有可能会在不能履约的情况下触犯“众怒”。四是要在服务工作中平等对待每一个业主，将优质物业公共服务惠及所有物业区域的业主，密切与业主之间的关系。同时要注意“关键业主”在民意中的影响，与其加强沟通联系，掌握公共服务的主动权。

3．防止出现物业服务企业在服务产品提供上的经营垄断

物业服务企业提供的主要是公共产品，公共产品具有非竞争性，往往采取垄断经营方

式提供，物业管理产品提供更是如此。《物业管理条例》第 34 条规定：“一个物业管理区域由一个物业服务企业实施物业管理。”物业公共服务在供给上具有垄断性，带来了物业区域服务总成本的集约性，并奠定了物业区域物业服务的规模经济和范围经济优势。但这种垄断性特点往往使物业服务企业滥用“自然垄断”① 地位侵害业主权益，主要表现为物业服务提供者的剥削性滥用行为（如超高收取物业服务费、物业服务捆绑收费、其他强制交易行为）；物业服务提供者的内部交叉补贴；“劫持”业主委员会等。物业服务企业往往以获得物业管理权从而获得垄断利润为最终目标，而不是以提供优质物业服务为最终目标，或者一旦取得了物业管理权，就将优质服务产品提供放在一边。

公共服务的这一特性，表明公共服务具有规模经营带来的成本上的优势的同时，也存在“自然垄断”问题。因此，在物业服务过程中应注意以下几个问题：首先，物业服务企业对规模经营要有足够的认识，合理选择物业服务项目的规模，确定合适的规模经营策略。其次，物业服务企业与团队要进行适应经营环境的组织变革，对项目团队按精干、专业、活力、快捷、优质的原则进行建设与改组，对公司组织进行柔性化、扁平化改组。最后，针对物业服务企业的“自然垄断”问题，业主和行业协会、政府部门都要发挥作用，通过制定反垄断法规或制度、业主维权、行业自律、信用管理、行政监督去解决这些问题。

4. 关注物业服务产品消费的“非排他性”

非排他性是指从技术上不可能或者必须花费巨大的成本才能将拒绝付费的人排除在公共物品的受益人之外。非排他性可能产生物业公共服务产品的过度消费的“公地悲剧”②现象。它助长了业主只享受物业服务，而又不愿缴费的心理和行为，物业服务企业将不堪重负，或投入资源减少，影响服务质量，最终导致业主利益减少。但是在物业公共服务产品的交易中，理论上业主是处于主导地位的，物业服务企业将最终承担不利的结果，业主集体可能会排斥该企业提供的物业服务产品或恶意否定服务质量，导致出现“囚徒困境”③现象，即业主享受物业服务而不支付成本代价，业主拒绝与物业服务企业合作，物业服务企业利益最小化，以致物业服务企业只好撤离该物业服务项目。

针对“公地悲剧”和“囚徒困境”问题，第一应认识到物业服务费收缴率只有更高，没有最高，即在物业服务费收支平衡问题上，应主要基于现实的经验数据考虑，不可理想化，否则正常的管理难以为继。第二是对物业服务收缴工作要有足够的重视，应建立动态物业服务费标准调整机制，从源头上减少纠纷。第三是增加收费开支的透明度，依法让业主参与重大开支决策及财务监督，积极推行酬金制。第四是对无理取闹、拒不缴费的“钉子户”要采取必要措施进行解决。第五是强化第三方物业服务客户满意度评价制度，客观

① 自然垄断是经济学中一个传统概念。古典经济学家约翰·斯图亚特·穆勒（John Stuart Mill）1848 年提出自然垄断概念。早期的自然垄断概念与资源条件的集中有关，主要是指由于资源条件的分布集中而无法竞争或不适宜竞争所形成的垄断。

② “公地悲剧”：1968 年英国科学家哈丁（G. Hardin）在美国著名的《科学》杂志上发表了《公用地的悲剧》（*The Tragedy of the Commons*）一文，文中提出牧民利益取决于放牧数和草地承受力：无主公地往往放牧过度，导致牧草减少，最终导致产奶减少的结果。

③ “囚徒困境”是图克（Tucker）1950 年提出的一个著名的博弈模型，是完全信息静态博弈的典型例子。假定两个合谋犯被警察抓获，不能互通信息。两人均坦白各被判 5 年，共服刑 10 年；一人坦白立即释放，另一人拒不承认被判 8 年，共服刑 8 年；两人都拒不承认各判 1 年，共服刑 2 年。所以大家都拒不承认是服刑最少的。

评价物业服务质量。

5. 注意理解物业公共事务的特点，开展针对性的物业服务项目

物业公共事务管理服务活动是针对物业管理区域共用部位、共用设施设备、相关场地的管理和公共秩序维护的活动，涉及物业全体业主整体的生活质量和共同利益。物业公共事务只涉及共同管理权运作效能问题，具有公共性、公益性、非营利性和规模性等特点。一般而言，业主在享受公共服务的过程中并不需要“一对一”交费，并且物业服务是一种微利服务，不能直接将付费与服务质量好坏建立联系，因此，业主不容易感受到物业管理服务的存在，并且物业服务质量越高，业主越觉得物业服务没有价值。

因此，物业服务企业在提供物业公共服务时，必须注意以下几点：其一是物业服务产品的界限要清晰。物业业主和物业服务企业必须在物业服务合同中明晰物业服务业务范围、服务项目、服务等级、服务质量标准、收费标准等事宜。不可无限扩充和延伸，也不可模糊抽象，否则双方都可能不会接受，由此产生物业服务纠纷。其二是注意物业管理区域的边界，与政府公共服务、公用事业单位的服务的边界要清晰。其三是开展经营服务时，要注意公共服务的特点，处理好经营服务与公共服务的关系。经营服务项目选择、管理服务方法都要考虑公共管理的特点，如开展服务展示活动，将服务决策、流程和方法、服务费用信息等公示。

6. 将物业管理融入社区治理体系，培育物业管理区域利益主体及参与意识

物业管理区域的社区治理是在基层政府机构统一领导下，物业管理区域各种管理主体既依据各自职责进行自行管理达成自身目标，又以社区整体利益增进为归宿的综合协调管理活动。它是物业区域不同的利益主体之间的意见和行动达到各方利益主体共赢的局面的过程。在物业管理区域实际上存在多种治理架构和治理的触角：政府宏观物业管理向物业管理区域的延伸、城市社区文明管理与建设运动的冲击与覆盖、居民自治活动的直接影响、业主自行管理活动、物业服务企业内部管理活动及委托管理行为、公用事业单位及其他专业公司及产品提供商的商业活动规则及行为的影响、民间组织的参与等。

在社区治理背景下的物业管理模式的设计与运作中，首先要强调企业家精神的作用。通过分开运营的方式突出物业、物业管理、物业服务、物业管理从业人员和物业服务企业家的价值，突出物业管理的社区治理主要载体、枢纽和社区“稳定器”作用。其次应处理好“企业家精神”作用与“民主参与”价值之间的关系，从不同角度重视业主同时是公民、市民、居民等不同身份的社会主体的参与价值与作用。再次要以增进物业管理区域公共利益为最终目的。物业管理区域治理应在各种不同的权力关系和制度下，遵从各主体自身行为逻辑的同时，秉承共赢的理念，通过协商、妥协、合作的方式，合理配置各种有限的物业区域社会资源，实现物业服务企业、业主及非业主使用人、其他利益相关者的活动有序化、合作化，以最大限度地增进物业区域的公共利益。

微课 33

三、委托代理理论

（一）关于委托代理理论的经济学解释

委托代理理论是制度经济学契约理论的主要内容之一，主要研究的委托代理关系是指

一个或多个行为主体根据一种明示或隐含的契约，指定、雇用另一些行为主体为其服务，同时授予后者一定的决策权利，并根据后者提供的服务数量和质量对其支付相应的报酬。授权者就是委托人，被授权者就是代理人。

委托代理关系起源于“专业化”的存在，当存在“专业化”时就可能出现这种关系。在这种关系中，代理人由于相对优势而代表委托人行动。现代意义的委托代理的概念最早是由罗斯（Ross. S）于 1973 年提出的：“如果当事人双方，其中代理人一方代表委托人一方的利益行使某些决策权，则代理关系就随之产生。”

委托代理行为发生的前提是委托人和代理人均是理性的。委托人是理性的，即委托活动将增加委托人的利益，或减少委托的损失；代理人也是理性的，将从委托代理中获得报酬。委托关系之所以能够成立，是因为受托人能够解决委托人在生产、生活中自己不能解决或处理不好的事务。例如，对缺乏物业管理知识的人，可以委托物业服务企业办理有关物业管理事务。物业业主之所以将物业管理权委托给物业服务企业是因为自己管理不如专业的物业服务企业管理得好，成本也高；物业服务企业之所以愿意接受委托管理物业，是因为专业化分工和规模经营可以降低成本，从而获得企业应得的收益，同时还提高了服务质量，赢得业主的满意。

委托代理之所以能够存在，主要原因有二：一是源于代理人能够解决被代理人无法自己处理的事务，如专业物业管理活动，这对于没有专业的机构、设施设备、人员和资质的业主来说是无法自己实现的；二是让代理人代理被代理人的事务比被代理人自己处理事务时成本费用更低或收益更多。如单个业主自己处理物业公共服务问题，不但难以处理好，而且成本会比专业物业服务企业规模经营成本高得多。

（二）物业管理中的委托代理

1. 物业管理委托代理的产生——交易费用及分工问题

在物业管理实践中，业主为了使物业保持一个良好的状态，使居住（或办公、商业）环境更加舒适，生活品位更高，就需要对物业进行管理，比如清洁、绿化、安保、空调、消防、楼宇自动化等。这时，他们有两种选择：一是业主直接在市场上购买各种所需劳务或实物产品；二是委托一家物业服务企业对所有物业管理相关事项进行专业服务。

第一种情况下，业主要分别聘请园丁、清洁工、维修工、保安员，购买空调机电设备等，要与多家企业（或个人）进行交易。这种方式虽然直接，但是缺少集体谈判机制，单个业主面对供应商在谈判中会因信息不对称而处于弱势，价格往往会很高，同时在没有规模的产品及服务交付条件下，固定成本摊销也会导致价格提高，虽然有越来越多的途径使人们能较容易地找到所需信息（如通过互联网），搜寻成本有可能减少，但不可能消除。这种情况对于独立别墅或单一业主的物业有一定价值，但对区分所有建筑物的建筑物区分所有权人就不适用。这些业主所需的物业服务主要内容不仅仅是清洁、维修、安保等“硬件”的管理，更多是社区公共秩序管理、关系维护、文明建设、精神和心理需求等“软件”需求。

第二种情况下，物业服务企业的引入将大大降低业主管理的复杂程度。按科斯（Coase）的理论，业主只需与物业服务企业签订一个合约，不必与各个专业公司（比如清洁公司、园林绿化公司、电梯公司、机电公司等）签订一系列繁杂的契约。并且如果签订一个较长期的契约替代若干个较短期的契约，那么签订每一个契约的部分费用就将被节省下来。这种方式既有利于降低交易成本，又有利于简化业主对供方的管理难度，便于监督与控制。

由此可见，专业物业管理的产生有其必然性。业主将物业管理工作委托给专门的物业服务企业完成，这样一方面可以充分利用外部资源（物业服务企业）提供的专业化管理和高生产率，使物业的价值最大化；另一方面，业主也不用为非自己专长的物业管理事务分散精力，可以专注自己的工作，从而在分工条件下提高了整个社会的产出水平。另外，开发商从事房地产的投资、修建及销售活动，但他们并不一定要直接进行物业管理。如果在市场上聘请物业服务企业来管理的效益大于开发商自己筹建物业服务企业进行管理的效益，那么开发商就倾向于委托其他的物业服务企业。

我国《物业管理条例》提倡房地产开发与物业管理“分业经营”，但目前这种进程似乎很缓慢，甚至倒退。这其中的主要原因是“混业经营”对开发商有利。另外，我国的市场监管业界同样存在类似的问题——“混业运营”，即物业及物业管理的价值从属于市场监管企业运营的价值，物业及物业管理没有体现独立价值。市场监管企业破产时才发现资产（主要是各种房地产物业及设备）的价值。因此，委托代理制在物业管理活动中存在下去的重要前提是“分业经营”和“分开运营”。而“分业经营”和“分开运营”的前提又是物业服务提供商让开发商和物业公司投资人看到物业管理独立运营所创造的更多价值。

2. 物业管理的效率来源——专业化分工与学习效应

“一体化”运作模式是工业经济时代企业组织中普遍存在的一种现象，其特点是：沿着产业链顺序作业，强调所有工序整体“面”上的改进，主张加强产业链条，依靠自身的力量，信守“肥水不流外人田”理念，将所有环节的利润收于同一家公司。从企业竞争力角度来看，这种传统的一体化作业的策略思考已经落伍，世界已进入分工整合的新阶段。如今，许多国家和产业正在向分工整合模式转变。在分工整合的环境下，没有任何公司可以什么都做，并且都做得很好。企业必须集中资源和力量，选择一个或几个最具优势或专长的领域，在专业化的基础上形成技术优势和规模优势，成为专业领域的领头羊。在我国物业管理行业成长的初期，主要实行的是“小而全”“大而全”一体化运作模式，相当一部分物业服务企业偏向在公司内部建立各种部门，聘请相关人员以应付在管理中碰到的各种问题。而物业管理本身具有综合性，涉及治安、绿化、清洁、智能化、会所经营、房屋修缮等方面，这些项目中有些部分是专业性较强、科技含量较高的项目，如电梯系统、监控系统、消防报警系统的安装、维修和保养等。由单一企业包揽所有业务的做法会使企业内交易费用（特别是专业化费用）过高，工作效率较低。所以，越来越多的物业服务企业采用外包的形式来进行管理。

“外包”（outsourcing）是分工整合模式下的一种有效的组织方式。外包最早在1990年由哈默尔（Gary Hamel）和普拉哈拉德（C. K. Prahalad）在《哈佛商业评论》发表的《企业的核心竞争力》一文中提出。外包，从字面上可理解为out加sourcing，即“外部求源”。外包可以看作劳动分工的延伸。企业将非自己专长的业务外包出去，充分利用最优的外部专业化资源，可降低生产的复杂性与管理的难度，减少经营成本，增强核心竞争力，并提高对环境的应变能力。

专业化分工使企业产生学习效应。对于物业服务企业及外包企业（供应商和分包商）而言，适当的外包能使企业集中精力专注于生产某个特定的产品，并使大规模生产成为可能，这样一来就可产生学习效应。学习效应能带来巨大的外溢效果。学习曲线（Learning Curve）也称经验曲线，是美国康乃尔大学赖特（Wright T. P.）博士首先在飞机制造业发现的。他发现累计产量和累计平均生产成本（工时）之间存在某种函数关系（即学习曲线），每当飞机的产量积累增加 1 倍时，累计平均单位工时就下降约 20%，即下降到产量加倍前的 80%。学习效应的产生是因为我们不仅可以通过“干中学”这种免费的非正式教育直接在工作中学习，更可以通过向别人学习来积累自己的经验，这种直接与间接知识、经验的积累可以积累人力资本，降低生产成本，最终会带来巨大的外溢效果与经济效益。

（三）物业管理委托代理活动中应注意的问题

在物业管理中，委托代理关系是通过一系列连续性的合约得以实现的。任何合约缔约方的目标，都可归结为寻求自身利益的最大化或损失的最小化。与一次性的交易合约不同，物业服务合同目标的实现包含了一个很长的持续期。

在这一期间，存在着 3 个层次的决定关系：第一个层次是委托代理关系的制度设计，决定了双方的权利与义务；第二个层次是委托人所采取的监督和激励的有效性，决定着代理人的行为，按照委托人的要求开展工作；第三个层次是最终代理人的敬业精神和工作努力水平，决定着物业管理的实际效率。因此，在开展物业管理的过程中需要注意以下问题。

1. 产权利益

在委托代理关系中，对代理人进行监督或激励的原动力来自初始委托人对产权利益的追求，包括业主在自用时对使用效益的追求，在经营时对租金收益的追求或在转让时对价值的追求。在物业管理中，委托人可以是一个产权人，也可以是多元产权所构成的利益共同体。作为利益共同体，成员越多、规模越大，每个委托人分享的份额就越小，多元产权主体“搭便车”的倾向就越严重。于是，委托人监督的积极性下降。

从这个角度考虑，物业业主不宜太多，住宅区物业区域规模不宜过大，一些特大型住宅开发物业区域，不宜成立一个业主委员会，可在一个业主委员会下设立更细的业主小组、业主分会、专业工作小组等，以便让更多业主关心公共利益，监督物业服务企业的管理服务。

2. 监督距离

在物业管理中，业主对物业服务企业的监督环节较为复杂。首先，“物业管理”是针对各类物业、环境和秩序的专业性管理，对管理质量的评价和判断具有较大的不确定性，相应地，代理人较委托人拥有更强的信息优势；其次，物业管理的委托代理，是由若干个连续性的合约组成的，包括初始委托人（众多产权人）→业主委员会→物业服务企业→最终代理人（公司员工），其中存在着因产权性质而异、为数不同的中间层，每个中间层则同时具有代理人与委托人双重身份。可见，从初始委托人到最终代理人有相当长的“监督距离”，而监督距离越长，中间层越多，监督积极性就越小。

考虑到这一特点，业主在设计具体的委托代理制度规范和物业服务合同招标、订立时，就要考虑委托层次问题，要么减少委托层次或主体，如在招标文件中明示不接受两家以上公司联合招标，不得将项目整体转包等，要么明确专项业务外包是否允许及允许时的规范要求，避免日后产生服务纠纷。

3. 激励手段

“激励”一词，作为心理学的术语，指的是持续激发人的动机的心理过程。在某种内部和外部刺激的影响下，使人始终维持一个兴奋的状态。激发人的动机的心理过程可以表示为：需要引起动机、动机引起行为、行为又指向一定的目标。即人的行为都是由动机支配的，而动机则是由需要所引起，人的行为都是在某种动机的策动下为了达到某个目标的、有目的的活动。物业服务企业最大的需要是通过提供管理与服务活动，获得企业的最大利益。只有在可以获取最大利益的“动机”的驱使下，物业服务企业（代理人）才能不断提高自己的服务水平。委托人要通过刺激代理人的工作动机，获得最大的产权利益。

在实际工作中，对于那些管理较好的物业服务企业，应通过合约期满后的续约、再聘用等方法给予激励，在心理学上称为“正强化”。正强化的另一面是负强化。物业管理中的负强化就是要有一种“替代威胁”，即代理人如果管理服务不好，委托人可解雇或改换代理人。除此之外，政府要规范物业服务行为，形成公平、公正的竞争市场环境，激发物业服务企业发展的内在动力，使物业服务企业能通过正当途经和自身的努力实现自我价值和获得自身利益，成长发展。业主要为物业服务企业的经营发展提供便利（如获得合理利润、必要的配合与协助）和机会（如物业区域公共资源的经营），使物业服务企业得到合理收益，提升企业实力，反过来为业主提供更好的服务，实现共赢，避免“劣币驱逐良币”现象发生。

4. 行为能力

在合约关系中，委托方与代理方必须具备谈判和履约能力。现实中，业主委托方往往是弱势群体，在选择物业服务企业以及日后的管理监督服务企业的能力方面都存在问题。

因此，在业主委员会成立与运作以及委员的选择上要注意以下几点：其一是在业主委员会组建的过程中，要严格挑选条件适合的业主。既要避免开发商、物业服务企业的恶意操纵，又要避免有不良动机的业主串通合谋委员职位，应当有权威组织，如党组织、行政机构的组织与引导。其二是充分调动业主委员会各成员的积极性。在这方面，不仅要充分利用业主委员会委员对自身利益和价值的追求偏好，还应辅以相应的激励措施，如信任、尊重并赋予相应的权力、经费保证等。其三是要让业主委员会成为具有民事权利能力或行为能力的法人组织或具有法人资格的团体，以便更好地通过法律途径维护业主权益。除此以外，业主应通过业主大会维护业主委员会的权威性并帮助其提高执行力，业主应增强管理意识、要遵守管理规约，支持业主委员会的工作。对那些“老赖”业主，应用信用管理手段制止。

在现实生活中也存在物业服务企业履约能力问题。由于物业服务市场尚不成熟，物业服务存在着许多不规范的地方，在监督制约机制不完善的情况下，屡有物业服务企业违规违约：不按约提供服务；擅自撤管；侵占业主公共收益等。对待此类问题，应当通过行政监管、行业自律、信用管理和司法诉讼等措施解决，还可以通过实施物业服务责任保证金制度来维护业主合法权益。

微课 34

四、服务理论

（一）服务的概念及特征

1. 服务的概念

“现代营销学之父”菲利普·科特勒（Philip Kotler）给服务所下的定义为：服务是一方能够向另一方提供的本质上无形的任何行动或利益，并且不会导致任何所有权的产生。它的生产可能与某种物质产品相联系，也可能毫无联系。由此可见，服务并非是一种物质性、有形的，可眼见、手摸的一般产品。

从经济学角度讲，“服务”从一般意义上是指为满足他人的某种需要而提供服务劳动，并收取报酬的经济性活动。广义的服务包括在备有劳动资料前提下提供劳动的服务和不备有劳动资料、仅提供劳动力的劳务两类活动。

2. 服务的特征

（1）不可感知性（无形性）。不可感知性是服务的主要特征。与有形的消费品或产业用品比较，服务的特质及组成服务的元素，很多时候都表现为无形、无质，让人无法触摸或不能凭肉眼看见，甚至使用服务后的利益，也可能要等一段时间才能感觉到。

（2）不可分离性。有形的产业用品和消费品在从生产、流通到最终消费的过程中，往往要经过一定的时间间隔。而服务则与之不同，它具有不可分离的特性，即生产过程与消费过程同时进行。也就是说，服务人员提供给顾客的服务不是一个具体的物品，而是一系列的活动或者说是过程。

（3）差异性。差异性是指服务的构成成分及其质量水平经常变化，很难统一界定。服务业是以“人”为中心的产业，由于人类个性的存在，使得对于服务的检验难以采用统一的标准。一方面，由于服务人员自身因素（如心理状态）的影响，即使由同一服务人员所提供的服务也可能会有不同的水准；另一方面，由于消费者直接参与服务的生产和消费过程，消费者本身的因素（如知识、经验、动机等）也会直接影响服务质量和效果。

（4）不可贮存性。服务的不可感知形态以及服务的生产与消费同时进行的特征，使得服务不可能像有形的消费品和产业用品一样被贮存起来，以备未来出售，而且消费者在大多数的情况下，并不能将服务带回家安放。

（5）缺乏所有权。缺乏所有权是指在服务的生产和消费过程中不涉及任何物品所有权的转移。既然服务是无形的且又不可贮存，服务在交易完成后便消失了，消费者并没有“实质性”地拥有这些服务。缺乏所有权会使消费者在购买服务时感到有风险。

从对上述5个特征的分析中不难看出，“不可感知性”是服务的最根本特征，其他特征都是由此而派生出来的。正是因为服务的不可感知性，即无形性，才产生了不可分离性。而差异性、不可贮存性和缺乏所有权在很大程度上是受不可感知性和不可分离性两大特征所决定的。

（二）服务的构成要素

服务的质量要求与实物产品有明显不同，服务的质量不是能用检测设备精确测量的，也不存在计量测试标准。服务质量的好坏常需要顾客来评价，服务质量要求主要反映在提供服务的人员行为表现、服务的设施条件和服务的管理等方面。国外许多学者采用“多种属性模型”来分析研究服务的质量，美国哈佛大学学者萨塞（Earl Sasser）、奥尔逊（R. Paul Olson）和瓦尔克复（Daryl Wyckoff）认为，顾客会根据7种服务属性评估服务质量：（1）安全，指人身安全和财产安全。（2）一致，指服务的规格化和可靠性。（3）态度，指服务态度。（4）完整，指服务项目是否完整。（5）环境，指服务环境和气氛。（6）方便，指服务时间和服务地点是否方便顾客。（7）时间，指服务所费时间和服务速度。

在ISO 9004－2《质量管理和质量体系要素第二部分：服务指南》中，对服务特性所体现的内容归纳如下：（1）设施、能力、人员的数目和材料的数量；（2）等待时间、提供时间和过程时间；（3）卫生、安全性、可靠性和保密性；（4）应答能力、方便程度、礼貌、舒适、环境美化、胜任程度、可信性、准确性、完整性、技艺水平、信用和有效的沟通联络。

将这些内容进行分析归纳，可看出现代服务的构成要素如下：

（1）人力和物力要素。服务要靠人工也要靠物质，这个物质在很大程度上依赖于先进的设备、设施和技术。

（2）效率要素。效率是生命，没有效率的服务绝对成不了优质的服务。因此，时间定量成为衡量服务质量的主要标准之一。

（3）文明要素。包括精神文明和环境文明。从根本上说，环境文明亦源于人类的精神文明。

（4）能力要素。服务已不再是简单的体力消耗，它需要相应的能力保证，语言、技术、应变、协调管理能力的高低都直接影响服务质量。

（5）安全要素。使用服务产品的过程就是消费者全部参与的过程，安全的重要性就比其他服务显得更为突出。

（6）商品要素。在市场经济中，服务也是商品，必须等价交换，这也体现了物有所值原则。

可见，现代物业服务由以上六大要素构成，把握现代服务的构成要素，在制定服务标准时就能充分考虑这些因素，使标准更具有时代性、大众性。

（三）服务理论在物业服务中的应用

1. 物业服务的含义及对其理解

根据上述服务的定义，可将物业服务理解为物业服务提供者为满足业主或非业主使用人的物业服务需要，在一定的技术条件下，有偿提供物业服务的活动。可从以下几个方面来理解物业服务的含义：

（1）物业服务是一种在行为主体之间发生的活动。我们可以这样来认识服务的第一层含义：物业服务是由物业服务企业及其员工与业主及非业主使用人的行为构成的一种活动。这种活动是当事人双方及利益相关方围绕物业服务合同开展的，旨在保证履约和实现多方合法权益的经营管理活动。

（2）物业服务是具有一定效用的行为。对物业服务需求者，即业主及非业主使用人来说能在一定程度上产生心理上的满足，是有一定效用的行为。这种心理因素有两个内涵：一是物业服务人员的心理因素。即使物业服务人员能按规定的服务程序和方法去工作，也不能说这种工作就是完整的。服务态度、工作精神等，才是服务行为的关键因素。二是被服务者的心理因素，服务工作的好坏很大程度上是以业主或使用人的满足程度来衡量的，而业主或使用人的心理又是复杂多变的。因此，服务效用往往又取决于业主的主观评价。

（3）物业服务是在一定的物质条件和人员素质条件下完成的行为过程。物业服务虽然是一种以劳务活动为主的活动，但由于物业服务过程中要管理现代物业设施设备、管理对技术和人文知识要求高的物业区域自然环境，要使用现代化的专业技术手段，还要通过信息化手段与业主进行沟通服务等，这些管理服务过程都要有先进的、必备的物质条件保障才能实现。因此，从这个意义上来说，物业服务是有形劳动资料价值转移和服务人员无形劳务价值实现的结合过程，是具有价值量的行为效用。

（4）物业服务价值是一种体力或体力和智力结合的劳动，并以获取报酬为活动目的。物业服务企业不能无偿地向业主提供物业服务，经济效益目的明显。但服务报酬和服务标准、服务质量应是对等的。由此可见，物业服务是由物业服务企业及管理服务人员，为满足业主及非业主使用人的物业服务需要而提供的体力和智力劳动，并收取一定报酬的经济活动。它是由物业管理与物业服务活动构成的、无形的、难以用物质尺度衡量的、具有价值量的行为效用。

2. 对物业服务质量的理解

作为无形产品的物业服务产品的质量不同于有形产品的质量，只有全面地、正确地认识物业服务产品，才能把握提高物业服务质量的途径。下面从国外的服务管理专家对服务质量提出的多种解释来理解物业服务质量。

（1）感知服务质量。服务产品的质量水平并不完全由企业所决定，而与消费者的感受有很大的关系，即提供服务的部门以为是高标准的规范服务，却不一定为消费者所喜爱和接受。有些物业服务企业认为自己已经尽了最大的努力服务业主，但还是不能让业主满意。所以，一些服务质量研究专家把“服务质量”定义为一种衡量企业服务水平能够满足消费者期望程度的工具。而有些学者明确指出，服务质量是一个主观范畴，它取决于消费者对服务质量的期望（即预期质量）同其实际感知的服务水平（即检验质量）的对比。如果消费者对服务的感知水平符合或高于其预期水平，则消费者获得较高的满意度，从而认为企业具有较高的服务质量；反之，则较低。

（2）技术质量和功能质量。技术质量主要指某项服务带给消费者的价值，包括所使用的设备和作业方法等技术层面的内容。在物业服务中，管理人员为业主提供的咨询服务、受理投诉，以及工程维修人员提供的设备运行维修服务等方面反映出的专业水平，都是技术质量的反映。功能质量是指提供服务时消费者的感觉，即消费者对服务的认知程度。这种认知让消费者主观感觉到个性需求的满足。如技术人员的维修服务，不仅在维修上实现技术功能，而且态度好、准时、沟通顺畅，那么业主感觉到的服务功能会更多。

（3）预期质量与信息质量。预期质量为消费者接受该项服务之前的期望值。消费者对服务产品质量的判断往往取决于体验质量与预期质量的对比。如果消费者的期望过高，或不切合实际，即使服务水平很高，他们仍然会认为服务质量较低。预期质量主要受宣传沟通、企业形象、顾客口碑、顾客需求等因素的影响。信息质量是针对服务组织而言。这里的信息是指包括市场形象、价格水平、处理客户投诉的有效性等有助于形成消费需求的综合信息。在信息质量中，市场形象占据重要地位，而市场形象又与服务环境关系密切。

3. 提高物业服务质量的途径

(1) 管理者要确立管理与服务的质量意识。优质的商业环境，优美、配套完善的居住环境以及物业设施的造型、用料，是业主或非业主使用人决定购买、租赁某一物业单位的主要原因；同样，优质的物业服务自然会坚定业主的选择，劣质的服务却会使业主望而却步，业主完全可以拒绝这种劣质的服务。要提高物业服务的质量，管理者就要确立管理与服务的质量意识。

(2) 制定并遵循适合与适度的质量标准。提高服务质量没有止境，并不是说物业服务质量没有标准、不讲标准。物业服务的质量标准，是指营造安全、舒适、文明的居住和商务环境，满足业主生理和心理两方面的需要，并保持其可靠性、一贯性。它包括做好物业区域内的建筑、装饰、园林、设备、设施的维修保养和清洁卫生，提升管理水平和服务质量等各个方面。

(3) 建立物业服务质量体系。为了提高物业管理质量水平，应建立一套完整的企业服务质量体系，这样既有利于物业管理质量水平的提高，又便于管理工作的考核和评估。一般来说，质量体系由以下几个基本部分构成：1）内部组织管理质量系统，如组织计划质量系统、人员培训质量系统、财务管理质量系统、文件资料管理系统、合同管理系统。2）内部运作管理质量系统，如采购控制系统、服务用品进货检验和试验控制系统、设备检测控制系统。3）服务过程的质量系统，如接管验收管理质量系统、业主收楼管理质量系统、装修管理质量系统、房屋与设备管理质量系统、安全管理质量系统和环境管理质量系统。4）客户服务的质量管理系统，如客户服务中心管理系统、客户投诉处理系统、服务满意度测评系统。

微课 35

第三节 物业管理相关理论

一、市场经济理论

（一）物业服务市场

1. 物业服务市场的含义

市场是商品经济的产物，是实现商品交换和实现商品价值的纽带。只要有商品的生产与交换，就必然会形成市场。狭义的市场指商品买卖的场所；而广义的市场则是商品流通过程中各种交换关系的总和，是不同产权所有者之间关系的体现。

物业服务市场，是物业管理服务产品的交换领域，是物业管理服务中一切交换关系与流通关系的总和。物业服务市场是与房地产市场相关的服务产品市场，房地产产品进入消费领域后，业主需要物业管理服务，成为物业服务需求主体；物业服务企业等提供物业管理服务，成为物业服务供给主体，自然而然形成物业服务市场。这一市场包括两方面：物业劳务服务与物业经营服务。劳务服务属于能够通过控制劳动过程来预知劳动结果的生产服务；而物业经营服务则不然，它主要是通过产权交易的运作过程来完成。由于这两类服务的提供方式和内容不同，交易物业服务产品的物业服务市场必然存在不同的级别层次，主要包括：一级物业服务市场，如综合物业服务管理权交易市场、物业管理顾问服务市场；二级物业服务市场，如清洁卫生、绿化、保安等专项物业服务管理权交易市场；三级纯劳务性物业服务市场，如物业服务劳务用工市场、物业服务经纪人市场等。

2. 物业服务市场的构成

（1）物业服务市场主体。物业服务市场主体是指物业服务市场的行为者，包括物业服务商品的供给方、需求方与调控方。1）需求主体。物业服务市场的需求主体是业主。物业的所有权人（业主）存在通过专业物业管理来保养维护物业，维持良好物业管理区域生态环境、社会秩序，以实现物业保值增值的需求。2）供给主体。物业服务市场供给主体是指各种物业服务商品或服务的供给者。各类物业服务企业，包括综合性的物业服务企业、专业性的物业服务企业（包括项目公司、清洁公司、环境绿化公司、保安公司、维修公司等）或其他提供物业服务的管理人。3）调控主体。各级政府的物业行政管理部门及相关的机构、物业管理协会都会在物业服务市场上起到不同的协调作用，都是调控的主体。同时，这些组织机构也可以是提供物业管理与服务政策法规服务产品的供给主体。

（2）物业服务市场客体。市场客体是物业服务市场上用于交换的对象，就是物业劳务服务与物业经营服务。物业劳务服务是指物业服务企业通过为其所管物业的业主提供劳务服务，同时收取物业服务报酬或利润的物业服务过程。如物业的维修养护、清洁卫生、环境绿化、安全保卫。物业经营服务是指物业服务企业通过为业主代理经营其委托的物业，为业主挣得物业收益，或通过经营物业区域公共资源，发挥资源的效用，同时企业也可得到经营劳务报酬或利润的物业服务过程。物业经营服务是物业服务市场上最能反映物业服务经济特征的客体内容，它体现了服务的成果。

（3）物业服务市场环境。广义上的物业服务市场环境包括硬环境和软环境，狭义上主要是指与物业服务交易活动有关的制度环境，包括规范市场的各种社会制度、物业服务的相关法律、法规以及具有效应的契约文件。具体为：物业服务的相关法规与政策，如民法、经济法、物权法、合同法、企业法、物业管理条例等；房地产业的相关法律、法规与政策；基本的社会制度，包括宪法与市场经济体制等。

3. 物业服务市场的特征

物业服务市场是房地产市场的一个组成部分，但由于物业服务市场主体、客体和环境的复杂性，以及与房地产市场交易产品的不同，决定了物业服务产品市场呈现一些不同于房地产产品交易市场的特征。

（1）物业服务市场是服务产品交易市场。与房地产商品交易市场对象是房地产商品本身不同，物业服务市场交易对象是围绕进入消费领域的房地产即物业的服务，交易的是服务这种无形产品。

（2）物业服务市场中的物业服务产品的交易是一个持续的过程。在一般的服务产品交易中，包括房地产商品的交易基本都是一次性交易完成，但物业服务市场服务产品的交易不以交易物业管理权而结束，相反，它是服务产品交易的开始，是持续在一个约定管理周期（如3年）内的持续交易活动。这一交易特征增加了物业服务产品交易成本，增加了物业服务企业的经营风险，交易质量即物业服务质量也易受到监督。

（3）物业服务市场是一个由多层次委托代理行为实现的服务产品市场，主体关系复杂。物业管理原始主体是业主（包括前期物业管理阶段的开发商），一级市场主体有物业服务企业或其他管理人；二级物业服务市场主体有各类专业公司。从业主大会到业主委员会实现第一次管理权的委托，业主委员会到物业服务企业的第二次管理权的委托，物业服务企业到专业公司的第三次管理权的委托，每次委托行为都以契约或合约方式约定各方关系。

（4）物业服务产品交易的质量等级、标准要求是以约定为基础，是收费与等级对应的定制服务。物业服务产品质量等级不同于一般商品的“依质论价”，而是“以价定质”，是事先约定收费与等级对应的定制服务，质价相等。一般来说，物业服务费用高，服务等级也高，服务项目多，服务水平也较高。既完美又廉价的物业服务要求是不现实的，它违背了物业服务质价相符的规律，也违背了等价交换的规律。

（二）物业服务市场机制及其运用

物业服务市场机制包括价格机制、供求机制和竞争机制。在社会主义市场经济条件下，物业服务市场多方主体在三大机制作用下博弈、竞争，共同推动物业服务市场不断优化发展。

1. 物业服务市场的价格机制

价格机制是指在市场竞争过程中，与供求相互联系、相互制约的市场价格的形成和运行机制。价格机制是市场机制中最敏感、最有效的调节机制，价格的变动对整个社会经济活动有十分重要的影响。

（1）物业服务的价值构成。物业服务产品，凝结着物业管理服务人员的智慧与汗水，具有价值和使用价值。由于物业服务产品具有无形性，服务的等级和层次难以精确地描述，因此在定价方法上与有形产品的定价不同。物业服务的价值在形式上表现为物业服务价格，它是物业服务的效用、物业服务的相对稀缺性及对物业服务的有效需求三者相互作用的结果。也就是说，物业服务的价值由这三者相互作用并通过具体价格表现出来。

1）物业服务的效用。物业服务的效用是指物业业主或用户因物业服务公司的服务而得到满足的程度。物业服务如果没有效用，就不会有物业服务价格，业主或用户也就不会产生占有物业服务的欲望。

2）物业服务的相对稀缺性。物业服务的相对稀缺性意味着相对于业主的一般需求，有效的物业服务处于供给不足的状态。特别是公共服务不具有排他性，人人可以享用，资源有限，易产生“公地悲剧”。

3）物业服务的有效需求。人们将购买力形成的需求称为有效需求。物业服务要形成现实购买力，还需业主或用户对物业服务费具备一定的支付能力才行。一方面，低档次物业服务供给过剩，而中高档物业服务供给不足；另一方面，业主普遍缺乏物业管理意识，付费消费观念、质价相符观念不强，有效需求不足。

（2）物业服务的价格形式。目前，我国物业服务的价格形式可以分为政府定价、政府指导价和市场调节价3种。

1）政府定价。政府定价是一种政策性定价，是以城市居民平均生活水平为基本依据的定价。1996 年国家计委、建设部联合发布的《城市住宅小区物业管理服务收费暂行办法》规定：物业服务收费“实行政府定价或政府指导价”。由于政府定价的形式与市场经济体制不相符。2004 年 1 月 1 日生效的《物业服务收费管理办法》取消了政府定价形式，实行“政府指导价和市场调节价”。

2）政府指导价。它是另一种政策性的价格形式，是由政府物价部门会同物业管理行政主管部门，根据当地经济发展水平和物业服务市场发育程度制定并公布执行的基准价。物业服务公司与业主集体共同协商，在政府的指导价规定的幅度内确定具体的收费标准。

3）市场调节价。它是指物业服务收费标准由物业服务公司与业主共同协商确定，然后将收费标准和收费项目向当地物价部门报告备案的一种价格形式。这种定价形式是由双方平等谈判达成的价格，体现市场规律作用，成熟的物业服务市场宜采用这种定价形式。

（3）物业服务价格的确定。

1）定价方法。一般来说，物业服务价格的确定有两种方法：一是成本定价法，即成本加利润定价。成本一般是通过对物业服务费及其构成进行测算和处理，然后加上按目标利润率计算的利润额。二是协议定价法，由物业服务公司和业主协议定价。

具体定价时往往是结合政策和实际因素来确定。《物业服务收费管理办法》第七条规定：“物业服务收费实行政府指导价的，有定价权限的人民政府价格主管部门应当会同房地产行政主管部门根据物业管理服务等级标准等因素，制定相应的基准价及其浮动幅度，并定期公布。具体收费标准由业主与物业服务企业根据规定的基准价和浮动幅度在物业服务合同中约定。实行市场调节价的物业服务收费，由业主与物业服务企业在物业服务合同中约定。”物业定价要考虑综合因素，该办法规定：实行物业服务费用包干制的，物业服务费用的构成包括物业服务成本、法定税费和物业服务企业的利润。实行物业服务费用酬金制的，预收的物业服务资金包括物业服务支出和物业服务企业的酬金。

物业服务成本或者物业服务支出构成一般包括 9 个部分：管理服务人员的工资、社会保险和按规定提取的福利费等；物业共用部位、共用设施设备的日常运行、维护费用；物业管理区域清洁卫生费用；物业管理区域绿化养护费用；物业管理区域秩序维护费用；办公费用；物业服务企业固定资产折旧；物业共用部位、共用设施设备及公众责任保险费用；经业主同意的其他费用。另外，物业共用部位、共用设施设备的大修、中修和更新、改造费用，应当通过专项维修资金予以列支，不得计入物业服务支出或者物业服务成本。

2）定价策略。差别定价法：对不同的物业、市场采取不同的价格；或者对同一宗物业，按不同的顾客需求采取不同的价格。增量定价法：通过对价格政策引起的利润是否增加来判断定价方案是否可行，如果增量利润是正值，说明定价方案可以接受，反之，则不能接受。增量利润等于定价方案引起的总增量收入减去定价方案引起的增量成本。

物业服务价格与服务质量的定价技巧：不同的服务质量与相适应的价格标准组合在一起，且在物业服务公司与用户或业主认可的范围内。高服务价格、低服务质量的组合不为业主所接受；高服务质量、低服务价格的组合对物业服务公司来说无利可图。一般来说，在既定的服务价格水平上，业主希望得到最优质的服务；或者在既定的服务质量水平上，业主希望自己支付最低的价格，这两种愿望都是可以理解的，但原则上应是质价相符才合理。

2. 物业服务市场的供求机制

供求机制是调节市场供给与需求矛盾，使之趋于均衡的机制。在物业服务市场中，供给是指在一定时间内，已经存在于市场和能够提供给市场销售的服务的总量；需求则是指在一定时间内，市场上消费者对物业服务的具体货币支付能力的需求数量。

物业服务市场上的供给与需求是对立统一的关系，二者互为条件、相互对立、互相制约。供给和需求都要求对方与之相适应，达到平衡协调的关系。然而，供求之间不可能永远平衡，在一定时期和一定条件下可能表现为供大于求；而在另一时期和条件下，又可能表现为求大于供。当然，在一定时期的客观条件下，物业服务可能会呈现供求相等的平衡状态。但总的来说，供求之间的平衡只是暂时的、相对的、有条件的，而不平衡则是普遍的、绝对的。

（1）决定物业服务市场供求的主要因素。

1）决定物业服务供给量的主要因素。一是人力资源状况。物业服务主要靠人工完成，人力资源是最主要的影响因素。目前，在我国物业服务市场中，熟练掌握物业服务技能并能有效地进行物业服务企业经营管理的专门人才并不多，高素质人力资源并不丰富。二是国家经济政策。国家的产业政策、财政政策、税收政策等对物业服务的供给量也产生影响。三是相关服务价格的变动。有些服务业与物业服务有相关性或互相替代关系，会引起价格变动。

2）决定物业服务需求量的主要因素。一是消费者的货币收入水平。物业服务作为一种享受性服务，收入水平的变化对其需求的影响程度较大。对低收入者消费影响大于高收入者。特别是低收入者对收费调整很敏感，高收入者对物业服务档次、质量和精神需求满足程度很敏感。二是消费者偏好。消费者偏好对物业服务的需求量有较大的影响。例如，有人要求有保安员的高层次安保服务，有人只喜欢一般性安保服务，有人对使用高科技安全防范产品进行安保感兴趣。当然，人们的生活习惯和消费偏好是可以引导和改变的。三是房地产规模。房地产规模大，物业服务需求量大；房地产规模小，物业服务需求量小。四是物业管理意识。它是指人们对物业管理的个体感知和理性认识水平。物业管理意识与人们对物业管理感觉体验和人们对物业管理在其工作、生活中的价值的大小有关。

（2）物业服务市场的供求规律。供求规律是物业服务市场中的一个重要规律，主要表现如下：

1）供求的变动决定着价格的变动。如果物业服务供不应求，价格就要上涨。这种情况会在供应量不变而需求量增加的情况下发生，也会在需求量不变而供应量减少的情况下发生；如果物业服务供过于求，价格就会下降。这种情况会在需求量不变而供应量增加的情况下发生，也会在供应量不变而需求量减少的情况下发生。

2）价格变动引起供求情况的变动。如果物业服务的价格上涨，需求就会相应减少；相反，价格下跌，需求就会相应增加。如果物业服务的价格上涨，供给便会增加；价格下跌，供给便会减少。供求的变化和价格的变化方向相反。

3）供求变动决定买卖市场的变动。在物业服务的供求变化中，买卖双方哪一方占优势，在价格和其他条件上就能压倒对方，在市场中获得有利地位。当物业服务供不应求时，卖方占优势，便形成“经营者主权”，表现为卖方市场；在物业服务供过于求时，买方占优势，便形成“消费者主权”，表现为买方市场。

3. 物业服务市场的竞争机制

竞争机制就是指供求关系、价格变动、生产要素流动与组合以及市场成果分配诸因素之间的有机联系和运动趋势。

（1）物业服务市场竞争的形式。

1）物业服务企业之间的竞争。从市场竞争的范围来考察，物业服务企业之间的竞争主要是围绕提高服务质量、增加服务项目、降低经营成本等内容而展开的。这种竞争促使物业服务企业不断推动企业技术进步和劳动生产率提高。

2）业主与物业服务企业之间的竞争。从一般经济学意义上讲，此两者之间的竞争是买方市场与卖方市场的竞争。目前，物业服务企业作为优势主体，掌握着定价、信息、经济实力、政府机构及行业协会支持等方面的优势，物业管理市场往往表现为卖方市场态势。

3）价格竞争和非价格竞争。价格竞争就是通过降低服务价格来争取较多的消费者，从而扩大物业服务销售量的竞争，其实质是企业之间提高劳动生产率的竞争。这种竞争要求物业服务企业千方百计加强服务，改进技术，节约资源，达到少投入、多产出的效果。非价格竞争就是指不变动价格，而是通过其他途径和采用其他方法来争取较多的消费者，从而扩大物业服务销售量的竞争，如开发新的服务项目，提高服务质量，扩大广告宣传，改变销售方法，通过品牌竞争等。

（2）价格、供求与竞争机制的功能。价格、供求与竞争机制的功能表现为调节服务市场运行的过程。

1）适应与协调功能。在物业服务市场中，各物业服务企业的经营和业主的消费是分散决策的，需要通过市场竞争机制的作用相互协调。市场价格信号的变化反映优秀物业服务企业的稀缺程度，也反映物业服务需求程度。处于竞争之中的物业服务企业，出于对自身经济利益的追求和市场竞争的巨大压力，必然会对市场价格信号的变化做出灵活的、及时的反应，调整自己的经营规模和经营结构，其结果是保证了物业服务能不断地适应变化的需求。

2）刺激与创新功能。物业服务企业要通过不断改进技术、降低成本，开发新项目、新市场领域，推崇服务与经营技术创新、经营模式创新等竞争手段，来战胜竞争对手，在市场上保持优势，获得超过竞争对手的市场份额和利润率。其他竞争参与者不可能坐以待毙，便会模仿或创新，使物业服务新理念、新方法、新技术、新模式得到普及，行业水平普遍提高。

微课 36

二、行政管理理论

（一）行政管理的含义与特点

1. 行政管理的含义

最广义的行政管理是指一切社会组织、团体对有关事务的治理、管理和执行的社会活动。这里的行政管理，不仅包括政党和国家的立法、行政、司法组织活动，还包括企业、事业、社会团体等各种各样的社会组织的执行。

广义的行政管理是指国家政治目标的执行，包括立法、行政、司法等社会组织领域内特定组织的指挥活动及其机关内部的总务、后勤工作等。

狭义的行政管理是指国家行政机关及其官员在管理国家事务、社会事务和机关内部事务的过程中进行的计划、组织、指挥、协调和控制等各项管理活动。政府从宏观的角度对物业管理服务活动进行调控也属于行政管理。

2. 行政管理的特点

作为一种特殊的社会管理活动，行政管理具有以下 3 个特点。

(1) 执行性。在我国，实施行政管理，必须执行党的路线、方针、政策，同时执行国家权力机关所赋予的任务，向权力机关负责，并受权力机关的监督。行政管理不仅要“有令必行”，而且要“雷厉风行”，注重科学管理，讲求高效率。

(2) 政治性。行政机关的使命是执行国家权力机关的意志，国家权力机关具有强烈的阶级性，行政机关也不例外。社会主义国家的行政机关是人民政府，政府主要通过大量的组织工作来保证国家的安定团结和社会主义现代化建设事业的发展。

(3) 权威性。行政管理活动是以国家名义进行的、代表国家并以国家强制力为后盾。一切管理对象，对行政机关及其工作人员的管理行为都有服从的义务。但行政机关在执行任务时要依法行政，做到“有法可依，有法必依，执法必严，违法必究”，这种法制的集中性体现了行政管理的权威性。

3. 物业行政管理

物业行政管理（也称物业服务行政管理，或物业管理行政管理）是国家行政机关依据有关法律、法规，对物业服务活动实施的行业管理。

根据《物业管理条例》的规定，我国物业行政管理主体是国务院、省（自治区、直辖市）人民政府和市、县人民政府物业行政主管部门。在特定事项上街道办事处、乡镇人民政府也是行政管理的主体。规划、城管、环卫、公安、市场监管、物价、税务等与物业管理相关并行使部分物业行政管理权的部门也是物业行政管理主体，拥有物业行政管理权力。国家和省级政府主要是通过政策法规制定和物业管理体制改革行使物业管理宏观调控的权力，市县以下的政府机构主要承担日常物业监督管理事务工作。

涉及国家、社会、城市社区的物业公共管理事务都是物业行政管理的客体。物业行政管理活动的根本原则是依法管理。物业行政管理部门必须根据物业管理相关法律、法规、政策办事。

（二）物业行政管理的主要政策手段

物业管理领域的宏观调控的目标是通过一定宏观政策、手段和工具的操作来实现的。物业管理中的宏观调控的政策手段主要包括产业政策、财政政策、投资政策、法律手段、行政手段等。

1. 产业政策

通常意义上，产业政策是指政府为了提高本国经济增长率和发展水平，运用政策手段引导和调整国民经济中各产业间的资源分配，或者干预特定产业部门内部的组织形式的完整的政策体系。政府通过产业定位、产业发展规划和政策导向，引导物业管理行业稳定、健康地发展。国家发改委《产业结构调整指导目录（2019年本）》将“物业服务，保障性住房建设与管理，城乡社区基础服务设施及综合服务网点建设，租赁住房建设、运营和管理，开发区、产业集聚区配套公共服务平台建设与服务，社区照料服务，养老与托育服务”等与物业管理行业有关的内容列入鼓励类目，对物业服务业的发展有促进作用。

（1）物业服务产业政策目标和实施手段。产业政策一般包括政策目标和政策手段两个方面。物业管理行业政策目标是指一国政府为了物业管理行业本身健康、稳定、持续发展，根据物业管理行业不同时期的产业状况所设定的一系列经济政策体系。

具体来看，物业管理行业政策目标主要从以下几个方面来考察：一是物业管理行业发展水平目标。物业管理行业作为相对独立的产业，在产业结构体系中必须确定整个产业部门的发展规模和水平。二是物业管理行业效益水平和行业竞争力目标。主要是设定物业管理行业劳动生产率水平的提高幅度、投资回报率的提高幅度、资源配置效率、社会贡献率和社会积累率等目标。三是物业管理行业内部结构调整目标。使产业部门内部的各种物业类型的物业服务在不同时期和不同空间地域上实现平衡。

物业服务产业政策是一种方向性、导向性的政策措施体系，因而其实施应主要运用间接的、经济性的手段。具体的实施手段包括：一是间接经济调节手段。即政府可以运用财政政策手段、货币政策手段、投资政策手段等间接性的经济手段对物业管理行业整体发展方向进行诱导，促使物业管理行业的发展按照政府设定的方向进行。二是直接行政控制手段。即政府可以运用直接的行政权力对物业管理行业的发展方向进行调节和控制，促使物业管理行业的发展符合国民经济整体发展的要求。三是信息引导手段。即政府可以利用所掌握的产业发展现状、技术水平、需求变化方向等信息引导物业管理行业进行技术、结构、组织等方面的调整和优化。

（2）产业政策的主要内容。产业政策的主要内容包括：产业结构政策、产业组织政策、产业技术政策、产业布局政策和产业联系政策等。物业管理行业的产业政策是由产业结构、组织、技术、布局等政策而形成的体系。作为整个产业政策的组成部分，物业服务产业政策是指在科学地确定物业管理行业同国民经济各部门的比例关系的基础上，运用适当的产业组织措施，分别针对不同的市场层次、企业状况，所采取的包括促进产业内部竞争、限制垄断等项产业经济政策。

由于行业本身的特殊性以及产业政策本身具有间接指导性，物业服务产业政策一般划分为两个层次。第一层次是从国民经济全局出发的物业服务产业政策，主要是物业管理行业发展政策，即确定物业管理行业所属的国民经济产业分类，其在国民经济中所占的地位和应有的比重，发展的规模和速度等方面。第二层次就是根据物业服务行业的具体情况制定的政策。一般包括：土地有偿有期限使用为主体的土地使用制度政策体系；物业管理行业内部地区、产品比例结构调整政策；物业管理行业综合经营政策；物业管理行业经营的资金融通政策；培育和完善物业服务市场政策；以住宅商品化为目标的住房制度政策；针对物业服务经济的发展预测和战略对策的政策；涉外物业服务经济发展政策等。

2. 财政政策

所谓财政政策，主要包括财政收入政策和财政支出政策。具体来看，就是国家利用财政收支的各种工具，通过有规则地调节国民收入分配的方向和规模，以达到预定的社会经济目标的各种政策手段。

财政收入政策主要是税收政策，通过税种和税率的变动，来调节社会总供给和总需求。对消费者减税，使消费增加，社会总需求增加；对生产者减税或免税，则可以使生产者投资增加，生产增长，社会总供给增加，增加企业盈利。2016 年 5 月 1 日全面实施营改增以后，物业公司取得应税收入应缴纳流转税有：增值税（一般纳税人 6%、小规模纳税人 3%）、城建税（实缴增值税的 7%）、教育费附加（实缴增值税的 3%）、地方教育费附加（实缴增值税的 2%）。相比之前，流转税税负大大减轻，增强了物业服务企业营利能力。

财政支出政策的运用。主要通过财政支出结构的变动，来调节积累与消费的比例关系；通过财政支出量的变化，来影响社会总需求的变动。由于积累性或消费性的支出都会转化为投资品和消费品的购买，增加支出可以扩大社会总需求，节支可以缩减社会总需求，从而实现产业结构调整。物业管理行业作为房地产相关行业，其发展速度和内部结构同国家的财政支出政策存在一定关系。财政支出的重要原则是责任划分与辖区居民受益紧密衔接。财政支出在或大或小的程度上代表辖区居民所付，而公共物品的提供则是辖区居民所得。业主在购房时或作为公民交了各种税就应该享受公共物品。在物业管理财政支出上，地方政府应负主要责任，应为投资者、经营者创造尽可能良好的治安环境、生态环境、基础设施条件和行政服务氛围。诸如社区治安、垃圾清理、市容美化、公用物业设备设施在物业区域延伸部分的管理等社区服务支出，应由城市区、乡村镇政府负责。物业公司可以通过政府购买服务形式来承担一定的社区管理服务。

3. 投资政策

投资政策是指政府作为宏观经济的服务者，根据国民经济发展的总体目标以及产业政策的导向，对投资方向、投资规模和投资数量进行调节的政策手段。

（1）物业服务投资规模控制。对投资规模的控制首先要考虑投资规模选择的技术界限，其次要考虑投资规模选择的经济界限。在投资规模控制中最重要的是投资规模适度性的政策准则，这一准则主要由以下几个因素构成：一是投资品保证准则。投资品是投资的物质基础，当投资规模大于投资品时，表明投资规模处于膨胀状态；反之，如果前者小于后者，则表明投资规模不足。也就是说，在有投资品保障的前提下，现实的投资规模才是合理的。二是投资目标准则。任何一个产业的投资规模，都必须服从于宏观经济总目标，即在一定时期内国家经济发展和结构调整的总体目标的要求。三是投资的市场需求准则。任何投资都会形成现实的和未来的生产能力和市场供给，最终都要受到市场需求的制约。当投资规模超过市场需求的规模时，便会因生产能力闲置而浪费社会劳动和资源。

（2）物业服务投资结构控制。所谓物业服务投资结构是指物业管理行业内部的各种资金的使用方向及其各方面的比例关系，一般包括：物业服务投资主体结构，即制定正确的物业服务投资决策、进行投资和提供资金单位构成；物业服务投资客体结构，即各种物业项目类型之间的投资比例关系；物业服务投资时间结构，即物业服务投资各要素在时间上的分配关系；物业服务投资的空间结构，即物业服务投资要素在各地域中配置的比例关系。

4. 法律手段

对物业管理行业进行宏观调控的法律手段是指政府通过立法和司法，运用法律和法规来规范经济运行秩序，服务物业、服务经济活动的一种方法。运用法律手段服务物业、服务经济，主要是通过物业服务立法和法律适用实现的。

法律手段具有强制性、规范性、稳定性的特点，并具有普遍约束性，是物业服务经济活动的准则。它通过规范物业服务市场主体行为、市场竞争行为和政府物业服务经济行为，来协调各方面利益，引导物业管理行业健康运行。因此，法律手段是实施物业管理行业宏观调控的重要手段。随着《物权法》的实行和《条例》的修订，我国物业管理法律法规体系逐步完善，进一步，应借鉴发达国家对物业管理行业实行法制管理的经验，建立完善的物业管理法律服务体系，并设立与服务职能相对应的物业管理执法机构，延伸至乡镇街道。

目前，地方物业管理立法滞后，缺少操作性，物业管理纠纷积累较多，是全行业的诟病。因此，要加强地方物业管理立法创制工作，完善地方政府治理体系，各地应对现有的物业管理规范进行全面梳理，对不适应当前物业管理服务发展需要的规范，根据情况进行废止、修改、完善；对重点领域的物业管理服务规范应当进行重新创制或新设立法项目，进行有计划的物业管理规范创制工作。一是物业管理地方行政法规。如地方物业管理条例，与物业管理有关的社区治理制度、信用管理制度、业主自行管理制度、物业本体及设备设施管理制度等相关基本制度，以及促进物业管理服务水平提高的相关产业经济政策。二是物业管理地方政府规章。包括各相关政府部门规范物业管理服务主体行为的地方行政规章，各类物业管理服务技术标准，物业服务市场运营与监督管理办法等。三是其他与物业管理相关的规范性文件。此类规范性文件创制内容主要是市、区、街镇与物业管理有关的政府机构制定的与物业管理有关的行政管理文件，主要是执行性、操作性、促进性文件。如各种意见、实施办法、细则、措施等。四是指导完善物业管理行业及物业服务相关主体的内部自律管理和诚信经营管理制度。主要是帮助贯彻落实上级物业管理规范的执行性、保证性、保障性、程序性、方案性文件。

5. 行政手段

行政手段就是政府通过城市区（县、市）公安、交警、规划、城建、市场监管、税务等行政管理部门，以及街道、乡镇（含居委、村委、代理行政事务的社会工作机构）对物业区域内的居民和单位实施的行政管理性措施。其权力来源于政府的行政权，主要任务是贯彻执行政府的政策法规。涉及范围包括街道办事处和居民委员会的民政、征兵、人口管理服务、侨务、老旧住宅区（厂矿区家属院、棚户区）更新改造、整治、管理服务等项工作，公安交管部门的社会治安、户籍管理、交通管理工作，规划、城建部门的城市规划管理和工程质量管理工作，市场监督税务部门对经济活动的管理工作，等等。

行政行为包括抽象行政行为和具体行政行为。运用行政手段属于具体行政行为。抽象行政行为是指针对不确定的多数人制定和发布的、可反复适用且不能直接进入强制执行过程的行政管理规范性文件的行政行为，具有普及性和后溯性。具体行政行为是指依据行政管理法规，针对特定对象行使行政管理职权，规定和采取一定的行政处理手段或行政措施的行政行为，具有具体性和前溯性的特点。所谓具体性指该行为必须指向特定的事项或行政相对人；前溯性指该行政行为对已经发生的情况有效。例如，对物业服务企业和业主的违法、违规和不诚信等不良行为，做出行政处罚决定这一具体行政行为，处罚的对象必定是某个具体的违规者，而该项处罚又必定是溯及处罚决定书做出以前已经发生的，在物业服务活动中的违法、违规等不良行为。

（三）物业行政管理工作的内容

省区市及区、县（市）街镇乡地方政府机构承担了大量的行政管理日常事务工作。物业行政管理工作主要通过法律手段、行政手段规范物业管理活动，优化物业管理主体行为，处理物业管理纠纷，维护物业服务市场正常秩序，改善人民群众的居住和工作环境。其工作内容如下：

（1）行政立法。物业管理行政机关的首要职责就是制定政策法规，根据国家法律规定的基本原则，针对物业服务中出现的新情况和遇到的新问题，制定物业管理规章制度。主要是按行政法标准完善物业管理条例立法，加强物业行政管理制度建设，以及规范和标准的编制。

（2）执法监督。行政机关根据行政立法进行执法监督，是约束、制止物业管理诸多主体不当行为、不法行为的重要环节，是整顿物业服务市场秩序、促进物业管理行业健康发展的有力手段。行政管理部门要根据行政法规赋予的行政执法职权进行行政执法，对物业服务中出现的违法行为依法查处。一是行政处罚，如警告、罚没违法所得和非法财产、责令停业、暂扣或吊销许可证、行政拘留以及其他行政处罚等。二是备案记载。重要事项依法备案，一般情况记录报告信息等。三是建立物业服务企业信用管理制度、专业人员职业资格准入制度；建立公开、公平、公正的招标投标制度；建立黑名单制度、不良行为记录制度等。四是投诉处理。按照法定权限与程序，处理各种投诉，做好人民调解工作，解决物业管理纠纷。

（3）协调管理。对物业管理服务活动中出现的业主、业主委员会、物业服务企业、基层党政部门、民间组织之间的关系进行协调，如建立联席会议制度、制定服务等级标准、落实物业服务主体信用管理、规范物业服务收费机制等；协调对物业管理行业与房地产、建筑装修、市政环保、金融等行业之间的关系；同时，要提供各种服务，包括政策咨询，人才交流、培养，信息沟通等。

（4）宣传引导。主要包括教导、规劝、告诫、表彰和经验推广，组织开展技能比赛、人才培养、职业技能培训等。物业管理行政机关还要履行一些宣传引导方面的工作。譬如加强宣传力度，通过培训等形式向业主委员会以及物业服务企业的有关人员普及物业管理的相关法律知识，促使其学习物业管理法规、用好物业管理法规；同时，还要运用科学的理论和先进的理念、方法对物业管理法规中不便具体规定或尚未具体规定的，但有利于提高物业服务水平、促进物业管理行业规范发展的一些做法进行积极倡导，旨在创造和谐、健康的物业管理环境。

微课 37

（四）物业服务企业与行政管理部门的关系模式

物业服务企业是依据公司法设立的自主经营、独立核算、独立承担民事权利和义务的民事主体。物业管理服务行政主管部门依法对物业服务企业实施行政监督管理，也就是与管理对象即行政相对人发生行政法律关系。因而，物业服务企业应积极协调与行政管理部门的关系，充分发挥其社会职能，承担作为企业法人组织应尽的社会责任。

（1）服从行政部门的管理。物业服务企业应及时、全面、准确地了解并掌握物业管理相关的政策、措施、法律、法规，严格遵守各项规章制度，自觉服从行政管理部门的管理。

（2）协助行政部门进行管理。行政管理部门是执行相关法规的主体，承担了维护社会以及市场正常秩序的重大任务。当物业服务企业遇到涉及行政管理的事务时，应当主动向行政管理部门反映，积极协助行政管理部门进行处理，但决不能越权、越位。

（3）借助行政部门资源的管理。物业管理服务与社区治理相关，需要党委政府的理解和支持。物业服务企业应当主动加强与行政管理部门的交流沟通，关注政策的变化，并积极服从、执行相关规定，配合行政管理，承担政府购买社会服务项目，获得行政管理部门更多资源。

（4）支持行政部门的管理。物业服务企业是社区治理的重要载体，应及时响应行政管理部门的号召，积极宣传、贯彻、落实上级法规政策，向物业管理服务行政主管部门及有关部门准确及时地反映重要社区信息，为行政管理部门的决策和管理提供便利和支持。

微课 38

三、城市管理理论

从某种角度来看，城市就是由房屋建筑、交通设施、基础设施等构成的一个庞大的物业群体，没有物业的城市是不存在的，没有物业管理的城市管理也是不存在的。作为一个专门的行业，市场化的物业管理给我国的城市建设和管理带来了蓬勃的生机和广阔的发展前景，充分体现了其重要性和不可替代性。

（一）城市管理的含义

现代城市管理是指多元的城市管理主体依法管理或参与管理城市地区公共事务的有效活动，属于公共管理范畴。从现代城市管理主体的主角——城市政府角度出发，现代城市管理主要是以城市的长期稳定协调发展和良性运行为目标，以人、财、物、信息等各种资源为对象，对城市运行系统做出综合性的协调、规划、控制和建设、管理等活动。

城市管理在城市学和城市管理理论研究中一直颇受关注且争论颇多。一方面是因为城市管理学本身就是多学科交融的产物，政治学、经济学、管理学、城市规划学、城市社会学、城市土地学、城市地理学等一批学科都作为城市管理学的支撑；另一方面是因为我国对城市管理的研究还处于起步阶段，对城市管理的各种整合性的研究和实践工作刚刚开展。

目前，学术界关于城市管理内涵的理解主要有 4 种不同的观点：一是认为城市管理就是市政管理，主要指政府部门对城市的公用事业、公共设施等方面的规划和建设进行控制、指导；二是认为城市管理就是城市各部门管理的总和，包括人口管理、经济管理、社会管理、基础设施管理、科技管理和文教卫生体育管理在内的城市群体要素管理；三是认为城市管理是以城市为对象，对城市运转和发展所进行的控制行为，主要任务是对城市运行的关键机制、经济、产业结构进行管理；四是认为现代化的城市管理是指以城市基础设施为重点对象，以发挥城市综合效益为目的，包含了城市经济管理、城市社会管理和城市环境管理等内容的综合管理。

上述4种观点中，最后一种观点较准确地反映了现代城市管理的实质和内容。现代城市管理不仅要对市政进行管理，而且还要管理城市的经济、社会、环境的发展，并处理和预防各种城市问题。实际上，城市管理是以提高城市生活水平为目标，以城市经济、社会和环境为对象，有效使用城市资源，推动城市综合效益长期稳定发展的活动。①

（二）城市管理的内容

1. 城市经济管理

经济运作和发展是城市管理工作的中心内容，它直接关系到该地区的繁荣和文明程度，各级政府都十分重视。在市场经济条件下，政府逐渐由微观经济管理转向宏观经济管理，运用法律和经济杠杆以及政府制定的政策对各种经济活动进行有效的控制、指导、协调，促进城市功能的发挥。

2. 城市的社会管理

城市社会管理主要是对人的管理。城市中的人按一定社会关系和生产关系，在共同环境里（城市里）生产、生活。为了使城市里的人生活在一个有序良好的社会环境里，必须对城市进行有效的管理，如人口管理、社会秩序和治安管理、城市文化和道德管理、虚拟社会管理等。

3. 城市基础设施建设管理

城市基础设施是城市居民生活必不可少的物质基础，它已渗透到人们的生活之中。长期以来，这些基础设施是由政府单一投资管理的，由于政府资金投入与经济发展的速度不相适应，基础设施始终是经济发展的“瓶颈”。随着改革开放的不断深入，许多地方政府改变了过去的做法，出台了相关政策鼓励民间投资基础设施建设，进一步开发资本市场，鼓励外资和国内各类社会资本投资城市市政公用事业，提高存量的资产运行效率。

4. 城市生态管理

城市生态是指由城市地区内的自然、生活和生产三大方面所构成的一种自然和谐的系统。城市生态管理内容主要指对人类生存、生产、生活及社交环境的管理。

（三）城市建设中发挥物业管理的作用

城市化发展的加快使得城市集中了大量的人口，城市规模不断扩大，城市土地越来越紧缺，城市住房建设与管理问题、社会治安问题、环境污染问题、城市人口老龄化问题等不断困扰着各级政府，而物业管理则是城市管理系统中的一个重要载体，是解决“城市病”的重要途径，是加强城市管理的重要措施。因此，物业管理在城市建设中能够起到重大的作用。

（1）城市的建筑物需要由专业物业服务公司进行精心的管理。首先，每个城市都有自己的标志性建筑，不仅有高楼大厦，还有大型社区等，对于这些建筑物进行有效管理，乃是物业管理责任所在，也是其特长；其次，物业管理在对物业区域自然环境和人文环境的

① 李斌．物业管理理论与实务［M］．上海：复旦大学出版社，2006：95－96，134－136.

营造上，填补了政府对公共环境和公共设施以外的社区环境和城市人文环境管理的空白；再次，作为城市管理的一个重要组成部分和社区建设的一支生力军，物业管理在自然、人文环境建设中扮演着充满个性的角色，具有重要的社会地位。专业化的物业服务企业不但能有效地解决“城市病”，而且能使城市内各个区域规范运作，提升了城市品位，减轻了政府的管理难度。

（2）物业管理促使城市建设与管理并重，提高了城市管理水平。由于人口多，住房难，在我国城市建设中存在“重建轻管”的思想。许多房屋建设者只求自身经济利益，建房不为住房着想，不为管理着想。开发商为追求经济利润而损害业主利益，业主违章装修、使用物业，对城市管理和和谐社会建设造成不利影响。随着《物业管理条例》和《物权法》的出台，政府提倡房地产开发与物业管理分业经营，采用专业的物业管理之后，上述现象得到有效的制约和规范。

（3）物业管理促进城市公共管理服务落地，推动实现城市服务均等化。城市管理的一个重要趋势是在城市社会管理中行政管理弱化，社会化服务强化，物业服务企业将为城市街区提供精细化、均等化、专业化的物业管理，管理政府想管而又管不好的社区事务。可以设想，在5G时代，具有现代智慧化城市服务能力的物业服务公司进行专业物业管理，可将城市管理中分散的管理职能集中起来，通过政府的委托，实行统一有效的管理，进一步提高城市管理社会化和专业化的程度。

（4）物业管理促进房地产的健康发展。改革开放以来，政府十分重视解决老百姓的住房问题，加大了住房建设投资，房地产业迅猛发展，大量住宅物业区域遍布全国各大城镇。物业管理质量、环境美化程度已成为老百姓购房的重要考虑因素。良好的物业管理将改善开发商形象，使消费者从心理上建立起对企业的信任感，从而赢得消费者的认可，促进房地产业的健康发展。

（5）物业管理有利于推进“两个文明”建设。住宅物业区域是城市文明的窗口，它反映出一个城市的经济建设和管理水平，是城市整体素质的表现。通过物业服务公司的精心养护，发挥物业管理区域文化娱乐设施的功能作用，更好地满足了居民的需要，净化了人们的心灵，提高了人们的素质；通过物业服务人员的优质服务，化解业主之间的矛盾和纠纷，创造和谐、和睦的社区氛围，对整个城市的精神文明建设起到积极的推动作用。

微课39

四、社区治理理论

（一）社区治理的含义及特点

1. 社区治理的含义

不同的学者对社区治理有着不同的定义。美国政治学学者埃莉诺·奥斯特罗姆经过研究发现：对于社区治理，通过借助既不同于国家也不同于市场的制度安排，可以对某些公共资源系统成功地实现开发与调适。[①] 国内学者魏娜认为：社区治理对政府和公民的要求都很高，它要求政府有极高的责任感，公民有极高的责任心，这样他们才可以在社区治理

① ［美］埃莉诺·奥斯特罗姆．公共事务治理之道［M］．余逊达，陈旭，译．上海：上海三联书店，2000：2.

的工作中担当重任。[①]

所谓“社区治理”是指政府、社区组织、居民及辖区单位、营利组织、非营利组织等基于市场原则、公共利益和社区认同，协调合作，有效供给社区公共物品，满足社区需求，优化社区秩序的过程与机制。另外，社区治理是治理理论在社区领域的实际运用，它是指对社区范围内公共事务所进行的治理。社区治理是社区范围内的多个政府、非政府组织机构，依据正式的法律、法规以及非正式社区规范、公约、约定等，通过协商谈判、协调互动、协同行动等对涉及社区共同利益的公共事务进行有效管理，从而增强社区凝聚力，增进社区成员社会福利，推进社区发展进步的过程。[②]

在我国，城市社区治理模式由行政型社区向合作型社区和自治型社区的发展过程，是社会经济体制改革和社会结构调整在城市社区发展中的一种反映，它代表着我国城市社区发展的方向。建立在合作主义基础上的新型政府与社会关系——社区制逐步取代单位制，以及城市街道制体制的改革，代表着我国社区发展与制度创新的基本思路。[③]

随着社区治理的兴起，新的社区治理结构也逐渐形成。社区治理结构是指政府、社区组织、其他非营利组织、辖区单位、居民，合作供给社区公共产品，优化社区秩序，推进社区持续发展的制度和运作机制。[④]

2. 社区治理的特点

综合前述有关社区治理的含义和相关理论观点，社区治理具有以下特点：

（1）社区治理的主体多元化。在社区治理主体中，政府仍然起主导作用，但不再是唯一的主体，政府同其他治理主体，例如企业、民间社会组织甚至个人一起，构成社区治理多元主体，它们共同决定和处理社区公共事务。

（2）社区治理的目标综合化。社区治理除了传统的，主要来源于政府的明确的政治、经济、城市建设任务目标之外，还要关注治理过程中相关的社会文化目标、生态环境目标，应立足于推动社区治理整体文明进步。除此之外，还要培育社区居民参与公共事务管理的意识和能力，培育改善社区治理组织体系，建立社区共治制度机制等。

（3）社区治理的内容精确化。社区治理涉及的内容非常广泛，一方面涉及社区基本公共管理服务，它包括社区管理服务、社区安全、社区卫生与健康、社区生态环境及物业管理、社区文化教育、社区福利、社区保障等；另一方面涉及社区个性化服务。所有这些服务，需要精确到人、到项目、到标准、到过程，才能赢得服务对象的好评。

（4）社区治理过程的交互化。社区治理需要改变过去政府行政管理自上而下的单向、指令式的作用方式，通过多元互动、协同目标、协商议事、协作共建等方式来实现，通过沟通协调，凝聚共识，让居民内心接纳和认同所采取的共同行动方案，共同治理社区公共事务。

（二）物业管理与社区治理的关系

1. 物业管理服务与社区治理的关系

物业管理是社区治理的重要组成部分，两者都与社区居民生活密切相关，是实现社区

① 魏娜．我国城市社区治理模式：发展演变与制度创新［J］．中国人民大学学报，2003（1）：34.

② 史柏年．社区治理［M］，北京：中央广播电视大学出版社，2004：62.

③ 魏娜．我国城市社区治理模式：发展演变与制度创新［J］．中国人民大学学报，2003（1）：135－140.

④ 陈伟东，李雪萍．社区治理与公民社会的发育［J］．华中师范大学学报，2003（1）：28.

管理服务的重要范畴。社区治理和物业服务不是截然对立的，两者相互依存、相互促进。物业服务与社区服务之间既有区别又有联系，二者相互作用、相互影响。

（1）物业管理是社区治理的基本条件和重要表现形式。物业管理服务一方面从硬件上以企业经营管理条件为基础，保证了社区其他管理服务活动的组织管理的基本条件和物业区域环境；另一方面，物业管理服务中所实行的业主自行管理模式是社区居民自治制度建设与运作的“演练”和“热身”。

（2）社区治理体系的建设与完善，是社区物业管理服务工作开展的重要保障。社区治理体系对物业管理服务的支持和促进作用表现在：行政机构的主导和资源投入作用；党组织和党员的先锋模范作用；居民委员的指导作用；民间组织的服务对居民邻里关系的整合作用；通过社区文化活动促进邻里和睦，提升居民对社区的认同感和归属感；“多位一体”社区治理模式对提高物业管理服务质量、效率和效益的支撑作用；等等。

因此，物业管理服务与社区治理之间应当建立合作、协作的良性互动关系，相互配合、相互促进。物业管理和社区治理应利用自身资源，以社区为基础，共同营造社区稳定、安全、舒适、健康的人居环境，促进社会的和谐发展。

2. 正确处理物业管理服务与社区治理关系的思路

（1）明确物业服务企业与社区治理中相关主体的关系。首先要明晰社区党组织、社区行政机构、社区居委会、业主、业主大会和业主委员会与物业服务企业之间的职责权力，划清职责边界。只有界定好各自的职能，各行其责，相互支持，才能共同管理、服务好社区。其次是明确社区多元主体在物业管理服务中的作用，社区党组织的领导、行政管理主导、居民委员会的指导与监督都必须到位，相互配合，相互支持，才能搞好社区物业管理服务。再次是要在社区党组织领导下，成立社区物业管理委员会，建立社区物业管理联席会议制度，建立物业管理区域工作例会制度，即时化解物业管理矛盾和纠纷，为社区和谐稳定创造条件和氛围。

（2）要补齐城乡社区治理短板，改进社区物业服务管理。要加强社区党组织、社区居民委员会对业主委员会和物业服务企业的指导和监督，建立健全社区党组织、社区居民委员会、业主委员会和物业服务企业议事协调机制；探索在社区居民委员会下设环境和物业管理委员会，督促业主委员会和物业服务企业履行职责；探索完善业主委员会的职能，依法保护业主的合法权益。探索符合条件的社区居民委员会成员通过法定程序兼任业主委员会成员；探索在无物业管理的老旧住宅区依托社区居民委员会实行自治管理；有条件的地方应规范农村社区物业管理，研究制定物业管理费管理办法；探索在农村社区选聘物业服务企业的途径，提供社区物业服务。探索建立社区微型消防站或志愿消防队等的途径。

（3）提高业主自行管理的能力与水平。首先要加强对业主权利意识的宣传教育，让业主明白自己在物业管理中享有按照物业服务合同的约定接受物业服务企业提供的服务的权利。其次要积极引导业主大会在充分尊重全体业主意愿的基础上，按照合法程序，选举热心公益事业、责任心强、具有一定组织能力的业主担任业主委员会委员。要通过规范业主大会、业主委员会的行为，促进业主自律和民主决策，依法维护自身合法权益。再次要加强业主教育培训，使其了解物业管理知识，有能力督促和参与物业服务活动。

（4）规范物业管理市场，提高物业管理服务水平。首先应加强对物业管理行业的自律管理工作，制定物业服务标准规范，通过建立黑名单制度、信息公开制度和推动行业自律管理等方式，加强事前事中事后监督。其次要规范和繁荣物业管理市场，这样既能充分发挥物业服务企业在社区治理中的作用，又能提高社区治理的效率。再次，物业服务企业要提高物业管理水平，以优质的物业管理服务推动社区服务发展，促进社区建设。通过良好的社区服务创建和谐的社区环境，树立自己的品牌，发挥自己的作用，巩固自己在社区治理中的地位。

（5）政府应加强在社区治理中对物业管理服务的引导。在政府全力加强社区建设、社区服务的过程中，应发挥物业管理的作用。对于老旧住宅区应由政府主导，通过城市更新改造和引入专业物业管理，提供必要的菜单式物业管理服务，提升老旧社区公共服务水平。对于新建社区，应当完善社区治理体系，发挥党组织和党员在发动群众、组织群众，开展社区建设活动中的积极作用，政府应指导业主组织建设，补齐物业管理主体缺位的短板。应支持物业服务企业在社区治理体系中发挥作用，给予政策支持，特别是物业费定价机制建设，保证物业服务企业正常经营需要。

（6）构建物业服务与社区治理良性互动新机制。社区建设要为物业服务创造好的发展环境，物业服务企业也要在社区建设过程中积极参与，提供服务，通过协调和配合，实现社区内人与人、人与环境、人与社会的和谐发展。一是坚持条块结合、属地管理，发挥社区对物业服务的指导协调作用。切实加强指导与监督，提高业主大会、业主委员会自我管理的能力。充分发挥综合协调作用，解决物业服务中的“急、难、愁”问题。积极化解物业服务方面的矛盾纠纷，创造安定团结的社区氛围。二是发挥企业自身优势，形成主动参与社区建设的新格局。以发挥在职党员的模范带头作用为切入点，参与社区工作网络建设。以建立志愿者队伍为手段，参与社区服务体系建设。以提高物业服务水平为着眼点，参与文明社区建设。以开展丰富多彩的文化活动为载体，参与社区文化建设。以安置下岗失业人员为己任，参与社区再就业工程建设。

微课 40

第四节　物业管理基本方法

一、企业战略管理方法

（一）企业战略管理概述

1. 企业战略管理的含义

企业战略管理是指企业为了谋求长期的生存发展，在正确的经营思想指导下，对企业的外部环境和内部条件的变化趋势进行调查、预测、分析、规划等，做出科学的决策，最大限度地提高企业的经济效益。企业战略管理简述为以下过程：形势分析，选择目标；竞争分析，选择产品；综合分析，制订战略；配置资源，实施战略；战略控制，竞争取胜；战略评价，总结经验。

2. 企业战略结构

企业战略结构一般分为三层：上层为总体战略，中层为竞争战略，下层为职能战略。

企业总体战略包括稳定战略、发展战略和撤退战略三大类。发展战略是基本的战略选择，包括新领域进入战略、一体化战略和多元化战略。发展战略实现方式有内部发展和外部发展两种途径。新领域进入战略是企业或为了摆脱现有产业困境，或发现了新的产业成长机会，为培育新的增长点，而采取的产业拓展或市场拓展战略，包括进入新的市场、进入新的行业等。一体化战略包括纵向一体化战略和横向一体化战略。纵向一体化战略是将企业生产的上下游组合起来一起发展的战略；横向一体化战略是企业为了扩大生产规模、降低生产成本、巩固企业市场地位、提高竞争力而与同行企业进行联合的一种战略。多元化战略包括相关多元化和不相关多元化两种战略。

企业竞争战略包括成本领先战略、差别化战略和重点集中战略三大类。成本领先战略是指企业通过扩大规模，控制成本，在研究开发、生产、销售、服务和广告等环节最大限度地降低成本，成为行业中成本领先者的一种战略。其核心就是在追求产量规模效益的基础上，降低产品的生产成本，用低于竞争对手的成本，取得竞争胜利。差别化战略是指企业向市场提供与众不同的产品或服务，以满足客户的不同需求，从而形成竞争优势的一种战略。差别化可以表现在产品设计、生产技术、产品性能、产品品牌、产品销售等方面。差别化战略包括产品质量差别化战略、销售服务差别化战略、产品性能差别化战略、品牌差别化战略等。重点集中战略是指企业把经营重点集中在一个特定的目标市场上，为特定的地区或特定的消费群体提供特殊的产品或服务的一种战略。针对目标市场，通过差别化或成本领先的方法，形成重点集中战略，是特殊的差别化或成本领先战略。

企业职能战略主要研究如何组织企业的营销、财务、人力资源和生产等不同职能部门来为企业总体战略服务的问题，包括研发战略、营销战略、生产战略、财务战略、人力资源战略等，是实现企业目标的途径和方法。

从战略的划分及其对应的战略内容和分析方法可看出：战略具有层次性，不同层次的分析内容和方法是有区别的（见表 2－1)。

表 2－1　战略结构分析方法

<table>
<tr><th>战略内容</th><th>战略名称</th><th>战略分类</th><th>分析方法</th></tr>
<tr><td rowspan="3">确定发展方向、目标</td><td rowspan="3">总体战略</td><td>进入新领域战略</td><td rowspan="3">“PEST”分析，产业政策、行业规划、市场、内部资源分析</td></tr>
<tr><td>一体化战略</td></tr>
<tr><td>多元化战略</td></tr>
<tr><td rowspan="3">在行业、产品、市场方面展开竞争</td><td rowspan="3">竞争战略</td><td>成本领先战略</td><td rowspan="3">“SWOT”分析，市场占有率、竞争对手分析，决策技术应用</td></tr>
<tr><td>差别化战略</td></tr>
<tr><td>重点集中战略</td></tr>
<tr><td rowspan="5">按职能确定资源配置</td><td rowspan="5">职能战略</td><td>营销战略</td><td>产品细分，目标市场、产品生命周期分析等</td></tr>
<tr><td>财务战略</td><td>预算、融资、成本控制分析等</td></tr>
<tr><td>人力资源战略</td><td>人力资源现状、需求分析等</td></tr>
<tr><td>生产管理战略</td><td>资源、设备工艺分析等</td></tr>
<tr><td>质量管理战略</td><td>质量保证体系、品牌战略分析等</td></tr>
</table>

(二) 企业战略管理方法在物业管理中的应用

1. 物业服务企业战略管理方法的内容

在物业管理中运用到的企业战略管理方法主要包括：战略制订、战略实施、战略评价及调整。

(1) 战略制订。即确定物业服务企业任务，分析企业的外部机会与威胁、企业内部优势与劣势，建立长期目标，制订可供选择的战略，选择特定的实施战略。从企业管理角度，战略制订者必须以能够使物业服务企业获得最大收益为战略制订的前提。战略制订具体包括：1) 战略分析——了解物业服务企业所处的环境和相对竞争地位。战略分析的主要目的是评价影响企业目前和今后发展的关键因素，并确定在战略选择阶段的具体影响因素，主要包括 3 个方面：一是确定企业的使命和目标；二是对企业外部环境进行分析；三是对企业内部条件进行分析。2) 战略选择——战略方案的制订、评估和选择。包括的内容：一是制订战略选择方案；二是评估战略备选方案；三是选择战略，即最终的战略决策，确定准备实施的战略。

(2) 战略实施。这一过程，要求物业服务企业树立年度目标、制定政策、激励员工、配置资源、各个职能部门制订具体的战术，以便使制订的战略得以贯彻执行。战略实施活动包括培育支持战略实施的企业文化，建立有效的组织结构，制订预算，建立和使用信息系统，制订各种行动方案和具体计划措施。战略实施是战略管理的行动阶段，意味着动员员工和管理者将已制订的战略付诸行动。战略实施活动受企业中的所有员工及管理者的素质和行为的直接影响，往往被看作战略管理过程难度最大的阶段，因此在该阶段，人力资源的开发和利用是关键。

(3) 战略评价及调整。战略评价便是获得企业外部及内部因素的变化信息，以不断调整战略。战略评价活动包括重新审视外部与内部因素、度量业绩、采取纠正措施。通过评价企业的经营业绩以审视战略的科学性、有效性。战略调整则根据企业情况的发展变化，参照实际经营事实、变化的经营环境、新的思维和新的机会，及时对所制订的战略进行调整，以保证战略对企业经营管理进行指导的有效性。战略调整包括调整公司的战略展望、公司的长期发展方向、公司的目标体系、公司的战略以及公司战略的执行等内容。

2. 物业服务企业管理战略模式及其选择①

(1) 物业服务企业主要经营战略模式。面对当前向国际开放的物业服务市场环境，物业服务企业必须根据自身资源，运用现代企业管理战略方法，选择适应自身的企业战略管理策略组合，形成不同的经营战略模式。中国物业管理行业经过 40 年的探索发展，逐步形成十大经营战略模式。

1) 战略服务经营模式。这是一种物业服务企业作为地产开发企业的附属机构，从属于房地产开发企业的发展战略而形成的经营模式。实质是从属于开发商多元化战略的子战略。如万科、中海等几家知名地产企业下属的物业服务公司，就是这种战略经营模式的典型代表。

---

① 周宏泉．物业服务企业经营策略选择［J］．中国物业管理，2008 (6)：24-25.

2）内部专业化模式。这是物业服务企业将专业化服务市场内部化的一种经营方式。一方面承担自己公司的业务，避免利润外溢和流失；另一方面，参与专业市场竞争，对外拓展服务业务，为企业获得更多利润。不少早期大型物业服务企业都采取了这种模式。

3）产业链条经营模式。这是一种充分利用物业服务公司资源优势，向地产产业链条上游和下游业务延伸，从而达到整合经营、获取盈利的经营模式。如一些物业服务企业也从事地产策划代理、物业租赁销售，甚至土地测量、地价评估、园林施工、建筑监理等业务。

4）社区经济经营模式。物业服务企业由于服务于物业项目而具有独特的社区经济经营资源，将管理处作为一个社区经济经营平台，开展平台型社区经济资源经营。如很多物业服务企业引入、整合广告服务、家政服务、电商服务等服务机构，获取中介收益。

5）规模优势经营模式。通过内部专业化和社区经济经营策略盈利的物业服务企业，也必须有更多的物业管理项目做支点。尤其是没有房地产开发企业可以依赖的物业服务企业，规模优势经营成为必然的选择。

6）专业市场细分模式。物业管理专业市场细分经营，可以形成物业服务公司在某类物业类型管理方面的优势，也有利于公司整合这类物业市场的拓展资源，取得相对竞争优势，确保利润目标实现。如有的公司专注于写字楼物业管理，有的专注于工业区物业管理。

7）产品高端化经营模式。物业管理市场一直有高端市场与低端市场之分。顾问服务市场利润高于全委托服务市场；新物业利润高于旧物业利润；写字楼商业物业利润高于住宅物业。高端服务产品需要经验优势、技术优势、品牌优势来实现经营目标。

8）成本优势竞争模式。成本优势竞争模式，是物业管理行业适应日益激烈的市场竞争的主要策略选择，但却是一种难以为继的战略模式。在物业管理人力成本和服务资源成本日益升高的同时，非理性恶性竞争所造就的低成本经营方式，导致物业管理行业日渐陷入经营困境。

9）多元化经营模式。它已经超越了物业管理核心业务范畴，从事与物业管理本身没有直接关联的其他产业的经营，如餐饮经营、超市经营、股票投资等。但社区多种经营模式和产业链条经营模式都是依赖物业项目资源，以物业服务为核心业务，有别于多元化经营模式。

10）兼并式发展经营模式。随着资本运作进入物业管理行业，一方面上市物业公司需要收购、兼并有价值的企业或项目；另一方面市场竞争日趋激烈，一些物业服务经营困难，难以为继，或希望通过资本运作改善自身经营环境，或投资人有意转让企业，于是一拍即合，实现收购兼并。这也是中国物业服务市场发展的必然结果。

（2）物业服务企业经营战略模式的选择。任何物业服务企业要想在激烈的竞争中站稳脚跟、发展壮大，赚取利润，都必须根据市场环境变化和企业自身资源状况来理性取舍经营策略，采取适合本企业发展的策略组合。

战略服务经营模式更适合作为房地产集团子公司的物业服务企业，这样的物业服务企业定位从属于集团的发展战略，即构建集团房地产产品的售后服务体系，其企业经营的核心目标服务于房地产的品质提高而非自身利润扩张。

而内部专业化模式和社区经济经营模式都建立在项目规模基础上，没有足够数量的项目和总体规模支撑，内部专业化和社区经济经营模式就难以实施。

产业链条经营模式适合于在某类物业服务领域已经形成一定的经营经验和技术积累的企业，如提供工业物业服务及相关业务服务的企业，为了凝聚和整合产业发展优势，宜采取这种策略。

社区经济经营模式适合实力强、资本扩张快、客户关系好，社区和谐，且拥有高端经营人才队伍，充分运用现代信息技术，能吸引各类商家进入企业经营体系平台的企业。一些缺少开发商背景，靠市场化经营发展起来的上市企业，有充足的资金，能自主经营，往往采取社区经济经营模式。

规模优势经营模式有两个取向。一是大规模优势，主要是通过项目积累和总体规模扩张来实现规模品牌效益，进而强化市场竞争力；二是小规模优势，一部分小型物业服务企业，以小型项目为市场目标，发挥自己在小项目管理方面的经验，避开与大公司的直接竞争，从而确立自己在物业管理市场上的相对优势。

专业市场细分模式已经成为很多后起之秀的竞争策略。很多物业服务企业采取专业市场细分策略，积累在专业细分市场上的技术优势和人脉优势，促使企业获得相对竞争优势，从而实现市场突破。

产品高端化经营模式适合于已经形成品牌效益的物业服务企业。近年来，中国内地的物业服务企业异军突起，凭借扎实的现场服务管理实践和多年物业管理经验技术，开始抢夺高端物业服务市场。在管理经验和规范化程度日趋一致的前提下，内地物业服务企业有着比港资企业和外资企业更加“本土化”的优势，逐渐成为内地高端服务产品的竞争者。

成本优势竞争模式是大多数小型物业服务企业的策略选择。为了与其他物业服务企业竞争，在没有建立优质服务品牌的情况下，为获得更多的物业管理项目，它们多以低价竞得物业管理项目，在管理过程中尽量减少成本，以维护持续经营。这种方式很难形成自己的品牌，有的公司甚至以偷工减料的方式提供比约定标准更低的服务，这制约了公司的发展。但是也有越来越多的企业采用现代管理方法和管理模式，使用先进管理手段、技术来降低成本，不降低服务质量或提供相对质优价廉的服务。

多元化经营模式则是物业服务企业逐步演化为投资机构，将物业管理视为一种投资项目，根据企业所掌握的经营技术和资源，开展与物业管理无关的其他投资。这种策略的选择，其关键首先在于资金，其次在于技术结构和投资决策偏好。

微课 41

兼并式发展经营模式适合于投资机构和经济实力较为雄厚的大型或上市物业服务企业。前者是为了进入该行业时可以获得较高的起点；后者则是通过这种方式实现更快的发展。

二、项目管理方法

（一）项目管理方法简介

1. 项目管理的含义

项目管理是指在一个确定的时间范围内，为了完成一个既定的目标，依靠特殊形式的临时性组织运行机制，通过有效的计划、组织、领导与控制，充分利用有限资源的一种系统管理方法，这是一种集预测、计划、组织、指令、协调和控制等工作于一体的优秀的管理方法。

项目管理由 9 个主要部分组成，分别是综合管理、范围管理、时间管理、费用管理、质量管理、人力资源管理、沟通管理、风险管理、采购管理。

项目管理是通过诸如启动、规划、实施、控制与收尾等过程进行的，将各种知识、技能、工具和技术应用于项目之中，以达到整合项目管理资源的要求。大客户工程，一般分为成立项阶段、设计及可研阶段、招投标阶段、建造阶段、竣工验收阶段。

项目管理中，最重要的是质量、工期与成本三要素。

（1）质量管理是项目成功的必须与保证，质量管理包含质量计划、质量保证与质量控制。

（2）进度管理是确保项目能够顺利实施，以按期完成。在一种大的计划指导下，各参与建设的单位编制自己的分解计划，才能保证工程的顺利进行。

（3）成本管理是保证项目在批准的预算范围内完成，包括资源计划的编制、成本估算、成本预算与成本控制。

2. 项目管理的基本特点

（1）项目管理是一项复杂的工作。其复杂性在于：项目管理一般涉及多个部分，工作跨越多个组织，需要运用多种学科的知识来解决问题；项目管理在执行中通常有许多未知因素，每个因素又常常带有不确定性；需要将具有不同经历、来自不同组织的人员有机地组织在一个临时性的组织内，在技术性能、成本、进度等较为严格的约束下实现项目目标等。

（2）项目管理具有创造性。由于项目具有一次性的特点，因而既要承担风险又必须发挥创造性。这也是项目管理与一般重复性管理的主要区别。

（3）项目具有寿命周期。项目管理的本质是计划和控制一次性的工作，在规定期限内达到预定目标。一旦目标满足，项目就失去其存在的意义而解体，因此项目具有一种可预知的寿命周期。

（4）项目管理具有专门的组织机构。项目管理需要集权领导和建立专门的项目组织。项目进行过程中可能出现的各种问题多半是贯穿于各组织部门的，要求这些不同部门做出迅速而且相互关联、相互依存的反应。但传统的直线职能组织不能尽快与大量的横向协调需求相配合，因此需要建立围绕专一任务进行决策的机制和相应的专门组织。这样的组织由各种不同专业、来自不同部门的专业人员构成，不受现有组织的任何约束。因此，复杂而包含多种学科的项目，大都以矩阵方式来组织，这是一种着眼于取得项目组织形式和职能组织形式两者的好处的组织方式。

（二）项目管理方法在物业管理中的应用

项目管理只有在适当的条件下应用才有效，是否需要采用项目管理的方式以及项目管理能否发挥积极的作用，取决于有关技术的复杂性、组织的相互关系、公共团体或用户的需求，以及其他一些因素。在物业管理服务中应用项目管理方法也必须考虑这些因素。将项目管理手段应用于物业管理的目的是对物业管理进行优化配置，实施动态控制，达到保证质量、降低成本、提供更好的服务，以获取更大经济效益和社会效益的目的。

1. 项目管理与物业管理的诸多一致性

（1）物业管理服务工作多以项目运营方式进行，与项目管理特性有天然的一致性。在物业管理的过程中，一方面要尽可能地使业主及非业主使用人满意，另一方面由于物业服务是以盈利为目的的，但在资源、时间、技术要素，服务水平和能力等方面都是受到约束的，也即是在限定资源、限定时间、限定质量的条件下进行的。同时，由于单项物业服务业务是有约定期限的，因此也可以看作一次性的。这些特点可以使物业管理项目按项目管理方法来运作。物业管理服务工作还有一些分项专业工作，如分包专业服务工作，一些开发、管理服务项目都可以以项目管理方法运营。

（2）物业管理服务过程与项目管理过程在推进环节上的一致性。管理工作的过程包括规划、组织、指令、协调、控制五个方面，无论项目管理还是物业管理，都要做出一个详细而又周密的规划，以便于为以后发生的管理工作提供一个衡量的依据；在实施过程中，对各项工作中应立即决策的问题及时做出反应，并应保证其顺利执行，适时对工作中各项活动进行协调和控制，确保实际进行的工作与计划相一致，必要时采用补救措施或修改计划，保证各项管理工作正常发展，并且朝着一个明确的目标进行。

（3）物业管理服务与项目管理在目标任务要求上的一致性。作为项目管理本身，其目标就是要将有限的时间、费用等资源，有效地协调，以尽量少的投入实现尽量好的效果。同理，物业管理的目标之一就是投入有限的人力、物力，力争为业主、租户提供一个更加安全、舒适的居住和生活环境，并尽量延长物业的使用寿命，确保其功能正常发挥。

2. 用项目管理法进行物业管理的具体操作过程

（1）物业管理项目团队成员的选定。一个成功的项目，如果由各方面有经验的专家合作，以缜密的计划为依据，各方配合，就会有理想的效果和收益。由于物业管理项目涉及管理、财务、工程技术、法律等多方面，因此，项目成员在专业技术上应适应这一要求。除此之外还有不同的性格、年龄、角色的要求，应合理选择成员以形成合力最大、功能最优的团队。

（2）物业管理工作任务的系统结构分解。物业管理的内容比较复杂，归纳起来可以分为“五大管理”“三类服务”：治安消防管理、房屋及公共设施管理、绿化管理、环境卫生管理和车辆交通管理；常规性服务（合同委托服务）、委托性服务（非合同零星委托）和经营性服务（全方位、多层次的综合性服务）。可用工作结构分解的方法对物业管理工作任务进行分解（详见图 2－2），形成众多不同的物业管理子项目，由各个子项目组完成项目任务。

从图 2－2 中可以看出，工作结构分解起到了如下作用：1）作为制订和审核物业管理日常工作计划的基础；2）作为制订资金使用计划的基础；3）作为投资差异分析的基础。

（3）物业管理项目的计划和控制。这里的计划和控制主要包括资金使用计划、资金差异分析及质量控制等。

1）资金使用计划。由于物业的各种设备及设施的配件使用年限、质量大不相同，所以在一定时间内也许会出现突发性事件，如水管爆裂、电梯中途停运、下水管道堵塞，等等。解决这些问题需要费用，如果没有预留金，只靠运营中的资金，会打乱资金的正常使

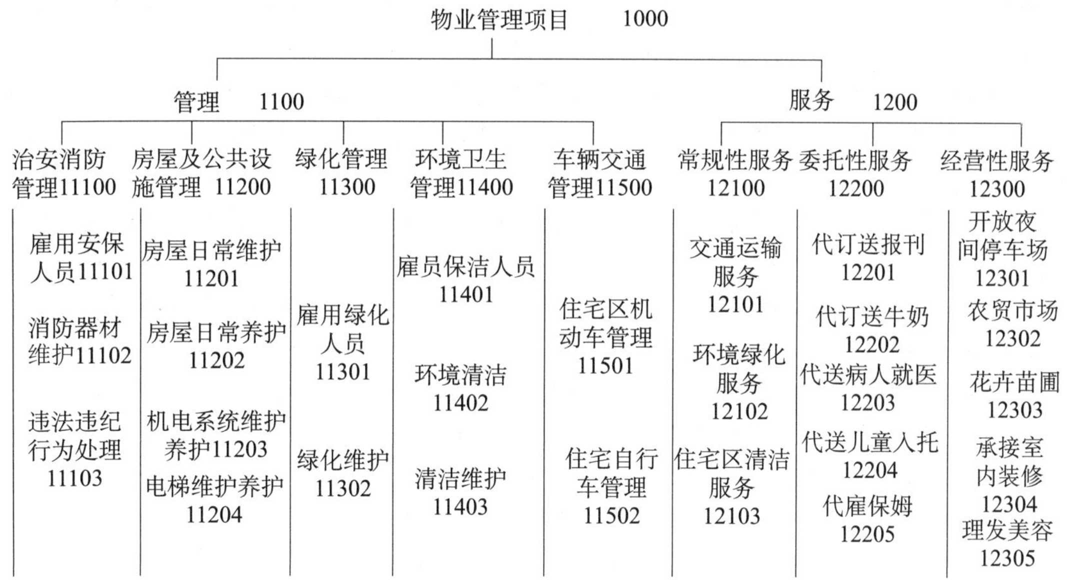

图 2-2　物业管理工作任务结构分解

用计划。

在日常的管理工作中，可以通过项目划分来编制资金使用计划。首先要选用恰当的项目工作编码，这项工作应该在项目一开始就做好。在编制资金使用计划时，为了使支出预算与日后的投资控制及成本核算相对应，必须事先统一成本编码系统。此编码可以采用系统结构分解中的工作编码。

2）资金差异分析。物业管理经理应定期对实际的资金支出进行分析，并应对今后的资金需要做出预测，对物业管理工作中的实际支出额和计划使用额进行比较，通过比较发现并找出它们之间的偏离额度，进而采取有效的调整措施，实现管理工作的目标。资金差异分析可采用表 2-2 的格式。

表 2-2　资金差异分析　　　　年　　月

工作编码	工作内容	原计划金额	现实际支出	差　异	原　因
11101	雇用安保人员	3 500 元/月	4 500 元/月	−1 000 元/月	物价上涨
11102	消防器材维护	500 元/月	900 元/月	−400 元/月	消防栓破裂
……	……	……	……	……	……
总　计					

通过对表 2-2 进行简要分析，可以了解工作的进展情况和资金的使用情况。例如：可以直观了解造成差异的原因，是物价上涨还是发生了突发事件。如工作编码 11101，差异为−1 000 元/月，出现了超支情况，其原因是物价上涨了，相应地，工资水平就提高了，这种差异费用就应从管理运行费用中扣除。而工作 11102，差异为−400 元/月，是由于消防栓突然破裂而引起工作成本超支，这 400 元差异就可以从预留金中扣除。

3）质量控制。质量控制工作在管理工作中历时最长、头绪最多、困难最大，但又是最重要的工作。它既要保证工作顺利进行，又要针对管理工作中出现的工作质量问题提出切实可行的解决办法。通过制定各种严格的岗位责任制度，为各级人员制定不同的岗位职责，明确每个人的工作范围。同时，对各项工作提出质量要求，制定具体标准，以便于事后检查和对照，以监督工作人员保质保量地完成工作。还需要评定优劣，以调动劳动积极性，提高工作质量。

（4）用网络计划实现物业管理的现代化。物业管理涉及面很广，物业公司内部、物业公司与政府各部门以及与社会化的各专业公司都存在着千丝万缕的关系。要提升管理水平，产生效益，必须采用网络计划，运用计算机管理。比如日常维修计划的制订，只要把所管辖的房屋的原始记录进行登记编表，并按照其规定使用年限及适用范围规定，通过计算机编制网络图，便可排出哪些房屋应该在什么时候检修，检修的内容是什么。同样，与社会专业房屋修缮公司进行计算机联网，也就可以知道维修计划的落实情况。①

3. 物业管理采用项目管理方法时应注意的问题

（1）尽可能在一些物业管理专项业务上推行项目管理制。推行业务项目管理制，一方面可以明确各岗位的职责、权力，实施岗位绩效考核，增强员工竞争意识，建立激励机制，提高员工的工作积极性、主动性，搞活企业；另一方面可以使每一个员工人尽其才，推动物业管理服务专业化，不断提高员工素质，提高服务质量，从而提高企业经营效益。

（2）重视人才的价值，在实践中培养和留住人才。目前物业服务企业普遍缺乏管理人才，解决项目管理人才的问题，不能靠“挖墙脚”的方法，这不是长久之计。培养人才、留住人才才是正道。就是要重视其价值，给其机会，授之以权力，客观评价其业绩，恰当给予物质和精神激励。

（3）以项目管理优势，推动企业向品牌化、集团化发展。物业服务企业实行项目管理后，将实行“单独核算、自主经营、自负盈亏、自我运转、自我发展”的运行机制。通过先进的项目管理方法和理论来转变企业经营作风，提高服务质量，树立良好的企业形象，以信誉求生存，以品牌增强企业实力，保证企业的发展。

（4）加强物业管理服务的信息化建设。物业管理服务信息化，可以将物业项目管理与团队管理、虚拟管理方法有机结合起来运营，运用互联网和软件实施信息化物业管理与服务，不仅可以减轻管理人员的劳动强度，减少不必要的人力与物力的重复工作，提高管理水平，同时还能充分运用企业的档案信息，实现再开发、再利用，提高企业的经济效益。

微课 42

三、质量管理方法

（一）质量管理方法简介

1. 质量管理方法的定义

质量管理方法是指确定质量方针、目标和职责，并通过诸如质量策划、质量控制、质量保证和质量改进使其实施的全部管理职能的所有活动。

现代质量观有两层意义，上层为商品的“适用性质量”，即“商品质量”；下层为产品

① 黄安永，成欣．用项目管理方法提高物业管理水平［J］．中国房地产，1996（10）：52－55.

的“符合性质量”，即“产品质量”。后者是前者的基础，前者是商战取胜的决定性因素。质量管理的任务就是确保这两项符合要求。“适用性质量”是质量管理为满足市场的“明确需要”和“隐含需要”而对设计开发的商品提出的多品种、系列化要求；“符合性质量”是质量管理为确保产品功能而制定的技术性要求。

现代质量管理的基本观点是“一切为了顾客”“一切以预防为主”“一切凭数据说话”“一切按 PDCA 运行”。PDCA 循环是由美国质量专家戴明博士首创，故又称“戴明环”或“戴明轮”，即计划（Plan）—执行（Do）—检查（Check）—处理（Action），简称 PDCA 循环。

2. 质量管理方法的原则

质量管理方法中有以下 8 项质量管理原则：

（1）以顾客为中心。组织依存于顾客，因此组织应理解顾客当前和未来的要求，满足顾客要求并争取超越“顾客期望”。

（2）领导作用。领导将本组织的宗旨、方向和内部环境统一起来，并创造使员工能够充分参与进而实现组织目标的环境。

（3）全员参与。各级人员是组织之本，只有充分参与，才能使他们的才能充分发挥，为组织带来最大的收益。

（4）过程方法。将相关的资源和活动作为过程进行管理，可以更高效地得到期望的结果。

（5）管理的系统方法。针对设定的目标，识别、理解并管理一个由相互关联的过程所组成的体系，有助于提高组织的有效性和效率。

（6）持续改进。持续改进是组织的一个永恒的目标。

（7）基于事实的决策方法。对数据和信息的逻辑分析或直觉判断是有效决策的基础。

（8）组织与供方之间的互利关系。通过互利的关系，增强组织及其供方创造价值的能力。

3. 质量管理的基本工作、控制过程和数量方法

质量管理的基本工作包括：标准化工作、计量工作、质量信息工作、质量责任制、质量教育工作。

基本控制过程包括：设计过程的质量控制、制造过程的质量控制、辅助制造过程的质量控制、使用过程的质量控制。

质量管理的数量方法主要指 7 种统计分析方法：分层法、排列图法、直方图法、因果分析图法（也称特性因素图、鱼刺图）、相关图法、控制图法、调查表法。

当然，要从根本上解决质量问题，还要多方面地应用其他科学的管理法，因地制宜，讲求实效，因行业和产品特点而异，综合配套使用各种方法。

（二）质量管理方法在物业管理中的应用

1. 现代质量管理工具在物业管理中的应用

可以从质量规划、质量保证、质量控制 3 个方面来分析现代质量管理工具在物业管理中的应用。

（1）质量规划。现代质量管理认为，质量出自计划，而非出自检查。任何一个项目首先都要进行需求分析，物业管理项目的质量管理同样要分析客户的需求，确定需要做什么

和如何做。可以利用排列图来确定关键质量特性，然后利用流程图预测在何处可能会发生什么样的问题，用因果分析图来描述引发潜在问题的各种原因和子原因，以帮助质量计划的制订。绘制因果图要听取各方面的意见，避免片面、遗漏，常以头脑风暴法辅助画出符合实际的因果图。

（2）质量保证。质量保证的主要任务是制定质量标准和质量控制流程，明确质量管理体系等。目前，在物业管理服务行业推行的质量认证体系主要有：ISO 9000 质量管理体系（Q）、ISO 14000 环境管理体系（E）和 OHSAS 18000 职业健康安全管理体系（S）。

（3）质量控制。质量计划制订好以后，就要对过程和产品进行质量控制和改进。物业管理项目的质量控制包括两个方面的内容：测试和控制（或衡量和纠正）。根据测试或审查结果，对不足的地方进行改进，然后正确地执行质量控制活动，以保证绝大多数的错误和缺陷可以预防、避免或在服务管理过程中被及早发现。

2. 物业服务企业 QES 三标一体化管理体系

（1）ISO 9000 质量管理体系（Q）。ISO 9000 是一族标准的统称，于 1987 年制定，后经不断修改完善形成系列标准。它是针对组织的管理结构、人员和技术能力、各项规章制度和技术文件、内部监督机制等一系列体现组织保证产品及服务质量的管理措施的标准。现有 90 多个国家和地区将此标准等同转化为本国或本地标准。我国等同采用 ISO 9000 族标准的是 GB/T 19000 族标准，是国际标准化组织承认的中文标准。2000 版标准颁布后，国际认证组织鼓励各行各业的组织采用 ISO 9001：2000 标准规范质量管理，并通过外部认证来达到增强客户信心和减少贸易壁垒的目的。

2000 版 ISO 9000 族标准的核心标准共有 4 个：《质量管理体系　基础和术语》（ISO 9000：2000）、《质量管理体系　要求》（ISO 9001：2000）、《质量管理体系　业绩改进指南》（ISO 9004：2000）、《质量和环境管理体系　审核指南》（ISO 19011：2000）。与 1994 版相比，2000 版 ISO 9000 族标准具有以下特点：一是通用性强，1994 版 ISO 9001 标准主要针对硬件制造业，新标准则适用于硬件、软件、流程性材料和服务等行业；二是更先进、更科学，总结补充了企业质量管理中一些好的经验，突出了八项质量管理原则；三是对 1994 版标准进行了简化，简单好用；四是提高了其他管理的相容性，协调了环境管理和财务管理；五是 ISO 9001 标准和 ISO 9004 标准作为一套标准，相互对应，协调一致，适应组织管理一体化的需要。

（2）ISO 14000 环境管理体系（E）。近现代工业化的发展过程中，环境问题越来越突出，人们的环境意识逐步增强，解决环境问题，追求可持续发展成为各国的战略。自 20 世纪 80 年代起，美国和欧洲一些公司首先建立环境管理方式，1985 年荷兰率先提出建立企业环境管理体系的概念。英国在质量体系标准（BS 5750）的基础上，制定环境管理体系（BS 7750）。英国的 BS 7750 和欧盟的环境审核实施后，欧洲许多国家纷纷开展认证活动。国际标准化组织在汲取世界发达国家多年环境认证经验的基础上制定并颁布了 ISO 14000 环境管理系列标准，通过认证成为各国突破贸易壁垒，增强市场竞争力的有效手段。

截至 2005 年 3 月，国际标准化组织已发布的环境标准有：《环境管理体系　要求及使用指南》（ISO 14001：2004）；《环境管理体系　原则、体系及支持技术通用指南》（ISO

14004：2004)；《现场和组织的环境评价》(ISO 14015：2001)；《环境标志和声明 通用原则》(ISO 14020：2000)；《环境标志和声明 自我环境声明（Ⅱ型环境标志)》(ISO 14021：1999)；《环境标志和声明 原则和程序（Ⅰ型环境标志)》(ISO 14024：1999)；《环境表现评价 指南》(ISO 14031：1999)；《生命周期评价 原则和框架》(ISO 14040：1997)；《生命周期评价 目的与范围的确定和清单分析》(ISO 14041：1998)；《生命周期评价 生命周期性影响评价》(ISO 14042：2000)；《生命周期评价 生命周期解释》(ISO 14043：2000)；《环境管理 术语》(ISO 14050：2002)；《质量和（或）环境管理体系审核指南》(ISO 19011：2002)。在这些族标准中，以 ISO 14001 最为重要，它是组织建立环境管理体系及认证的最基本的准则，是一系列环境体系标准的基础。

(3) OHSAS 18000 职业健康安全管理体系（S)。为了规范企业职业健康安全管理行为，并解决客户群在面对诸多验证机构自行开发的安全及卫生管理系统验证标准时的取舍问题，许多国家和地区都根据 ISO 9001、ISO 14001 的管理模式制定了相应的职业健康安全管理体系标准。如英国的 BS 8800、亚太地区职业健康安全组织 ASOSHO 的 AP 1000，以及欧盟的 OHSAS 18001 等管理体系标准。

OHSAS 18000 (Occupational Health and Safety Assessment Series 18000) 是继 ISO 9000 质量管理体系和 ISO 14000 环境管理体系标准后，世界各国关注的国际性安全及卫生标准。该标准是依据现代管理科学理论制定的管理标准，用以规范企业的职业健康安全管理行为，以预防为主，控制事故的发生，保障劳动者的安全与健康。我国于 1999 年颁布了职业健康安全管理体系试行标准，并在国内试点。2001 年我国正式颁布了《职业健康安全管理体系标准》(GB/T 28001—2001，等同采用 OHSAS 18001)。

3 个体系 3 套标准的共性主要反映在 5 个方面，即总思路一致、总要求一致、总框架一致、运行模式一致和控制方法一致。这 5 个一致奠定了 3 个体系整合的基础。同时，也要看到 3 套标准的差异性，主要是侧重点不同和管理内容的不同：ISO 9000 族标准主要关注的是顾客，落脚点是质量；ISO 14000 族标准的关注点是社会，落脚点是环境；OHSAS 18000 族标准的关注点是员工，落脚点是职业健康和安全。由于侧重点不同，也就导致了具体管理内容的不同以及审核认证的依据不同。虽然存在差异，但由于 3 套标准总体要求一致，特别是在环境与职业健康安全问题引起国际普遍关注的今天，一个组织在关注质量的同时，都不可避免地要对本组织涉及的环境与职业健康安全问题进行控制，而 3 套标准可以互为补充成为一套统一的控制管理系统，客观上具备了 3 个体系整合的可行性。

3. 物业服务企业贯标的特点

物业服务企业为提高物业服务质量，在市场竞争中立于不败之地，推行质量认证和质量管理势在必行。许多企业选择 ISO 9000 族标准作为规范自身行为、提高管理水平的途径（俗称贯标)。物业服务企业 ISO 9000 族标准贯标的特点主要如下：

(1) 以顾客为关注焦点，以顾客满意为工作目标。“组织依存于顾客”是该标准第一管理原则，物业服务企业提供的是服务产品，接受服务产品的顾客是业主，服务产品区别于物质产品的特点是产品无形化和有情感投入与交流，业主对服务是否满意是衡量服务产品合格与否的关键。

(2) 强调领导的作用。“领导作用、全员参与”是该标准的第二、三项管理原则，物业服务企业作为劳动密集型企业，具有分散作业、人员流动性大等特点，领导作用是关键。

（3）重视每一个环节，控制每一个接口。“过程方法”和“管理的系统方法”是该标准的第四、五项原则，是科学的管理方法。每一项工作分为策划、运行、监视和测量、持续改进（即 PDCA），需要对这 4 个步骤进行分段控制，形成步步相连的过程链，无限优化过程，从而优化结果。关注过程就是关注效率和效益，这一点对从事服务行业的物业服务企业尤为重要。

（4）保持优势，持续改进。“持续改进”是该标准的第六项原则，也是过程管理的最后一个环节，它是企业的永恒主题和终极目的。对一个期望保持优势、健康发展的物业服务企业而言，关键不在于本身存在多少问题，而在于是否有识别、分析、解决问题的能力，是否有改进、创新的能力。

（5）实事求是，科学决策。“基于事实的决策”是该标准的第七项管理原则。就是要以企业内外的可靠、精确的信息为分析问题的依据，进行科学决策。

（6）互惠互利，处理好供需关系。“互利的供需关系”是该标准的第八项管理原则，是实现供需双赢的管理原则。物业服务过程中存在大量的供需关系，这些供需关系直接影响物业服务企业为顾客提供的服务产品的最终质量，关系到物业服务的顾客满意度，关系到企业能否持续稳定地向顾客提供满意产品。

4. 物业服务企业贯标应注意的事项

（1）端正动机是前提。贯标的目的是提高企业的管理水平，而不是取得证书。为了认证而认证，待证书到手企业又恢复原貌；认为贯标就是应对认证机构的检查，就是整理文件、资料，就是对照标准寻找支撑材料；文件是编出来的，不是过程的记录，往往采取抽调骨干，突击培训，补充文件、补充记录；精心挑选恰当的审核路线，让不符合要求的现场，不了解体系运行的员工回避认证机构的现场审核等是对待认证的错误表现。贯标应该是全过程的，不做样子、不走过场，只重证书不重过程的思想既违背了企业发展的长远利益，也违背了标准的基本要求。正确的动机只能是改善企业的管理水平，满足顾客、社会、员工等相关方的需求。

（2）全员参与是保证。没有全员参与的管理体系只能是纸上谈兵。要上至最高管理者，下至最基层员工，全员参与企业的管理过程，按职责分工与岗位要求履行自己的职责。每一个岗位员工要了解管理体系构成、熟记管理方针、明确岗位职责，确保管理体系有效运行。

（3）符合实际是关键。确保管理体系的持续适宜性、充分性和有效性，是衡量企业是否符合标准的 3 个决定性要求。以一个物业服务企业建立的质量管理、环境管理、职业健康安全管理三标一体化管理体系为例，主要从 5 个方面判断是否符合实际：一是方针、目标、指标和管理方案与服务过程是否相宜，与各岗位的职责分工是否相宜，环境因素与所处环境是否相宜，重大危险源与所采取措施是否相宜。二是组织机构、职责、权限和作用与管理体系的运行要求和公司的实际情况是否相宜，人力、物力、财力资源的提供与管理体系的运行要求是否相宜。三是管理体系文件的难易程度与大多数员工的能力和文化水平是否相宜。四是公司相关法律、法规和其他要求与公司的经营活动的特点、服务性质、对环境的影响、职业健康安全风险是否适宜。五是公司“三级监控”机制（即日常检查、内部审核、管理评审）与公司服务过程是否相宜。

微课 43

四、团队管理方法

（一）团队管理

1. 团队管理的含义

企业团队是指人们在相对平等、自愿的前提下，以企业的项目任务为依托，适当打破原有的部门界限组建项目团队，直接对顾客和公司的总体目标负责，以群体和协作优势赢得竞争主导地位的企业组织形式。团队是由知识技能互补的人员组成的，以项目任务为目标导向，为实现共同的绩效目标，具有相对独立的决策权和执行权的联合体，或叫作工作单元。团队是以通过对“人”的管理来推动对“事”的管理的新方式。团队各成员有明确的角色定位，通过沟通与交流，保持目标、方法、手段的高度一致，从而能够充分发挥各成员的主观能动性，运用集体智慧将整个团队的人力、物力、财力集中于同一方向，创造出惊人业绩。

团队精神是团队共有的价值观、信念和习惯体系，是团队发展过程中应遵循的工作方式、思维习惯和行为准则。团队精神有利于发挥集体组织的力量，有助于成员之间的交流，通过充分的信息共享，产生积极的协同作用，取得事半功倍的效果。

有研究表明，无论企业还是公共部门实行的团队管理，都有利于员工个人素质的提高、整体服务水平的提升与经营业绩的扩展。

2. 影响团队管理的因素

影响团队管理的因素有多种，众多专家学者与企业界精英对此有不同的认识与见解。美国现代结构功能主义的创始人塔尔科特·帕森斯在他的《社会行动的结构》中明确提出行动系统的 4 个基本范畴——AGIL①，即适应（A）、“达鹄”（G）、整合（I）、维模（L），这是任何行动系统（包括社会系统）都必须满足的，它为我们研究团队管理的因素提供了很好的功能分析框架。

（1）发展目标。团队目标是团队成员统一行动的标准，共同活动的客观依据，这与“达鹄”作为社会系统的目标一致，要求系统有能力确定自己的目标次序并能调动系统内部的能量，以集中实现系统目标。一个高效的团队要求把个体的行动统一于一个共同的目标之下，整合不同个体的目标，做到心往一处想，劲往一处使，协调一致而有成效地行动。

（2）制度约束。制度是团队为实现自身目标对员工的行为给予的一定限制，它具有共性，是强有力的行为规范。“整合”就是使系统成为一个整体进而更有效地发挥功能，这

① AGIL：“适应”（Adaption）功能，指一个系统必须适应环境并从环境中获得可支配的资源，以求得自身的生存和发展；“达鹄”（Goal-attainment）功能，即目标实现功能，指系统必须确立自己的目标以及目标的轻重缓急，并确定达到目标的手段；“整合”（Integration）功能，指系统必须协调内部各部分之间的关系，以维持一定的和谐；“维模”功能，即潜在的模式维持与张力调控（Latent pattern-maintenance and tension-management），指系统必须使各部分具有动力和动机，并按一定的规范和秩序参与系统内部运行的动态过程，以维护和复制原有模式。

必然将各个部分联系在一起，使各个部分之间协调一致，不致出现游离、脱节和断裂。这里的“整合”在团队管理中起着制度的约束功能，制度的约束是人与物、人与运营制度的结合，它既是人的意识与观念形态的反映，又是由一定的物的形式所构成。

（3）团队文化。团队文化是一个组织的灵魂，是属于系统运行中的“维模”范畴，可保证系统重新开始运行时能正常恢复互动关系。“系统必须拥有特定机制以经常维护处于潜在状态的模式”，这就是精神文化，是以观念形态表现的文化内容。通过团队文化的建立，培育和培养共同的价值取向和价值凝聚力，从而塑造团队的精神灵魂。一个团队没有共同的价值取向，就会丧失战斗力和竞争力。

（4）队员管理。团队管理的核心是团队成员的管理。成员的管理就是怎样识人、用人，重视团队每一个成员的价值，发挥成员的作用。企业留不住人才的真正的原因之一是一些人才没有用武之地。万科物业提出的“先有满意的员工，后有满意的顾客”的理念，就是重视员工价值，发挥员工作用，给员工发展空间和机会，从而能够打造一个骨干员工低流动率的高素质员工队伍，创造了公司佳绩。

3. 加强团队管理的途径

大多数“未来的组织”模式，如“网络化组织”“集群组织”“非层级化组织”“横向组织”等，都是以建立能量超越个人的团队作为实现主要业绩的前提。根据这一趋势要求，加强团队管理就成了每个组织必须面对的难题与挑战。

（1）确立团队和员工利益相一致的发展目标。目标对团队来说，包含两层功能：一是为团队决策提供前提与导向；二是形成团队精神的核心动力。团队的目标是对它的全体成员的利益承诺，是协调大家行为的航标。一个切实可行的团队目标对个体具有激励和鞭策作用，个体能否积极地响应团队目标，要看目标是否正确、明晰，是否具有挑战性。

（2）加强制度化管理，通过管理制度化强化团队精神和团队意识。一个团队，必须通过制度化管理明确职责、目标、利益，才能使每个人按照团队的目标、分工、职责开展工作，完成团队任务。还要建立严格的奖惩机制，明确利益分配标准，用经济杠杆调动成员工作的主动性和积极性，从而提高团队的运行效率与工作热情。

（3）建立团队文化，塑造团队精神，增强团队凝聚力。建设有凝聚力的团队文化要坚持“以人为本”，重视员工的压力管理和情绪疏导，注重员工素质的提高，最大限度地调动员工工作的主动性和积极性，参与多种形式的团队文化娱乐等组织活动。“以人为本”就是认同团队的核心价值观，且成员自身能力又符合团队要求。这样才能塑造出充满活力、有着强大的向心力、凝聚力的团队精神。①

（二）团队管理方法在物业管理中的应用

1. 物业管理行业团队建设的重要性

（1）优秀的物业管理服务团队是物业服务企业克敌制胜的法宝。物业管理行业作为劳动密集型行业，人的作用是无可替代的，同时，大量物业管理服务工作是通过专业团队作业来完成的，因此团队管理工作在物业管理行业的地位尤其重要。目前，我国物业管理行业正朝着市场化、集约化、规模化、信息化、智能化、专业化方向发展，掌握物业管理服

① 高芙蓉．浅议加强企业团队管理与构建和谐组织［J］．安阳师范学院学报，2006（1）：37.

务知识、技术和管理方法的各类物业管理服务团队的作用也日益显现。

（2）物业服务企业人员素质状况需要通过团队建设来改善。物业管理属新兴的服务行业，从业人员总体素质不高，人才相对匮乏。据统计，目前我国80%左右的物业管理从业人员来自城市企事业单位下岗分流人员、部队退伍军人以及农村剩余劳动力。物业管理行业发展较快的深圳市，大部分物业服务企业中，中专以上文化程度的管理人员仅占60%，专科以上的仅为35%，中高级管理人才稀缺。同时，企业内部的人才培养和团队建设都是相对滞后的，因而，物业管理行业迫切需要物业服务企业建设一支优秀的职业化团队。

（3）行业特点和发展需求将刺激物业团队的建设与成长。由于物业服务企业属于服务行业，提供的特殊产品——服务是以人为载体。每一个物业管理人员承担着提供服务的职责，人员的素质直接影响服务质量，团队的职业化程度决定了服务水平的高低。物业管理行业是一个微利、低技术、劳动密集型的行业，社会上甚至一些物业服务企业自己都将物业管理行业定位在一个较低的层次上，因此难以吸引高层次人才。不少从业人员也认为这是一项过渡性工作，造成队伍流动性大，服务质量不稳定。面对企业所处的人才困境，不少知名企业采用管理处主任（经理）职业化、培养职业化项目经理人的做法，此举留住和培养了人才，值得提倡。

（4）团队建设有利于提高项目工作的效率。团队建设的重要性从团队建立后的功能发挥上讲，主要是提高了项目团队的工作效率，可以在任务艰巨而紧急、资源有限、目标明确、责任清晰的情况下确保项目队伍高效率运作。首先，物业管理工作环境变化和差异性大、服务标准达成和评价主观性强，需要成员灵活处理，良好的人员组成和处事方式有利于增强物业管理与服务的灵活性而不偏离既定方针和目标。其次，良好的团队管理模式可以改变物业管理服务工作重复简单劳动的枯燥乏味的特性，使成员能在更大的空间活动作业，有利于激发团队成员的工作积极性和创造性。最后，运用现代管理理念和方法管理团队，实现了组织结构扁平化、成员专业化、反映快捷化、处事柔性化，团队成员精神好、地位平等、工作协作、相互信任，归属感、集体荣誉感强，创新力、凝聚力和战斗力强，工作效率高。

2. 物业管理服务团队建设主要途径

（1）企业要根据物业管理服务团队的特点和物业管理服务工作的规律，建立具有物业管理服务特色的各类物业管理服务团队，并使物业管理服务团队职业化。物业管理行业服务人员，一方面面对多类业主的多种需求，工作内容琐碎，业务纷杂；另一方面，管理的物业设施设备技术含量高，服务的对象中不少是收入高、学历高、社会阅历丰富的人士。没有丰富、足够的专业知识和较强的协调管理能力，是很难胜任的。

（2）企业高层应加强对物业管理服务团队的管理，建立成熟的物业管理服务团队。首先要建设物业管理服务团队管理制度体系，特别是成员选拔、培训、考核、评价、激励制度等。对团队领导的选拔是关键，指导团队制订团队规范是重要保障。其次是支持鼓励团队领导和成员按团队管理的规则办事和进行管理上的创新，合理分权与合理授权，实行专业能手或专家负责制，以先进的管理理念和方法管理团队，创造团队持续发展的局面。再次，在企业文化建设上多给团队参与机会。创建与现代团队管理的理念和方法相适应的具有先进性的团队文化。最后，加强团队专业及管理知识培训工作。培训的总体目标是提高团队的职业化程度，培训内容包括专业知识和技能，岗位操作规程，职业道德素养和处理问题的综合能力等。

(3) 团队领导要关心团队成员的成长，帮助每一个成员发挥最大的价值，使物业管理服务团队成员在开拓和创新中成长，同时实现企业的使命和目标。物业管理行业从业人员流动性很大，尤其是基层一线人员，如秩序维护员、保洁员、技术员等。基层的员工往往是与业主（客户）直接接触并为其提供服务的人员，他们的素质和服务水平直接体现企业素质和服务水平，关系着企业的形象，影响企业的生存和发展。因此，应从前瞻性角度建立系统的员工职业规划体系，帮助员工做好职业生涯发展规划，让员工与企业一起成长。

(4) 团队领导和成员要明确团队及成员的目标，并采用先进的管理理念和科学的管理方法达成目标，形成高效的团队运行模式和团队文化，并持续推进团队发展。首先是确立团队共同的愿望与目标，做到目标明确、分工明确、责任明确。其次是培养和发挥成员的专业特长，提升团队成员的能力，要根据团队成员的特长合理配置资源，加以指导与支持，帮助成员完成团队目标任务。再次是增强团队成员之间的信任。要培养成员健康心理，给员工发展机会；营造欢乐的氛围；鼓励与肯定员工；信息充分公开，消除猜忌、怀疑、抱怨、压抑等破坏信任的因素；对团队成员合理授权，调动团队成员主动性和创造性。最后是要培养团队精神，提升成员对团队的认同度，达成团队共识，提高整体协调性、执行力与战斗力。团队精神包括团队的凝聚力、团队的合作意识和高昂的团队士气。团队精神的培养是团队建设的关键。

(5) 团队领导根据企业制度客观评价团队成员绩效，建立优秀成员发展成长激励机制，留住优秀团队成员。当前我国物业服务企业在建立绩效考评系统方面进行了一些有益的探索，如领导负责制、岗位责任制、限时办理制、荣誉激励制、末位淘汰制等，但还不够完善，因此建立一套客观而公正的绩效考评系统无疑成为大多数企业的当务之急。有些企业采用国外先进的绩效考核方法，如平衡计分卡法。中航物业从 2007 年导入并全面推行平衡计分卡，并将其作为战略管理工具，从财务维度、客户维度、内部流程维度及学习与成长维度 4 个方面解决公司战略执行问题，提高了团队成员的工作积极性、主动性，建立了基于客户（业主或非业主使用人）价值的结果导向的团队文化。

微课 44

五、客户关系管理方法

（一）客户关系管理

1. 客户关系管理的含义

客户关系管理（Customer Relationship Management，CRM）是企业为了生存及持续创新而提出的新的思维方法与实现策略，是通过围绕客户细分市场来组织企业，鼓励满足客户需要的行为，并通过加强客户与服务企业之间的联系等手段，来提高盈利、收入和客户满意度的遍及整个企业的经营服务策略。

许多人错误地认为 CRM 仅仅是一套单纯的软件和技术，事实并非如此。CRM 从本质上讲，是在“以客户为中心”的理念基础上的一套经营理念和企业运作方式。“以客户为中心”的经营理念就是企业的生产、营销、服务都必须围绕着客户来进行。具体表现为：重视“客户资源”价值；划分客户类型，并制订针对性营销策略；不断收集和研究客户需求。

“以客户为中心”是客户关系管理中的核心理念，它是相对于“以自我为中心”的企业运营方式而言的。对利润的片面追求，使企业忽略了客户需求，最终违背了追求利润最大化这一企业原始动力。所以，只有“以客户为中心”，企业才有一个立足点，才能探讨是否应该着手改组公司的组织结构，或者要不要采用最热门的互联网技术工具，或者应该如何重组业务流程。“一对一”的客户交流可以有效地提高企业的销售业绩，大幅度地改善销售额、利润率、客户忠诚度。良好的客户关系可以帮助企业进行交叉销售，有针对性地扩展市场，把有限的资源运用在最有赢利价值的客户群中，使企业在竞争中脱颖而出。

2. 客户关系管理的特点

（1）综合性。客户关系管理系统综合了企业中的多种业务流程，实现了市场营销、销售实现、客户服务与支持的优化和自动化。

（2）集成性。客户关系管理系统将从根本上改变企业的管理方式和业务流程，努力实现与企业运营支撑系统的集成。

（3）智能化。客户关系管理系统具有智能化的决策和分析能力。客户关系管理系统中存储了海量客户数据，包括客户的基本信息、消费数据、交费数据、网络运营数据、指标数据，以及客户信用度和忠诚度，通过数据挖掘、多维分析和应用智能报表工具，管理者将会得到许多有助于决策的信息，帮助企业改善产品优惠定价方式，提高市场占有率，提高客户忠诚度和寻找新市场的机会。

（4）高技术含量。客户关系管理系统涉及数据仓库、在线联机分析、数据挖掘、工作流、CT（Cycle Time）、互联网络和多媒体等多种先进技术。完整的客户关系管理系统解决方案必须要将这些技术有效地集成起来，发挥出整合的作用，并能够对这些技术的应用进行有效的管理。

3. 客户关系管理的主要目标

（1）了解和提炼客户真正的需求。客户的需求不是一成不变的。客户需求的变化，对企业提出了更高的需求。如何实时地把握顾客的需求，如何真正地提高顾客的满意度，以加强企业的竞争力，是客户关系管理的一个重要目标。

（2）提高客户的忠诚度。最大限度地留住企业的顾客，保证他们不被竞争对手所吸引。吸引新客户的成本将是保持现有顾客的成本的5倍，因为需要花费更多的努力和成本才能将顾客从竞争对手那里吸引过来。如果企业能够建立一套完整的CRM体系，便能够为每个客户提供个性化的服务，当客户已经习惯了这些服务时，那么他就会考虑改变服务商所带来的精神和心理成本而选择留下。

（3）寻找有价值的关键客户。所谓有价值的关键客户是指那些占客户总数较低的比例，却能为企业带来大部分利润的顾客群。据调查，占总顾客群20%的关键客户实现的利润往往占利润总额的80%以上。但是，很多企业不能够判断哪些客户是有价值的客户，哪些不是；也不知道哪些客户可能会离开，哪些客户会受到企业新产品和计划的影响。这实际上是一个市场细分的问题。CRM所做的就是根据对不同客户进行成本/利润分析，来寻找关键客户，并为企业如何对待这些不同的客户制定策略。

(4) 挖掘客户潜在价值。客户的情况不是一成不变的，如果能够深入研究各类客户的情况，并对客户的发展状况和潜力进行跟踪，企业就一定能够寻找出许多潜在的关键客户。

4. 客户关系管理的主要步骤

(1) 客户开发。甄别客户与需求，是服务营销的第一步。物业管理的客户服务需求有两大方面：一类是与物业正常使用与经营密不可分的项目管理需求；另一类就是客户的各种服务需求，即现实的需求和潜在的需求。接下来就要激发客户的需求，尤其是潜在需求。运用营销的 AIDA 模式，即知晓（Awareness）、兴趣（Interest）、欲望（Desire）和行动（Action），形成认识、情感、行为 3 个不同的认知阶段，激发客户需求，同时，提供沟通平台，进一步挖掘客户的潜在需求。目前不少物业服务公司构建物业管理区域局域网，甚至云平台，开发 App，建立微信公众号，通过这些向客户进行可视化的宣传推广，激发客户的服务需求。

(2) 客户服务中心的建立。客户服务中心是大盘管理运作当中不可缺少的一种系统模式，这个系统既是信息汇集中心，也是信息处理中心和信息发布中心，是一个独立的并集接受投诉、具体调度、分工作业、跟踪检查、统计分析等多功能于一体的快速反应系统，相当于计算机术语当中的“中央处理器”。客户的所有需要与投诉都可以通过中心得到回应与解决，绝大部分管理服务工作都由客服中心来处理和完成；同时，客服中心还是物业管理处对外联系、沟通的唯一窗口，这样既提高了工作效率，又可避免对外口径不一，产生误会。

(3) 客户长期战略伙伴关系的构建。与客户建立长期的战略伙伴关系，除了首先要了解客户的真正需求，有针对性地开展相应的服务项目外，还要在设计服务项目与流程的同时，与客户建立长远的服务关系。物业管理的使用年限长达 40～70 年甚至更长，而业主委员会与物业服务公司所签署的服务合同通常是 3 年。合同期满，若更换物业服务公司，这对于供需双方都需要耗费成本，都不是优化的市场选择。

(4) 学习型团队的创建。“以客户为中心”以及由此而衍生的重视客户利益，关注客户个性需求，形成面向感情消费的经营思路等文化特征，也是适应新经济时代要求的新型企业文化特征。因此，企业需要有一支能适应环境、持续学习、具有创新管理理念的、知识结构能适应现代物业管理的、善于满足客户服务需求的人才队伍。

(二) 物业管理应用客户关系管理方法时应注意的问题

1. 要建设畅通有效的客户交流渠道

企业应充分利用先进而丰富的通信手段，建设好同客户的交流渠道，如电话、网络等，使客户能够选择自己喜爱的方式与企业交流，同时又要保证信息在企业内部的一致性、准确性、完整性。为了便于收集信息，电话交流时，接待人员事先要有充分的准备，对所关心的信息要有规划，可能结果要罗列好，对意外事件、结果要有应对准备。

2. 应具有对已获得信息的分析处理能力

借助先进的工具，如人工智能专家系统或某些专业的分析评估系统，加上手工处理，可使企业面对大量客户信息时能够进行有效的分析和处理，提炼出有用的数据和信息，为企业的决策者提供信息。例如，物业服务企业可以将与客户的面谈、电话交流录音，通过语音识别软件形成文字数据，再通过智能化软件和人工进行信息分类，最后将信息存储在企业的电脑网络中。

3. 对互联网的全面兼容

物业服务企业应适应5G时代的要求，充分利用大数据、云平台、区块链、人工智能、机器人等技术实现客户管理信息化、智能化。特别是充分利用大数据为客户管理服务，分析各类客户信息数据，得出有效的数据信息，如客户的消费层次、爱好和习惯等，以便精准服务，全方位服务，提高客户满意度。

4. 企业客户关系管理过程应同企业的内部管理过程形成一个有机整体

信息在企业内部应实现共享，市场拓展部门、质量管理部门、工程技术部门能够随时得到物业项目管理中心客户服务的信息，财务部门能随时得到收费等财务信息，人力资源管理部门能及时得到员工管理信息，等等。

微课45

六、心理学方法

（一）心理学理论及方法

对人的管理是企业管理的主要内容。人的行为是受心理活动支配的，因此，在企业管理中掌握人的心理活动规律，采用能够得人心、取人和的管理方法，会收到事半功倍的效果。

1. 心理学理论的基本概念

（1）需要和动机。需要是指当缺乏或期待某种结果而产生的心理状态，包括对事物、水、空气等物质需要及对归属、爱等的社会需要。动机是指人们从事某种活动，为某一目标付出努力的意愿，这种意愿取决于能否以及能在多大程度上满足人的需要。

（2）激励和激励机制。激励是指人类活动的一种心理状态，是激发人的行为的心理过程，它具有加强和激发动机，推动并引导行为，使之朝向预定目标的作用。通常，欲望、需求、希望、动力等都能构成对人的激励。激励机制，是指组织系统中，激励主体通过激励因素或激励手段与激励客体之间相互作用的关系的总和，也就是指企业激励内在关系结构、运行方式和发展演变规律的总和。

2. 现代激励理论的要点

（1）需要理论。需要理论指出，激励因素是一种助推器，它促使人们尽力满足其某些固有的生理和心理的需要。没有满足的愿望产生激励，而已经得到满足的需要不会产生激励。主要的需要理论包括马斯洛的需要层次理论、赫茨伯格的需要双因素理论、麦克莱兰的需要分类法和ERG理论。

（2）强化理论。强化理论也称之为刺激理论或诱导条件理论，它所体现的是一种工作绩效与奖励之间的客观联系，得到奖励的行为倾向于重复，得不到奖励的行为不予重复。

（3）期望理论。期望理论强调，个人的期望可以激发出个人向上的力量。期望理论认为一个人的决策是3个普通观念的产物，即价值、绩效获奖估计与期望。

（4）公平理论。公平理论指出，员工倾向于通过将自己的投入/产出与他人的投入/产出相比较来进行公平判断。

(5) 目标设置理论。目标设置理论指出，外来的刺激（奖励、沟通、监督的压力等）都是通过目标来影响动机的，并且目标越明确，目标难度越大，取得的成绩就越大。

3. 心理学运用的具体方法

(1) 目标激励。用合理的目标形成凝聚力，激发热情和奉献精神。一是要使目标建立在科学的基础上。二是目标明确具体，尽量采用量化的形式。三是要实事求是，既要防止保守，又要防止过高。

(2) 行为强化。主要靠恰当的奖惩措施来实施。一是坚持正强化与负强化相结合，以正强化为主。这时，发掘和宣传员工身上的“闪光点”就显得非常重要。必要时可采用负强化，如对违规违纪较多且屡教不改的员工进行一些惩戒促其收敛直到改正。二是坚持精神鼓励与物质鼓励相结合。三是掌握好强化的技巧。运用奖励和表扬等正强化手段，要实事求是，公正合理；运用批评、处罚等负强化手段，要目的明确，掌握火候，注意场合，把握分寸，因人而异。

(3) 心理换位。心理换位即把自己置于对方的心理位置，去认识、体验、分析和思考问题。对此，一是深入员工。尽最大的可能与他们交往、接触，身临其境，以准确地掌握员工的心理脉搏。二是经验反思。通过回忆过去自己处于员工位置时的一些感受和体验，设身处地地处理问题。三是指导员工心理换位。即让员工从领导的角度设身处地想一想，体谅领导的难处，支持领导的工作。

(4) 情感感化。一是关怀、体谅员工，把他们放在心上。做到政治上帮助，思想上疏导，工作上支持，生活上关心。二是以身作则，言传身教，让员工感到被信任、被尊敬。三是坚持表扬先进时，讲明好在哪里；批评不足时，说清缘由，使人心服口服，相互理解。

(5) 心理平衡。一是一视同仁，公平相待，秉公办理，决不厚此薄彼。二是尽可能满足员工的合理要求。发挥全员作用，肯定和赞扬员工积极行为和出色成绩，激发工作热情。三是实行民主管理。发动员工参与管理，人人都当管理者，以民主管理激发员工积极性。

（二）心理学方法在物业管理服务中的应用

物业管理是通过对物业的管理和为业主提供服务，来最大限度满足业主的不同需求。业主对物业管理服务的满意度，除了取决于物业服务企业是否履行合同外，往往还受到业主心理需求、心理感受的影响。这就需要物业服务企业从心理管理入手，在为业主提供服务的过程中，发挥心理效应，通过心理学方法提升业主对服务的满意度。

1. 在居住环境管理中应用心理学

(1) 心理学在改善居住环境方面的作用。

1) 保持和提高物业品质。良好的物业管理可以使房屋使用年限延长，保持物业的功能，维持物业使用的安全性、舒适性，增加物业的使用价值和经济价值，提高业主满意度，使业主心情舒畅，安居乐业。

2) 创设优美的物业管理区域生态环境。人们对居住环境的质量要求已经不再局限于专有部分，追求安全、便捷、舒适、健康、绿色的生活环境成为时尚。

(2) 物业管理与居住心理效应。物业管理追求的是业主需求满意度的最大化，这属于主观感受的心理状态。作为物业服务企业，可将业主可能出现的心理效应巧妙地应用到管理中，真正实现人性化管理。

1）首因效应。当人们与某人、某物、某事第一次接触时会留下深刻印象，并将在较长时间内影响自己的心理和行为。第一印象良好，容易使人产生好感和较高的信赖度。物业服务企业应尽可能在第一回合的接触中就赢得居民的好感，可以通过营造优美的硬件、软件环境，让业主产生良好的第一印象，使业主从中建立对物业服务企业的正面认知。

2）近因效应。它是区别于首因效应的另一种认知偏差心理现象。对于心理感受者而言，初次的印象固然深刻，但最近获得的信息会覆盖和冲淡过去所烙下的相关印象，成为采取相应行动的心理依据。近因效应实质是首因效应在时间延续上的另一种表现方式，两者的本质极其相似。物业服务企业可以将这两种属于无意偏见的心理效应结合起来考虑。即便物业服务企业未赢得业主的初次认可，仍可通过改善服务质量逐步改变业主对其的认识，淡化首因效应的负面影响，直至使业主对其“重新认识”或“刮目相看”。另一方面，如果物业服务企业一向名声较好，那最重要的便是“保持”。

3）晕轮效应。晕轮效应又称“光环效应”或“成见效应”，指在人际交往的过程中形成的一种夸大的社会印象，正如日、月的光辉，在云雾的作用下扩大到四周，形成一种光环作用。常表现在一个人对某人（或事物）的最初印象决定了他的总体看法，而看不准对方的真实品质，形成一种好或坏的“成见”。所以晕轮效应也可以称为“以点概面效应”。在物业管理服务过程中，业主得到一定程度的生理和心理的服务，所以他们对服务的评价多带有感性成分，往往不会在全面理性的斟酌后再谈感受。为此，物业服务企业应该抓住业主的晕轮效应心理，发挥优势特长，提高组织知名度，树立良好的组织形象。

4）情感效应。情感效应即移情效应，是说人们会把对特定对象的情感迁移到与该对象有关的人或事物上。在物业管理中，业主的情感体验会对物业管理的运行系统产生重要影响。这要求物业管理专业人员具备较高的素质、积极的态度、高度的责任感、良好的职业道德及专业技术水平，业主由此产生的信任和愉悦心情有助于双方建立和谐的心理气氛及融洽的关系，最终保证物业管理有效运营和良性发展。

2. 在为业主服务的过程中应用心理学

（1）专业物业管理的核心——服务。以企业委托式开展的专业物业管理的核心就是服务。服务中的心理策略主要包括情感化服务、个性化服务。

1）情感化服务。一是功能服务。功能服务是指具有一定客观标准的服务，是“硬件”，旨在为业主解决实际问题，满足业主期待的“实用性”与“享受性”的需求。要通过员工的服务，使业主或非业主使用人产生方便感、舒适感。如物业管理服务智能化、信息化、程序化、公开透明化最能体现服务功能价值。二是心理服务。心理服务是“软件”，是通过人际交往而产生的，因而态度在人际交往中的作用至关重要。首先，服务人员的语言很重要。服务语言影响业主的心理和行为，也影响业主对物业管理工作的评价。其次，要扩大物业管理服务中的心理成分，就是要求员工善于表现人情味，一方面，员工必须懂得业主的心理需求，在与业主的交往中能察觉业主情绪上的微妙变化，并做出恰当而有效的服务反应；另一方面，员工面对业主时态度要亲切，注意保护业主的自尊心，增加业主的自豪感。再次，要重视微笑服务，微笑能相互感染。最后，就是要重视幽默感在交际中的作用。

2）个性化服务。一是特约服务。业主可以因其特殊需要，与物业服务企业预约，物业服务企业在不违背原则的前提下，应安排服务人员上门为业主提供相应的有偿服务。二是主动服务。有时虽然业主本人并没有提出特殊要求，但他却有这方面的需求，这就需要物业服务人员用心去发现，然后提供针对性的主动服务。

（2）处理业主投诉时用到的心理学。业主投诉是指业主主观上认为由于物业管理中存在差错而给其带来麻烦和烦恼，或者损害了自身利益等，而向服务人员提出或向有关部门反映情况的行为。

1）业主投诉的心理。业主投诉的心理起因一般是渴求受人尊重。业主采取投诉行动之后，都希望有关部门重视他们的意见，向他们表示歉意并立即采取相应的行动。也有求发泄的心理。业主碰到令他们烦恼的事情之后，或者被讽刺挖苦甚至辱骂之后，心中充满怨气、怒火，要利用投诉的机会发泄出来，以维持心理平衡。业主在受到一定损失而向有关部门投诉时，希望能补偿他们的损失，这是一种普遍的心理。如：希望将家中损坏的管道尽快修理好；尽快将小区垃圾清理干净等。

2）对业主投诉的处理。一是要端正服务态度，真诚地对待业主投诉。“物业无大事，业主无小事”。正确处理业主投诉，关键是态度。端正服务态度，怀着一颗真诚的心去认真对待投诉，妥善处理，才能赢得业主信任。二是正确判断投诉的性质，针对性地寻求投诉的有效处理方式。根据投诉的受理性质不同，投诉分为有效投诉和无效投诉。有效投诉是指投诉内容属于物业委托管理合同规定的物业公司服务范围或法律法规规定的物业公司必须负责的服务范围内的投诉。针对不同的投诉，采取最有效的方法，争取在尽可能短的时间内，及时、高效、妥善地处理好投诉问题，让业主满意。三是认真聆听与记录。耐心的聆听，让倾诉者自尊心得到满足，有助于解决问题。在聆听的同时应认真记录倾诉者的谈话要点，为投诉处理做好准备。四是做好投诉的跟踪服务，掌握投诉规律，努力减少投诉。单项投诉处理完毕，不意味着投诉处理已经完全结束。每过一段时间，管理处要对单项投诉处理的情况进行统计分析，看是否存在同类投诉多次发生的现象。如果存在，就要深入研究，寻找其真正的根源，制订相应的纠正预防措施，彻底解决。五是注意投诉处理的技巧。要充分熟悉本物业服务企业的主要工作内容；在处理投诉时，一定要注意把握好时间和尺度，并给予办理人员处理投诉的权力；在处理投诉时应沉着冷静，可用以迂为直的方法来处理；在处理投诉时，要立足于解决问题，尽可能“大事化小，小事化了”，不要制造出新的矛盾。

微课 46

七、沟通管理方法

（一）沟通管理

1. 沟通的含义、作用与形式

沟通是指两个或两个以上的人之间交流信息、观点和互相理解的过程。著名组织管理学家巴纳德认为“沟通是把一个组织中的成员联系在一起，以实现共同目标的手段”。沟通有助于改进个人以及群体的决策，有利于促使企业员工协调有效地工作，有利于领导者激励下属，建立良好的人际关系和组织氛围，提高员工的士气。可见，管理的要旨在沟通。

从某种意义上讲，现代企业管理就是沟通，沟通是现代企业管理的核心、实质和灵魂。

沟通形式是多种多样的，通常分为书面和口头两种。书面沟通一般在以下情况使用：项目团队中使用的内部备忘录，或者对客户和非公司成员使用的报告，如正式的项目报告、年报、非正式的个人记录、报事单。书面沟通大多用于通知、确认和提出要求等，在描述清楚事情的前提下，内容和版面尽可能简洁，以免增加负担而流于形式。口头沟通包括会议、评审、私人接触、自由讨论等。这一方式简单有效，更容易被大多数人接受，但是不会留下记录，因此不适用于类似“确认”这样的沟通。口头沟通过程中应该坦白、明确，避免由于文化背景、民族差异、用词表达等因素造成理解上的差异。沟通的双方一定不能带有想当然或含糊的心态，不理解的内容一定要提出来，以求对方的进一步解释，直到达成共识。除了上述两种方式，还有一种方式作为补充，即形体语言沟通，如手势、图形演示、视频会议。其优点是摆脱了口头表达的枯燥，通过视觉把信息传递给接收者，使接收者更容易理解。

2. 沟通管理的形式

沟通管理是企业组织的生命线。管理的过程，也就是沟通的过程。企业应通过了解客户的需求，整合各种资源，创造出好的产品和服务来满足客户，从而为企业和社会创造价值和财富。

沟通管理按内容分为外部沟通管理和内部沟通管理。外部沟通管理有两种形式：一是通过公共关系手段，利用大众传媒、内部刊物等，与客户、政府职能部门、周边社区、金融机构等建立良好的关系，争取社会各界支持，创造好的发展氛围；二是导入 CIS 企业形象识别系统，将理念系统、行为系统、视觉系统有效整合，进行科学合理的传播，树立良好的企业形象，提高企业的知名度、美誉度、资信度，为企业腾飞和持续发展提供良好的环境。内部沟通管理有 3 种形式：一是建立健全企业内部信息化、智慧化管理系统，使企业各种指令、信息能上传下达，相互协调，反馈监控及时，围绕企业各项指标的完成统筹执行；二是针对全体员工展开“合理化建议”活动，设立合理化建议箱和合理化建议奖，鼓励员工为企业发展献计献策，树立主人翁精神；三是建立企业内部沟通信息平台和制度，及时沟通和反馈信息，便于企业内部各方及时了解情况，解决问题，化解矛盾纠纷，协调统一行动。

为有效开展沟通工作，企业组织或项目团队应当从项目管理的角度，建立适用、完整的沟通管理体系，规范沟通工作的全程。这个体系一般应该包含沟通计划编制、信息分发、绩效报告收集和管理收尾等。沟通计划决定项目关系人的信息沟通需求，即需求的信息、需求的时间和获得的方式。信息发布环节将信息及时发送给项目关系人。绩效报告包括状况报告、进度报告和预测。项目或项目阶段在达到目标或因故终止后，需要进行收尾。管理收尾文档包括项目记录、对符合最终规范的保证、对项目的效果（经验或教训）进行的分析，要做好存档。

3. 沟通的原则

（1）尽早和主动沟通。要实现有效的沟通便要掌握沟通的原则，尽早沟通、主动沟通是最主要的两个原则。尽早沟通，要求管理者要有前瞻性，定期与管理对象进行沟通，不仅容易发现当前存在的问题，很多潜在问题也有可能暴露出来。沟通得越晚，问题发现得越迟，带来的损失越大。在管理中应提倡主动沟通，尤其是到了必须要去沟通的时候。当管理者面对用户或上级、团队成员面对团队领导时，主动沟通不仅能建立紧密的联系，更能表明主动沟通方对工作任务的重视，会使沟通的另一方满意度大大提高，有利于项目的顺利进行。

（2）保持畅通的沟通渠道。沟通有复杂性的一面，表现在很多方面，如人数增加时沟通渠道急剧增加，信息过滤即丢失。产生信息过滤的原因很多，如语言、文化、语义、知识、信息内容、道德规范、名誉、权利、组织状态等；还可能由于工作背景不同而在沟通过程中对某一问题的理解产生差异。要确保沟通顺畅，信息在媒介中传播时应避免各种各样的干扰，使信息在传递中保持原始状态。完成信息的发送和接收之后，双方必须对理解情况做检查和反馈，确保沟通的正确性。

4. 建立高效沟通的技巧

沟通研究专家勒德洛提出：高级管理人员往往花费80%的时间以不同的形式进行沟通，普通管理者约花50%的时间用于传播信息。可见，沟通的效率直接影响管理者的工作效率。

（1）明确沟通目的。沟通前，管理者要明确沟通的目的和对方的要求。缺乏目的的沟通通常是无效的沟通。确定沟通目的的前提下，沟通的内容要围绕目的组织规划，并根据不同的目的选择不同的沟通形式。

（2）善于聆听。沟通时不但要听懂话语本身的意思，而且要领悟说话者的言外之意。只有集中精力去听，并积极投入判断、思考，才能领会讲话者的意图，达到有效的沟通。

（3）避免无休止的争论。沟通过程中不可避免地存在争论，但无休止的争论不但形不成结论，而且浪费时间。解决无休止的争论的最好方法在于变这种对称关系为互补关系，即必须有一方放弃自己的观点或第三方介入。另外，要体现自己的权威性，充分利用自己的决策权。

（4）努力寻求和搭建沟通平台。沟通的平台主要有3个：现实利益、科学理性和价值判断。以现实利益搭建沟通平台，即根据沟通对象强调利益价值观和实用主义态度，或者说行事遵循经济理性行为模式，在沟通上以其实际可得到的利益为谈判话题或目标进行沟通。以科学理性搭建沟通平台，即根据沟通对象强调科学知识的价值，持遵循科学主义的态度，在沟通上以科学知识和道理作为沟通方法或逻辑进行的沟通。以价值判断搭建沟通平台，即沟通对象比较有理想主义色彩，或以价值观作为行为准则，此时主要以理想、信念、使命、理念、文化等内容为沟通话题展开沟通。

（5）注意沟通的细节。在与客户沟通的过程中，需要注意以下几点：良好的沟通环境可使双方在轻松愉悦的氛围中进行沟通；在与客户沟通时，应做到态度诚恳、精神专注，没有特殊情况不去做其他与沟通无关的事；沟通中，要与客户保持适度距离，不应有多余的肢体动作或不恰当的行为；可以采用寒暄等方式开场；应根据沟通对象、目的、内容和地点的不同采取相应的沟通方法；沟通的事由、过程、结果应记录归档。

（二）沟通方法在物业管理中的应用

1. 物业管理中的沟通管理

在物业管理服务工作中，沟通是一项基本技能，也是一项基本工作。通过沟通，不但可以互通信息，融通情感，建立关系，化解矛盾和危机，还可以交流经验，讨论问题，科学决策，传达指令，有效执行，提高物业管理工作效率。

物业管理中的沟通管理包括对外沟通管理和对内沟通管理。对外沟通管理具体分为两类：一类是对政府，对社区居民委员会、民间组织、社区党组织、媒体等有法定管理权力或影响力的外部组织或个人的公共性沟通管理；另一类是对业主及业主组织、居民、租户、商户等管理服务对象的业务沟通管理。对内沟通管理属于经营性沟通管理，如企业内部项目管理处的员工之间、管理者之间、公司上下级之间、部门之间的沟通管理。

2. 沟通方法在日常物业管理服务工作中的应用

认清物业管理服务问题的性质，是做好物业管理沟通服务工作的前提。对于物业管理服务中的问题，由于信息不对称使物业公司与业主之间产生了认知的差异，也导致了情感疏远，进而导致业主对物业管理服务满意度不高。因此，需要通过有效沟通来解决 3 个层面的物业管理服务问题。

（1）物业管理中的利益问题。物业服务产品交付是一个连续过程，这就决定了这一交易逻辑是先付费后服务，如日本就是业主组织收取物业费交给物业公司，物业公司为业主提供物业服务，如果业主不缴费，政府将采取拍卖业主房屋的方式追缴业主欠费。同时，物业公司依合同约定提供服务和收费，做到质价相符，让业主感知服务质量，取得业主的理解。

（2）解决管理服务技术含量问题。一方面要使物业管理服务技术手段现代化，并做必要的宣传、展示、说明活动，让业主了解物业管理技术手段。另一方面要通过不断的物业管理行业自律，诚信经营，通过规范化的物业管理服务过程及质量，让业主感受到物业服务企业专业的管理水平。物业服务企业要在现代信息技术条件下，将物业管理服务的硬技术设备与物业管理服务规范、流程、操作方法的软技术水平，通过信息化、智能化、场景化结合起来，让业主体会到物业管理服务的现代化与专业性。

（3）解决物业管理意识问题。业主对物业管理基本知识、法律法规、政策规定要知悉；对建立动态物业服务费调整机制，维护业主和物业公司双方权益，才能保证物业服务质量等问题要有清醒的认识。另外，对物业管理作为社区服务的主体力量，是社区治理的重要组成部分这一点，要有清醒的认识。

微课 47

八、社区工作方法

（一）社区工作方法的含义、特点

1. 社区工作方法的含义

社区工作是专业社会工作的一种基本方法，它以社区和社区居民为案主，通过发动和组织社区居民参与集体行动，确定社区的问题与需求，动员社区资源，争取外力协助，有计划、有步骤地解决或预防社会问题，调整或改善社会关系，减少社会冲突，培养自助、互助及自决的精神，加强社区的凝聚力，培养社区居民的民主参与意识和能力，发掘并培养社区的领导人才，以提高社区的社会福利水平，促进社区的进步。

2. 社区工作方法的特点

从社区工作的定义出发，我们可以归纳出以下一些共同特点：它是社会工作的一种介入手法；它是一项有计划的行动；它是一种过程；它是运用集体行动的方法；它倡导居民自助、互助及自决的精神；它能找出及满足社区的需要，解决社区问题，培养居民的社区归属感和认同感，促成社区整合，改善社区生活质量；它能发挥居民能力，加强其自主性；它能促进社会转变。

（二）社区工作基本方法

1. 社区组织

运用社区工作的经验，结合特殊的工作过程，从计划到行动，从理论到实践，采取一系列的程序、步骤和手段，推动社区的变化和发展，这就是社区组织的方法和技巧。主要内容如下：一是社区分析。通过社区环境分析、社区人口分析、社区问题分析、社区需要分析、社区资源分析、社区指标分析掌握社区工作环境。二是协调社区内组织关系。协调社区组织关系的一般步骤为：分析组织结构；分析组织工作；分析组织过程；分析组织环境；分析社区组织与行政隶属和空间关系中上下左右的各种社会或行政组织的关系。三是制定社区发展方案。主要过程为：确定目标，选择最佳方案；为实施方案做好物资准备和思想动员；执行方案；评估方案。四是搞好社区群众的工作。主要方法为：引导社区成员的个人目标，使其与社区目标一致；营造社区和谐人际关系；求同存异，缓解社区成员之间的矛盾。

2. 社区发展

社区发展是指社区居民在政府机构的指导和支持下，依靠社区的力量，改善社区经济、社会、文化状况，解决社区共同问题，提高居民生活水平和促进社会协调发展的过程。社区发展属于社会工作的范畴。联合国将社区发展界定为一种过程，即由人民以自己的努力与政府当局的配合，一致去改善社区的经济、社会、文化等环境。此过程包括两个基本要素：一是由人民自己参加、自己创造，以努力改进其生活水准；二是由政府以技术协助或其他服务，帮助其更有效地自觉、自发与自治。社区发展要做好如下工作：明确社区发展的目标；遵循社区发展的原则；选择合理的社区发展的组织模式，如整体模式、代办模式、分散模式。

（三）社区工作专业方法

社区工作专业方法主要包括个案工作法、小组工作法和培育义工（志愿者）3 种。

1. 个案工作法

它是运用社会工作专业手法，利用科学的理解方法，在人际互动过程中帮助个人或家庭消除或减轻其心理、行为以及人际关系等方面的困扰，以提高其案主自己实际生活的能力。

个案工作法的特点是通过一对一的直接方式给案主提供需要的帮助。它的核心价值理念是强调每个人的独特性和特殊性，关注人潜能的发挥，相信人的改变。个案工作法应注意的问题：一是要与心理辅导方法相结合；二是要与社区矫正服务相结合。

2. 小组工作法

它是社会工作者与群体中的人们一起工作，基本目的是通过界定人们的基本需要，解决人们面临的各种社会问题，增强人们的社会功能，实现个人、群体、社区希望或预期的目标，以改善人们的生活质量和提高社会福利水平。小组工作的主要功能包括：塑造人们平等意识和共同体归属感；提供人们自我改变及“被肯定”的社会场景；创造相互帮助、共同成长的学习机会；打造增能的社会支持网络。

小组工作的特点主要有以下几点：一是小组工作在功能上的特点。它主要包括：影响个人转变；学习行为规范，进行社会控制；形成群体力量解决问题；再社会化——改变不适应的观念与行为；预防问题发生；在时间及人力资源方面更经济。二是小组工作在成效上的特点。它主要包括：促进人际交往；运用团体动力；促进经验分享和经验选择；带来更为持久的改变；在时间及人力资源方面更经济。三是社会目标模式的特点。社会目标模式的中心概念是“社会意识”和“社会责任”，小组工作的功能是增加市民的知识和技巧，培养小组成员的社会责任感、社会意识和良知，通过小组活动促成社会行动，以达到社会变迁的目标。其特点是：培养小组成员的社会责任感，包括培养并提升小组成员的社会意识和实现社会变迁的责任心、发展小组成员的社会功能、培养社区领袖；认为小组成员应具备民主参与社会生活的动机和潜能；社工扮演着使能者、倡导者、资源提供者和榜样影响者等角色。

3. 培育义工（志愿者）

“义工”是英文 volunteer 的中文译法，也叫志愿者，其本质是服务社会，核心精神是“自愿、利他、不计报酬”。

志愿者与社工（社会工作者，social worker）的区别在于：社工是计酬的，志愿者是无偿的；社工需要具备专业知识和技能，志愿者则在这方面要求比较低；社工需要获得从业资格认证，而志愿者不需要专业资格的限制；另外，志愿者所服务的范围比社工的服务范围更为广泛。

从组织形式上看，志愿者是国际性的系统组织。在中国，志愿者隶属于共青团中央领导，是政府行为民众化的群团组织。从服务理念上看，志愿工作是指任何人志愿贡献个人的时间及精力，在不为任何物质报酬的情况下，为改善社会服务，为促进社会进步服务。社区志愿者服务活动是近年来各地新兴的一项公益事业，要做好这项工作，主管单位一定要紧紧围绕构建和谐社区这一主题，发挥社区志愿服务在社区多层次服务体系的重要补充作用。

（四）社区工作方法在物业管理工作中的应用

1. 积极参与社区工作，作为物业管理服务新的业务

物业管理作为城乡社区管理服务的中坚力量，应当关注社区工作，将社区工作作为改善物业管理关系的重要战略举措。物业服务企业物业管理项目服务中心（管理处）要积极参与社区治理工作，融入社区治理体系，在社区治理体系中发挥应有的作用，与社区多元主体建立有机联系，包括与民间组织建立联系。

2. 积极支持社区服务工作，参与政府购买社区服务工作

物业服务企业在物业管理区域内拥有场地、办公条件，拥有社区管理服务工作经验丰富的员工队伍，拥有经济实力，只要关注社区工作领域，就有充分的资源条件，组建自己的社区工作机构和社工队伍，开展政府购买社区服务的承接工作。目前，国家政策已经在

鼓励物业管理行业参与政府购买社区服务的工作。

3. 积极参与社区志愿者孵化工作，改善物业服务企业经营管理环境

目前物业管理纠纷时有发生，物业管理关系不融洽，社区居民、业主之间诚信和伦理缺失；社区社会治安和生态环境的问题依然存在；居民、业主利益表达渠道和居民利益保障还缺乏完善等问题普遍存在。物业服务企业积极参与社区志愿者孵化工作，通过志愿者与业主居民建立良好关系，有利于了解业主需求，及时处理物业管理矛盾、纠纷。

4. 建立完善社区物业管理服务工作协调机制，实现多元主体利益共治、共建、共享

应建立激发物业服务企业或物业管理服务人员参与社区社会工作的机制。一方面，物业服务公司及物业服务人员应当提供优质物业管理服务，赢得业主信任。另一方面，努力推动建立社区党组织、居委会、业主委员会、物业服务公司等社区治理组织主体，建立协作、联系，形成“多位一体”社区治理模式。使用社区工作方法，调动社区居委会、社区民间组织、社区服务机构、社区业主居民参与社区建设、社区公益服务和社区发展工作。协调各主体按自己的职责分工做好自己的工作，不互相推诿，全面协作推进有关社区政策、法规、法律的贯彻落实，促进社区发展。

微课 48

九、风险管理方法

（一）物业管理风险的含义与类别

1. 物业管理风险的含义

物业管理中的风险是指物业风险和物业服务企业运营风险的总称。物业风险是指物业在特定客观条件下，在特定期间，由于未来灾害的不确定性而造成物业财产损失的可能性。其中“财产损失”包括两方面：直接损失和间接损失。直接损失是指物业本身被损坏，如房屋门窗被毁坏、设施设备不能正常运行等；间接损失是指由于物业的直接损失而引起的未毁损物业价值或收益的降低，如在修理被损的经营性物业时，正常经营将被中断，相邻的未毁损物业同样也不能正常使用，导致物业的出租权利益和营业利润的受损，等等。物业服务企业运营风险是指物业服务企业在物业管理过程中，由于企业内部或外部的多种不确定因素而造成的物业财产损失、人身伤害等无法弥补的损失的可能性。

物业管理中的风险可能产生的损失有：第一，增加物业维修等额外的经营性或经常性的财务支出；第二，引发业主或使用人对物业服务企业的抱怨，甚至丧失对其的信任；第三，引发业主和使用人与物业公司的矛盾，可能影响物业服务企业的正常运作；第四，损害物业服务企业的声誉或形象，使其失去长久发展的机会；第五，产生法律官司及责任索赔；第六，员工受到伤害；第七，财产受到损失；第八，正常经营利润受到影响；第九，公司经营状况下降，无法继续生存下去；等等。

2. 物业管理风险的常见类型

物业管理风险根据不同依据可分为不同类型。一是按照风险的表现形式，可分为责任风险、法律风险、市场风险、财产风险及人身风险、廉政风险等。二是根据风险来源划分，可分为来自服务过程的风险、来自员工的风险和来自政府的风险。三是按形成不同风险的内在因素划分，可分为项目客观风险、经营管理风险以及人为责任风险。四是按风险

的可控程度划分，可分为可控风险和不可控风险。五是按风险的分散性划分，可分为可分散风险和不可分散风险。

物业服务企业常见的风险主要有以下 11 类。

（1）项目接管的不确定性带来的风险。有的物业服务企业在还没有确定取得项目接管权的时候，就投入了较多的人力、物力和财力。但因为种种原因，最终未被建设单位选聘，物业服务企业不仅蒙受人、财、物的损失，企业的品牌形象也受到影响。

（2）专业服务咨询的风险。早期介入涉及面广、时间长、技术性强、难度高，当物业服务企业没有足够的具有相当专业技术能力和物业管理操作经验的人员全过程参与时，难以发现项目规划设计和施工等方面存在的隐患和问题，其提供的专业咨询意见和建议也可能出现不足和偏差。此外，如果不能与建设、施工和监理单位有良好沟通和配合，早期介入提出的合理化建议将得不到重视和采纳。以上两个方面都可能导致物业建成后管理中的一定风险。

（3）合同中的风险。包括：1）合同期限。根据《合同法》第 45 条规定“当事人对合同的效力可以约定附条件。附生效条件的合同，自条件成就时生效”。前期物业服务合同是附解除条件的合同，《物业管理条例》第 26 条规定，“期限未满、业主委员会与物业服务企业签订的物业服务合同生效的，前期物业服务合同终止”。因此，前期物业管理合同的期限具有不确定性，物业服务企业随时有可能被业主大会解聘。一旦被提前解约，企业对物业管理项目的长期规划和各种投入将蒙受损失。但如果企业考虑这一因素，规划和投入不到位，可能带来操作上的短期行为，也会引发业主、物业使用人与物业服务企业的矛盾和冲突。2）合同订立中的风险。在前期物业服务合同的订立中，物业建设单位居于主导地位。而且物业相关资料的移交，物业管理用房、商业经营用房的移交，空置房管理费缴纳等均需要物业建设单位的支持与配合。因此，建设单位在与物业服务企业订立前期物业服务合同时，可能会将本不该由物业服务企业承担的风险转嫁给物业服务企业。此外，一些物业服务企业为了取得项目管理权，在合同签订时压低管理费，影响接管项目后正常经营的维持；或对有关责任约定不清晰，或忽视免责条款，甚至做出一些难以实现的承诺，致使接管后发生的不测事件（家中财产被盗、人员伤亡等）都有可能被业主作为向物业服务企业索赔的理由。3）合同执行的风险。前期物业服务合同是具有委托性质的集体合同，由建设单位代表全体业主与物业服务企业签订。虽然这种合同订阅行为是法规规制的结果，但在业主入住和合同执行的过程中，由于缺乏相应法规知识或其他原因，可能会对前期物业服务合同的订阅方式、合同部分条款和内容不认同、不执行，从而引发纠纷。

（4）物业违规装饰装修带来的风险。业主、物业使用人违规装饰装修，不仅会造成物业共用部位损坏、安全隐患、邻里纠纷等，增加物业管理的运行、维修、维护成本，还会使物业服务企业承担一定的物业装饰装修管理责任。

（5）物业不当使用带来的风险。在物业日常使用过程中，业主、物业使用人对物业使用出现不当行为和不当使用（如高空抛物、改变物业使用功能、堵塞消防通道、损毁共用设备设施和场地等）时，难以确定责任人；或业主、物业使用人因物业的“瑕疵或当事人的疏忽”而发生意外事故，造成人身伤害或财产损失时，物业服务企业就要承担一定的法律责任。

（6）法律概念不清导致的风险。在公共安全、人身财产的保险、保管方面，业主、物业使用人往往对物业管理安全防范主体的责任认识不清，误将本应由公安机关或业主自身承担的安全防范责任强加给物业服务企业，导致物业服务企业与业主、物业使用人纠纷增加，物业服务企业为此投入大量的人力、物力、精力，造成不必要的消耗，承担额外责任。

（7）管理费收缴风险。业主、物业使用人由于各种原因缓交、少交或拒交管理费，是物业服务活动中比较突出的问题。由于物业服务企业普遍缺乏有效追缴手段，收费风险是物业日常管理服务的风险之一。

（8）公用事业费用代收代缴存在的风险。在公用事业费用（如水电费等）的代收代缴以及公共水电费分摊中，物业管理单位居于收取和缴纳的中间环节，如业主、物业使用人不及时、不足额缴纳相应费用，势必导致物业服务企业蒙受经济损失，承担其不应有的风险。

（9）管理项目外包存在的风险。物业管理服务项目外包是物业管理过程中常见的现象。在对项目外包单位的选择，以及合同订阅、实施管理的诸多环节，物业服务企业虽然可采取多种手段加以控制，但潜在和不确定的因素依然存在。如选择的专业公司履约时，专业服务行为不符合物业管理服务要求，虽然物业服务企业可以通过要求整改予以解决，但其后果往往是业主、物业使用人将责任归咎于物业服务企业。

（10）物业管理员工服务存在的风险。物业服务企业未能履行物业服务合同的约定，导致业主人身、财产安全受到损害的，要承担相应的法律责任。由于员工违规操作引发的问题，按照法律上所称的“雇主责任”，物业服务企业也将承担其改正员工不当作为的赔偿责任。

（11）公共媒体在宣传报道中的风险。在物业管理操作中，由于物业管理服务不到位、矛盾化解不及时、投诉处理不当，与各方沟通不及时等，均有可能导致物业管理的舆论风险。舆论风险不仅会影响物业服务企业的品牌形象，而且会给物业服务企业带来经济上的损失。

（二）在物业管理中应用风险管理方法应注意的问题

1. 要依法办事，减少法律风险

物业服务企业要学法、懂法和守法，物业管理相关合同在订立前要注重合同主体的合法性，合同服务的约定应尽可能详尽，避免歧义。

2. 加强物业服务企业制度建设，规范物业管理服务过程与行为，减少管理服务风险

物业服务企业要抓制度建设、抓员工素质提升和抓管理落实，建立健全并严格执行物业服务企业内部管理的各项规章制度和岗位责任制度，不断提高员工服务意识、服务技能和风险防范意识，通过机制创新、管理创新和科技创新改进经营管理方式，提高管理水平和效益，降低运营成本，增强企业自身的市场竞争能力和抵御风险能力。

3. 妥善处理物业管理活动相关主体间的关系，减少外部风险

物业管理应积极处理好相关主体之间的关系。一是妥善处理与业主的关系，减少项目丢失的风险。二是妥善处理与开发建设单位的关系，做好物业承接查验工作，规避或减少因房屋设施设备质量遗留问题而带来的风险。三是妥善处理与市政公用事业单位及专业公

司的关系，减少公用事业单位因收费问题与物业服务企业产生的纠纷。四是妥善处理与政府相关行政主管部门、街道办和居委会的关系，减少行政政策风险和任务摊派等无偿服务带来的经营风险。五是妥善处理与民间组织的关系，减少项目续签合同上的风险。六是处理好与媒体机构、记者、自媒体的关系，减少社会舆论给企业带来的经营风险。

4. 适当引入市场化的风险分担机制

物业服务企业要做到万无一失，最好是将风险责任进行妥善的转移。转移的最主要方式就是购买物业管理责任保险，从现有保险产品来看，一般购买三类产品便能够基本转嫁经营中的风险。这 3 种保险分别为物业责任险、公共部位设施设备险、物业人员保险。

5. 加强物业管理风险研究，掌握物业风险管理的规律，预知和化解物业管理风险

微课 49

风险管理是一门新兴的管理学科，它是以观察实验，经验积累为基础，以科学分析为手段。因此，物业服务企业要重视研究风险发生的规律，加强控制和防范风险的能力。

【本章小结】

本章主要介绍物业管理学基本知识、基本理论、相关理论和基本方法，帮助读者通过了解物业管理基本理论产生与发展的情况，理解物业管理学理论产生的必然性和前提条件，理解并掌握物业管理学独特的学科特点与理论体系，增强对物业管理关系及规律探索的信心，形成物业管理服务工作的原动力。通过对物业管理基本理论的理解与掌握，构建物业管理核心理论体系，形成分析解决物业管理服务问题所需的物业管理基本理论素养，保证物业管理服务工作的正确方向，提高物业管理决策的科学性与有效性。通过对物业管理相关理论，包括市场经济理论、行政管理理论、城市管理理论、社区治理等理论的理解与掌握，形成物业管理相关主体关系分析、处理的基本思维框架，协调好多方关系，为物业管理服务营建良好的外部环境。通过对物业管理基本方法的学习与掌握，形成多视角物业管理服务工作方法，支撑物业管理服务高效运作与品质提升。

【互动空间】

高情商的物业管理者，必须学会“小题大做”

中国有句老话“千里之堤，溃于蚁穴”，经常用来形容细节决定成败。在职场中，有些老员工对于工作，经常抱有侥幸心理，常常“经验大于制度”，认为犯一点儿小错没什么大不了的。殊不知，他犯的小错已经引发了一种“破窗效应”，如果小错没有引起企业足够的重视，其他人就会受到纵容继续犯错，最终导致不可挽回的后果。

美国有位心理学家进行过这样一项有趣的试验：将两辆一模一样的汽车分别停放在两个不同的社区——中产阶级社区和相对杂乱的帕罗阿尔托社区，停放在中产阶级社区的那辆车是一辆完好无损的车，而把另一辆摘掉了车牌、打开了顶棚的车停放在帕罗阿尔托社区。结果怎样呢？停在中产阶级社区的那一辆，过了一个星期还完好无损；而停放在帕罗阿尔托社区的那一辆，不到 24 小时就被偷走了。后来，这位心理学家敲碎那辆完好无损的汽车的一块玻璃，结果仅仅几小时汽车就不见了。

美国政治学家威尔逊和犯罪学家凯林以这项试验为基础提出了一个“破窗理论”。他们认为：如果一栋建筑上的一块玻璃被人打碎了，又没有及时修复，别人就可能受到某些

暗示性的纵容，去打碎更多的玻璃。如此下去，这些窗户就给人造成一种无序的感觉，在这种麻木不仁的氛围中，犯罪就会滋生、蔓延。

“破窗理论”在企业管理中有着重要的借鉴意义。在日本，有一种称作“红牌作战”的质量管理活动，主要包括以下几个方面。

（1）清理：清楚区分要与不要的东西，找出需要改善的事、地、物。

（2）整顿：将不要的东西贴上“红牌”，将需要改善的事、地、物以“红牌”标示。

（3）清扫：给藏污纳垢的办公室死角贴上“红牌”，办公室、生产现场不该出现的东西贴上“红牌”，清扫这些有红牌的地方。

（4）清洁：减少“红牌”的数量。

（5）修养：有人继续增加“红牌”，有人努力减少“红牌”。

通过“红牌作战”活动，工作场所变得整洁，工作环境变得幽雅，企业成员做事耐心细致。久而久之，大家都遵守规则，认真工作。许多管理者认为，这样做太简单，芝麻小事，没什么意义，而且兴师动众，没有必要。但是，一个企业产品质量是否有保障的重要标志，就是生产现场是否整洁。这是“破窗理论”在企业管理领域一个直观的体现。

有一位教师，他的班级接收了一个留级生，在他的记忆中，这是他从事教育工作近十年中唯一碰到过的一个留级生。这次留级对这位学生的触动很大。进入新的班级后，他处处积极主动、勤奋学习。班里一些原本想混日子的人，在他的带动下，上课开始记笔记了，作业也主动交了。甚至出现了这样一种情况，老师在上课时反复强调的重点，有的人或许会不以为然，但该生以过来人的身份提醒：“这个内容是要考试的。”他的话能立即引起同学们的高度重视。留级生的话竟然比教师的话还有效，这是许多人都未曾想到的。

这位教师意识到“破窗理论”对良好学风的形成大有裨益。他发现，许多学生一开始就没有形成良好的行为习惯，想要将这些散漫的学生整合起来，使之遵守学校的行为规范，就必须在发现违纪现象时及时加以制止和纠正，修好“第一扇被打破玻璃的窗”，把“破窗效应”扼杀在摇篮之中。

资料来源：“物业管理”公众号，2018-11-09.

讨论问题

在物业管理服务工作中，“破窗理论”的相关应用更多，请列举应用领域，并对其简要分析说明。

【问题探讨】

1. 质量管理方法在日常物业管理服务工作有什么应用价值？
2. 结合物业管理服务工作实际，谈谈物业管理中可应用项目管理方法的思路。

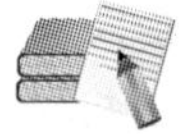

【作业练习】

一、判断题

（　　）1. 物业管理学是研究物业管理与物业服务关系及其规律的科学，是研究在物业业主公共事务管理关系为主、物业经营管理关系为辅的关系模式下，达到物业管理区域综合效益最大化的规律的科学。

(　　)2. 物业管理活动牵涉面广，涉及学科众多，因此物业管理学科是一些学科知识的堆砌，属于综合性学科。

(　　)3. 成员权亦称为构成成员权，我国《物权法》称共同管理权。

(　　)4. “空间”作为物，不能成为区分所有权的客体。

(　　)5. 区分所有权人不得以放弃权利不履行义务。

(　　)6. 广义的服务是指在备有劳动资料的前提下提供劳动的服务。

(　　)7. 物业服务企业及员工在开展服务时，应以企业为中心设计服务项目等级标准，然后向业主进行推销。

(　　)8. “分业经营”和“分开运营”的前提是物业服务提供商让开发商和物业公司投资人看到物业管理独立运营所创造的更多价值。

(　　)9. 物业管理促进城市公共管理服务落地，推动实现城市服务均等化。

(　　)10. 物业管理中的风险是指物业风险和物业服务企业运营风险的总称。

二、单选题

1. 三楼居民天花板漏水，需要从四楼的地板着手修理。在这种情况下，区分所有权人应容忍他人利用自己的专有部分从事建筑物的维护、修缮和改良等。这是因为区分所有权人作为专有所有权人所享有(　　)。

A. 所有权　　B. 相邻使用权　　C. 共有权　　D. 收益权

2. 各共有人平等地对共有物享受权利和承担义务，在区分所有建筑物中，道路、绿地、文体设施等就属于(　　)。

A. 按份共有　　B. 约定共有　　C. 共同共有　　D. 按需共有

3. 物业管理区域公共资源经营的收益，扣除物业服务企业经营成本和正当收益外的盈余部分应归(　　)所有和支配。

A. 开发商　　B. 物业服务企业　　C. 业主　　D. 物业使用人

4. (　　) 是指公共部门与准公共部门共同满足公共需求、处理公共事务、提供公共产品和公共管理，以实现良好治理的管理活动。

A. 公共管理　　B. 城市管理　　C. 公共治理　　D. 社区治理

5. 关于新公共服务理论的基本原则，说法错误的是(　　)。

A. 政府的作用是服务而不是掌舵

B. 公共利益是目的，而不是副产品

C. 服务于顾客，而不是公民

D. 尊重人的价值，而不是仅仅重视生产力的价值

6. 物业管理区域内某一业主拒交物业管理费，根据合同法的一般原理，该业主应当无权享受物业服务提供者所提供的任何服务。但实际上，物业服务提供者不仅在技术上不太可能将该业主排除在享受物业管理区域绿化、治安和公共保洁所带来的益处之外，而且在法律上进行排除就更为困难。这体现了物业服务产品消费的(　　)。

A. 垄断性　　B. 非排他性　　C. 包容性　　D. 针对性

7. (　　)是服务的最根本特征。

A. 不可感知性　B. 不可分离性　C. 差异性　D. 不可贮存性

8. 政府利用所掌握的产业发展现状、技术水平、需求变化方向等信息引导物业管理行业进行技术、结构、组织等方面的调整和优化，这属于(　　)。

A. 间接经济调节手段　B. 直接行政控制手段

C. 信息引导手段　D. 法律调控手段

9. (　　)是一个组织的灵魂，是属于系统运行中的“维模”范畴，可保证系统重新开始运行时能正常恢复互动关系。

A. 发展目标　B. 制度制约　C. 团队文化　D. 队员管理

10. 以下关于义工和社工的区别，说法错误的是(　　)。

A. 社工是计酬的，义工是无偿的。

B. 社工需要具备专业知识和技能，义工则在这方面要求比较低。

C. 社工需要有从业资格认证，而义工不受专业资格的限制。

D. 社工所服务的范围比义工的服务范围更为广泛。

三、多选题

1. 以下属于物业管理学研究方法的是(　　)。

A. 唯物辩证法　B. 综合方法　C. 系统方法　D. 实证方法

2. 建筑物区分所有权包括(　　)。

A. 专有所有权　B. 共有所有权　C. 成员权　D. 复合权

3. 共有所有权的形体包括(　　)。

A. 按份共有　B. 约定共有　C. 共同共有　D. 按需共有

4. 区分所有权人作为成员权人拥有(　　)权利。

A. 表决权　B. 提议权　C. 知情权和监督权　D. 请求权

5. 以下属于公共产品的是(　　)。

A. 公安服务　B. 城市污水处理　C. 义务教育　D. 服装饮食

6. 物业服务企业在提供物业公共事务时，必须注意（　　）。

A. 物业服务产品的界限要清晰。物业业主和物业服务企业必须在物业服务合同中明晰物业服务业务范围、服务项目、服务等级、服务质量标准、收费标准等事宜

B. 物业管理区域的边界，与政府公共服务、公用事业单位的服务的边界要清晰

C. 处理好经营服务与公共服务的关系

D. 尽可能降低物业收费

7. 委托代理制在物业管理活动中存在下去的重要前提是（　　）。

A. 分业经营　B. 混业经营　C. 分开运营　D. 混业运营

8. 提高物业服务质量的途径有(　　)。

A. 确立管理与服务的质量意识　B. 制定并遵循适合与适度的质量标准

C. 建立物业服务质量体系　D. 提升物业服务人员薪酬标准

9. 物业服务市场包括的内容有(　　)。

A. 物业劳务服务　B. 物业外包服务　C. 物业中介服务　D. 物业经营服务

10. 决定物业服务需求量的主要因素有(　　)。

A. 消费者的货币收入水平　　B. 消费者偏好
C. 房地产发展规模　　D. 物业管理社会意识

四、辨析题

1. 专有所有权、共有所有权、共同管理权
2. 物业管理、社区管理、社区治理
3. 社工、义工、志愿者

五、案例分析题

广州创立物业管理委员会制度

截至2019年10月，广州市有专业住宅物业管理区域物业服务管理项目3 260个，其中全市住宅物业管理区域已成立业主组织976个，占比近三成。成立业委会，要由物业管理区域总户数及总面积都超过半数的业主选举产生。不过，很多物业管理区域在筹建业委会时，普遍面临业主参与积极性不高、投票人少等问题，导致业委会成立难。

为破解长期以来困扰住宅物业管理区域的业委会“成立难、决策难、换届难”困局，广州拟创设物业管理委员会制度。《广州市物业管理条例（草案）》在2019年12月由市人大进行第一次审议。关于委员提到的“建立物业管理委员会”，也体现在《条例（草案）》之中。“物业管理委员会”将由街镇政府牵头，居委会、公安派出所、建设单位、物业服务企业以及业主代表广泛参与，主要负责筹备成立业主大会、业委会换届以及特定情形下组织业主表决，从体制机制上破解业主组织“成立难、决策难、换届难”三难问题。据了解，“物业管理委员会”主要是指导业主组织成立、规范运作指导、协调相关事务，保障业主和物业服务企业的合法权益实现，本身并不替代业主行使业主权益。

问题：

1. 请运用所学相关理论分析业委会“成立难、决策难、换届难”的根源。
2. 请搜集有关“物业管理委员会”的资料，分析建立该组织的作用。
3. 结合实际谈谈如何发挥物业管理委员会的积极作用，避免出现新问题。

六、训练题

物业管理模式调查分析

1. 训练目标

物业管理模式的形成受各种因素影响，因而不同的物业管理区域、不同的物业服务公司有不同的物业管理模式。但是由于物业管理在社区治理中的地位和作用日益显现出来，物业管理融入社区治理体系之中，并形成自身特色的物业管理模式成为必然。本次调查将从物业管理融入社区治理体系的角度入手，运用相关理论与方法，通过文献研究，深入物业管理区域调查研究，分析了解当前的社区物业管理主要模式，针对所了解的物业管理区域的物业管理模式，总结社区物业管理模式的特点及主要做法，发现其中的问题，并提出改进对策。

2. 训练要求

（1）首先成立调研小组，确定调研对象。每个小组3～4人，小组成员可自行组合。要求成员中有物业管理项目区域管理服务人员或对该物业管理区域物业管理情况熟悉者，

确保调查对象具有一定典型性或分享的价值，所获得的信息真实可靠。

（2）明确分工。工作内容包括收集资料、选择典型物业管理区域、提供物质支持、研究设计调查提纲和问卷、研究分析、完成报告等。

（3）调查研究分3个阶段进行：前期资料收集整理；调查方案及问卷、提纲设计制作；实施调查研究；报告的写作。关键是弄清物业管理区域多元主体及职责、功能作用情况，是否发生作用，运作模式，是否有效，业主是否满意等。以知识图、树形图等图示方式简要分析展示。

3. 成果交流

（1）召开研讨会，根据分工做主题发言，交流工作心得，完成调查报告修改。

（2）每个人根据各自完成的工作，写出工作总结。

（3）将个人总结和调查报告一并作为本章作业提交。

第二篇 物业管理行业管理

物业管理从业人员，不但要学习好业务工作相关的专业知识，提升自身专业理论素养；也要学习行业管理知识，以适应行业内部及外部竞争发展的需要，促进行业经营管理环境不断优化，行业管理体制不断变革；还要学习企业经营知识，推动企业发展战略、企业组织结构、企业经营模式和现代服务技术手段的持续创新发展。随着我国全面深化经济体制改革，政府实施简政放权、放管结合、优化服务（“放、管、服”）这一重大行政管理体制改革举措，政府治理体系的现代化水平不断提高。物业管理行业管理体制也随之变革。国家取消了传统的企业资质管理，提出通过制定物业服务标准规范，建立黑名单制度、信息公开制度和推动行业自律管理等方式，加强事前事中事后监督，必将有利于行业企业的创新和发展。另外，中共中央、国务院出台政策，要求完善社区治理体系，补齐社区物业管理短板。物业管理越来越成为社会焦点，地位越来越高。我们应当了解物业管理行业行政管理的环境及法规政策的变化情况，适应行业企业改革发展的需要。

这一篇，将帮助读者从多学科角度分析掌握物业管理环境要素及变化情况、物业管理关系模式、行业发展及企业创新发展的规律；从企业经营管理角度掌握物业服务组织模式，以及物业服务企业创新发展的思路与方法；从经营角度了解物业服务产业发展问题、发展趋势及发展思路；从行业行政管理角度了解物业管理行业体制问题，掌握物业管理体制改革方向及思路。

第三章　物业管理行业企业创新发展

【学习目标】

1. 了解：物业管理基本制度；国内外物业管理行业起源及发展情况；物业服务组织模式；物业管理行业体制问题；物业服务企业创新的环境及现状。

2. 理解：物业服务企业含义；物业管理关系模式；物业管理的组织形式；物业管理创新的主要领域；我国物业服务产业创新发展趋势。

3. 掌握：物业管理环境分析方法；我国物业服务产业的发展问题及发展思路；我国物业管理体制改革的方向及思路。

【能力目标】

1. 能分析物业管理环境状况及特点；把握并处理好物业管理活动中的各种关系；能对企业创新发展提出自己的看法。

2. 会运用物业管理环境分析成果指导物业管理环境优化；会根据物业服务产业创新发展趋势指导和推动物业服务企业创新发展；把握我国物业管理体制改革方向及思路。

【案例导入】

物业管理，你将会往哪里走？

在以市场和社区为框架的社会生活中，很多新的行业应运而生，譬如物业管理；同时，很多新的矛盾在不断地发生发展，譬如社区中此起彼伏的纠纷和冲突。

随着单位职能的剥离和住房分配体制的解体，市场的交换自由原则取代了传统的支配与福利，于是在人们内心和现实的社区生活当中，都形成了巨大的真空，产生“失重”状态，社区的主权者们——业主、业委会以及物业公司，没有任何一方试图自觉承担起社区发展的核心角色。无论是要求“政府进社区”，还是“居委会指导业主大会”，还是“降低物业费”或者“成立业委会先炒物业公司”，其根本都是对现实社会生活的背离，或者对传统单位型社区的回光返照式的憧憬。

但历史无法倒退，社区治理的进一步政策如何制定，取决于制定者如何评价当前问题的严重性和各种方案的可行性，当前真正的社区问题是：一面存在着物业管理者的劳动闲置；另一面却是社区紧缺服务的供给迟迟无法到位，导致社区纠纷愈演愈烈。社区的确需要变革。但从各自的角度出发，开发商只希望修修补补、改装某些装饰物；而政府可能希望打通一些墙壁、在不同的地方重开门窗；媒体和其他各类行业企业更倾向于将整个线路与管道改装；更激进的业主们则恨不能在另一个基础上重建一个“社区大厦”。

故而，尽管物业管理行业当中的绝对命令是变革，却唯有物业公司在目前最为缺乏变革的动力，其具体表现在：为满足部分业主们回归计划经济时代的特殊欲求，产生了各种奇形怪状的物业管理新生事物，譬如“零收费”，譬如“品牌物业管理顾问”，譬如委身于开发商而产生的“服务论”，这类尝试显然只是在短期内应付了日新月异的挑战和危机。

自 2002 年以来，物业管理行业从大动荡大变局开始，逐步演变为一种艰难的探索，于是，又产生了当前物业管理行业所面临的 3 个背景及条件。

第一是物业管理者的高度流动性。这一背景存在的原因是物业人的定位没有明确。从管理人员到保安人员，社区中的精干劳动力一直处于高速的职业转换生涯之中，从之平管理余绍元先生所说的“去地产”的物业人职业规划，到深圳市的物业管理职业经理联席会，再到济南物业管理业内进行着的行业聚会，令人不得不慨叹的是物业人工作转换之快，一方面是年轻、优秀的安全管理员从市场上绝迹，另一方面是物业管理项目经理的工作常常是朝不保夕，乍看起来，这种人力资源流失不仅仅是个人生活中的悲剧，常常也隐含着社区公共财富的无形损失。但是我们也可以注意到另一面，犹如敦刻尔克的大撤退，这种退潮也正在为以后的社区变革提供干部。

第二是以会所为代表的社区公共资源的普遍贬值。诚然，通过社区公共资源的经营，或者对一些终端客户资源的开发，相当多的企业和个人获得了额外收益；但是至今没有人意识到：这类寻租行为是制度缺陷的产物，当管理者缺位，通行着自由主义的社区根本就无力控制社区当中的平等和民主问题，这是一种“市场失灵”，其结果就是全国的社区会所大部分都处于闲置和亏损状态；另一种情况，当出现收益时，业委会与物业公司的斗争常常是围绕会所的租赁收益展开的。

第三是网络的发展所带来的新的机会。21 世纪以来，在每个大中城市中所发生的形形色色的业主维权事件中，业主完全能够通过网络实现基本的自我教育。信然，维权活动不可能直接建设起某种有效的社区政府，但是，它为未来负责任的社区管理提供了相应的监督。

业主维权在探究物业公司的制度缺陷方面是卓有成效的，但是在达到治理目标的手段方面，目前却尤显不足。正常的思路是应当把社区发展理解为具有多种结构性力量（有时是互补的，有时是对立的）的主体之间的互动。故而，社区市场的开发，仍然取决于社区当中的服务主体：物业公司与物业管理人的自强运动。

做一个有激情的物业管理人，唯有思维方式的转变，才能带来行为方式的转变。而根本的思维方式转变就是拒绝空谈和妄想，倡导实践与创新。随着新的一代物业管理人的加入，思维方式、行为方式正发生着根本性的变化，将产生前所未有的积极性、创造性，将成为行业发展强大的原动力。

今天的物业管理者，首先要做的是“解放思想，走向成熟”，在竞争过程中，行业人员要在政治上成熟、思想上成熟、作风上成熟。所谓政治上成熟就是高标准，觉悟认识水平要高；所谓思想成熟就是要有高要求，看得高、远、深；所谓作风成熟是指要有顽强的意志、锲而不舍、永不言败、敢于碰硬、向强者挑战的精神和作风。只有这样一支物业管理队伍，才能担当未来时代变革赋予的使命。

资料来源：丁宁，张恒志，梁晓东．物业管理与地区社区治理．物业管理，2018-10-20.

总结：

本案中，作者提出了物业管理行业发展中出现的问题并表达了困惑，这不只是罗列一些乱象，更是希望物业管理人员以科学的理论来指导物业管理实践，以理性的思维来推动物业管理创新发展。一个行业，一群人，如果没有正确的思想引领，科学的管理理论的指导，带来的除了矛盾、纠纷和冲突外，还会瞎折腾，破坏社会秩序。所幸现在举国上下都关注物业管理问题，要补齐物业管理这个社区治理短板，提高居民的生活质量。只有正视物业管理行业的现实问题，按物业管理规律办事，采取科学有效的方法，才能保证物业管理行业企业在正确的道路上改革创新发展。

第一节　物业管理环境、关系及制度

一、物业管理环境

（一）物业管理环境的含义与特点

1. 物业管理环境的含义

环境是指围绕特定中心主体且能对该主体的存在、运动状况起一定影响作用的诸事物综合体。在以人类为中心主体的情形下，广义的环境可分为自然生态环境和人文生态环境两大类；狭义的环境仅指自然生态环境和人工改造自然生态环境的物质性结果形成的环境。

广义的物业管理环境是影响物业管理和物业服务的自然生态环境和人文生态环境因素的综合体，是一个多因素、多层次的，且相互影响不断变化的综合体。它包括宏观、中观和微观的物业管理环境。狭义的物业管理环境仅指微观物业管理区域人工改造的生态环境和物业区域及周边社区人文环境。

2. 物业管理环境的特点

（1）制约性。由于房地产行业是在特定的社会经济和其他外界环境条件下生存、发展的，而物业管理与房地产业关系甚为紧密，必须面对这样或那样的环境条件，并受到各种各样环境因素的影响和制约，因此，物业服务企业必须清醒地认识到这一点，要及早做好充分的思想准备，随时应付企业面临的各种环境的挑战。

（2）地域性。由于房地产最重要的一个特性是区域性，区位对房地产投资和经营具有十分重要的意义，因此物业管理也呈现出地域性的特点。不同区域的环境对物业管理影响差异很大。

（3）差异性。物业环境的差异性不仅表现在不同的物业受不同环境的影响，而且同样一种环境因素的变化对不同物业的影响也不相同。例如，不同的国家、民族、地区之间在人口、经济、社会文化、政治、法律、自然地理等方面存在着广泛的差异性。这些差异性对物业管理和服务的影响显然是很不相同的。

（4）相关性。物业管理是一个系统，在这个系统中，各个影响因素是相互依存、相互作用和相互制约的。例如，物业服务企业在开展服务业务时，要受到经济发展水平、市场供求关系、社会文化因素、科技进步及相关政策法规等因素的影响和制约。

（5）动态性。物业管理环境总是处在一个不断变化的过程中，它是一个动态的概念，随着时间的推移，物业管理环境将会发生巨大的变化。有些环境因素的变化相对较快且跳跃性大，而有些变化则相对较慢、较小，这些因素对物业服务模式的稳定性有不同的影响。

(6) 不可控性。物业管理环境的影响因素大部分是企业不可控制的。如政治法律制度、人口增长及一些社会文化习俗等，企业不可能随意改变。但有些因素在一定程度上是可控的。物业服务者应认识和尊重不可控环境因素，同时促进不可控因素向可控因素转化。

(二) 物业管理环境的内容

1. 宏观环境

我国物业管理活动所面对的宏观环境大体是相同的，比较稳定，但也应该注重它的动态性。

(1) 政治法律环境。政治环境主要是由社会制度和法律、法规、政策形成的。一是房地产开发、物业管理经营的法规；二是金融政策；三是土地政策；四是税收政策。目前房地产涉及的税种多达十余种。针对不断变化的形势需要，国家会不断改革税收制度。

(2) 经济环境。物业管理项目所在城市、地区的经济发展规模、速度、结构以及产业结构，居民的收入水平以及城市化进程等，都会对物业管理产生影响。特别是房地产行业景气情况和国家整体经济形势、经济周期对物业管理的影响是长期而深远的。居民的收入水平和消费行为倾向是直接的。

(3) 技术环境。物业管理技术发展迅速，物业管理呈现智能化、信息化、集成化，同时，新材料、新技术加速使用，节能环保措施不断强化，绿色能源和绿色建材开始流行。国家有关部门对房地产产品的规格要求越来越细致，将推行住宅建设规范化和标准化，对物业管理的标准也越来越严格。

(4) 社会文化环境。不同社会阶层的人，消费需求和消费行为存在明显差异，社会进步和健康意识的增强，使绿色、环保、智能化、适合人居等崭新理念受到重视，另外，教育程度、宗教信仰、价值观念、消费习俗以及审美观念等，均对物业管理生存发展有重要影响。

(5) 人口环境。人是市场的主体要素，人口规模与增长率、人口的年龄结构、教育程度、家庭的规模与结构等对物业管理有明显的影响。老龄化、空巢家庭、丁克（Double Income No Kids，意思是“双收入，没有孩子”）家庭等问题的出现对物业管理是个挑战。

(6) 自然环境。自然环境要素是指物业服务项目所在地域的自然条件、地理地貌特征等，具有相对不变和长久稳定的特点，物业管理必须考虑对自然环境要素，特别是空气、水体、光、噪声等污染的问题，应提前做出预防和应对。

(7) 国际环境。世界五大顾问公司——世邦魏理仕、高力国际、仲量联行、第一太平戴维斯、戴德梁行相继进入我国市场，一方面可以带来新理念、新方法、新方案、新气象，是机遇；另一方面也加剧了国内物业服务市场竞争，但可使行业更加规范化，提高行业成熟度。

2. 微观环境

物业管理的微观环境指在特定物业用地范围内存在的，影响业主和使用人生存、发展、享受利益的诸种人文社会因素和物质性因素的综合体。物业管理的微观环境因素很多，这里主要分析几种影响物业管理活动开展的环境要素。

（1）企业内部环境。在内部各环境要素中，人员是物业服务企业最重要的资源。同时还包括公司经营哲学、经营理念、品牌形象和声誉、长短期目标和计划、强有力的管理队伍、公共关系、财务比率、经营经验、品牌管理、成本控制、资源整合能力、核心竞争能力，等等。此外，企业文化和企业组织结构也是两个需要格外注意的内部环境要素。

（2）竞争者。物业服务市场中，竞争者主要包括现有的竞争对手和潜在竞争对手两类。现有竞争者是指在同一地区提供类似服务的其他物业服务企业。潜在竞争者是指可能进入同一地区提供类似或可替代服务的其他物业服务企业。

（3）公众。公众是指对企业实现其目标的能力感兴趣或发生影响的任何团体或个人。物业服务企业经常面对的重要社会群体主要有：社区公众（如业主、业主委员会、居民）、媒介公众、政府公众、公民行动公众、地方公众、一般公众、内部公众等。

（4）关联企业。物业服务企业的关联企业包括上下游企业。上游企业主要包括房地产开发商、建筑商、房地产中介、金融机构等。下游企业如绿化公司、保安公司等专业公司和一般物业用品供应商等。

（5）社区网络。物业管理所处的社区存在多种相关利益关系主体，包括组织和个人，它们之间将以某种原因结成一种社会网络，并采取一定程度上的协调性行动，不是以单个主体发生作用。通常以行政管理关系、指导关系、协作关系、委托关系、交易关系结成一种社会关系网络，形成某种临时或稳固的结构模式。在现代信息技术支撑下，网络结构会越来越稳固，信息交流会越来越频繁。物业服务企业必然要参与其中，可成为合作者或重要组织者，并推动形成社区网络化治理模式。

（三）物业管理环境分析方法

物业管理环境的变化所产生的影响可以从两个方面进行分析：一是对物业管理和服务有利的因素，即它为企业带来的市场机会；二是对物业管理和服务不利的因素，即它为企业带来的环境威胁。对于机会和威胁，物业服务企业必须采取适当的措施，才能在环境变化中生存和发展。

我们对物业管理环境分析常采用的方法是 SWOT 法，即 Strengths（优势）、Weaknesses（劣势）、Opportunities（机会）、Threats（威胁）。其中，机会和威胁是影响企业的外部因素，优势和劣势是影响企业的内部因素。

1. 外部因素评价矩阵（机会/威胁分析）

（1）EFE 矩阵建立步骤。

外部因素评价矩阵（External Factors Evaluation Matrix，简称 EFE）的建立有助于归纳和评价经济、社会文化、政治法律、人口、环境、政府、技术及竞争等方面的信息，将宏观环境分析和区域环境分析中的有效信息进行分析和汇总。

建立 EFE 矩阵的步骤如下：

1）列出在外部分析过程中确认的外部因素。因素总数为 10～20 个，因素包括公司和其所在行业面临的重要的机会与威胁。

2）赋予每个因素以权重，其数值由 0（不重要）到 1（最重要）。确定权重的依据是该因素对公司当前战略位置的可能影响，权重越高，该因素就越重要。确定恰当权重的方法包括对成功的竞争者和不成功的竞争者进行比较，以及通过集体讨论而达成共识。所有因素的权重总和应等于 1。

3）按照企业现行战略对各关键因素的有效反应为各关键因素进行评分。机会与威胁均为 1～4 分，“4”代表反应很好，“3”代表反应超过平均水平，“2”代表反应为平均水平，而“1”则代表反应很差。评分反映企业战略的有效性，所有的评分以分值大为好。

4）用每个因素的权重乘以它的评分，即得到每个因素的加权分数；将所有因素的加权分数相加，得到企业的该项因素的分数。

（2）EFE 矩阵的实际应用。

1）根据关键外部因素对物业服务企业的现行战略的有效反应程度进行评分。如：市场的巨大需求及发展潜力是物业服务企业发展的关键因素，只有具有市场需求，企业才有所发展，因此这个关键的外部因素的权重最高一般为 0.1；同时，人们的观念在不断更新，对物业管理从接受到支持，其发展对物业服务企业有着非常大的影响，故其权重最高都为 0.15（如表 3-1 所示）。为防止评分偏差，尤其是防止先入为主，至少应 3 人以上评分，人数越多则准确度越高。

2）取所有分值的平均分作为最后得分，从而可以获得企业在该关键外部因素的加权分数，该加权分数被用以分析企业对该关键外部因素在机会利用、威胁回避、对现行战略的贡献等方面的情况。

3）通过建立物业服务企业的 EFE 矩阵分析模型，可以看出被分析企业现行战略对机会的把握或威胁的规避能力，并可以看出其行业的战略地位。

表 3-1　物业服务企业 EFE 矩阵分析模型

名称	关键外部因素	权重	评分	加权分数
机会	政局稳定，经济环境大好	0.1	3	0.3
	国家政府部门逐渐重视物业管理行业的发展	0.15	3	0.45
	物业管理法规日益完善	0.08	4	0.32
	物业服务市场潜力大	0.15	4	0.6
	人们消费观念改变	0.15	4	0.6
	合计	0.63	18	2.27
威胁	物业市场不规范，缺乏良好竞争机制	0.08	3	0.24
	境外物业服务企业的进入	0.06	3	0.18
	业主对物业管理的技术水平要求提高	0.05	3	0.15
	物业管理行业竞争激烈	0.08	4	0.32
	开发商遗留问题造成物业服务企业的负担增加	0.1	4	0.4
	合计	0.37	17	1.29

资料来源：刁爱华．试论 EFE 矩阵在物业服务企业外部环境分析中的应用．当代经济，2007（7 上）．

4）从表中分析可以看出：一方面，物业服务企业目前的机会与挑战并存，从数字的对比上看，机会略大于威胁。人们消费观念改变，物业服务市场扩大，企业可以更好地抓住机遇规避威胁。另一方面，虽然开发商遗留问题造成物业服务企业的负担增加，业主对物业管理的技术水平要求提高，但因物业市场不规范，行业竞争会更加激烈，但仍有很大改进空间。

2. 物业服务企业内部环境分析（优势/劣势分析）

物业服务企业在分析、获取和发展自身优势的同时，应抓住认识能力、决策能力、协调能力以及应变能力 4 个重点。

（1）认识能力。物业服务企业必须对所处的内、外部环境有清醒的认识，要正确评价自身所处的内、外部环境，正确评价自身所处的市场地位。

（2）决策能力。在较为真实、完备的信息的基础上，制定企业发展战略，确定战略重点，并围绕该重点展开一系列策略研究，最终细化为执行计划。

（3）协调能力。在物业管理过程中，需要对企业的物质资源、人力资源等进行调动和协调。因此，在计划合理、可行的情况下，人员的综合素质在这一过程中显得尤为重要。

（4）应变能力。随着自身经营行为的进行，竞争对手必然会做出反应，不仅如此，面对客户，会时时发生不可预测的突发情况，这就要求企业能够应对内、外环境的变化，做出相应的调整。

3. 建立 SWOT 矩阵

通过外部因素评价矩阵和内部环境分析，可以确定对企业外部环境的机会和威胁起重要影响的因素，以及对企业内部优势和劣势起重要影响的因素，接下来要建造 SWOT 矩阵，目的是帮助管理者制定如下 4 类战略：SO 战略、WO 战略、ST 战略、WT 战略。需要指出的是，SWOT 矩阵分析并不是要企业去选择 4 种战略中的哪一种战略，而是为企业制订合理的战略目标提供周到的综合性依据。

经过系统的战略环境分析，物业服务企业所面对的机遇和威胁以及自身的优势和劣势就显而易见了，这为接下来的战略方针和目标的制订和实施创造了良好的基础。

（四）物业管理环境优化的途径

1. 加强理论研究与宣传，提高认识水平，优化物业管理社会意识环境

由于过去物业管理是舶来品，人们对物业管理与物业管理的理论研究不够、专业教育滞后于物业管理活动及物业管理行业的实践，当物业管理纠纷出现的时候，更多人是就事论事地寻求问题解决方案，往往解决不了系统性问题。物业管理行业发展需要以理性的物业管理社会环境做基础，需要做大量的理论研究和宣传、普及、沟通工作，来优化人们的思想观念，建立良好的社会意识环境。需要媒体引导人们正确看待物业管理，改变过去行政福利分房，无偿消费物业管理的习惯。在有偿服务实践中体验、思考，并接受新型的有偿物业服务模式，形成新物业服务消费观念。物业管理人员以优良的专业知识、技能、素养提供高质量的服务，配合舆论的正确引导，在正确物业管理意识的形成中起到重要的沟通宣传作用。

2. 完善物业管理法规，优化政治法律环境

物业管理的实践表明：健全的法律法规是物业管理健康发展的基本保证。《物权法》和 2018 年修订的《物业管理条例》已实施，应对现有的法规政策进行全面完善和细化，特别是制定适宜各地不同物业环境的地方物业管理法规政策和措施，保证物业管理与物业服务有法可依，有法必依。特别是创制与社会治理、社区治理相关的法律制度，如物业管理行业自律规范，物业服务企业诚信经营规范，物业管理经理人培训、评价、信用管理制

度，物业服务市场监管制度，物业服务质量规范，操作规程等，补齐物业管理制度短板。

3. 完善物业服务市场体系，加强市场监管，优化物业服务市场环境

优化物业服务市场环境是物业管理行业健康发展的基本要求。因此，首先按《物业管理条例》要求提倡房地产开发与物业管理分业经营，实现市场主体独立性、竞争性，规范市场主体行为。创立符合市场经济运作规律的物业管理体制，建立黑名单制度，信用管理制度，建立“留优汰劣”竞争机制，提高其产业集中度，加快物业管理的市场化步伐，为物业管理行业的健康发展创造条件，让业主享受品牌物业服务。

4. 加强行业自律管理，优化物业管理行业环境

行业自律是物业管理行业发展的重要前提，首先要准确把握行业定位。要通过提升物业服务水平，赢得业主的尊重，建立良好物业管理服务关系。其次要按市场经济规律，树立诚信规范服务，履约守法经营的意识，通过建立行业自律制度，自行管理行业行为，按照“自我规范、自我管理、自我教育、自我约束、自我发展”的原则规范行业行为，促进行业健康发展。再次，物业服务企业及从业人员应强化服务意识，尊重、关爱、善待业主。最后还要全面提高队伍素质，通过大规模人才培养、培训提升物业从业人员的专业素质和技能，提升物业管理行业服务水平。

5. 重视物业自然环境的改造与优化，提高人们的生活质量和品位

物业环境问题的存在，引发了许多物业管理中的环境纠纷和业主对环境不佳的抱怨，使物业自然环境问题日益成为影响物业管理活动的重要客观因素。因此，物业自然环境的改善与优化，必须考虑环境管理的整合性、环境问题的预防性、环境文明的品位性，克服传统环境卫生、绿化管理不可避免的弊端，重视对环境文明的整体建设规划；重视对环境科学和环境管理先进技术的学习和应用，将物业管理辖区的环境文明建设同物业所在社区和城市的环境文明发展有机结合起来，形成具有本地文化艺术特色的物业环境景观，提高环境价值，创造宜人的文化艺术氛围，增强居民自觉建设人文生态环境的意识。

微课 50

二、物业管理关系

（一）房地产开发与物业管理

物业管理与房地产开发是不同的产业，但存在上下游关系，物业管理作为房地产开发经营的派生和延续，其管理与服务质量的好坏，将直接影响房地产开发经营的前景。反过来，物业管理作为独立行业应当与房地产开发分业经营，企业之间应分开运营，才能促进两个行业自身价值的发挥，形成良好的产业之间的市场经济协作关系。

1. 物业管理对房地产开发经营的影响

物业管理作为房地产开发经营的派生和延续，其管理与服务质量的好坏，将直接影响房地产开发经营的前景。物业管理对房地产经营的影响主要有以下几点：

（1）对房地产开发的物业管理前期介入作用。在房地产经济发展中，人们在关注房价、位置、居住环境之余，最关心的问题就是物业管理问题。物业服务企业可以进行前期介入，为房地产开发建设提供有价值的咨询服务和建议。如基于对业主需求的了解，对环境的规划提出有利于业主日后生活的建议，使物业服务项目更符合未来业主的需求。

（2）有利于物业的保值增值。从财富积累的角度来看，良好的物业管理可延长物业的使用寿命，充分发挥物业的使用价值。缺乏良好的物业管理常导致物业内部设施运行不良，加速物业物理损耗的速度，使物业使用价值超前消耗，造成财富的巨大浪费。

（3）有利于促进房地产市场的发展完善。物业管理的社会化和专业化的良性发展，是和房地产经济体制改革发展相适应的，它使房地产开发经营和物业管理在分业经营的前提下，有机地结合起来，具有繁荣和完善广义房地产行业和房地产市场的作用。

（4）物业服务品牌对房地产开发的长期效应。良好的物业服务品牌不但促进了房地产的营销，也进一步开拓了企业在市场中的份额。品牌是一种无形资产，优秀的品牌则代表着某种商品或服务具有较高的质量、性能和效用，同时也使得其在市场中能够占有较大的份额，具有较强的竞争力。

（5）有利于推动外向型房地产经济的发展。物业管理是加快我国房地产发展同国际接轨的必由之路，是改善我国投资条件和投资环境的必要措施，具有推动外向型房地产和涉外经济发展的作用。

2. 物业管理与房地产开发的关系

（1）物业管理与房地产开发的区别。物业服务公司与房地产开发公司都作为企业，企业性质是相同的，但它们又有诸多不同的地方。一是提供的产品不同，房地产开发公司提供的是房地产产品，而物业服务公司提供的是物业服务产品。二是经营管理活动范围不同，房地产开发公司经营活动范围涵盖了房地产生产、流通、消费等所有经济环节；而物业公司的活动范围主要是在消费环节。三是交易产品的性质不同，房地产开发公司在消费阶段有针对房屋质量问题的售后服务活动，但这是房地产开发生产性活动的延伸，物业服务公司开展的是针对业主的物业服务需求的各类物业服务活动，前者是房地产开发经济活动的重要组成部分，后者是物业服务产品交易活动。四是经营管理活动方式不同，房地产开发公司主要从事房地产投资开发经济活动，是将房地产产品作为直接收回投资并获取利润的手段，是典型的投资经营行为；而物业公司只是为进入消费的物业及为业主提供管理服务，是一种通过管理服务获得收益的经营行为。五是交易的方式不同，房地产开发公司与业主交易的是物业的所有权，并通过一次性交易实现经营目标；物业公司与业主之间交易的是与管理权委托活动有关的管理服务产品，这种交易不是一次性交易，是在委托合同约定期限内连续不断的交易行为。

（2）物业管理与房地产开发的联系。从物业服务企业与房地产开发企业之间是否有隶属关系来看，有如下两种联系情形。第一，房地产开发企业附设物业服务企业。房地产开发企业为了满足房地产营销和售房服务的需要，常设置分公司或投资设立物业服务公司实施物业管理。该种物业服务企业与房地产开发企业是从属关系，物业服务企业作为房地产营销和售后服务的主要载体，往往是房地产开发过程的延续和发展。目前国内这种形式占很大比例。第二，委托专业物业服务公司实施物业管理服务。一般来说，业主委员会成立之前，第一次选聘物业服务企业的工作由原房地产开发企业完成，可以通过公开招投标的方式选聘专门从事物业管理服务的企业实施物业管理，此时，物业服务企业与房地产开发企业构成了聘用的合同关系，双方依照合同规定行使各自的权利并履行各自的义务。当业主委员会成立后，选聘物业服务企业则由业主大会决定，业主委员会负责具体选聘事务工作。

微课 51

（二）政府行政管理与物业管理

1. 物业管理中的行政管理关系

物业行政管理是国家行政机关依据有关法律、法规，对物业管理活动实施行政管理。行政管理部门与物业管理行业的关系是管理与被管理、指导与被指导的行政管理服务关系，其实质是国家通过法律手段、经济手段、行政手段及信息发布与劝导等手段，规范物业管理活动，建立物业服务市场正常秩序，改善人民群众的居住和工作环境。

与物业管理有关的行政管理部门包括：国家级的物业管理主管机构；省市级的物业管理主管机构；地市物业管理主管机构；区县市政府及其街道派生机构、乡镇人民政府。地市及区、县、县级市主要包括住建、工商、民政、规划、城管、环卫、公安、应急、市政园林、环保、市场监督、物价、税务等部门。这些行政管理部门，在各自的专业管理范围内，对住宅区物业管理进行专项监督和指导。

政府通过支持行业协会对物业服务企业会员单位的行业自律管理和参与宏观政策制定，来间接调控、引导物业服务市场，因而产生了行业行政管理关系。由于物业管理行业协会是指民间性组织，政府在行业行政管理上往往是借助行业组织参与宏观物业管理政策的制定以及行业自律，通过信用管理等其他市场经济手段、方法等来实现行业行政管理目的。

2. 物业服务企业与相关行政管理部门的关系

（1）物业服务企业与相关行政职能部门的关系。物业服务企业的经营活动往往与政府的许多职能部门发生关联，这主要是由物业本身的性质与特点以及物业服务企业的经营范围所决定的。政府不直接介入物业管理的具体业务，而是通过物业管理专项业务的职能主管部门来对物业服务企业的各项工作进行监督和指导，是一种间接的管理。物业服务企业对这些监督与管理必须予以相应配合，严格执行各政府机关依法颁布的相关条例、规定和办法，并及时反馈执行中遇到的问题。对于物业管理经营中遇到的困难，可向相关政府职能机构反映，以获得其特殊批准或帮助。

（2）物业服务企业与基层政府机构的关系。基层政府机构主要包括乡镇人民政府和街道办事处，这是政府对社区管理的主要机关，也是物业服务企业所依靠的最直接的社区管理力量。一方面，物业服务企业要服从基层政府的监督管理，协助基层政府做好相关工作；另一方面，物业服务企业又可以借助基层政府的宣传、检查、协调职能来强化对物业社区的综合治理，与基层政府一起创建文明社区。

当然，基层人民政府虽然管辖着物业管理区域所在地，但它的主要职能是对所辖人口及人的行为、事务进行管理，并不直接干预物业服务企业对物业的正常管理工作。

（三）公共事业经营与物业管理

“公用事业单位”即公用事业经营企业，是指在物业管理区域内，供水、供电、供气、环卫、通信等提供公用服务产品的法人企业。物业服务企业与供水、供电、供气、供热、通信、有线电视等单位是由于物业管理与服务的社会化、专业化分工而产生的相互独立、分工明确，而又需要相互协作、相互配合的市场经济主体，它们之间在经济交往中是平等交易关系。

1. 物业服务企业与公用事业单位分工明确

供水、供电、供气、供热、通信、有线电视等单位都是取得特定营业资格的供应企业，这些供应单位分别为业主、物业使用人提供水、电、气、热、通信和有线电视信号等商品的服务，业主、物业使用人应当支付相应的费用。《物业管理条例》规定，供水、供电、供气、供热、通信、有线电视等单位，应当依法承担物业管理区域相关管线和设施设备维修、养护的责任；还规定物业管理区域内，供水、供电、供气、供热、通信、有线电视等公用事业单位应当向最终用户收取有关费用。物业服务企业可以接受上述各单位的有偿委托，代收有关费用，但是，不得向业主收取手续费等额外费用。

2. 物业服务企业应与公用事业单位密切配合

为了搞好物业管理工作，物业服务企业必须加强与各单位的联系，在日常工作中及时发现问题，凡属于供水、供电、供气、供热、通信、有线电视等单位维修、养护责任范围内的问题，要及时向有关单位通报，督促其及时解决问题，保证业主和物业使用人的正常生活和工作。当供水、供电、供气、供热、通信、有线电视等单位因维修、养护等需要临时占用、挖掘道路、场地的，应当事先通报物业服务企业，以便于物业服务企业通知业主和使用人做好自己的生活和工作安排，有关单位应在合理的时间内尽快完成维修、养护任务，并将道路、场地恢复原状。

（四）业主自行管理与专业物业管理

1. 业主及业主自行管理

（1）业主与非业主使用人。

在物业管理中，“业主”顾名思义就是指“物业的主人”。根据《物业管理条例》的规定，业主就是指房屋的所有权人。非业主使用人是指不拥有物业的所有权，但通过某种形式（如签订租赁合同、投靠亲属关系等）而获得物业的占有、使用权，并实际使用物业的人。非业主使用人的权利是由业主所有权派生而来的。

（2）业主自行管理。

业主自行管理是指特定区域内的全体业主，依照法律规定和共同约定，自行管理本区域内的物业管理活动的一种物业管理模式。业主自行管理只是在产权角度，是一种经济权利实现方式，并不构成全面的自治权，所以不存在“业主自治”一说。业主自行管理包含两个方面。首先，业主是物业的所有人，可以根据个体利益和自主意志对自己物业专有权属部分进行自行管理和支配，在此基础上，业主享有共有权和共同管理权，如选聘、监督物业服务企业的权力和对重大物业管理问题的决策权力等。其次，业主必须承担对物业进行必要的管理、维护的义务。即对涉及共同利益的公共事务实行公益性民主化管理，这就要求单个业主从维护全体业主共同利益的原则出发调整、约束自己的行为。

业主通过业主大会来行使业主权益，业主大会通过业主的投票对物业区域内公共事务进行表决，业主大会是业主的最高自行管理机构，业主大会的决议代表了物业区域全体业主的意愿。业主认为物业管理区域重大的或普遍的事项在符合业主大会召开的条件下可以提请召开临时业主大会。业主大会的决议，对每个业主都有效力，应积极配合执行。

业主自行管理通过业主大会进行，常设机构为业主委员会。所谓业主委员会，是指通过业主大会选举产生，由物业管理区域内业主代表组成，代表业主的利益，向社会各方反映业主意愿和要求，并监督物业服务企业管理运作的一个民间性组织。业主大会召开前的咨询性准备工作和业主大会做出决定后的执行性、监督性、评价性、总结性工作以及部分由业主大会授权的有条件限制的决策性工作，由业主委员会完成。

2. 委托代理条件下的业主自行管理与专业物业管理的关系

当业主集体选择委托代理方式来管理物业区域公共事务时，物业自治权出现分解，即将共有所有权、成员权（共同管理权）的部分分解给接受委托的物业服务企业来行使，以提高物业管理专业水平和增进业主集体利益。从业主与物业服务企业角度讲，两者的关系是委托代理关系。从治理分工角度看，物业管理是对业主自行管理的优化，主要是专业物业管理可以降低管理成本，增进业主利益。

但由于业主并不是将所有的管理事务都委托给物业服务企业，通常是将一些由专业技术性工作（房屋维修养护、设施设备维修养护、清洁卫生、绿化等）或公共性强的事务工作（档案管理、秩序维护、公益文化等）委托给物业服务企业，而一些决策性工作（如制定和修改管理规约，选举业主委员会或者更换业主委员会委员，制定物业服务内容、标准以及物业服务收费方案，筹集和使用专项维修资金，改建、重建建筑物及其附属设施，利用共有部分进行经营以及所得收益的分配与使用）仍然控制在自己手中，因此，业主自行管理与专业物业服务企业开展的专业物业管理的关系是委托代理条件下的分工与协作关系。

具体来说就是业主通过与物业服务企业签订物业服务合同，将业主自行管理与物业服务的作用界限清楚划定。业主除对自己物业专有权属部分进行自行管理和支配，还需要通过业主大会和业主委员会管理公共事务，通过物业服务企业完成自己完成不了，或自己完成起来不经济的一些物业管理项目任务。因此，业主在公共事务管理方面，扮演的角色主要是决策者、监督者。物业服务企业则成为专业物业服务提供者，扮演的角色主要是执行者、实施者。

另外，物业服务企业应将物业服务企业内部经营管理与其向业主提供物业服务产品的外部管理服务区分开来，处理好两者之间的关系。企业内部经营管理水平的提高有利于保证向业主提供优质物业服务；优质物业服务有利于获得业主的满意评价，赢得物业服务项目的持续管理权，从而保证企业的经济效益。因此，物业服务企业应以优质物业服务满足业主需要，实现业主实施物业管理服务委托代理的初衷和目的。

（五）居民自治与物业管理

1. 居民委员会

居民委员会是居民自我管理、自我教育、自我服务的基层群众性自治组织。居民委员会是根据《宪法》和《中华人民共和国城市居民委员会组织法》规定而建立起来的，是中国人民民主专政和城市基层政权的重要基础，也是党和政府联系人民群众的桥梁和纽带。城市居民通过这一制度直接行使宪法赋予的自治权和民主管理经济、文化和社会事务的权利。

2. 居民自治的功能

我国的城市社区居民自治的作用主要体现在它的自治组织功能上。概括来说，主要有以下几个方面：

（1）协助功能。社区居民自治组织，即社区居委会，是基层群众性的自治组织。居委会的协助功能主要体现在协助政府宣传宪法、法律、法规和国家的政策，维护居民的合法权益，教育居民履行依法应尽的义务，爱护公共财产，开展多种形式的社会主义精神文明建设活动；协助人民政府或者其派出机关做好与居民利益有关的公共卫生、贫困救助等工作。

（2）自治功能。我国城市社区居民自治是国家政权建设和制度设计的产物，一开始就是作为与国家政权体系有深刻内在联系的组织而存在的。但是，依据宪法和法律规定，居委会是自治性的组织，自治是该组织的本质属性，体现为自我管理、自我教育和自我服务，自治性是以居委会由居民选举产生、其工作由居民承担以及接受居民监督为前提的。

（3）协调功能。协调功能既是政治功能的一部分，同时也是自治功能的一部分。居委会的这方面功能对中国社会具有特殊的意义。长期的计划经济和政府主导型的发展模式，社会中具有自主地位的权威性组织发展有限，于是居委会就成为基层社会最重要的权威性组织，自然而然地承担起协调各种关系和矛盾的使命。居委会协调的主要关系有：居民与政府之间的关系、居民与单位之间的关系、居民之间的关系、家庭内部的关系。在物业管理纠纷调解中，居委会中的“人民调解委员会”起了十分重要的作用。

（4）治保功能。《中华人民共和国城市居民委员会组织法》明确规定在居委会下设治安保卫委员会，其任务是协助维护社会治安。早在1952年，由当时的政务院批准，公安部颁布了《治安保卫委员会暂行组织条例》，1980年又重新修订公布了这一条例。条例规定，治安保卫委员会是群众性的治安保卫组织，在基层政府和公安保卫机关的领导下进行工作。这个功能使居委会成为保障社区安全的重要的组织力量。

3. 物业管理中居民自治作用的发挥

（1）居民委员会的指导作用。居民自治在物业管理中起着举足轻重的作用。这种作用不仅表现在社区自治组织对业主委员会的筹建和换届的领导上，还表现在对住宅物业管理中重大事项的决策影响上。如选聘、解聘物业服务企业等。《物业管理条例》明确规定，在物业管理区域内，业主大会、业主委员会应当积极配合相关居民委员会依法履行自治管理职责，支持居民委员会开展工作，并接受其指导和监督。

（2）居民委员参与物业管理工作。根据上级政策规定，居民委员会应下设环境与物业管理委员，指导物业管理工作。目前有的社区成立有由社区居委会牵头，业主委员会、物业服务企业、社区民警等部门和人员参加组成的联席会议制度，针对涉及物业管理与社区管理的共同问题，及时进行沟通、协商，促进有关问题有效解决，形成社区和谐局面。

（3）居民委员会的调解作用。社区居委会的主要职责之一，就是做好物业服务企业与业主、业主委员会之间的协调工作，将矛盾化解在萌芽状态，维护了社区和谐稳定。目前一些城市普遍在居民委员会设立人民调解委员会，多由物业管理专员负责此项工作。

三、物业管理基本制度

（一）物业管理制度建设的必要性

物业管理制度建设，在物业管理发展进程中之所以发挥着极其重要的作用，是由于我国物业管理的产生和发展始终离不开政府主管部门的引导、推动与监督管理。在物业管理的行政监管中，政府的主要职能就是开展制度建设，通过制定相关法律、法规和政策来实施对物业管理市场的指导和监督。与私有产权制度和市场经济体制发育更为成熟的西方国家相比，我国物业管理发展道路的重要特征就是：以政府为主导的制度建设，在物业管理发展进程中发挥着不可或缺的作用。住房和城乡建设部法规司副司长陈伟在《物业管理的市场监管》一文中做了很深刻的阐述。[①]

物业管理制度建设的必要性主要体现在3个方面。

1. *以政府为主导的制度建设是弥补物业管理市场失灵的需要*

物业管理有别于传统房屋管理的本质特征是市场化，理想的物业管理市场应该是物业服务产品能够完全按照市场价格自愿地以货币形式进行等价交换。然而，在我国物业管理市场的实际运作过程中，不可避免地存在3个方面的缺陷：一是不完全竞争；二是不完全信息；三是外部性。这3个方面的原因造成了价格机制在物业管理市场中不能有效地弥补资源的市场失灵。为了补救物业管理市场失灵带来的不公平和低效率，需要政府通过必要的制度建设，进行适度的行政干预和管制，以限制建设单位、物业服务企业滥用市场力量，矫正物业管理交易双方信息的不完全，激励物业管理活动的正外部性，弱化物业管理活动的负外部性。

2. *以政府为主导的制度建设是维护社会公共利益的需要*

一方面，经过40年的实践和发展，物业管理对我国社会经济的重大推动作用日益显现，逐渐成为城乡社会管理和文明进步的重要生力军，物业管理的水平直接关系到城乡治理的水平；另一方面，普通商品房、保障性住房的物业管理服务是政府关注的民生问题，直接关系到广大人民群众的基本生活保障和社会的和谐稳定。这两方面都决定了政府不仅仅只是从市场经济的视角看待物业管理，而且应当站在社会公共利益、巩固政府、服务民生需要的高度理解物业管理，将物业管理纳入社会治理体系进行规范化运作发展，以最大限度地发挥其促进社会经济发展、维护社会稳定的功能。

3. *以政府为主导的物业管理制度建设是推进房屋管理制度转型的需要*

我国当前仍存在旧有的计划经济体制形成免费消费习惯和意识，与现代市场经济体制格格不入，应宣传教育居民业主从无偿福利制的房屋管理观念转变为有偿市场化的物业管理理念。这需要借助政府的行政力量，才能有效地推动房屋管理向物业管理转变。形成有别于西方自由市场经济的中国特色社会主义物业服务市场经济制度和运营模式，推进我国物业管理市场化、专业化、现代化、智慧化进程。

（二）物业管理基本制度

《物业管理条例》的颁布实施，在我国确立了物业管理基本制度，在维护物业管理当事人的合法权益方面具有重要作用。随着社会经济发展，特别是党的十八大召开以后，中共中央提出全面深化改革的目标，宏观管理体制也在不断优化，相应地对物业管理体制改革也产生了重大影响，物业管理体制也更加完善。目前已经形成8项物业管理的基本制度。

---

① 陈伟．物业管理的市场监管［J］．中国物业管理，2011（2）：30－33.

1. 业主大会制度

各地在物业管理实践中，大多采用业主委员会制度，即由业主召开会议，选举产生业主委员会，代表全体业主行使有关物业管理的权利。《物业管理条例》确立了业主大会和业主委员会并存，业主大会决策、业主委员会执行的制度。规定物业管理区域内全体业主组成业主大会，业主大会代表和维护物业管理区域内全体业主的合法权益。同时，明确了业主大会的成立方式、职责、会议形式、表决原则以及议事规则的主要事项，规定了业主委员会的产生方式、委员条件、职责、备案等。业主委员会作为业主大会的执行机构，可以在业主大会的授权范围内就某些物业管理事项做出决定，但重大的物业管理事项的决定只能由业主大会做出。这一制度有利于维护大多数业主的合法权益，保障物业管理活动的顺利进行。同时，《物业管理条例》规定业主大会和业主委员会应当依法履行职责，不得做出与物业管理无关的决定，不得从事与物业管理无关的活动。2007 年 10 月 1 日实施的《物权法》，对建筑区分所有权及实现做了原则规定，并对业主权利义务，业主大会和业主委员会的产生、共同决定事项及权责做了相应的规范。2009 年 12 月 1 日住建部印发了《业主大会和业主委员指导规则》，进一步规范了业主组织的成立与运作，维护了业主的合法权益。从实践效果来看，业主委员会制度对物业管理行业的发展起到了一定的促进作用。但是由于业主大会制度本土化不足，成立难，运作难，仍在困扰之中。许多地方立法将社区其他组织纳入社区治理之中，成立吸收其他行政、物业公司、居民委员等组织的物业管理委员会，并利用党组织的教育、组织、引领作用，推动业主组织健康成立与正常运作，并取得了实效，不失为破局良方。

2. 管理规约制度

物业管理往往涉及多个业主，业主之间既有个体利益，也有共同利益。在单个业主的个体利益与业主之间的共同利益发生冲突时，个体利益应当服从整体利益，单个业主应当遵守物业管理区域内涉及公共秩序和公共利益的有关规定。鉴于业主之间在物业管理过程中发生的关系属于民事关系，不宜采取行政手段进行管理，《物业管理条例》明确规定物业管理区域成立业主大会必须制定和修改“管理规约”，业主大会和业主委员会必须监督管理规约的实施。管理规约应当对有关物业的使用、维护、管理，业主的共同利益，业主应当履行的义务，违反管理规约应当承担的责任等事项依法做出约定。管理规约应当尊重社会公德，不得违反法律、法规或者损害社会公共利益。管理规约对全体业主具有约束力。《物权法》也明确业主共同决定事项之一是制定和修改“管理规约”，业主不得违反管理规约。管理规约是多个业主之间形成的共同意志，是业主共同订立并遵守的行为准则。实行管理规约制度，有利于提高业主的自律意识，预防和减少物业管理纠纷。

3. 物业管理招投标制度

物业管理是市场经济的产物，竞争是市场经济的基本特征。为了扭转房地产开发企业自建自管、建管不分而引发的物业管理纠纷增多的被动局面，保障业主自主选择物业服务企业的权利，同时也为物业服务企业参与平等竞争创造机会，《物业管理条例》突出了推行招投标对于促进物业管理健康发展的重要作用，提倡业主通过公平、公开、公正的市场竞争机制选择物业服务企业。为了规范前期物业管理招投标活动，保护招投标当事人的合法权益，促进物业管理市场的公平竞争，2003 年建设部在《物业管理条例》实施的同时发布实施《前期物业管理招标投标管理暂行办法》，对前期物业管理招投标和开标、评标、中标环节做了明确的规范。目的是通过市场化招投标方式交易物业管理项目管理权，确保业主选聘物业服务企业的权益不受侵害，避免物业管理活动受房地产开发建设单位的影响，体现房地产开发与物业管理相分离的原则，完善、规范物业管理市场。另外，物业管理诚信经营日益深得人心，对有不良行为记录的企业，开始有了惩戒措施，或记入黑名单，在招标中加以限制或禁止投标，不断优化物业招投标市场行为。

4. 物业承接查验制度

物业承接验收是物业管理的基础工作。在物业管理过程中，老百姓反映强烈的质量缺陷、配套设施不完善等热点问题，多数是在开发建设阶段遗留下来的。由于建管不分，依附于房地产开发企业的物业服务企业往往无法进行严格的物业承接查验。还有一些物业服务企业一味偏重市场份额的扩大，在物业承接查验时敷衍了事。对业主的投诉，房地产开发企业和物业服务企业相互推诿。为了明确开发建设单位、业主、物业服务企业的责、权、利，减少物业管理矛盾和纠纷，并促使开发建设单位提高建设质量，加强物业建设与管理的衔接，《物业管理条例》规定物业服务企业承接物业时，应当对物业共用部位、共用设施设备进行查验，应当与建设单位或业主委员会办理物业承接查验手续，同时规定建设单位、业主委员会应当向物业服务企业移交有关资料。为了规范物业承接查验行为，加强前期物业管理活动的指导和监督，维护业主的合法权益，住房和城乡建设部于 2011 年 1 月 1 日实施了《物业承接查验办法》，规定承接新建物业前，物业服务企业和建设单位按照国家有关规定和前期物业服务合同的约定，共同对物业共用部位、共用设施设备进行检查和验收的活动。物业承接查验应当遵循诚实信用、客观公正、权责分明以及保护业主共有财产的原则。该《办法》对承接查验相关主体的责任，承接查验的条件、内容、程序、移交资料及管理、过程监督、行政管理等重要事项做了详细规定，维护了相关主体的权益，特别是业主的合法权益。

5. 物业服务主体信用管理制度

物业管理的根本属性是公共管理，物业服务产品具有公共产品性质。一方面，物业服务企业必须诚信经营，提供合格的物业服务产品，维护业主权益和物业管理区域公益；另一方面，业主也必须讲诚信，按时缴纳物业管理费，遵守业主制定的管理规约，不能损害业主集体权益和物业管理区域公益。基于以上认识，物业服务企业必须具备一定的物质技术条件和人才，有先进的经营管理模式，才能确保物业管理的公共目标和物业服务质量目标的实现。为保证物业服务质量，《物业管理条例》明确规定对从事物业管理活动的企业实行资质管理制度。但由于社会经济发展，特别是市场经济的发展，政府机构改革不断深化，人员编制和经费也在压缩，只通过行政监管的手段很难达到目标。2017 年国务院全面取消了住建部对物业服务企业资质的核定。住建部办公厅于 2017 年 12 月 15 日印发的《关于做好取消物业服务企业资质核定相关工作的通知》（建办房〔2017〕75 号），提出："加快推进物业服务行业信用体系建设，建立信用信息共享平台，定期向社会公布物业服务企业信用情况，建立守信联合激励和失信联合惩戒机制，构建以信用为核心的物业服务市场监管体制。"与此同时，全国各级都在探索建立物业服务企业及经理人信用管理制度，一些省市还制定了物业服务信用管理办法、条例之类的实施性政策法规。除此之外，物业管理其他主体，如业主、物业经理人等在物业管理活动中存在不良行为，也将纳入信用管理体系。国务院于 2014 年发布《社会信用体系建设规划纲要（2014—2020 年）》，明确了“到 2020 年，社会信用基础性法律法规和标准体系基本建立，以信用信息资源共享为基础的覆盖全社会的征信系统基本建成”的目标。社会成员包括业主、物业经理人员的不良行为也将纳入信用记录，进行惩戒。

6. 物业管理行业自律制度

物业管理行业的管理应当适应市场经济发展需要，就是改变行业协会对政府的依赖，不能做“二政府”，物业管理协会应成为会员之家，不以营利为目的，代表物业管理行业的共同利益，并为其服务。但同时也应按照政府的产业政策和行政意图协助主管部门推动行业的管理和发展，根据政府主管部门的委托可以行使某些行业管理的职权。可以把物业管理协会看作物业服务企业与政府相关部门之间的纽带和桥梁，是政府主管部门的“助手”和“参谋”。2017 年 1 月 12 日发布的《国务院决定第三批取消中央指定地方实施的行政许可事项目录》（39 项）中，第 12 项就是取消二级以下物业服务企业资质的认定，并提出体制改革要求，要研究制定物业服务标准规范、通过建立黑名单制度、信息公开制度和推动行业自律管理等方式，加强事前事中事后监督。广东省政府申请先行试点，发布了《广东省人民政府转发〈国务院关于同意广东省“十二五”时期深化行政审批制度改革先行先试的批复〉的通知》（粤府函〔2012〕335 号）、《广东省人民政府关于公布省直部门权责清单（第一批）的决定》（粤府〔2014〕72 号）、《关于落实物业服务企业资质管理改革、加强行业自律的通知》（粤建房函〔2015〕1359 号），要求广东省物业管理协会组织开展物业服务企业资质管理改革，加强行业自律管理制度建设，以适应改革发展的需要。广东省还率先探索建立物业管理行业自律制度，于 2017 年底发布了《广东省物业管理行业自律管理暂行办法》《广东省物业管理行业自律管理惩戒实施暂行办法》《广东省物业服务企业失信名录管理暂行办法》，并发布了广东省物业管理行业诚信服务公约：“诚信为本，客户至上；遵纪守法，秩序优良；规范管理，周到服务；公平公正，质价相符；信守合同，有诺必践；良性竞争，共同成长；笃行操守，敬业尽职；倡导文明，共创和谐。”物业管理行业自律制度的建立，适应了国家深化体制改革的需要，加强了行业和社会的监督，促进了企业诚信服务和物业管理信用制度的建立。

7. 物业管理从业人员继续职业教育制度

物业管理活动的特殊性、经营管理的专业性以及涉及学科多、管理复杂等特点，决定了应对物业管理从业人员需要良好的专业素质和专业技能。不少发达国家以及香港、台湾地区等都通过对物业管理专业人员进行职业资格的认证以及继续教育制度，来实现对物业管理行业的规范和管理。现阶段，我国已建立的物业管理专业人员队伍、高等院校及科研机构提供的教育支撑和人才储备以及日臻完善的法规体系等，为建立物业管理专业人员继续教育制度创造了有利条件。但是，如果仅通过普通专业教育是远远不够的，应当以终身学习的理念为指导，打通普通学历教育、继续教育和非学历教育的通道，并通过建立学分银行制度，形成继续教育的立交桥，从而保证物业管理行业从业人员的专业素质和能力不断提升。《物业管理条例》明确规定“从事物业管理的人员应当按照国家有关规定，取得职业资格证书”。早期我国物业管理行业组织普遍建立了针对物业管理从业人员不同岗位的职业资格培训及证书制度，劳动部门也建立了相应的物业管理师职业技能证书制度。《物业管理条例》实施后，人事部和建设部于2005年12月1日起实施了《物业管理师制度暂行规定》和《物业管理师资格考试实施办法》，对于规范物业管理行为、提高物业管理专业管理人员素质、维护房屋所有权人及使用人的利益起到了良好的作用。2016年6月8日，国务院发布《国务院决定取消的职业资格许可和认定事项目录》（国发〔2016〕35号），取消了物业管理师考试职业资格许可和认定。同时要依法依规加强对职业资格设置和实施的监管，逐步构建国家职业资格框架体系，推动职业资格科学设置、规范运行、依法监管。为适应这一需要，中国物业管理协会获准于2017年10月成立国家开放大学学分银行学习成果认证中心（物业），建立学分成果认证制度，同时，利用国家开放大学覆盖全国办学体系、数字化学习、不脱产、不离岗、全网络教育优势，合作建立现代物业服务与不动产学院，开设物业管理本科专业与国家开放大学现有的物业管理专科专业，构成了物业管理专业学历继续教育体系。另外，2019年1月24日国务院正式印发《国家职业教育改革实施方案》，方案提出，在职业院校、应用型本科高校启动“学历证书＋职业技能等级证书”（即“1＋X”证书）制度试点，鼓励学生在获得学历证书的同时，积极取得多类职业技能等级证书。该方案强调社会多元办学的格局和企业社会参与的办学模式。2019年9月中国物业管理协会人力资源发展委员会向中国就业培训技术指导中心、人力资源和社会保障部职业技能鉴定中心申请启动了物业经营管理人员、物业管理员、停车管理员、房屋安全鉴定工程技术人员、保洁员5个工种的职业技能标准开发，推动教育部“1＋X”职业证书制度在物业管理行业落地。2019年11月12日中国物业管理协会人力资源委员会举行了中国物协首届物业管理“名师名课”评审预备会、物业管理项目经理岗位技能培训方案评审会，完成了物业管理人才培养体系，推动物业管理行业构建以毕业证书为专业素质基础、以职业技能证书为职业技能资格条件，普通教育与终身教育相衔接，以学分银行学习成果论证中心为物业管理学历教育与非学历教育的沟通立交桥的继续职业教育体系与继续职业教育制度。

8. 住宅专项维修资金制度

随着我国城镇住房制度改革的不断深化，居民个人拥有住房产权的比例越来越高，旧住房体制下由国家或单位单一承担住房维修的状况发生了根本性改变。为了解决在住房产权结构多元化情形下，住房共用部位、共用设施设备发生大修、中修及更新、改造时，如何在多个业主之间及时筹集所需费用的问题，《物业管理条例》规定：住宅物业、住宅小区内的非住宅物业或者与单幢住宅楼结构相连的非住宅物业的业主，应当按照国家有关规定交纳专项维修资金。同时规定：专项维修资金属业主所有，专项用于物业保修期满后物业共用部位、共用设施设备的维修和更新、改造，不得挪作他用。为加强对住宅专项维修资金的管理，保障住宅共用部位、共用设施设备的维修和正常使用，维护住宅专项维修资金所有者的合法权益，建设部和财政部根据《物权法》《物业管理条例》等法律、法规，于2007年12月制定了《住宅专项维修资金管理办法》并于2008年2月1日起施行。该《办法》对住宅专项维修资金的交存、使用、监督管理和法律责任等做了详细规定，明示“住宅专项维修资金，是指专项用于住宅共用部位、共用设施设备保修期满后的维修和更新、改造的资金。”住宅专项维修资金管理实行专户存储、专款专用、所有权人决策、政

微课52

府监督的原则。目前由于业主组织成立难、运作难，住宅维修资金的筹集、管理和使用制度又普遍存在操作性问题，此项制度仍需要不断完善。

第二节　物业服务企业创新发展

一、企业组织模式

（一）企业组织模式的含义及设计原则

1. 企业组织模式的含义

企业组织模式是企业内各有机组成部分的排列顺序、空间位置、聚散状态、联系方式以及各要素之间的一种结构及状态。它会随着生产力的发展和社会进步而不断变化。

2. 企业组织模式设计的原则

任何组织在进行机构和结构的设计时，都需遵守一些共同的原则。这些原则包括：因事设职的原则；权责对等的原则；统一指挥原则；分工与协作原则；经济原则。以上一般企业组织机构设计的原则，同样适合于物业服务企业的机构设置。

物业服务企业的规模、管理对象、管理内容不同，企业的机构设置就会不一样。总的来说，要根据企业自身的物业经营管理的规模、复杂程度和专业化水平、管理水平，本着利于统一领导、分级管理、精干高效的总原则，按需设置机构。

（二）企业组织结构类型

一般来讲，物业服务企业的组织形式的具体设置，要根据管理物业的规模、物业服务企业的规模、服务管理的目标等因素决定。常见的模式如下。

1. 职能式结构

职能式结构也称一元结构或 U 型组织模式，是以英国古典经济学家史密斯的分工理论作为组织结构设计的核心原理，并形成一种最高领导具有绝对统治地位的企业组织形式。这类组织结构特别强调组织内部分工与层阶。从纵向看，组织被划分成若干层次，形成等级分明的金字塔结构，处在塔尖的高层领导通过一个“等级链”控制着整个组织；从横向看，组织被分解为若干个并列的部门，每个部门都负责一项专门工作，各司其职、各自向上一级负责。企业必须要设立许多形形色色的职能部门，辅助最高领导主持日常管理工作。许多企业初创期都采用这种模式。

2. 事业部结构

事业部结构，也称多分支单位结构或 M 型组织模式，是根据不同产业、产品、市场、服务对象或区域，把企业划分为若干事业群，每一个事业群建立自己的经营管理机构与队伍，独立核算，自负盈亏。这种组织架构是目前大部分企业集团尤其是跨国公司采取的组织机构形态。其组织架构是业务导向型的，从权力结构上讲是分权制，基本单位是半自主的利润中心，每个利润中心内部通常又按职能式组织结构设计。在利润中心之上的总部负责整个公司的重大投资以及对利润中心的监督。因此总部的职能相对萎缩，一般情况下总部仅设人事、财务、总裁办等几个事关全局的职能部门。

3. 矩阵式结构

矩阵式结构也称规划—目标结构。当一些组织需要同时利用职能式和事业部式这两种结构的优点时，矩阵式结构就应运而生。该组织结构既能充分利用职能部门内的专业技术知识，又能促进职能部门之间的横向协作。一个采取矩阵式组织结构的企业能在职能部门、产品与地理位置之间进行很好的协调；能使企业迅速地对外界环境的变化做出反应，满足市场的多样化需求。矩阵式结构的一个基本问题是如何定义责权关系。由于这种组织形式实行纵向、横向的双重领导，会产生因意见分歧而造成的扯皮现象，从而影响企业的效率。

4. 多维制和超级事业部制结构

多维制结构，又称立体组织结构，是在矩阵制结构的基础上建立起来的。在矩阵制结构（即二维平面）基础上构建产品利润中心、地区利润中心和专业成本中心这一三维立体结构。若再加时间维可构成四维立体结构。虽然他的细分结构比较复杂，但每个结构层面仍然是二维制结构，而且多维制结构未改变矩阵制结构的基本特征，多重领导和各部门配合，只是增加了组织系统的多重性。因而，其基础结构形式仍然是矩阵制，或者说它只是矩阵式结构的扩展形式。超级事业部制是在 M 型结构基础上建立的。目的是对多个事业部进行相对集中管理，即分成几个“大组”，便于协调和控制。但它的出现并未改变 M 型结构的基本形态。

5. 母子法人实体集合结构

母子法人实体集合结构也称 H 型组织结构，是一种多个法人实体集合的母子体制，母子之间主要靠产权纽带来连接。H 型组织结构较多地出现在由横向合并而形成的企业之中，这种结构使合并后的各子公司保持了较大的独立性。子公司可分布在完全不同的行业，而总公司则通过各种委员会和职能部门来协调和控制子公司的目标和行为。这种结构的公司往往独立性过强，缺乏必要的战略联系和协调，因此，公司整体资源战略运用存在一定难度。

微课 53

6. 模拟分权制结构

模拟分权制是一种介于直线职能制和事业部制之间的结构形式，其优点除了便于调动各生产单位的积极性外，就是可解决企业规模过大不易管理的问题。

二、物业服务企业组织变革

（一）物业服务企业及其组织结构

1. 物业服务企业的概念

在我国，物业服务企业是与专业物业管理同时产生的。物业服务企业是物业管理服务产品的供给者，是专门从事建筑物及其附属设备设施、相关场地及物业区域环境卫生、秩序管理的，为业主和非业主使用人提供全方位、多层次的有偿服务的法人经济实体。

2. 物业服务企业的组织结构模式

物业服务企业内部常设机构一般而论，同城物业服务企业规模较大且管理的物业项目较多时，企业的总体结构可分为企业总部和各项目管理机构（如管理处、服务中心或服务处等）两级。在企业总部可以设置若干职能部门，分管各项目管理机构的不同业务；项目管理机构负责具体管理服务事项。也有一些物业公司在同城（或管辖的一定片区）成立专业公司和项目管理机构；如果是跨地区物业服务，如企业集团公司，则往往由集团总公司（或管辖的一定片区）、地区子公司（或专业公司）和项目管理机构组成。

但无论采用什么样的企业内部组织形式，子公司或专业公司和项目管理机构均是具体负责物业服务业务的实体；而集团总公司则主要是负责资本运营、战略规划与管理、人力资源管理、企业制度与文化控制等宏观管理。

3. 物业服务企业内部职能机构及职责

一般情况下，具体实施物业服务业务的企业的职能机构及其职责主要包括以下内容。

（1）总经理室。一般设总经理和若干副总经理及“三师”（总会计师、总经济师、总工程师），部分企业还设有总经理助理。他们共同构成企业的决策层。

（2）人力资源部。主要职责包括：制定企业各项人力资源管理制度；编制人力资源发展和培训计划；优化人力资源结构与配置；实施薪酬管理方案；完成人员招募、任免、调配、考核、奖励、培训、解聘、辞退等工作。

（3）行政管理部。主要职责包括：编制实施行政管理、企业文化建设、品牌管理、信息化建设的规划与预算；建立相关规章制度与管理标准；完成企业日常行政管理、品牌策划、后勤保障、内部信息管理、信息化建设、对外事务的公关联络等工作。

（4）财务部。主要职责包括：坚持原则，遵守财务纪律，执行财务规章制度；编制财务计划；做好财务核算；完成成本控制、预算和决算管理；进行财务分析；督促检查各项目的财务收支情况；监督资金和资产的安全运作；增收节支；定期向总经理室汇报财务收支情况。

（5）品质管理部。主要职责包括：企业质量管理体系认证、运行和维护；各物业项目服务品质监督；客户满意度评价及监督；管理评审；协助新物业项目建立质量管理系统；外部质量审核的协调；内部服务品质审核的组织协调；客户服务监督管理、客户关系管理、客户投诉管理、客户满意度评价等。

（6）市场拓展部。主要职责包括：物业管理市场调查研究与物业管理市场拓展；物业项目可行性研究分析、制作标书与投标管理；新接物业项目前期介入管理的组织和协调；顾问项目管理与协调。

（7）客户服务部。主要职责包括：接收业主服务需求信息、反馈信息，受理业主维修申请，协调解决业主投诉，物业管理服务费用及其他代收代缴费用的收缴，客户关系维护，物业管理区域文化活动开展等。

（8）工程管理部。主要职责包括：工程维修和运行保障；合格工程维修分包商评审；各项维修保养工程和工程改造项目招投标、预算审价及合同评审；为各物业项目提供工程技术支持、工程设备运行和维修评审；支持新项目；新接管物业的移交、验收和工程管理；负责或参与有关工程设备管理文件的编制、外包项目的合同管理等。

（9）秩序维护部。主要职责包括：各物业项目安全管理监督控制、安全管理指导的统筹安排、安全检查的统筹安排、安全管理评审；新项目安全管理支持和协助；负责或参与有关标书安全管理文件的编制；具体负责企业安全管理制度及工作计划的制定与实施，并监督、指导、协调和考核各项目的执行情况；完成安全巡查、安全投诉处理、定期消防安全检查；协助物业项目重大安全事故或突发事件的调查和处理。

（10）环境管理部。主要职责包括：负责清洁与绿化管理服务；保持环境卫生；实施企业对清洁和绿化分包方的监管等；具体负责指导、监督各物业项目清洁绿化日常维护保养工作；负责对承包方的监督检查与考核；负责制定公共环境卫生防护的各类管理措施，组织编制并实施项目清洁绿化的大、中型维护保养计划和外包项目的合同管理等。

（11）资产经营部。主要职责包括：负责资产经营规划编制，资产经营任务的分解、组织落实与过程监控；资产投资业务拓展，开发符合公司要求的资产项目，其中包括社区公共资源和业主客户资源的开发，租赁经营和业主资产中介服务；负责资产投资项目的市场机会分析、项目调研、可行性分析，尽职调查及投资与风险管理分析；负责渠道建设及合作伙伴关系管理，拓展并维护公司与金融机构的关系；资本运作相关工作等。

（二）物业服务企业组织变革的途径

物业服务企业主要通过借鉴现代管理新理念、新方法对物业服务企业组织进行变革。

1. 创新学习型组织

美国麻省理工学院斯隆管理学院的彼得·圣吉教授于1990年在其著作《第五项修炼》中提出了学习型组织的五项修炼：系统思考、超越自我、改善心智模式、建立共同愿景、团队学习。这“五项修炼”对正处于社会转型时期的我国企业组织和需要变革提升个体能力的企业员工都具有很强的吸引力。该著作提出：“21世纪企业间的竞争，实质上是企业学习能力的竞争，而竞争的唯一优势是来自比竞争对手更快的学习能力”。拥有这种能力的组织具有其他组织无法比拟的优势，能使组织结构更简洁，人力配置更经济，效率更高，有更好的环境适应能力。因此，创建学习型组织已成为当代企业发展的一项重要的变革力量。面对物业服务企业日益激烈的市场竞争态势，所有的物业服务企业都需要重新系统审视市场环境，找到新愿景，调整发展战略，全员学习新知识，改变心智模式和行为模式，变革组织结构模式，领导与员工一起确定目标，发挥自我管理的积极性、主动性和创造性，共同应对市场变化。建立学习型组织将为物业服务企业的组织结构与关系模式带来革命性的变化。

2. 创设虚拟组织

随着网络经济的发展，传统的管理模式和管理规则已经不能适应社会经济运行方式的根本变化，因此，必须重新认识管理所面临的经济环境，研究网络经济形态下管理所面临的机遇和挑战，并对网络经济环境下的管理加以创新。虚拟管理正是基于这种现状而产生的，它是在原有的传统管理方法中引进信息流，以发达的信息网络为基础的一种新的管理理念。物业服务企业引入虚拟管理，就是要创设适应物业服务需要的虚拟组织，如虚拟专业团队。其动因有三：一是成本方面的考虑。通过虚拟管理，利用企业外部的特定领域的专家，降低人工成本。这也是大多数组织进行虚拟管理的主要原因。二是降低企业的运营风险。通过虚拟管理建立利益共生体，利用专营厂商分担企业运营中的系统风险和特殊风险。三是建立和提升企业的核心能力。在激烈的市场竞争中，组织在不断寻求自身在特定环节上的竞争优势，所以往往将企业的非核心因素排斥在企业组织以外。因为企业不可能也没有能力关注企业价值链的任何环节，而只能集中力量于企业的战略核心环节和高附加值活动。

3. 组织设计与管理的柔性化

伴随着建设和谐社会这一宗旨的提出，以人为本、人性化管理越来越被企业所重视。企业家们正在寻求一种新的管理模式以适应现代企业的发展，柔性管理逐渐被企业界所接受，也必将成为一种趋势。柔性管理以“人性化”为标志，强调跳跃和变化、速度和反应、灵敏与弹性，它注重平等和尊重、创造和直觉、主动和企业精神、远见和价值控制，它依据信息共享、虚拟整合、竞争性合作、差异性互补、虚拟团队等，实现知识由隐到显的转化，创造竞争优势。由于物业服务主要是以人的劳动创造价值，人的因素非常重要，因此，将柔性管理引入物业服务企业组织变革中，会使物业服务企业的岗位设计、管理、绩效考核等领域更富人性化，不但可激发员工的工作热情，而且会使员工的主动性和创造性得到发挥，使每一个岗位都发挥应有的作用，从而提高劳动生产率。

4. 组织结构扁平化

随着现代信息技术的迅速发展，特别是5G时代的到来，组织结构更加扁平化，减少中间环节，不但降低了运营成本，而且可以避开多层次、职能性、金字塔的传统等级体制束缚，使企业组织可做出快速反应和迅速决策，提高效率。所谓组织扁平化，就是通过减少管理层次，压缩职能机构，裁减人员，使组织的决策层和操作层之间的中间管理层级越少越好，以便尽最大可能将决策权延至最远的底层从而提高企业的效率，而建立起来的一种紧凑而富有弹性的新型团体组织。它具有敏捷、灵活、快速、高效的优点。扁平化的组织结构是一种静态架构下的动态组织结构，其最大的特点就是等级型组织与机动的计划小组并存，具有不同知识的人分散在结构复杂的企业组织形式中，通过凝缩时间与空间，加速知识的全方位运转，以提高组织的绩效。一些大型物业服务企业普遍采取扁平化组织结构，信息传递更加顺畅，效率更高。

微课54

三、物业服务企业创新发展

（一）物业服务企业创新发展的环境

目前，我国经济正在向形态更高级、分工更复杂、结构更合理的阶段演化。经济发展进入新常态，增长速度从高速增长转为中高速增长；经济结构不断优化升级，第三产业消费需求逐步成为主体；增长动力从要素驱动、投资驱动转向创新驱动。坚持以提高经济发展质量和效益为中心，把“转方式、调结构”放到更加重要的位置，促进经济持续健康发展和社会和谐稳定，是新时期经济工作的总基调。经济发展仍处于重要的战略机遇期，发展高附加值的现代服务业成为经济发展新的增长点。作为现代服务业的组成部分，物业管理行业在经济新常态下呈现出新的发展趋势，得到各方面关注。因此，我国物业管理行业无论是政策环境，还是市场环境，都发生了深刻变化。

1. 政策环境

2014年12月，国家发展和改革委员会印发《关于放开部分服务价格意见的通知》，要求放开非保障性住房物业服务和住宅小区停车服务价格，表明行业在全面深化改革的道路上更进一步，对行业逐步建立并完善市场引导机制、运作机制和监督机制具有重要意义。2015 年，李克强总理在政府工作报告中指出，要深化服务业改革开放，促进服务业快速发展，促进服务业和战略性新兴产业比重提高、水平提升，优化经济发展空间格局，加快培育新的增长点和增长极，实现在发展中升级、在升级中发展。国务院《关于积极推进“互联网+”行动的指导意见》提出，充分发挥“互联网+”对稳增长、促改革、调结构、惠民生、防风险的重要作用；推动跨区域、跨领域的技术成果转移和协同创新；发展便民服务新业态，发展社区经济，在餐饮、娱乐、家政等领域培育线上线下结合的社区服务新模式。上述政策所产生的叠加效应，为物业管理实行“互联网+”提供了有力的政策依据和发展空间。物业管理行业开始了“互联网+”时代的创新旅程。

2. 市场环境

（1）行业发展前景广阔。一方面，我国房地产市场持续发展，国家新型城镇化规划推进实施，为新型城市群建设注入活力。近年来我国处于高速建设期，据统计，每年竣工的房屋面积连续 5 年保持在 12 亿 m^2 左右，其中 2014—2016 年更是高达 15.7 亿 m^2；近年来，各地政府大力推行物业管理全覆盖，大量住宅区（特别是老旧住宅区）逐步引入物业管理。增量房、存量房以及老旧住宅区为物业管理行业提供了巨大的市场空间。另一方面，国家推进物业管理规范化、不良行为记录等制度，物业服务企业诚信经营，业主物业服务观念越来越成熟，对物业服务尤其是优质物业服务的购买意愿显著增强，部分物业服务企业基于用户多元化、个性化需求产生的非主营业务收入已超过物业服务主营业务收入。国家统计局发布的《2018 年国民经济和社会发展统计公报》显示，2018 年我国全员劳动生产率为 107 327 元/人，比上年提高 6.6%。2018 年中国 GDP 总量突破 90 万亿元；2018 年，全国居民人均可支配收入 28 228 元，比上年名义增长 8.7%，扣除价格因素，实际增长 6.5%。居民购买力持续增强。

（2）“互联网+物业”成为发挥资本、互联网、物业管理各自优势，整合线上线下资源的产业融合新业态。互联网特别是移动互联网的出现，促成了“网上支付消费”和“社区 O2O 消费”两个巨大的服务消费市场。物业服务企业处在社会和社区的节点上，贴近社区的资源和用户，与社区基层组织、周边商业圈关联度高，在最后一公里乃至最后一百米内，成为社区资源的隐形掌握者。

（3）资本市场改革和完善持续推进，尤其是“新三板”（中小企业股份转让系统）的扩容、地方股权交易中心的建立，促进物业管理行业形成了快速发展的新格局。截至 2019 年年底，有 20 家物业服务企业先后在港交所和上交所成功上市。物业服务企业通过融资，在行业内开展收购、兼并、重组，有力助推了企业规模的扩张和资源的整合。投资型企业与物业服务企业的业务融合，在社区金融领域展开合作，满足住户金融需求，实现了企业业务种类和盈利点的增加。资本已经成为促进行业提速换挡、创新发展的重要驱动力。

3. 我国物业服务企业发展现状

近几年，物业服务企业积极应对管理成本攀升，从业队伍人才匮乏，经营理念滞后，管理方式粗放，地域发展不平衡，市场机制不完善等行业发展过程中存在的阶段性问题，行业整体得到快速发展。

(1) 基础服务。基础物业服务是物业服务企业生存的核心要素，行业处于任何发展阶段都不能忽视。在全行业的共同努力下，基础服务水平有较大提升。一是服务理念端正，行业普遍认识到基础服务的重要性。二是服务技能提升，企业越来越意识到行业设施设备管理的核心价值，注重技术能力的培训提升和先进设备体系的引入。三是服务品质提高，关注物业服务用户体验，增强与用户的交流互动，精细管理的同时简化服务流程，得到了社会的高度评价。

(2) 管理规模。根据《2019 物业服务企业发展指数测评报告》，截至 2018 年年底，全国物业管理行业管理面积 279.3 亿 m^2，在管规模持续扩大。另据新思界产业研究中心出具的《2017 年物业管理行业深度市场调研及投资策略分析研究报告》显示，2016 年经济较发达的东部地区在物业管理规模方面依然走在全国前列，约占全国管理面积的 42.8%；中部物业管理规模快速增长，约占全国的 23.8%。总体而言，中西部与东部的地区差异已经开始缩小。其中，中部崛起、西部开发等因素对地区物业管理行业的区域差异缩小起到了积极作用。

(3) 企业数量。根据《2019 物业服务企业发展指数测评报告》，截至 2018 年年底，全国物业服务企业数量 12.7 万家。其中 500 强企业的区域分布，华东区域 188 家，占比 37.6%，分布数量最多；华南区域，企业数量 100 家，占比 20.0%；华北区域，企业数量 77 家，占比 15.4%；华中和西南区域 500 强企业分别为 57 家和 47 家，分别占比 11.4% 和 9.4%。此外，东北区域和西北区域 500 强企业分别为 16 家和 15 家，分别占比 3.2% 和 3.0%。

(4) 经营收入。一方面，物业在管面积持续增加，主营业务收入稳步增长；另一方面，物业服务企业在互联时代拓展多元营收渠道，行业经营总收入实现了较大程度的上涨。根据《2019 物业服务企业发展指数测评报告》，截至 2018 年年底，全国物业管理行业经营收入 7 043.63 亿元，经营收入持续增长。另据中国指数研究院、中国房地产 TOP10 研究组联合发布的《2018 年中国物业服务百强企业研究报告》显示，从基础业务外包项目数量占比来看，2017 年百强企业外包项目中，清洁服务外包项目数量占总项目数量的 60.25%，绿化业务外包项目数量占比为 43.14%，同比增加 1.14 个百分点，设备维护养护和秩序维护业务外包项目数量占比分别为 36.84%和 24.68%，较 2016 年分别增长 1.84 和 0.68 个百分点。

(5) 从业人员。据《2019 物业服务企业发展指数测评报告》，2018 年，全国物业管理从业人员约 983.7 万人，比 2017 年增加 8.7%，新增 79.0 万人。其中，广东省、上海市、江苏省和山东省从业人员位居前四，均超过 50 万人，分别为 111.3 万、89.0 万、78.0 万和 64.4 万。湖南省、四川省、北京市、浙江省、河南省、重庆市、河北省、黑龙江省、云南省、安徽省从业人员均超过 30 万人。

(6) 商业模式。物业服务企业一直积极创新商业模式，并成功取得新进展。最具代表性的是，彩生活以 3.3 亿元收购深圳开元国际 100%股权，此次并购增强了彩生活在中高端社区物业管理方面的实力，彩生活社区 O2O 增至 30 多万户家庭、100 多万用户，涉及超过 130 个物业管理项目。万科物业向行业输出“睿服务解决方案”，先后与金隅集团、北京首创置业等企业签约合作，全面进入市场化发展轨道。截至 2015 年 6 月底，长城一应云联盟伙伴已达到75家企业，覆盖全国1 500多个物业管理项目，服务面积超过33亿m^2，一应云平台聚合了约320万户家庭，超过1 000万人口。通过并购、联盟，扩大管理规模，增加服务客户数量，可以发挥集约和规模效应，增加经营性收入，推动行业快速发展。

（二）我国物业服务企业创新发展的主要领域

1. 业务内容创新

（1）城市街区、乡镇社区公共管理服务。如2016年2月6日，《中共中央国务院关于进一步加强城市规划建设管理工作的若干意见》提出优化街区路网结构，推进街区制改革，开展风格化管理。党的十九大提出“乡村振兴”战略，打造共建共治共享的社会治理格局。这些都为物业服务企业提供了巨大的业务创新发展空间。广州、深圳等城市的区、街（乡镇）将城市街区或乡镇社区的公共管理服务或环境卫生服务等专项服务业务以政府购买服务方式外包给物业服务企业进行管理。还有一些城市老旧住宅区、城中村、工矿企业的家属院的管理服务以“政府补贴一部分，居民交一部分，物业公司优惠一部分”的方式由物业公司提供管理服务。保利物业成为全国首个提供乡镇公共治理的物业管理企业，开启了物业助力“乡村振兴”战略，开创“政府＋企业”公共服务管理新时代。

（2）社区共享服务。物业服务企业要充分利用政府推进的“互联网＋社区”服务政策，通过社区管理智能化、社区网络电商化构建社区共享服务业务体系，实现业务收入多元化。目前，物业管理区域“互联网＋物业”的共享服务模式主要有4类。一是物业管理“微小区”平台，提供包括物业管理人员、周边商家和物业管理区域居民的移动App。微小区平台可以发布物业管理区域公告、办事指南，支持针对性专项服务和委托性特约服务的受理和意见反馈，可利用网上支付缴纳物业费用和其他费用。二是楼宇对讲和视频监控等监控云服务。楼宇对讲的梯口机可以与物业管理区域居民手机和保安的手机互联，视频对讲，还可远程遥控开锁。视频对讲平台还可以向周边商家延伸，成为居民与周边商家的交流平台。通过监控系统及时进行电梯应急维修等。三是停车场管理系统共享服务各个物业管理区域停车场管理系统中的空位信息分享到跨物业管理区域的云端，将产生一种“共享经济”，可能产生类似Airbnb（一个美国房屋短租服务公司平台）的商业模式。四是其他社区共享服务。社区共享服务业务范围几乎没有边界，涉及城市公共管理服务、居家生活、在线学习、教育培训、医疗健康、体育健身、投资理财、旅游等方方面面。

（3）社区养老服务。2011年我国65岁以上人口占比是8.1%，2014年已经突破了10.1%，65岁人口占10%以上就是老龄化社会的标志。2018我国60岁以上老年人高达2.41亿人。“4-2-1”的家庭结构在我国日益成为普遍的现象，空巢家庭越来越多。空巢和独居老人偏向于生活上的照料以及情感的陪伴，高龄者在此基础上更偏向于医疗护理和临终关怀，而失能老人需要重点解决的是专业的医疗和护理问题。如何养老，已经成为一个严重的社会问题。民政部等十部委2008年1月下发的《关于全面推进居家养老服务工作的意见》提出，要发挥和利用社会资源，建立健全与经济社会发展相适应的居家养老服务体系，解决有限的养老资源与急剧增长的养老需求之间的矛盾，最大限度地满足广大老年人的养老需求。物业管理行业作为正在向现代服务业转型的一个行业，直接服务于社区和居民，是一个与民生最贴近的行业，开展社区养老具备先天的优势。物业服务企业可以通过承接政府购买社区服务，拓展企业健康养老业务，在物业管理项目中增加居家养老服务项目，以及以社会工作方式支持、参与、组织社群养老和互助养老，推动政府、居民和物业经营收益主体等出资建立社区居民养老资金等方式，全面开展社区养老服务，可以有效地缓解家庭养老面临的人力、财力等困难，解决政府在机构养老方面的资金投入不足的问题。开展社区养老服务也为物业服务企业的体制转轨和结构转型营造了一个更加宽松的环境，为维护社会稳定、缓解社会矛盾提供了有效的保障。国内开展社区养老服务较早的物业企业有：卓达物业、绿城物业、保利物业等。

微课 55

2. 技术手段创新

（1）物业管理服务中运用信息化手段。自 2014 年以来，物业管理行业作为新经济的重要增长点和提高居民生活品质的重要载体，加速融合移动互联等新技术，服务质量和管理模式不断升级创新，受到了社会和资本市场的广泛关注，行业迎来新一轮风口。在这样的背景下，物业服务品牌企业紧抓“互联网+”发展机遇，积极运用新技术、新工具创新服务模式，以客户为核心改造传统服务业务，并积极探索社区养老、房屋经纪、社区 O2O 等增值服务领域，智能物业开始进入家庭，不断满足业主多维度、高品质服务需求，形成了各具特色的物业服务品牌，有效促进了物业服务企业品牌价值的全面提升。

（2）智慧城市服务兴起。随着 5G 支撑的万物互联时代的到来，大数据、云计算、人工智能、机器人等现代信息技术在物业管理行业广泛应用，必将推动物业管理服务由物业管理区域走向城市街区，乃至整个城市区域。物业管理业务范围也由传统的围绕物业产权所形成的物业区域、业主共同事务的管理服务和业主个性化服务，扩展到现代城市服务的各个领域，物业管理服务由静态管理服务向动态管理服务转变，将成为现实。广州广电城市服务集团公司率先创立智慧化城市服务模式，提出以 5G 核心技术为支撑的“五化”，即“标准化”“专业化”“信息化”“资本化”“生态化”，构建现代城市服务平台集成商，改变了人们对传统物业管理的看法，也创建了以现代城市服务为坐标的未来物业管理服务新业态。

（3）推行绿色物业管理服务。绿色物业管理（Green Property Management）是指业主和物业服务企业在保证物业管理和服务质量等基本要求的前提下，通过科学管理、技术改造和行为引导，有效降低各类物业运行能耗，最大限度地节约资源和保护环境，致力构建节能低碳生活社区的物业管理活动。绿色物业体现文明、安全、健康、环保等内涵，首先体现的是人文素养，是品位、道德修养和健康的物业服务消费观，体现出人与自然的和谐，以及人对自然的尊重。其次，“绿色”的内涵不是仅指颜色和外在景观，也不是简单意义上的返璞归真和崇尚原生态，房地产的开发和消费都不能为绿色而绿色，靠山近树临水并不是绿色物业的全部含义。绿色物业是一个多项指标的组合体，而且有较高的科技含量。实施绿色物业管理有利于实现社区环境与物业经营的协调发展；有利于加强政府对于社区环境管理的指导，规范企业的环境行为，不断改善社区环境；有利于提高全民的环境保护意识；还有利于提高物业公司及其服务在市场上的竞争力。2018 年 10 月 10 日深圳市发布的标准化指导性技术文件《绿色物业管理导则 SZDB/Z325—2018》规定了绿色物业管理的总则、基本架构及管理制度、技术要求，有力地推动我国绿色物业管理服务的全面、健康发展。

3. 商业模式创新

目前，我国物业服务企业根据自身定位、市场规模、产品类型、运营体系和经济效益追求形成了物业服务提供商、物业资源开发商和物业顾问服务商3种主要商业模式。近年来，在资本运营和品牌经营方面有了新的进展。以下关于物业服务集成商、物业资产运营商和物业保障服务商的内容摘自陈伟的《物业管理的商业模式》一文。[①]

(1) 资本运作（Capital Operation）模式。资本运作指利用市场法则，通过资本本身的技巧性运作或资本的科学运作，实现价值增值、效益增长的一种经营方式。企业需要整合资源，壮大自己的实力，包括两个层次：一个是低层次的，就是把已有的资源用好；另一个是高层次的，在企业的发展过程中有效地获得所需要的外部资源。同时，资本运作也是企业快速实现自身价值的利器。物业管理作为新兴产业，更需要资本运作来壮大实力，快速实现自身价值。2014年至2019年年底，彩生活、中海物业、中奥到家、绿城等20家物业服务企业先后在香港证券交易所和上海证券交易所成功上市。

(2) 品牌经营（Brand Operation）模式。它是指将品牌视为独立的资源和资本，并以此为主导，来关联、带动、组合其他资源和资本，从而取得最大经济效益和社会效益的一种经营活动和经营行为。它包括两个递进的过程：品牌创造和品牌运作。万科物业、中海物业、彩生活等领先品牌企业均不同程度上加快了品牌扩张进程。随着物业服务领域的持续专业细分和服务要求的不断提升，品牌企业在专业细分市场、服务内容、服务方式等方面不断积极探索，打造物业服务特色品牌。中海物业秉持“追求品质，成为中国物业界的标杆企业”的企业愿景，发扬“精细、专业、诚信、和谐”的企业精神，以物业管理服务、增值服务为主要业务，公司业务分布于中国73座主要城市，旗下现有员工超过3.1万人，在管物业类型包括住宅社区、商用物业和政府物业等多种形式。彩生活通过发展三大核心产品：“彩惠人生”“彩富人生”“彩生活车位”的增值服务，构建E安全、E维修（包括e电梯）、E能源、E清洁、E绿化、E缴费、E投诉七大服务板块，形成自己的品牌，并吸引超40家企业（截至2018年末）参与社区服务业务，共同探索基于多样性社区场景的增值服务拓展。

(3) 物业服务集成商（Property Service Integrator）模式，又称物业服务总包模式。它是目前发达国家和地区物业服务的主流商业模式。其特征是，物业服务企业通过前端策划服务（计划管理模式、制订管理方案、选择分包企业）、中端监管服务（监督服务过程、管控服务品质）和后端评判服务（汇总客户评价、沟通客户需求和评判分包企业）的方式，将各分包企业的专项服务集成为面向业主的综合性物业服务产品。包括以下四方面内容：受聘于业主提供的各类物业服务；受聘于开发商提供的咨询服务；受聘于设计院为物业的规划设计提供的专业咨询；受聘于建筑承包商和监理公司提供的物业监理。[②] 其实质是，物业服务企业运用策划、协调、沟通和评价等专业能力，通过控制物业管理价值链前后两端的方式，协助业主购买专业化的物业管理服务。物业服务集成商模式的推广和普及，从专业素质看，主要取决于企业整合和挖掘物业服务价值链的能力，物业服务企业具有比客户更了解物业管理和比专项服务供应商更了解客户的专业优势，是其整合和把控价值链能力的核心；从外部条件看，主要依赖于专项服务市场的成熟和税收扶持政策的落

---

① 陈伟．物业管理的商业模式［J］．中国物业管理，2012（7）：8－13.

② 谢爱国，董肇君．物业服务集成商及其集成服务模式［J］．天津城市建设学院学报，2009（3）：228－231.

实，只有清洁、绿化、维修和秩序维护等专业服务市场充分发育，才能保证物业服务集成商模式比物业服务提供商模式更具性价比优势，只有酬金税费的确立以及增值税制的推广，才能保证物业服务集成商模式成为物业服务企业和业主的双赢选择。

（4）物业资产运营商（Property Asset Operator）模式，又称物业资产管理模式。它是伴随着物业从消费功能向投资功能扩展，从使用价值向交换价值提升而衍生的高级商业模式。其特征是，业主不仅将物业硬件的日常维修、养护和管理工作委托给物业服务企业，而且将资产属性的不动产的日常投资、经营和管理工作（如租务管理、物业招商、营销策划、销售代理和不动产融资等）委托给物业服务企业。其实质是，物业服务企业利用客户资源和专业技能，同时为业主提供传统物业管理和不动产投资理财两项服务，从而获取物业服务费用和资产管理佣金的双重收益。物业资产运营商模式之所以代表物业管理行业的发展方向，是因为物业服务企业具有运营和管理物业资产的双重优势。一方面，物业服务企业掌握物业管理区域及其周边最为全面、及时的物业供求信息，同时，在物业服务过程中容易与业主形成基本、可靠的商业信用关系，是信息和信用的结合，有利于增进业主对物业服务企业的商业信任；另一方面，在物业服务合同基础上进行物业资产运营事务的再委托，不仅手续程序方便快捷，而且费用便宜，是便捷与便宜的结合，有利于提升物业服务企业给业主带来的商业便利。商业信任和商业便利的双重优势，不仅能够满足业主商业价值最大化和财产风险最小化的双重动机，而且能够实现物业服务企业商业利润最大化和服务成本最小化的双重目标，最大限度地促成业主与物业服务企业的互利双赢。物业资产运营商模式必须满足 3 个约束条件：一是物业本身应当具有较高的商业价值；二是物业服务企业应当具备较强的专业技能；三是物业服务企业应当具有较强的风险管控能力。

（5）物业保障服务商（Property Security Service Provider）模式，又称物业后勤服务模式或者物业支援服务模式。它是物业管理行业顺应后勤服务社会化改革趋势而诞生的一种混合商业模式。其特征是，物业服务企业不仅从事不动产管理业务，而且受托提供配餐、会务、接待、交通、物流等方面的后勤服务，以全方位满足客户非主流业务之外的多元化需求。其实质是，物业服务企业取代客户的后勤保障部门，以市场化的方式为客户的后勤保障需求提供全面解决方案，使客户高度关注其核心业务的开展和品牌价值的创造。物业保障服务商模式适用的客户类型，主要是从事生产经营、商业服务以及公共服务的单位（公司）客户。该模式的生命力和代表性，源于它是物业服务企业和客户双赢的理性选择。从物业服务企业角度，市场竞争使其在提供不动产服务的同时，必须挖掘客户的相关需求并提供增值服务，而相关增值服务在与不动产服务结合在一起时，可以实现资源的优化配置、成本的有效控制和客户信息的无障碍沟通。从客户角度，专业分工使其有必要将后勤保障支援事务从核心业务中剥离出来，由物业服务企业整合分散的后勤服务形成统一的支援保障系统，有利于提高管理水平和劳动效率，改善工作环境和服务形象，提升服务质量和客户满意度，从而增强自身的核心竞争能力。物业保障服务商模式的优点是，实现了物业服务价值链条的有机整合，全方位扩展了物业管理的商业空间，对客户多元需求的满足，有利于增强客户的忠诚度和认同度，稳固基于物业服务形成的商业合作关系，最大限度锁定目标，提高服务市场的占有率。其缺点是，在专业分工日益精细的市场环境下，多元化是一种能力，物业服务企业涉足不动产服务之外的其他后勤保障业务，面临着相关专业服务商竞争的考验，在配套资源和专业能力储备不足的情况下，盲目仓促地尝试物业保障服务商模式，有可能陷入舍本逐末和顾此失彼的困境。

第三节　我国物业管理行业改革发展

一、我国物业服务产业创新发展

（一）我国物业服务产业的发展现状

物业服务产业是中国经济改革发展的产物，与中国经济发展一起成长。改革开放40多年来，我国物业服务产业的发展成效从物业开发、物业消费观念、物业安全、物业功能、物业设施设备的技术应用、物业产权与物业管理经济纠纷、物业人文环境保护、物业区域优化、居民生活品位、低碳生活、e社区等诸多新概念、新名词反映出来，可以说物业服务产业是成长最快、技术应用最多、矛盾纠纷最复杂、影响社会最深刻的新兴产业和新行业之一。同样，物业服务行业也将随着社会、经济、政治、文化、科技、信息、管理等领域的进步，而得到新的发展。社会的发展，人们对生活质量和品位的追求，对物业管理个性化服务，甚至是公共服务提出了更高的要求，将给物业服务产业以新的业务发展空间。高科技和先进的管理手段，给物业管理专业化发展带来新难题，物业管理意识的觉醒和消费者权益的重视与维护给物业管理服务水平带来挑战，也成为物业管理方式变革的强大推动力。

（二）我国物业服务产业发展中的问题

由于现阶段我国物业管理行业处在上升发展时期，各种问题和矛盾也处于高发阶段，有深层次问题，如体制、关系、理论研究、立法、观念、管理方式与管理理念等；也有浅层次问题，如现实利益、服务质量、知识素养、管理模式等。导致这些问题产生的原因很多，需要理性地对待。

1. 对物业管理认识不足，物业管理逻辑不一致

物业管理服务作为市场经济的产物，其理论准备不足，人们消费习惯没有改变，法律制度和政策可操作性不足，特别是人们的观念还没有完全从计划经济的福利分配、消费习惯、行政管理方式和不平等关系模式上完全转换到市场经济的有偿服务、平等交易和契约服务上来。在大部分民众长期无大量财产性收入和房地产资产的情况下，人们对基于财产权的物业管理权益也重视不够，业主自行管理意识缺乏、公共权力的淡漠和契约精神的缺失，加之物业管理理论研究不够，知识准备不足，缺乏正确的理论和政策引导，人们在物业管理规律的认识把握上产生偏差，造成物业管理基本主体的缺位和错位，物业管理运营逻辑不一致，矛盾纠纷丛生。

2. 对物业管理规律把握不准，制度设计不尽完善

由于时代的局限和客观条件的制约，加之在立法中受“宜粗不宜细”等因素的影响，原有立法中可操作性差等问题逐步显现出来。如《物业管理条例》和《业主大会规程》就业主大会的成立、运作、职责、执行机构等问题做了较为完备的规定，但在具体操作层面

上，业主大会筹备组如何组成并开展工作，如何保障业主大会的召开并发挥作用，政府主管部门如何对业主大会进行指导和监督，业主委员会如何接受业主、业主大会及有关部门的监督等，没有做出具体规定。由于立法设计上的局限性，一些物业管理区域业主大会不能发挥作用，对涉及业主利益的重大事项不经业主大会讨论，民主协商和少数服从多数的原则没有得到充分体现；一些业主委员会不能真正代表大多数业主的利益，个别成员甚至把个人利益置于业主共同利益之上，任意决定业主共同事务，损害其他业主利益或业主的共同权益。再加上有的物业服务企业运作不规范，业主自律的机制不够完善，造成物业管理区域内各种矛盾频频发生。

3. 物业管理关系不顺，责任界限不清

由于物业管理与房地产开发混业经营这一长期运营习惯的影响，物业管理与房地产开发之间的关系混乱，开发商损害物业公司和业主利益的事情时有发生。另外，政府在处理物业管理和社区管理、公用事业经营管理、基层民主管理关系时没有发挥应有的作用，对社区管理公共性认识不足、关注不够，将物业服务企业看成纯粹的经营性组织，将业主的权益只从民事关系上对待和处理。开发商遗留的问题，如果只从民事关系上看，政府根本不用、也没有资格插手，但是如果将这些问题看作城市公共管理问题、社区和谐问题，政府就完全应该插手。况且开发商遗留的问题，如改变规划问题、质量问题、物业管理区域及通往城市中心的基本设施和公共服务承诺问题、维修基金问题、业主委员会成立与运作问题、物业管理区域文化设施问题、物业管理区域治安问题，这些原本就是政府的事情，开发商没有管好，政府应该负责处理，至少应该指导和监督落实。现实是由于职责不清，使得物业服务企业承担了很多不该承担的工作和责任。如应由政府承担的社会治安职能，应由社区承担的社会保障职能，应由水、电、气以及公交等公用事业企业承担的经营管理职能，应由开发商承担的建设质量与保修责任等，业主将这些原来不是物业服务企业的职责误认为是物业管理的事情。一旦出了问题，业主都找物业服务企业算账，使得物业服务企业代人受过现象时有发生。

4. 传统管理方式根深蒂固，服务理念难以形成

物业管理的出发点和最终归宿是为业主提供质价相符的服务，但部分物业服务企业至今未能彻底转变经营理念，仍然以管理者自居，缺乏以服务为特征的为业主服务的意识，造成服务质量低劣，使得物业服务的特征被淡化。少数物业服务企业过度追求利润，在物业管理收费定价时，没有充分考虑业主对物业管理的支付意愿和承受能力，把过高的收费标准强加给业主，给进驻后的管理留下了隐患；有的物业服务企业不按照合同的约定为业主提供质价相符的服务，引发了业主的不满。

5. 物业管理人才培养教育混乱，人才素质参差不齐

物业管理是新兴的服务行业，尽管国家出台了一系列的法规、规章和规范性文件规范行业的发展，并通过培训等手段提高物业管理人员的素质。但由于多种原因，整个行业从业人员的文化素质、专业技术素质偏低，滞后于行业发展的要求。除了物业管理高等教育和中职教育存在的问题外，行业企业在人才培训培养上还存在走过场、为“证”而学的问题，因而培训的有效性不强；行业内存在的不愿培养，靠“挖”“引”人才解决人才不足问题的习惯方式，致使物业管理职工队伍参差不齐，高层次、复合型管理人才严重短缺。

由于大部分企业没有形成自己的品牌和文化，员工对企业的认同感不强，留不住优秀人才。一些中小企业更是不重视人才培养，专业人才奇缺，部分管理人员素质和能力与承担的任务不相适应。一些运作不规范的企业和职业素质较低的从业人员的存在，使一些物业的服务水平不尽如人意，客户关系紧张，甚至引发激烈的冲突和矛盾，损害了行业的形象。

6. 行业协会功能弱化，自律意识和能力较差

物业服务产业的发展除了有赖于业主、政府、媒体和司法等外部力量的监督以外，更主要的是加强行业自律。但是由于物业服务产业是个新产业，房地产业并没有完全放弃对物业服务产业的控制。事实上，物业服务产业中的知名企业的高管、资金、经营决策、管理项目等方面都没有脱离房地产开发企业的行政控制或经济控制，行业协会因此而不能自立，自律能力也不强。目前全国已有七十多个大中城市成立了物业管理协会，中国物业管理协会已经为一级资质的物业服务企业建立了诚信档案制度。但物业服务产业运作仍然依赖于行政监管，行业自律机制仍未完全建立起来，行业自律的社会化和专业化程度依然较低。这也是导致行业无序竞争和行业危机加剧的主要原因。

（三）我国物业服务产业创新发展趋势

1. 物业服务产业创新发展的主要领域

从总体上看，物业服务产业的发展将围绕以下 6 个方面展开。

（1）经营理念。从为物业售后的整个使用过程提供对房屋及其设备、基础设施与周围环境的专业化管理，到依靠高新技术和现代管理方法、模式及组织形式，向不同消费主体提供更高质量的基础物业服务及个性化、专业化的定制式衍生产品和服务。

（2）管理手段。从技术含量较低，生产服务形式单一，产品同质化现象严重，缺乏核心竞争能力，到广泛应用包括现代信息化技术手段在内的高新技术和管理工具，实现管理升级，提升服务品质，降低生产成本，逐步推动行业进入大数据时代。

（3）服务创新。从产品边界狭窄，服务功能创新局限，行业平均利润率较低，到通过资产管理、资本经营和产业链上的延伸服务，拓展产业边界，实现服务价值创新。

（4）人力资源。从服务生产者以传统作业人员为主，不强调专业分工，组织结构单一，管理水平普遍较低，到主要服务生产者由传统操作型向专业复合型转变，各专业能级不断细分，组织结构设计合理完整，人员配置充分有效。

（5）管控模式。从运作模式以劳动密集型和简单劳动提供为主，投入产出比较低，到通过服务功能换代和服务模式创新，向知识密集型企业转变，实现高增值服务，产出附加值高。

（6）产业链。从服务产业链发育不够成熟，专业化能力较低，到服务产业链呈集群式发展，产业融合特征明显，服务具有差异化。

2. 我国物业服务产业创新发展的趋势

具体而言，我国物业服务产业将主要呈现以下 3 个发展趋势。

（1）互联网与物业服务产业深度融合。第三次工业革命开创了信息时代，云端应用、电子商务、物联网成为支撑大数据、智慧城市的重要技术应用。互联网与传统物业的跨界融合，催生了物业服务产业全新的服务模式，赋予物业服务新的内涵，促进了行业的高附

加值化，为行业发展带来新的经济增长点。物业服务企业顺应社会经济的发展和居民生活消费需求结构的升级，一方面，积极借助“互联网＋物业”的模式，应用移动互联网、云平台等新技术，整合社区周边餐饮、房屋经纪、物流等商业资源，渗透到衣食住行等与生活息息相关的领域；另一方面，探索“物业＋互联网”模式，通过手机 App、微信公众号等打造一站式综合服务平台，提供便捷、周到的高品质物业服务。

（2）物业服务产业集中度稳步提升。受到政策环境、市场竞争和技术水平等因素的影响，物业服务产业集中度有较大程度的提高。政策因素方面，随着新型城镇化、西部大开发和东北振兴规划的实施，国内城乡和区域发展趋于平衡。行业市场竞争日趋激烈，大批品牌企业凭借其优质物业服务输出能力，在开拓物业市场、提高市场份额等方面的优势日益显现。产业结构优化和产业融合加剧，企业间兼并重组等经济行为持续进行，优胜劣汰竞争机制作用凸显。规模企业投入资金研发互联网技术平台，聚合企业成立发展联盟，规模效益显著增加，进一步提升了行业集中度。

（3）物业管理行业价值逐步兑现。伴随居民不断增长的多层次、高品质生活需求，物业管理行业的价值日趋凸显。一方面，技术变革和产业融合引发行业主动谋求变革，改造管控体系和运行流程，创新商业和服务模式，现代服务业转型升级趋势明显。“互联网＋”、轻资产等优势吸引资产市场的关注，使得物业服务企业的经济价值升高。另一方面，优质的物业管理成为提升楼盘居住价值和投资价值的重要砝码，具前瞻性的房地产开发商已经逐渐意识到物业服务在房地产竞争中的重要性；如在万科的所有客户中，60％以上的客户是因万科的品牌和物业而来。物业管理的行业价值在市场化过程中逐步得到有效兑现。

微课 56

（四）我国物业服务产业创新发展的思路

物业管理是随着市场经济兴起的新兴行业，它以市场化、企业化、专业化、社会化方式提供物业管理服务，在国民经济中的地位和作用越来越重要，在实现小康目标及建设和谐社会、和谐社区的进程中所起的作用越来越重要。物业服务产业的可持续发展既是行业自身健康发展的必然要求，也是整个国民经济和社会可持续发展的重要组成部分。要实施物业服务产业的可持续发展，必须抓住如下几点。

1. 加强物业管理理论研究，促进行业健康发展

目前，物业管理理论研究的滞后，已经成为制约物业服务产业发展的关键因素。正如前面所讲，物业管理行业企业的发展离不开理论的指导，科学的理论不但可以转化为现实生产力，还可以帮助人们认识生产关系现状，揭示物业管理规律，为物业管理行业企业创造良好的制度环境，带来发展机会。为加强物业管理理论研究工作实效，中国物业管理协会于 2008 年 6 月 28 日在深圳召开了行业发展研究中心成立大会，70 名特聘研究员参加了会议，共商物业管理发展大计。2007 年《物权法》颁布实施后，全国各高校开始重视物业管理专业和学科。2007 年国家精品课程也第一次出现了物业管理专业的课程《物业管理实务（1）》，同时物业管理学术研究氛围也越来越浓厚，2009 年出版的《物业管理原理》（作者黄安心），从公共管理角度系统研究了物业管理理论，各类研究成果也越来越多，新闻传媒也开始正面报道物业管理活动，这些都是“正本清源”的良好开端。

2. 推行“分业经营”体制和“分开运营”模式，实现行业独立价值

首先，要坚定不移地发挥行业协会的作用，全面推行房地产开发与物业管理分业经营管理体制。行业协会应建立健全组织机构职责，实现有效运作。充分发挥行业协会上联政府，下联会员企业，同时关注业主权益（因为我国还没有业主协会）的作用，重点搞好行业发展理论研究、反映企业合理诉求、维护企业合法权益、形成行业的凝聚力、正确引导舆论宣传等工作，同时，积极做好调查业主需求、测评业主满意度、企业信誉评价、劣质企业淘汰、支持业主委员工作和合法权益维护等工作。只有做好自律、提升实力、形成品牌、团结好业主才能真正实现分业经营；否则自律差、资质低、实力弱、服务劣、业主不满意、纠纷多，即使让物业公司独立也不能实现健康发展。其次，在拓展商务物业、工业物业业务时，要推行“分开运营”模式。在商务物业、工业物业管理领域，物业资产的经营管理服务与工商业经济运营管理如果各自不按自身规律和逻辑分开运营，那么物业管理只是从属于工商业经营的价值，就如同从属于房地产开发商一样，体现不出自身的专业价值，专业的商务物业、工业物业经营管理就没有业务发展的空间。未来中国物业管理必然要走向高端物业、资产经营等高回报物业管理业务领域，由于运营模式的限制，专业的工业物业经营和商务物业经营管理首先会在资本运作、人才团队、经营决策、品牌经营等几个关键要素上受制于人。特别是国内工业物业的业主很多是国有企业，其具有的垄断性，使其他靠管理住宅物业起家的物业服务公司很难进入。目前，工业物业领域的物业服务企业基本上由原有企业改制而来，大型商务物业也大多是由国外知名企业参与合作、顾问、管理，本土企业独立运作的较少。因此，“分开运营”是工业物业、商务物业管理发展的必由之路。

3. 政府应加强支持力度，使物业服务成为社区管理服务的先锋

物业管理服务处于社会公共管理和公共服务的低端和底层，有很明显的公益性和社会性。改革开放初期，百废待兴，经济发展所需的资金不足，政府利用房地产开发权来促进社区公共设施建设和社区商业化的物业管理服务，促进了城市化进程和房地产经济的发展，但同时也牺牲了部分社区公共利益。随着党和国家对社会发展的关注，社区管理、社区服务、社区保障、社区环境、居民权利、社区和谐等成为社会发展中的重要民生问题，政府在经济发展到一定程度、有财力的情况下应关注这些本应由政府做的事情。目前有些经济发达城市已经开始实施对经济能力差的居民进行物业管理费补贴的政策，这是回归正轨的做法，值得期待。政府应在物业服务市场体系建设方面发挥应有的作用，在物业管理费定价、物业管理项目招投标、物业服务等级标准、物业服务客户满意度评价、住宅专项维修基金管理、社区管理与服务体系建设统筹等诸多方面为物业服务企业创造良好的经营环境。

4. 物业服务企业应当提升自身实力，打造品牌，适应国际国内竞争的需要

品牌化是我国物业服务产业发展的重要战略。目前，物业服务企业一方面受到国外知名品牌企业的市场挤压，特别是高端物业管理领域基本上由国外知名企业垄断；另一方面，一般住宅物业等低端物业类型主要是国内一级资质企业获得经营权较多，一些国内知名企业开始在高端物业管理上走强强联合的道路。物业服务企业发展的出路在于发挥自身实力，打造优质品牌。资金、人才、技术、管理、品牌等成为物业服务企业关注的重点发

展要素；质量、职业健康和环境认证、智能化、信息化、个性化服务、专业团队建设、强强联合等成为企业发展的重要手段；物业服务质量、顾客满意度等成为物业管理绩效的主要评价指标。物业服务企业应当按社会化、市场化、专业化、品牌化、国际化的战略要求来发展自己，特别是品牌化、国际化的战略尤为重要。20 世纪 90 年代中期，部分企业就开始按此战略发展，但那时打造了物业服务品牌的企业还停留在初始阶段，真正有意识地去做大做强并产生重大效益则是近几年。我国物业管理行业经过 40 年的探索与实践、改革与发展，涌现出一批品牌物业服务企业。在全球化的时代，国家提出“一带一路”发展倡议，物业服务企业一方面要面对众多国内外品牌物业企业竞争；另一方面，要打造自己的物业服务品牌企业，走向国际市场。我国物业服务市场已经是国际物业服务市场的一部分，因此国际化是物业服务产业发展的必经阶段，也是适应竞争需要发展壮大自己的必然选择。例如，中海物业公司就为我国物业服务企业进入国际市场起到了扛大旗、打头阵的作用。随着我国物业服务企业自身综合实力和品牌知名度的不断提高，会有更多的物业服务企业打进国际市场。这也是我国物业服务企业的现实选择。

5. 发展物业服务产业要处理好与其他利益相关者的关系

物业管理的复杂性在于公共管理和经营管理并举，管理主体众多，关系模式各不相同，管理依据也不一样。物业管理行业企业在这样的环境中生存和发展，必须要面对关系不顺矛盾多、问题难处理的情况。因此，要根据物业管理关系的不同模式和运营规律，进行有效处理。首先要发挥政府的行政政策法规的抽象规制作用和行政指导、监督与管理的具体行政行为作用，还要利用城市政府的公共资源和政府的权威性优化社区管理和物业管理环境。其次是发挥业主的自主治理作用，通过业主自行管理权的实现，来寻求物业服务企业的经营效益。最后是充分发挥居民委员会的指导和管理作用，促进社区管理、社区服务、公用事业和物业管理均衡发展，多方共赢。要形成社区多元主体“多位一体”共同治理的局面，并发挥物业管理的基础性作用。

微课 57

二、我国物业管理行业管理体制改革发展

（一）物业管理体制概述

1. 物业管理体制的定义

物业管理体制是指物业管理系统的结构和组成方式，即采用怎样的组织形式以及如何将这些组织形式结合成为一个合理的有机系统，并以怎样的手段、方法来实现物业管理的任务和目的。

2. 物业管理体制的类型

从层次上来说，有宏观物业管理体制，即物业行政管理体制；中观物业管理体制，即行业管理体制；微观物业管理体制，即社区物业管理和物业管理区域物业行政管理体制，以及物业服务企业内部治理结构。

微观物业管理体制直接影响物业管理效能。其中，社区物业管理体制主要指区（市、县）物业职能部门及相关行政部门物业行政管理体制、街（乡镇）辖区、居民委员会辖区物业行政性物业管理体制，物业管理区域物业管理体制主要是指党组织引领、政府主导，多元主体参与的物业管理区域社区治理关系、制度体系及模式。物业服务企业内部治理结构主要是物业服务企业的内部组织架构、各机构职权的资源分配以及各机构间的相互关系、运作模式。

（二）我国物业管理体制现状及问题

1. 观念更新和体制创新是制约行业转型发展的首要问题

党的十九大以后，党中央国务院对物业管理行业更加重视，要求更高，期望更大，并将物业管理行业作为城乡社区治理的重要组成部分，要求补齐城乡社区治理中的物业管理短板。同时在行业市场体制改革，取消物业服务企业资质管理之后，要求做好行业诚信自律，不断提高物业服务质量，丰富城乡社区服务生活，增强人们的获得感。但是从政府部门到行业管理，从管理人员到一般从业人员都存在一个适应问题，观念更新和理念转换没有跟上。从社区治理体系建设角度，对社区物业管理模式的探索非常不够，仍然按老规则办事。物业企业与业主之间的关系为经济利益博弈状态，不是放在社区治理体系中，以有效的和谐的方式解决，长期以来，双方缺乏信任，难以建立正常物业管理关系，不利于物业服务企业的正常运作，也不利于业主生活品质的提高，同时还影响社区和谐稳定。

2. 物业管理体制形式混乱，权责不明

目前，我国物业管理体制五花八门，在具体的制度设计、运作机制上存在很大差别，主要有以下几种管理体制类型：以开发公司以及所派生的物业服务企业为主体的管理体制；以房产管理部门及其转制的物业服务企业为主体的管理体制；以政府社区管理为主体的管理体制；原产权单位自管的体制；业主自行管理和委托物业服务企业管理相结合的管理体制。上述物业管理体制的存在，有一定的历史原因。但有的物业管理体制，已明显不符合国家的有关规定和物业管理发展的客观要求，需要彻底改变。由于物业管理体制混乱，导致了不同的职能部门权责不明，出现了多头管理或是管理真空的局面。这种状态主要体现在以下几个方面：物业服务公司与房地产开发商关系不清；业主委员会地位不明，管理体制混乱，成立难、运作难；物业行政管理部门和基层政府属地管理的职责不清；社区管理和物业管理的职责不清；业主自主治理和物业服务企业专业物业管理的职责不清等。

3. 物业管理制度体系及相关制度建设仍然滞后于发展需要

中共中央提出全面深化改革的宏伟目标，国务院也采取了深化改革的行动，废除了与市场经济体制不相符的物业服务企业资质管理制度，并提出体制改革要求，要研究制定物业服务标准规范，通过建立黑名单制度、信息公开制度、推动行业自律管理等方式，加强事前事中事后监督。要求组织开展物业服务企业资质管理改革，加强行业自律管理制度建设，以适应改革发展的需要。近些年来，虽然我国物业管理行业自律与诚信建设取得了一些进展，对规范物业管理的运作起到了一定的作用。但物业管理中的一些深层次体制改革探索仍然停滞不前，主要是行业自律管理体系建设，物业服务规范化制度建设，物业服务主体信用管理制度和基层物业管理服务规范、技术标准、操作办法等制度建设没有跟上。另外，还有一些专项政策制度仍然没有修改完善，如旧楼改造电梯加装的关系处理、新旧物业公司项目移交、业主委员建设操作问题，物业维修资金和老旧物业区域更新改造后续管理服务等问题，依然缺乏可操作性的规定。这使得许多物业管理纠纷难以通过法律途径解决。

4. 行业自律作用有限，监督不到位，物业服务企业诚信经营自觉性不够

行业自律管理和企业诚信经营程度不够，作用有限，部分物业企业履约意识和能力差，物业服务不到位。不少企业反映招投标制度越来越流于形式，完全就是走过场。一些房地产商品房项目，如医院、学校、政府机关物业项目存在私下决定中标对象的现象。有些物业服务企业并不是通过招投标进入物业市场的，而是依附于开发商，只对开发商负责，存在严重的建管不分的现象。物业管理缺乏市场竞争机制，结果必然是导致物业管理企业服务质量低下，物业管理规模小，经营管理困难，缺乏企业可持续发展的必要积累，企业发展后劲不足。部分物业服务企业主要依赖单位补贴或开发商资助，不利于物业管理行业健康发展。

5. 物业服务企业独立性差，收费难，经营亏损面大，生存状况不容乐观

目前，多数物业服务企业都具备独立法人资格，但这些独立法人的经济实体在实际经营中并不保持独立。缺少自主经营，自我约束，自我积累，自我发展的动力。不少物业服务企业素质低、队伍老化、人才短缺，缺乏现代化物业管理的管理技能，服务水平较差，不能满足居民对物业管理的要求，不能适应物业管理发展的需要。同时，由于物业服务企业与业委会议价能力依然薄弱，没有动态调整物业服务费标准，物业收费标准低和收费率低，但由于物价上涨和人口红利减少、最低工资标准提高、“五险一金”持续上调等原因，物业服务企业项目成本不断上升，大多处在微利或亏损的边缘，生存举步维艰。此外，行业还存在居住物业服务费标准和收费率、员工工资福利偏低等问题，长期得不到改善。目前，物业服务企业生存状况仍不容乐观。

（三）我国物业管理体制改革方向及思路

1. 实现政府监管到位且有效

要根据中央全面深化经济体制改革的政策要求，发挥市场决定性作用和政府的主导作用。一是要根据国务院“放管服”行政管理体制改革的要求，改变行政干预市场方式，让市场发挥决定性作用，放开物业管理行业市场准入，依靠市场竞争的方式逐步打破各利益山头，最终让广大业主受益。二是发挥政府行政监管、宏观调控作用，加强事前事中事后监督。要研究制定物业服务标准规范、通过建立黑名单制度、信息公开制度、不良信息记录制度和推动行业自律管理等方式进行监管。三是完善行政基层组织体系，并延伸至乡镇街道办事处一级，配齐专职人员，解决物业行政管理“最后一公里”监管短板问题。四是政府应当在经济政策和财政资金上给予物业企业必要的支持与扶持，引导物业管理行业健康发展。确保在“绿色物业项目”“生态物业区域”“红色物业”“社区服务互联网+”“技术创新”“社区公益扶持”“社区教育”“三旧改造”“城中村微改造”“住宅小区物业服务划为生活服务类”“政府购买社会服务”“防灾减灾和重大公共危机防控”等方面有授权性、鼓励性、扶持性、奖励性、补贴性、减负性的相关政策落实到物业管理行业。

2. 大力推进“分业经营”与“分开运营”

一是物业管理行业与房地产开发行业应“分业经营”，改变目前仍然存在的“混业经营”的状态，否则不利于行业长期可持续发展。房地产开发行业经过40年高速发展之后，进入调整、转型发展时期，一方面，不愿放弃已有物业管理业务板块，让原有的下属物业服务企业仍然依附于房地产开发总公司，物业服务企业缺乏物业管理行业的独立性价值。

另一方面，不少房地产开发企业利用资本力量在物业管理行业进行兼并、收购、参股、控股、重组、无形资产资本运作等资本运作，到处攻城略地，由于资本的逐利性和股市收益逻辑与实业的不同，低收益、微利经营的物业管理项目必然难以适应。二是物业服务企业与房地产企业应“分开运营”。在没有“分业经营”的情况下，物业服务企业也应当“分开运营”，独立核算，自负盈亏，体现物业服务企业及经理人员、企业员工的价值。

3．健全物业管理行业自律体系

行业自律建设是一项全面的建设工程。一是要加强行业自律管理基础能力“五自”建设。“五自”即自我规范、自我管理、自我教育、自我约束、自我发展。“自我规范”就是要自觉遵守市场规则和行业规范，实现有序经营，开展公平、公正的市场竞争，保证正常的市场运作，提高物业管理服务产品质量。“自我管理”就是要建立并有效运行行业管理制度，实现专业化、针对性、内行化的管理，减少行业管理成本，提高管理效率。“自我教育”就是要开展针对性的行业教育培训、行业问题研讨、行业先进经验的分享与推广应用，提高全行业企业及人员素质与能力；“自我约束”就是要通过行业自律管理的奖惩制度、警示制度、信息披露制度、行业劝导等来约束企业及经理人行为，形成行业企业自我约束的机制和习惯，优化管理服务模式与行为，促进行业健康发展。“自我发展”就是要根据行业自身的特点和规律，形成自身的市场竞争发展的战略和策略，形成物业管理行业的社会形象与地位，创造物业管理行业的独立价值。二是要加强行业自律管理制度建设。尽快建立行业自律管理制度，逐步建立以行业自律管理为主的物业服务企业信用等级评价制度。三是物业服务企业要优化自身的行为，做到诚信经营，采取正常手段、方法参与市场竞争，约束自己的行为，主动追求自身的价值，提供规范化服务，形成优质品牌，提高核心竞争力，赢得业主的认可与拥护。

4．将物业管理融入社区治理体系

物业管理处于社区管理的基础性、决定性地位，物业公司是物业区域或社区唯一具有较完整的管理设施设备条件、专业的管理技术人员力量、管理制度体系、管理运作系统和合法的管理身份的企业组织，物业服务企业是社区公共服务包括部分基本公共服务的提供者，其活动几乎联结社区所有主体，因此在现有的社区体制改革或物业管理体制改革探索中，应当突出物业管理的主体地位和基础作用。要突出并发挥物业管理在社区资源整合中的枢纽地位与基础作用，探索物业服务企业与社区党组织、街道办事处（乡镇人民政府）、业主及业主自治组织和民间组织构建“多位一体”社区物业管理模式，发挥物业管理在社区治理中的枢纽地位和稳定器作用。要理顺物业管理与其他社区主体的关系，明确界定社区多元主体职责功能，明确物业管理服务权责的边界，社区各主体按各自的规律办事，按各自的功能发挥作用，按各自的职责分工合作，完成任务，减少或消除不合理的摊派，维护物业服务企业的合法权益，同时规范物业管理行为，支持物业服务企业规范发展，探索有效社区物业管理体制模式，提高物业管理效果。要完善物业管理区域日常管理工作机制，如基层社区物业管理联席会议制度，物业管理区域物业管理定期会议制度，物业管理区域各主体组织建设制度等，解决基层组织虚化、弱化和社区社会成员“原子化”问题，巩固党的执政基础。

5．业主、业主委员会行为合理化

业主要转变对物业管理的错误观念，正确认识并承担、行使业主的责任、权利和义务，加强对物业服务企业的监管，确保代理制的顺利实施。一是健全业主组织，特别要发挥党组织和党员的作用，将党组织建在业主组织中，并通过合法形式推荐党员担任业主组织负责人。应及时成立业主委员会并发挥业主委员会的监督作用，监督物业服务企业按法律法规和管理合同开展管理活动；完善住宅专项维修资金筹集使用制度设计，对业主大会的项目和程序决策、业主委员会审核监督、物业公司规范使用及政府监管进行合理分工设计，避免每次都经过业主大会决策，导致无法正常使用的问题出现；建立业主委员会运作失灵的救济制度。二是在合同中应按委托代理制明确双方的权利义务。特别是要按服务等级与收费标准对等的原则，谈判确定服务的质量标准和要求，确定物业服务费标准，建立物业管理费动态调整的定价机制，建立欠缴物业费的快速审判机制。三是加强对业主的信用管理。物业服务企业提供优质服务离不开良好的物业管理环境，特别是业主的支持。业主没有正当理由不能随意拖欠物业服务费，对于“老赖”业主应当采取信用管理措施，记入不良行为记录，以此规范业主行为。

微课 58

【本章小结】

本章主要介绍物业管理行业企业管理相关知识。通过本章学习，读者可学会如何通过分析物业管理环境特点，为物业管理行业改革和企业适应环境、创新发展提供依据。通过理解把握物业管理关系及规律，读者可掌握物业管理基本制度，形成物业管理逻辑与理性，促进物业管理关系顺畅，物业管理规范化发展。读者在了解了物业服务企业的组织模式和主要创新领域之后，可提出物业服务企业创新发展的方向与思路；可通过分析我国物业服务产业发展中的问题，根据发展趋势，提出正确的发展思路；可根据物业管理行业发展的规律与趋势，针对物业管理体制上的问题，指出发展的方向与思路。

【互动空间】

尽情仰望灿烂星空　莫忘脚踏行业实地
——听陈伟处长讲述他眼中的网络技术、资本市场与物业管理

“互联网＋”的热潮席卷整个物业管理行业，当上市成为一线品牌企业追逐的目标；当社区O2O在行业里百花齐放，物业管理怎样才能实现自身价值的最大化?

2015年7月23日，由北京大学继续教育学院组织的“《物业管理的本质》研修班”在北京大学正式开讲。住建部房地产市场监管司物业管理处处长、《物业管理的本质》的作者陈伟亲临研修班，并以“尽情仰望灿烂星空、莫忘脚踏行业实地——网络技术、资本市场与物业管理”为主题，分享了他对物业管理的本质、互联网技术与资本市场的前瞻性认识。

对于风口上的物业管理行业，陈伟认为，“近两年，各种机遇凸显，物业管理行业似乎发现了一片灿烂星空，这灿烂星空中有两颗最璀璨的星星：一是互联网技术，一是资本市场。物业管理行业拥有了从未有过的崇高感和自信心，拥抱互联网、追逐资本市场成为很多企业的发展目标。面对这种现状，我们更不能忘记脚踏行业实地，不能忘记我们的本分，我们的专业价值。”以此作为本次课程的核心，陈伟分别从“万物互联，迎接第四次科技革命的浪潮；万能资本，直面物业服务企业上市的热潮；万变归宗，筑牢物业管理永续发展的基石”3个方面做了重点讲述。

这是一个“互联网＋”的时代，几乎所有行业都在谈向现代服务业转型，都在谈与互联网、资本的融合，并认为这是行业一个必争的战略高地。面对这一形势，物业服务企业怎样才能实现自身价值的最大化？

对于这一问题，陈伟认为物业服务企业至少要夯实以下几种能力：一是扎实的基础管理服务能力；二是较高的信息化能力；三是较强的资源配置能力；四是打造专业高效的执行团队的能力。

陈伟还强调，互联网是信息通道，最本质的作用是促进信息对称，提升资源配置效率。任何行业利用互联网，都要考虑：如何利用互联网的优势解决行业的现实问题？任何投资都要服务行业发展战略，作为负责任的行业和企业，必须考虑到资本应用后如何促进行业发展。

同在研修班讲课的中国物业管理协会副会长、福建永安物业管理有限公司董事长林常青认为，“这两年，很多企业做社区服务平台、社区 O2O 服务很艰难，进展很缓慢的一个重要原因是：物业管理行业人才专业化程度比较低、基层员工开展社区增值服务的内在动力不足，物业服务企业规模和服务项目集中度不高，跨界整合社会资源的能力和经验不够。因此，企业要集中力量提升物业常规的专业服务标准和专业服务能力，开展组织和个人的信息化、网络化、数据化方面知识和运用能力的培训，加大对企业的网络化和信息化软硬件的投入。另外，社区 Wi-Fi 广泛的覆盖是实现物业服务信息化和网络化的基础条件。互联网告诉世界，同样也告诉我们，用广阔的心胸融入这个世界，才会有未来。物业服务企业之间只是相互学习、相互借鉴是永远不够的。全行业各企业都要加快自身信息化和网络化基础设施的建设；同时加快在公司股权层面合作、企业之间业务联盟、区域之间资源协作。只有实现互通、互动、互联，物业服务企业才能有更加广阔的发展空间，物业管理行业才不会错过这一轮互联网冲击所带来的红利。”

参加研修班学习的绵阳市房产管理局副局长袁海舰表示很认同陈伟的观点：“能赚钱的服务不一定有价值，但有价值的服务一定可以赚钱。物业管理与互联网融合，要立足我们本身，首先要做好的就是物业服务。服务应该围绕业主需求来做，而不是只看中怎么赚钱。”他告诉记者，绵阳市委市政府也很重视“互联网＋”工作，并明确把“互联网＋”工作作为市委市政府的一号工程。作为政府主管部门，绵阳市会积极引导和推动当地物业管理行业转型。

参加研修班学习的绵阳市物业管理协会会长谢英告诉记者：“绵阳市物业管理行业以前对‘互联网＋’、资本、社区 O2O 等概念的认识还比较朦胧，大家不知道该走哪条路。今天听了陈伟老师的课很受启发，回去后，绵阳市物业管理协会会更加契合实际地考虑绵阳市物业管理行业的生存发展，寻求新发展模式以适应当下的新形势。”她表示，接下来要对绵阳市所有的项目经理进行全方位的免费培训，“我们感觉到我们在行业转型方面的专业管理人才是缺失的，但是我们会迎头赶上，我们很有信心。”

同在研修班讲课的广州天力物业发展有限公司副总经理张万和认为，“各行各业都迎来了转型升级的浪潮，在这一形势下，物业服务企业不管是进行上市的探索，还是‘互联网＋’的探索、抑或是内部改制的探索，都是有必要的，只要是有利于物业管理行业发展的，就都是有益的。但是不管做何种探索，都要围绕物业服务这一主业来做。企业要知道自己从哪里来，要到哪里去，了解企业自身的核心竞争力和产业链核心竞争力在哪里。守正才能出奇，不能猴子掰苞米，掰一个丢一个，要谋定而后动。”

参加研修班学习的四川嘉宝资产管理集团副总经理、社区电商运营中心总经理周尤波告诉记者，“嘉宝刚刚发布了生活家服务体系，也正在准备上市。陈伟老师的观点给了我很大启发。尤其是他提到的‘要让客户消费行为留在你的平台，就要站在客户的角度考虑，要解决客户的痛点问题。’嘉宝一直坚持的就是站在业主的角度，为业主提供有价值的服务。嘉宝一方面基于对用户和行业的深入研究，充分结合‘懒人经济’思维、找准业主‘痛点’；另一方面，用互联网武装思维，从解决物业服务高成本、低收入‘痛点’出发，稳步前行，走在转型升级的道路上”。

在这个江海横流，传统行业纷纷呼吁创新改革的时代，面对普遍存在的复制模仿和亦步亦趋的盲目跟从，深具“思想自由、兼容并包”北大精神的陈伟老师传授给学员的不仅是如何准确定位企业发展方向，正确选择和应用新技术、新思想和新模式；也不仅是要拥有海纳百川的胸怀、处变不惊的态度；更是创新发展的魄力与冷静思考的智慧。

资料来源：倪卫东，段文婧．尽情仰望灿烂星空　莫忘脚踏行业实地．中国物业管理，2015（9）．

讨论问题

1. 结合本案例谈谈你对物业管理与网络技术、资本市场关系的看法。

2. 谈谈如何在实际工作中，利用现代信息技术或资本运作知识，创新物业管理服务工作。

【问题探讨】

1. 请结合实际，谈谈各种物业管理关系的处理艺术与技巧，分享成功的物业管理关系处理经验。

2. 请结合行业发展现状与问题，谈谈对物业管理行业体制改革某个领域的问题的看法。

3. 请结合实际所在企业创新发展实践，谈谈不同类型物业服务创新发展的策略、经验与做法。

【作业练习】

一、判断题

(　　)1. 物业管理的宏观环境指在特定物业用地范围内存在的，影响业主和使用人生存、发展、享受利益的诸种人文社会因素和物质性因素之综合体。

(　　)2. 政府直接介入物业管理的具体业务，对物业服务企业的各项工作进行监督和指导，是一种直接的管理。

(　　)3. 企业组织模式是企业内各有机组成部分的排列顺序、空间位置、聚散状态、联系方式以及各要素之间的一种结构及状态，它会随着生产力的发展和社会进步而不断变化。

(　　)4. 物业保障服务，又称物业后勤服务模式或者物业支援服务模式。它是物业管理行业顺应后勤服务社会化改革趋势而诞生的一种混合商业模式。

(　　)5. 一般来讲，物业服务企业的组织形式的具体设置，要根据管理物业的规模、物业服务企业的规模、服务管理的目标等因素决定。

(　　)6. 物业管理行业与行政管理部门是管理与被管理、指导与被指导的行政管理服务关系。

(　　)7. 物业管理体制是指物业管理系统的结构和组成方式，即采用怎样的组织形式以及如何将这些组织形式结合成为一个合理的有机系统，并以怎样的手段、方法来实现物业管理的任务和目的。

(　　)8. 我国物业管理发展的初创探索阶段，物业服务企业首先在西部内陆地区迅速发展起来，出现了一些相对规范的物业服务企业。

(　　)9. 目前我国物业管理体制形式单一，权责清晰。

(　　)10. 我国物业管理制度体系及相关制度建设仍然滞后于发展需要。

二、单选题

1. 物业服务企业在开展服务业务时，受到经济发展水平、市场供求关系、社会文化氛围、科技进步及相关政策法规等因素的影响和制约，而这些因素之间又是相互影响的。这体现了物业管理环境(　　)的特点。

A. 差异性　　B. 地域性　　C. 相关性　　D. 动态性

2. 对物业管理环境分析常采用的方法是 SWOT 法，其中，(　　)是影响企业的外部因素，(　　)是影响企业的内部因素。

A. 机会和优势，威胁和劣势　　B. 机会和威胁，优势和劣势

C. 优势和劣势，机会和威胁　　D. 优势和威胁，劣势和机会

3. 物业服务企业可以接受供水、供电、供气、供热、通信、有线电视等公用事业单位的(　　)代收有关费用，(　　)。

A. 无偿委托，也可向业主收取手续费等额外费用

B. 有偿委托，但不得向业主收取手续费等额外费用

C. 无偿委托，但不得向业主收取手续费等额外费用

D. 有偿委托，也可向业主收取手续费等额外费用

4. 当业主集体选择委托代理方式来管理物业区域公共事务时，物业自治权出现分解，即将(　　)的部分分解给接受委托的物业服务企业来行使，以提高物业管理专业水平和增进业主集体利益。

A. 专有所有权、共有所有权　　B. 共有所有权、成员权

C. 专有所有权、成员权　　D. 专有所有权、共有所有权、成员权

5. 在物业管理纠纷调解中，居委会中的“人民调解委员会”起到了十分重要的作用，这体现了居民自治的(　　)。

A. 协助功能　　B. 协调功能　　C. 治保功能　　D. 自治功能

6. 与私有产权制度和市场经济体制发育更为成熟的西方国家相比，我国物业管理发展道路的重要特征是(　　)。

A. 以政府为主导的制度建设　　B. 以企业为主导的经济建设

C. 以民众为主导的民生建设　　D. 以法律为主导的法治建设

7. (　　)是指将品牌视为独立的资源和资本，并以此为主导，来关联、带动、组合

其他资源和资本，从而取得最大经济效益和社会效益的一种经营活动和经营行为。

A. 资本运作模式　　B. 品牌经营模式

C. 物业服务总包模式　　D. 物业资产管理模式

8. 物业管理市场调查研究与物业管理市场拓展；物业项目可行性研究分析、制作标书与投标管理；新接物业项目前期介入管理的组织和协调；顾问项目管理与协调等，是(　　)的主要职责。

A. 客户服务部　　B. 市场拓展部　　C. 行政管理部　　D. 资产经营部

9. 所谓组织(　　)，就是通过减少管理层次，压缩职能机构，裁减人员，使组织的决策层和操作层之间的中间管理层级越少越好，以便最大可能将决策权延至最远的底层，从而提高企业的效率，而建立起来的一种紧凑而富有弹性的新型团体组织。

A. 网络化　　B. 柔性化　　C. 扁平化　　D. 虚拟化

10. 以下不属于物业管理技术手段创新的是(　　)。

A. 运用信息化手段　　B. 兴起智慧城市服务

C. 推行绿色物业管理服务　　D. 开展社区养老服务

三、多选题

1. 以下关于物业管理对房地产经营的影响，说法正确的是(　　)。

A. 基于对业主需求的了解，对环境的规划提出有利于业主日后生活的建议，使物业服务项目更符合未来业主的需求

B. 良好的物业管理可延长物业的使用寿命，充分发挥物业的使用价值

C. 有利于房地产市场的发展完善

D. 有利于推动外向型房地产经济的发展

2. 基于建筑物区分所有权而产生的物业公共事务管理权具有(　　)特性。

A. 可委托性　　B. 绝对性　　C. 从属性　　D. 社会公益性

3. 我国物业服务企业创新发展的主要领域包括(　　)。

A. 业务内容创新　　B. 技术手段创新

C. 商业模式创新　　D. 政策制度创新

4. 以下属于物业管理宏观环境的是（　　)。

A. 政治法律环境　　B. 经济环境

C. 技术环境　　D. 企业内部环境

5. 物业服务企业引入虚拟管理，就是要创设适应物业服务需要的虚拟组织，其动因有(　　)。

A. 实现管理柔性化　　B. 成本方面的考虑

C. 降低企业的运营风险　　D. 建立和提升企业的核心能力

6. 以下不属于物业服务企业应承担的职能的是(　　)。

A. 社会治安职能

B. 社会保障职能

C. 水、电、气以及公交等经营管理职能

D. 建筑物建设质量与保修责任

7. 要实施物业服务产业的可持续发展，必须（　　）。

A. 加强物业管理理论研究，促进行业健康发展

B. 推行“分业经营”体制和“分开运营”模式，实现行业独立价值

C. 政府应加强支持力度，使物业服务成为社区管理服务的先锋

D. 物业服务企业应当提升自身实力，打造品牌，适应国际国内竞争的需要

8. 物业服务企业在分析、获取和发展自身优势时，应重点抓住（　　）。

A. 认识能力　　B. 决策能力　　C. 协调能力　　D. 应变能力

9. 以下属于物业服务企业商业模式创新的是（　　）。

A. 资本运作模式　　B. 品牌经营模式

C. 物业服务总包模式　　D. 物业资产管理模式

10. 我国物业服务产业将主要呈现（　　）发展趋势。

A. 互联网与物业服务产业深度融合

B. 物业服务产业集中度稳步提升

C. 物业服务行政化与经营化并行

D. 物业管理行业价值逐步兑现

四、辨析题

1. 居民自治、业主行业管理、专业物业管理

2. 职能式结构、事业部结构、矩阵式结构

3. 混业经营、分开运营

五、案例分析题

5G 时代到来，物业管理将有哪些改变？

中国移动投资公司与中国移动研究院联合发布的《洞见 5G，投资未来——中国 5G 产业发展与投资报告》，分析了 5G 对生产和生活带来的变革，研判了 5G 产业建设的投资机遇，探索了伴随 5G 发展而闪现的投资机会。随着商用进程深化，5G 技术将推进物联网、云计算、大数据及 AI 等关联领域裂变式发展，赋能垂直行业并深度融合，形成 5G 大生态，为国家竞争力提升、社会转型和行业升级注入强劲动力。

中国科技巨头想要真正改造居民的衣食住行，就必须离开小家，寻找社区甚至是城市的合作者。高质量的物业管理公司，可能是最可靠的合作者。科技公司很难发掘物业管理区域不同业主之间的公共诉求；很难协调和处置不同业主由于运用新技术而产生的可能碰撞；很难准确划分一种新服务的成本分摊……没有社区终端的合作，互联网公司就只能被捆绑住手脚，在狭小的民宅内部想办法。

但物业公司需坚守服务本心，以较好的品牌保证客户的满意度。只有这样，才能带来业主增值服务的真正展开——只有业主增值服务真正展开了，才有 5G 时代智慧化社区改造的可能性。只有在获取业主集体信任的前提之下，物业管理区域层面的万物互联才有可能得到充分的授权。也只有凭借高质量的线下服务体系，这种万物互联所落实的具体服务指令，才可能得到有效贯彻执行。当前物业管理板块的估值很诱人，但打造高品质物业管理服务的前景更加诱人。新智慧社区运营服务，或许是企业未来十年规模化转型的机会。

问题：

1. 5G 时代将带来物业管理环境的哪些变化？

2. 请搜集有关 5G 对物业管理影响的材料，分析总结影响因素及应对措施。

六、训练题

业主物业服务满意度调查

1. 训练目标

物业管理作为服务行业，应当以业主满意为目标，只有赢得业主的支持与拥护才能获得稳定的经营管理权。因此，应当调查了解业主对物业管理服务质量的看法，通过满意度的调查，了解物业服务的不足，提出改进措施，以便提高业主满意度，稳定物业管理关系，建设和谐物业管理区域。

2. 训练要求

(1) 成立调研小组，确定调研对象。每个小组 3～4 人，小组成员可自行组合。要求成员中有物业管理项目区域管理服务人员或对该物业管理区域物业管理情况熟悉者，确保调查对象具有一定典型性或分享的价值，所获得信息真实可靠。

(2) 明确分工。制定物业管理满意度方案，包括目的、原则、抽样范围及比率、职业分工、时间安排、工作要求等。制定物业管理满意度方案前应当收集资料，确定调查物业管理区域对象，寻找必要的物质支持，各项工作要有明确的负责人。

(3) 分 3 个阶段实施问卷调查。前期准备阶段；问卷调查阶段；问卷调查报告的撰写阶段。可采用纸质问卷，也可以进行网上调查。

3. 成果交流

(1) 召开研讨会，根据分工各自完成工作，每个人做经验交流发言，提出修改意见。

(2) 根据研讨结果和意见修改完善调查报告，向所在物业管理区域提供业主满意度调查分析报告并提出改进服务质量的建议。

(3) 将个人总结和调查报告一并作为作业提交。

第三篇 物业管理专业学习与职业发展

学习是重要的职业发展能力和生存发展能力，也是不断适应环境变化、解决实际问题的重要思想来源。物业管理行业企业面对的是不断发展变化的经营环境，是需求多样化且善变的顾客，是持续交付服务产品的复杂过程，物业管理从业人员必须形成持续学习、善于学习和终身学习的理念和行为模式，才能适应行业企业生存发展需要，才能成为优秀经营管理人员。而且物业服务行业是劳动密集型行业，个人素质高低对物业管理服务质量影响巨大，需要优秀的从业人员来支撑行业企业整体素质，提升服务水平。

这一篇，我们将根据高等教育教学的规律性和物业管理本科专业的教学规则与要求，介绍物业管理专业人才培养与知识体系及开放教育物业管理专业学习的相关知识。物业管理从业人员的学习有其特殊性，一方面是理论学习，就是要全面系统学习物业管理专业课程理论知识；另一方面是实践学习，就是要根据自身条件、学习环境和行业企业发展对个人素质能力的需要，将理论知识应用到实践中，结合职业发展规划和工作任务，通过知识应用、经验总结和理论探索研究等方式进行深度学习，不断提升专业素质和能力。因此，我们不但要了解物业管理专业相关教学与学习方法，还要掌握开放教育物业管理专业学习模式，掌握科学的学习方法，提高学习效率，适应开放教育条件下个人学习发展需要。

第四章　物业管理专业学习

【学习目标】

1. 了解：物业管理人才培养模式；物业管理专业本科培养目标与规格；开放教育物业管理专业优质课程学习资源建设的思路。

2. 理解：物业管理专业学习特点，普通高等教育和开放教育物业管理专业知识结构与课程体系；物业管理从业人员继续教育的重要性；构建物业管理行业终身学习立交桥的基础；理解物业管理优质资源的特征与标准。

3. 掌握：物业管理专业本科专业知识结构与课程体系；物业管理的特点与学习方法，特别是开放教育学习方法。

【能力目标】

1. 能适应开放教育条件物业管理专业人才培养需要，能掌握有效的学习方法并完成学习任务；能建立终身学习理念，不断学习以提高自身素质和能力。

2. 会利用现代信息技术，抓紧碎片化时间，结合物业管理工作实践，开展自主学习，并能运用所学知识总结案例，交流心得，实现从理论学习、应用学习，到总结学习、探索学习的全周期有效学习。

【案例导入】

物业管理的后资质时代，如何培养人才？

“两证”（《物业管理师资格证书》和《物业服务企业资质证》）制度的出台和实施是国家体制转轨过渡时期的产物。换句话说，是市场经济体制尚不健全、尚不完善时的产物。从哲学的角度讲，体制转轨过渡时期的各项制度、政策必然带有两种体制的烙印，既有旧体制的痕迹，又有新体制的曙光。

“两证”出台与撤销的背景

下面从“两证”制度的出台和实施分析政府职能的转变。

一、管理手段的变化。计划经济体制下，政府对行业的管理主要靠行政手段，没有那么多的法律法规。在市场经济体制下，政府对行业的管理是综合应用 5 种手段：法律手段、行政手段、经济手段、技术手段、道德手段（包括舆论）。

二、管理方式的转变。计划经济体制下，管理方式是统一计划下通过各级行政管理部门、行政领导逐级实施管理，实际上是一种权力管理，是政府配置资源。这种管理方式是直接的，有时效率还特别高。健全完善的市场经济体制则是由市场配置资源，政府宏观调控，就是我们常说的“两只手”。在体制转轨的过渡时期，由权力配置资源逐步向市场配置资源转变，政府这只手将视市场经济体制健全和完善的程度决定其职能的转变进程。

三、管理内容的变化。计划经济体制下政府是全面管理，人、财、物、行为等全方位管理。不仅管让谁干、干什么，还管怎么干。健全完善的市场经济体制下，政府的职能就是服务，一是营造和维护正常良好的市场秩序；二是服务于民生。正常良好的市场秩序通过市场主体和市场主体的市场行为来体现。物业管理的市场主体有需求方（业主）和物业服务提供方。物业服务提供方有从业人员（以专业管理人员为主）和从业机构（物业服务企业）。健全完善的市场经济体制下，需求方能自主选择合格的提供方。市场行为则是有两个边界，即行为程序的规范化和禁止性行为的明确。

在体制转轨的过渡时期，政府借助权力，从培育日后适应市场经济的市场主体入手，划分、界定其市场行为的边界，逐步推动建立正常的市场秩序。“两证”制度的出台就是这一时期物业管理领域改革的两大成果。

撤销“两证”的启示

党的十八大提出到2020年在我国基本完成构建较为完善的社会主义市场经济体制的任务。5年来，本届政府职能改革的基本特征是放开，即“简政放权、放管结合、优化服务”。其实质和终极目标是将政府对社会经济生活的管理逐步有序地转向以服务为主。政府对行业的管理将逐步从主导（过去）过渡到指导（现在）最终到引导（未来），即从刚性管制的逐步弱化向柔性指导、引导过渡。“两证”就是在这样的背景下撤销的。

党的十九大做出了中国特色社会主义进入新时代的历史定位。就物业管理行业而言，今后将进入政府通过人大立法、行业通过协会立规、企业通过自身立信、业主立德、司法立威的新阶段。

“两证”撤销后，如何做好工作

“两证”制度的出台和实施激发和引导了物业管理行业从业人员进行学习、培训、提高，推动和促进了物业服务企业的自身建设。在“两证”撤销后，如何继续做好这两方面的工作，是值得我们认真思考与努力的。

建设以物业项目负责人为重点的物业管理专业人才队伍。2017年5月，中国物协在上海举办了首届全国物业管理职业技能大赛。竞赛取得了成功，但从物业管理员（定位于物业项目负责人）组全国参赛选手的竞赛情况看，也反映出了一些带有普遍性的问题。因此，应不断加强、探索和完善“两证”撤销后物业管理从业人员的学习、培训和提高。

物业管理专业人才队伍的核心是物业项目负责人。物业管理行业大体有两类人员，即技能型专业员工和管理型的项目负责人。行业人才队伍建设的重点是项目负责人。原物业管理师的定位就是项目经理，属于国家技术职称系列的中级职称。我国有数以百万计的各类物业项目，每一个项目物业管理具体运作的掌门人是项目负责人。项目负责人的知识结构、综合素质和全面能力将直接影响和决定该项目物业管理服务质量的优劣。同时，项目负责人也是广大从业人员心目中努力提升的目标。因此，物业管理专业人才队伍建设的重点必须定位于项目负责人。

建立两个体系，引领物业管理从业人员的学习与提高。众所周知，学习是成长的必由之路。随着物业管理向现代服务业的转型升级，对人才的素质提出了更高的要求。物业管理师取消后，怎样组织、调动广大从业人员的学习热情，不断提高自身素质，不仅是每一个从业人员自身的问题，更是企业、协会要深入思考的。从企业到行业，应建立两个体系：学习、培训、提高的终身学习体系和职业技能水平评价体系。前者是自身主观努力的途径，后者是客观评价的方法。中国物协通过与国家开放大学的沟通与交流，已成立国家开放大学现代物业服务与不动产管理学院，设立物业学分银行以及物业学习成果认证分中心。这给广大从业人员、各企业、各培训机构搭建了一个引领终身学习的立交桥。与此同时，还应有一个职业技能水平的评价体系。我们要首先在行业内建立物业各岗位的技能评价体系，再争取将某些工种，如物业项目负责人列入国家水平测试类考试。

给物业从业者以拼搏、赢得荣誉的成长空间。专业人才队伍的建设与成长既要自身努力，也需要客观环境。首届职业技能大赛物业管理员的前三名将获得“全国职业技术能手”的荣誉，在行业内引起反响，给我们以启示。

资料来源：季如进．迎接物业管理的后资质时代．中国物业管理．2018-01-31.

总结：

本文反映了中国物业管理行业面临全面深化改革所带来的管理观念、管理方式方法和管理体制必将发生根本性变革的趋势。过去的“一放就乱，一抓就死”的浅层改革“兜圈圈”折腾问题，必须改变。但是改变关键是创造一大批物业管理新人，需要进行大规模人才培养，知识更新。因此，物业管理人才培养问题是中国物业管理行业改革发展的瓶颈问题，必须构建全新的物业管理继续教育体系，通过数字化、碎片化，不脱产、不离岗的自主学习模式，形成全方位、多层次、大规模、快速度、高质量地培养物业管理人才的开放式培养模式，不断满足物业管理行业企业创新发展的需要。

第一节　物业管理专业人才培养与知识体系

一、人才培养模式

（一）人才培养模式的含义

人才培养模式包括“模式”和“人才培养”两层含义。关于“模式”，《辞海》解释：“模”有“模仿”之意，即“依照一定的榜样做出类似动作和行为的过程”。从词义学上讲，“模式”即解决问题的范式、范例。人才培养指对人才进行教育、培训的过程。人才培养作为一项系统工程，涉及人才培养的理念、主体、客体、目标、途径、模式与制度七大要素。

关于人才培养模式，目前国内学者对此定义不一。不过，各种人才培养模式定义基本涉及国家、高校和专业 3 个不同层面，以及每个层面所涉及的不同要素。如“标准＋变式”论就涉及国家和高校层面，又如“理念＋目标＋方式”论、“人才培养系统”论、“人才培养方案”论只涉及高校层面；再如“整体教学方式”论、“结构＋方式”论只涉及专业教育层面[①]。这些表述又可概括为“人才培养规范”说、“人才培养系统”说、“教育过程总和”说、“培养活动样式”说、“教育运行方式”说、“目标实现方式”说、“人才培养结构”说、“教学活动程序”说、“整体教学方式”说、“人才培养方案”说[②]。

尽管如此，学界对人才培养模式还是有比较有代表性的界定：(1) 培养模式是为实现培养目标（含培养规格）而采取的培养过程的某种标准构造样式和运行方式；(2) 人才培养模式涵盖了培养目标、培养内容、培养方式和培养条件等人才培养诸要素；(3) 人才培养模式以价值取向为基点、以目标为导向、以课程为载体、以教学为途径、以评价为保障；(4) 人才培养模式涉及培养目标、专业设置、课程体系、教育评价等多个要素及制定目标、培养过程实施、评价、改进培养等多个环节。[③]

在此基础上，董泽芳将“人才培养模式”定义为培养主体为了实现特定的人才培养目标，在一定的教育理念指导和一定的培养制度保障下设计的，由若干要素构成的具有系统性、目的性、中介性、开放性、多样性与可仿效性等特征的有关人才培养过程的理论模型与操作样式。[④] 教育部《关于深化教学改革，培养适应 21 世纪需要的高质量人才的意见》（教高〔1998〕2 号）将人才培养模式定义为“学校为学生构建的知识、能力、素质结构，以及实现这种结构的方式”。

综上所述，人才培养模式就是指在一定教育理论、教育思想指导下，按照特定的培养目标和人才规格，以相对稳定的教学内容和课程体系、管理制度和评估方式，实施人才教育的过程的总和。它由培养目标（规格）、培养过程、培养制度、培养评价四个方面组成。它从根本上规定了人才特征并集中体现了教育思想和教育观念。

（二）人才培养模式的要素

人才培养是一个系统工程，它包括人才培养的理念、主体、客体、目标、途径、模式与制度七大要素。人才培养模式是“人才培养”系统中一个最富于变化、最具活力的子系统，也是构成要素最复杂的子系统。人才培养模式变化实质上都是其构成要素的变化；人才培养模式的创新也主要是对各构成要素的革新或重组。因此，要创新人才培养模式，必须认真解析人才培养模式的构成要素。[⑤]

1. 人才培养理念

这里的人才培养理念是指中观（高校）与微观（教师）层面的教育理念，也就是培养主体关于人才培养的本质特征、目标价值、职能任务和活动原则等的理性认识，以及对人才培养的理想追求及其所形成的各种具体的教育观念，如质量观、师生观、教学观、科研观、活动观与评价观等。人才培养理念旨在回答“高校人才应该是怎样的”“人才应该如何培养”等问题。从哲学层面上讲，人才培养理念的功能旨在揭示人才培养的内在逻辑与终极价值；从操作层面上讲，旨在指导人才培养过程，包括培养的程序与环节等的设计与

---

① 刘忠喜．人才培养模式概念、层次及构成要素［J］．海南广播电视大学学报，2014（3）：107－108.

② 董泽芳．高校人才培养模式的概念界定与要素解析［J］．高教与成才研究，2015（15）：19.

③ 莫甲凤．中国研究型大学人才培养模式：概念模型与基本特征——基于全国 15 所“985 工程”高校学生的调查分析［J］．中国高教研究，2016（09）：69.

④ 董泽芳．高校人才培养模式的概念界定与要素解析［J］．高教与成才研究，2015（15）：19－20.

⑤ 董泽芳．高校人才培养模式的概念界定与要素解析［J］．高教与成才研究，2015（15）：20－21.

构想。人才培养理念对人才培养模式其他要素的选择与确定都产生着极其重要的影响。

2. 专业设置模式

专业设置模式是人才培养模式的重要组成部分。专业主要是按照学科来划分的，专业设置一般可在设置口径、设置方向、设置时间、设置空间等方面进行形态变化设计。专业口径是指划分专业时所规定的主干学科或主要学科基础及业务范围的覆盖面。设置方向是指在专业口径之内是否分化专攻方向以及分化多少，以刚化或活化专业。设置时间是指专业设置的时间早晚，是一进校就定专业，还是学习到一定阶段之后再确定专业。设置空间是指学生的专业确定之后，还有没有游移的空间和更改的可能，是否允许学生转专业、转系、转院或跨专业、跨系、跨院学习等。

3. 课程设置方式

课程设置是指一定学校所选定的课程类型和课程门类在各年级的安排顺序和学时分配，以及对各类各科课程的学习目标、学习内容和学习要求的简要规定。课程设置必须符合培养目标的要求，它是一定学校的培养目标在一定学校课程计划中的集中表现。评价课程设置主要考虑两个方面：合理的课程结构和课程内容。合理的课程结构指各门课程之间的结构合理，包括开设的课程合理，课程开设的先后顺序合理，各课程之间衔接有序、能使学生通过课程的学习与训练，获得某一专业所具备的知识与能力。合理的课程内容指课程的内容安排符合知识论的规律，课程的内容能够反映学科的主要知识、主要的方法论及时代发展的要求与前沿理念。由于传统知识观的影响，我国高校课程设置过于专门化；重理论轻实践；重必修轻选修；课程传授模式单一，不利于创新型人才的培养。因此，必须改变传统的课程观，使高校课程设置超越专业藩篱和时空界限，淡化专业课程，增加综合课程，并大力发展网络课程。

4. 教学组织形式

教学组织形式是教学活动过程中教师和学生的组织方式及教学时间和空间的安排方式。不同的教学组织形式对学生知识的获得、智力的形成与人格的提升产生不同的影响。18 世纪初起源于德国的一种名为“习明纳”的教学组织形式，重视教师向学生提出问题或鼓励学生自己发现问题，然后指导学生进行解决问题的活动。教学过程是以学生探讨为主的双向、多向的交流过程，充分体现学生主体地位。这种教学组织形式在培养学生独立思考和创新能力，以及增长学生见识、活跃课堂氛围方面的作用得到了世界的公认。我国高校传统课堂教学组织形式的主要特征是强调书本知识中心、课堂中心和教师中心：教学目标重在知识灌输，课堂完全由教师主宰，教学方式主要是“满堂灌”；学生几乎处于填鸭式接受知识的被动地位，使学生学习与创新能力的培养受到了极大的限制。近年来，我国许多高校兴起的以学生“自由选题、自主探究和自由创造”为宗旨的“研究型”教学形式，注重突出学生在学习、研究和探索中的主体地位，在培养学生的学习能力、实践能力和创新能力等方面的收效日益显现。

5. 教学管理模式

教学管理模式是指在一定的教学思想、教学理论、学习理论、管理理论指导下对教学过程进行组织管理的手段与方法。我国高校传统的教学管理模式，是在国家计划经济体制下形成的行政型教学管理模式。它强调按照行政法规和既定的规范程序实行教学管理，具有集中统一、有章可循、易于操作的特点，可以避免政出多门、任意行事，在我国教育发展史上起过非常积极的作用。但随着时代的发展，其管理系统的封闭性、管理内容的统一性、计划执行的强制性与监控系统的片面性等弊端日益暴露，与确立师生的教学主体地位、推进教学的民主化进程、培养创新型、有个性的现代高素质人才的要求极不适应。为了提高教学管理水平，提升人才培养质量，促进创新型人才的培养，创新教学管理模式已势在必行。

6. 教学评价方式

教学评价是依据一定的标准对人才培养过程及其质量与效益做出客观的判断与评价。教学评价是人才培养过程的重要一环，也是检验人才培养效果的有效形式和对师生进行激励的重要手段。教学评价涉及中观的对办学的评价和微观的对教学中教与学的评价两个层面。无论是在中观层面上还是在微观层面上，目前在教学评价上存在的问题表现在：一是在评价的范围上，重结果评价，轻过程评价；二是在评价的目的上，重鉴别、选拔与淘汰，轻反馈、矫正与调控；三是在评价的依据上，重考试的分数，轻创造性思维与实践能力；四是在评价的方法与手段上，重考试，轻其他的方法与手段。这种评价方式限制了师生的教与学的自主选择权，束缚了人的个性自由发展，更不能很好地适应培养创新型人才的要求。更新评价理念，促进从单一评价向多元评价发展，是培养创新型人才对评价方式创新的必然要求。

（三）物业管理专业人才培养模式

关于物业管理人才培养模式，高等教育机构应根据自身的教学条件和学员所处的不同的学习环境、学习条件，在专业教师和实践导师的引导下，探索各具特色的人才培养模式。在开放教育条件下，教育机构和学员应当根据开放教育的规律和自身的学习特点、条件和资源优势，选择、适应开放教育人才培养模式下的学习生活和自主学习模式，培养合格的物业管理人才。

20 世纪 90 年代中期以来，一些普通高校和成人高校或教育机构开始开设物业管理专业专科，广州大学、广州市广播电视大学等高校自 1996 年开始开设物业管理专业学历教育。中央广播电视大学（现国家开放大学）与广州市广播电视大学从 2003 年开始合作开设开放教育物业管理专科班，累计为物业管理行业培养 5 万余名物业管理人才。2018 年以来，中国物业管理协会开始与国家开放大学合作建设学分银行与学习成果认证中心（物业），并合作建设开放教育物业管理专业本科，开创了高校与行业协会合作培养中高端物业管理专业人才培养新模式。经过多年的探索，各类高校探索出一些人才培养模式，比较典型的模式有以下 4 种。

1. “分层分岗，工学交替”培养模式

“高职物业管理专业‘分层分岗，工学交替’培养模式”① 是徐梅基于物业管理人才需求大，但专业人员短缺；从业人员流动大，不利于企业和员工本身发展；中层管理人员缺口大等人才现状提出的。

“分层”主要是指，除了将大部分学生培养成能适应物业管理企业基层岗位工作需求的人员以外，还对部分专业基础扎实、综合素质高的学生，加强综合管理方面能力的培

① 徐梅．高职物业管理专业“分层分岗，工学交替”培养模式探析［J］．企业改革与管理，2015（5）：64.

养，为他们职业的晋升打下基础，缩短他们成为中层管理人员所需的时间。“分岗”就是按照企业不同岗位的能力需求来培养学生。可将物业管理专业的培养岗位定位在客户服务、工程维护和品质管理三大类。“工学交替”就是在3年的培养过程中，除了在学校学习以外，学生会到企业实习，学习和实习交替进行。为此，要加强专业人才培养方案的建设，建设双师型教师队伍，加强校企合作，满足校企双方需要。

2. 校企协同人才培养模式

包进提出“物业管理专业校企协同人才培养模式”①。该模式从应用型人才培养模式角度，认为仅依靠高等院校自身的资源存在一定的难度，一方面双师型人才等教育资源建设尚需时日；另一方面教学指标体系过于陈旧，难以满足社会需求，难以达成应用型人才培养目标。因此，需要建立校企协同人才培养模式，其价值基础是建立在对人才素质要求的统一性上，对高校而言，培养出的学生的素质能力，尤其是实践应用能力，是衡量教学质量的标准；而对物业管理企业而言，具备企业认同感、拥有岗位所需要的专业素养的员工是企业的追求。基于对应用型人才教育培养的共同价值取向，双方才有进一步开展合作的理由。

校企协同人才培养模式的构建是一个不断转变的过程，要避免出现短期性、阶段化、分割式的合作模式，不应是双方资源的简单相加、有限共享，而是双方资源的优化，即有效整合校企双方的资源，实现长期性、全程化、协同式校企合作模式，需要双方具备共同的价值基础，才能推动双方的深度协同。

3. 校企协同育人实验班培养模式

卢晨、陈德豪提出“基于校企协同育人实验班的物业管理专业人才培养模式”②。所谓协同育人的本科人才培养模式是指以学校为主体协同政府、行业、企业、学生家长、优秀毕业生、当地社区和社会公众等各方共同参与人才培养目标制定、专业课程开发、教育教学模式改革、人才培养评价和制度保障等多个环节，进行跨部门、跨地区、跨领域、跨专业的合作育人模式。过去学生在实习基地实习，简单化安排工作，达不到人才培养的效果，需要企业、科研院所深入参与人才培养的全过程，转变角色，从人才的使用方转变成人才的培养方，才能提高人才培养的质量及适应性，形成边学边做、以做促学的校企协同良性互动新型人才培养模式。

校企协同、优势互补、资源共享的培养模式可以为物业管理专业学生专业学习、实习和就业提供更大空间和更优资源。具体内容如下：第一，以物业公司对实验班的系列激励措施（例如给优秀本科毕业生见习经理职位）为牵引，提高专业招生吸引力，提升专业品牌知名度。第二，以物业公司全程（大一至大四）深度参与人才培养的形式，如利用专题讲座引导学生尽早进行职业生涯设计和人生专业目标规划，利用寒暑假全面衔接校内培养环节，强化实践与创新训练，充实人才培养内容，优化人才培养环节和机制，切实提升该专业人才综合素质和能力。第三，以边学（学校为主）边做（企业为主）、以做促学的轮

---

① 包进．物业管理专业校企协同人才培养模式初探［J］．赤峰学院学报（自然科学版），2017（6）：173-175.

② 卢晨，陈德豪．基于校企协同育人实验班的物业管理专业人才培养模式改革初探——以广州大学为例［J］．中外企业家，2017（16）：242-243.

动协同培养方式，增强学生学习的目的性和效率，促进教师优化改进教学内容和方式。第四，以物业公司在行业领先的技术应用创新成果（集云计算、大数据、物联网等最新技术为一体的一应云智慧管理系统等）为依托，全面提升学生在物业管理信息化技术方面的学习和应用深度，提高学生的高科技应用水平。第五，以物业公司在行业领先的建筑智能化设施设备资源和网络教育资源为依托，使学生能以直接快捷的方式接触各类物业高端设施设备，尽快熟悉掌握这些设施设备的组成、性能、使用管理要求及维修养护方法，熟悉掌握大量物业管理实务运作。第六，以物业公司在技术、管理、经营方面的资深行业专家队伍为依托，校企合作，双导师指导学生生产实习、毕业实习、毕业设计或课题研究，使学生能有目的地针对企业经营管理中的实际问题开展学习、研究，提高学生学以致用、解决实际问题的能力，使学生能更早胜任企业的管理工作，尽早成为企业骨干人才。

4. 岗位能手型技能人才培养模式

黄安心结合教育部人才培养模式和开放教育试点物业管理专业人才培养实践，提出了“岗位能手型物业管理技能人才培养模式”①。岗位能手是指具备优良的心智品质、熟练掌握本岗位业务技能和理论知识，忠诚于岗位职责，按规划完成本岗位目标任务，并创造了较好经济效益，业务水平受到组织或社会认可的企业职工。岗位能手应具备的素质主要包括两个方面。一是熟练的专业技能，包括专业理论知识及操作实践能力、学习能力及创新能力、快速适应及掌握新事物的能力、重复操作的准确度和耐心度、技术熟练、独立工作及解决问题的能力等。二是良好的综合素质，包括敬业、心理健康、操作熟练、勇于创新、举止文明、道德良好、身体素质良好、学习成绩优秀等。

岗位能手型物业管理技能人才培养模式，是指各类办学主体根据教育目标所确定的培养目标、教学内容、培养方式和保障机制的总和，并在实践中形成的定型化的范式。如图4－1所示。

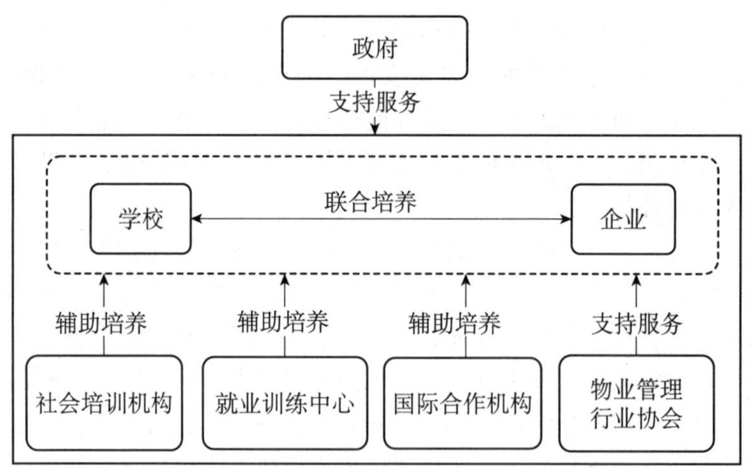

图4－1　岗位能手型物业管理技能人才培养模式

① 黄安心．岗位能手型技能人才开发与培养模式研究——以物业管理企业为例．2007年度中国成人教育协会成人教育科研规划课题（项目编号：07A124Y）成果综述．

开放教育条件下，如何实现岗位能手型物业管理技能人才培养？应以岗位能手型人才培养为目标，结合远程教育、学历教育和继续教育，大规模进行物业管理专业人才培养。岗位能手型物业管理技能人才的培养必须依托实践，依靠行业、企业，走产学研相结合的人才培养道路，特别要重视远程开放教育方式，这是培养大规模物业管理人才，解决目前人才培养数量和质量不足的重要方式，如图 4-2 所示。

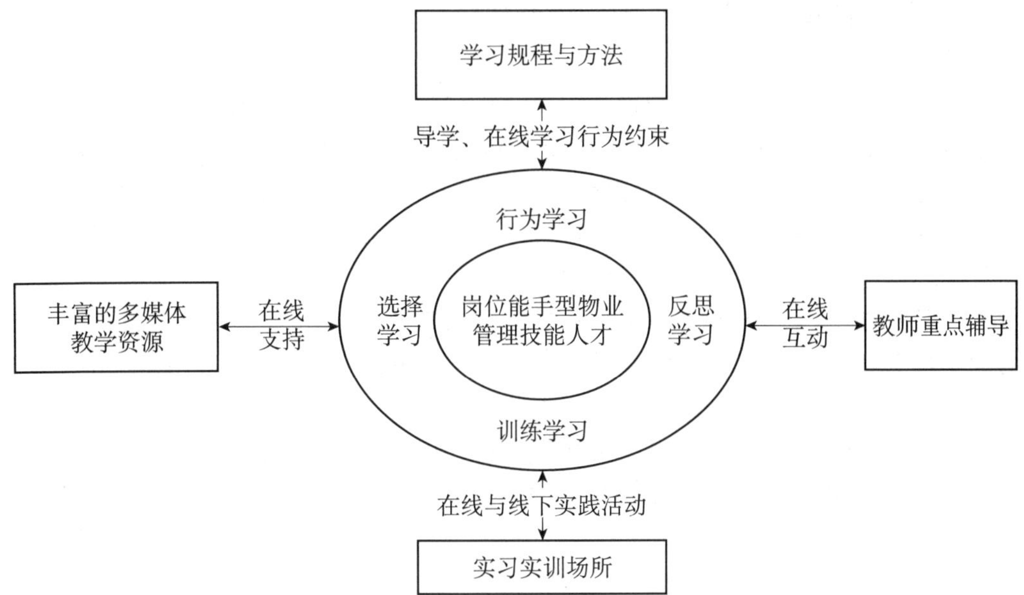

图 4-2 开放教育物业管理岗位能手型技能人才培养模式

微课 59

二、物业管理专业本科培养目标与规格

《高等学校物业管理本科指导性专业规范（2016 年版）》提出了国家对物业管理专业本科教学的基本要求，规定了物业管理专业本科学生应该学习的基本理论及应掌握的基本技能和方法。该规范也明确指出，各学校可根据自身定位和办学特色，对其中的条目进行细化，制定相应的专业培养方案，但不得低于该规范相关要求，鼓励各校高于该规范标准办学。

（一）物业管理专业本科培养目标

1. 普通高等教育物业管理专业本科培养目标

培养适应物业管理发展需要，具备良好的现代管理理论素养和职业道德，具备与物业管理相关的工程技术、经济、管理、法律、计算机信息技术基本知识及物业管理专业知识与技能，具备物业管理、服务、经营素质与能力，熟悉物业管理及房地产的有关方针、政策和法规，能够在物业服务企业、房地产开发与经营企业、中介机构、企事业单位及政府部门从事物业管理与物业资产经营管理的高素质、应用型、复合型专门人才。

2. 开放教育物业管理专业本科培养目标

培养德智体美劳全面发展的社会主义事业的建设者和接班人，不断提高学生思想水平、政治觉悟、道德品质、文化素养，让学生成为适应社会主义市场经济发展，具有社会责任感、公共意识和创新精神，具备较高的现代管理理论素养和良好的职业道德，掌握物业管理的基本理论、知识和技能，具备物业管理、服务、经营素质与能力，熟悉物业管理有关方针、政策和法规，能够在物业服务企业、房地产开发与经营企业、中介机构、事业单位及政府部门从事物业管理的应用型、复合型、创新型人才。

（二）普通高校物业管理专业的培养规格

1. 学科性质与学制学位

物业管理专业培养的人才将要面临复杂的工作环境和综合性的工作岗位，人才素质应为复合型，因此物业管理专业本科知识体系所依托的学科主要是市场监管管理、管理科学与工程及公共管理等相关学科。根据教育部《普通高等学校本科专业目录（2012 年）》，高等学校本科教育专业按“学科门类”“学科大类（一级学科）”“专业（二级学科）”3 个层次设置。物业管理为工商管理类二级学科，专业代码为 120209。事实上，随着物业管理行业人才需求的变化，物业管理专业发展至今，已经成为一门横跨多学科的交叉专业。物业管理专业主干学科为工商管理、管理科学与工程，重要支撑学科有建筑学、土木工程、环境工程，以及工学、管理学、经济学、法学、社会学、心理学门类下相关学科。

高等学校物业管理专业本科基本学制为 4 年。实行弹性学制的，修业年限可以调整为 3～6 年。完成培养方案规定的课程和学分要求，考核合格，准予毕业。符合规定条件的，授予管理学学士学位。

2. 专业的培养规格

（1）知识结构。本专业知识结构包括以下几项：1）人文社会科学知识。掌握管理学、经济学、法学等方面的基本知识，熟悉哲学、社会学、心理学、政治学、历史学等社会科学基本知识，了解文学、艺术等方面的基本知识。2）自然科学知识。掌握高等数学基本知识，熟悉工程数学、环境科学、信息科学相关知识，了解可持续发展相关知识和当代科学技术发展现状及趋势。3）工具性知识。掌握一门外语，熟悉计算机及信息技术的基本原理及相关知识。4）专业知识。掌握房屋建筑学、建筑识图、建筑材料、物业设施设备工程等工程技术知识；掌握经济学原理、工程经济学、房地产经济学、管理学原理、应用统计学、会计学、财务管理、经济法等经济、管理、法律支撑学科知识；掌握物业管理专业导论、物业管理理论与实务、设施管理、物业设施设备维护与管理、物业服务质量管理、物业经营管理、物业管理法规、服务营销、房地产估价、建筑智能化系统管理、物业管理信息系统及运用等物业管理专业知识。5）相关领域专业知识。了解建筑、规划、土木、环境、园林、设备、电气、市场监管管理、公共管理以及金融保险等相关专业基础知识。

（2）能力结构。本专业能力主要包括以下几项：1）通用能力。包括：运算能力；表达能力；沟通能力；规划能力；组织能力；抗压能力；信息查询检索能力。2）专业能力。包括：专业识图能力；调查分析能力；项目策划和方案撰写编制能力；专项工作组织实施能力；外语应用能力；法规应用能力；突发事件处理能力；项目综合管理能力。3）创新能力。能及时发现工作中的问题，并具有一定的探究解决能力，具备创新和应用物业管理新方法、新技术、新模式的能力。

（3）素质结构。本专业素质结构组成部分如下：1）思想道德素质。具有良好的思想政治素质和正确的人生观、世界观、价值观；遵法履约、诚实守信、爱岗敬业、勇于担当，具有高度的社会责任感、良好的职业道德和团队合作精神。2）文化素质。了解中外历史，具备中国传统文化涵养，理解尊重不同的文化与风俗，有一定的文化与艺术鉴赏能力；具有兼收并蓄、积极进取、开拓创新的现代意识和精神；具有较强的社会沟通和人际交往的意识和能力。3）专业素质。掌握本学科领域基础方法论，具有科学思维的习惯；具备严谨求实、理论联系实际、不断追求真理的良好科学素养；具有系统和辩证思维能力，能从综合效益最大化的专业角度优化工作方案，提升工作效率；具有预防和处理工作中风险、困难和关键问题的能力。4）身心素质。身体健康，达到相应的国家体育锻炼标准要求；能理性客观地分析事物，合理评价自己、他人与周围环境；具有较强的情绪控制能力，能自信乐观面对挑战和挫折，具有良好的心理承受能力和自我调适能力。

（三）开放教育物业管理专业本科修业年限及培养规格的基本要求

1. 修业年限及学位申请

开放教育作为继续教育，一般是在接受其他专科教育的基础上进行专科起点本科继续教育，学制两年半，半年业余学习，最短学习年限不低于两年半。学习形式为开放教育。总学时为 1 296 学时，总学分为 72 学分。具有国民教育系列相同或相近专业高等专科（含专科）以上学历者可报读物业管理专业本科。部分不具备该专业专科学历或不具备学习该专业相关基础知识的学生必须补修课程。本专业需要补修的课程是：物业管理实务（1）、物业管理实务（2）、管理学基础，共 11 学分。随着物业管理专业建设与发展，开放教育物业管理专业本科有可能开设高中起点本科，学制为 5 年，完成学业可以获得本科毕业证书。符合学士学位申请条件的可申请学士学位。一些需要提前毕业的学生可学完专科课程在 2 年半毕业，获得专科毕业证书后，继续完成本科学习任务。

根据《国家开放大学学士学位授予工作实施细则（试行）》，结合专业实际，本专业学位申请的规则是：通过毕业审核，必修课平均成绩 75 分以上（含 75 分），其他课程平均成绩 70 分以上（含 70 分），通过学位外语（物管）考试，毕业论文成绩在良好（75 分）以上并通过学位论文答辩的学生，可申请授予管理学学士学位。有下列情况之一者，不得授予学士学位：（1）在读期间受到学校留校察看及以上纪律处分或触犯法律受到处罚者；（2）在读期间存在考试作弊和抄袭他人成果等严重违反学术诚信等行为者。

2. 本专业培养规格的基本要求

本专业学生主要学习物业管理方面的基本理论、基本方法，接受系统的物业管理系统运营与管理的基本训练，掌握分析和解决物业管理具体问题的基本知识。通过本专业本科阶段的学习和培养，学生应当具备以下几个方面的知识能力和素质：

（1）知识。掌握管理学、经济学、法学、社会学以及与物业管理直接相关的基本理论、基本知识；物业管理及相关领域的专业知识；物业管理系统运营与管理的基础知识。熟悉物业管理的有关理论、方针、政策和法规。了解物业管理和现代服务业的发展动态与行业需求。

（2）能力。具有运用科学的方法，通过课堂、文献、网络、实习实践等渠道获取知识，善于学习和吸收他人知识，并构建自己的知识体系的能力；运用物业管理及相关理论、知识、方针、政策、法规和方法解决物业管理具体问题的能力；创新和应用物业管理新方法、新技术、新模式的能力；良好的语言、文字表达能力和沟通能力。

（3）素质。应努力学习掌握马克思主义、毛泽东思想和邓小平理论，树立辩证唯物主义和历史唯物主义世界观；坚定拥护中国共产党领导和社会主义制度，在习近平新时代中国特色社会主义思想指引下，践行社会主义核心价值观，具有深厚的爱国情感和中华民族自豪感。具有时代精神和较强的人际交往能力；积极乐观地生活，充满责任感地工作。掌握物业管理专业基础知识、技能与方法，具备系统和辩证思维能力，能从综合效益最大化的专业角度优化工作方案，提升工作效率，系统分析、解决具体问题。具有健康的体魄和心理素质，具有稳定、向上、坚强、恒久的情感力、意志力和人格魅力。

微课 60

三、物业管理专业本科专业知识结构与课程体系

（一）普通高等教育物业管理专业本科专业知识结构与课程体系

物业管理专业教学内容分为知识体系、实践体系和大学生创新训练三部分，通过有序的课堂教学、实践教学和课外活动，实现学生的知识融合与能力提升。

1. 主要指标

主要指标：基本学制为 4 年。实行弹性学制的，修业年限可以调整为 3～6 年；总学分在 155～175 之间，总学时控制在 2 500 学时左右；实践教学学分占总学分的比例≥20%；理论课程一般按 16 学时折算 1 学分，实践环节课程一般按 1 周折算为 1 学分。

2. 课程总体分布

（1）人文社会科学基础知识、自然科学基础知识和工具性知识领域推荐课程 20 门，建议 956 学时。

（2）专业知识领域推荐课程 23 门，建议 872 学时。

（3）实践体系中推荐安排实践教学环节 9 个。其中，基础实验推荐 32 学时，专业基础实验推荐 24 学时，专业实验推荐 32 学时，实习推荐 14 周，课程设计推荐 2 周，毕业设计（论文）推荐 14 周。课内教学与实践教学学时（周数）分布见表 4-1。

表 4-1 课内教学与实践教学学时（周数）分布

项目	工具、人文社会、自然科学知识	专业知识	自主设置知识	
			推荐选修单元	剩余选修单元
专业知识体系（按 2 500 学时计）	956	872	384	288
	38%	35%	15%	12%
实践教学（周）	88 学时+30 周			

3. 知识体系

物业管理专业知识体系由人文社会科学基础知识、自然科学基础知识、工具性知识和专业知识四部分构成。物业管理专业知识包括知识领域、知识单元和知识点三级内容。知识单元是专业知识体系中专业知识领域的基本要素，由知识点构成，是物业管理专业教学中相对独立的基本教学内容，如图 4-3 所示。

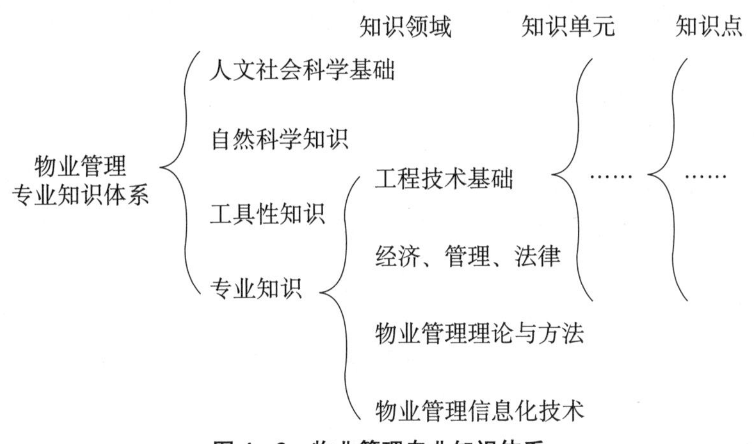

图 4-3 物业管理专业知识体系

（1）自然科学知识。包括数学和环境科学基础 2 个知识领域，主干课程 4 门，即高等数学、线性代数、概率论与数理统计、环境保护概论。

（2）工具性知识。工具性知识包括外国语、信息科学技术、计算机技术与应用 3 个知识领域，主干课程 5 门，即大学外国语、计算机信息技术、文献检索、程序设计语言、数据库技术。

（3）专业知识。包括工程技术基础，经济、管理、法律相关理论与方法，物业管理理论与方法，物业管理信息化技术 4 个知识领域，主干课程共 23 门。它们分别是工程技术基础：房屋建筑学、建筑识图、建筑材料、物业设施设备工程；经济、管理、法律相关理论与方法：经济学原理、工程经济学、房地产经济学、管理学原理、应用统计学、会计学、财务管理、经济法；物业管理理论与方法：物业管理专业导论、物业管理理论与实务；设施管理、物业设施设备维护与管理、物业服务质量管理、物业经营管理、服务营销、房地产评估、物业管理法规；物业管理信息化技术：物业智能化系统管理、物业管理信息系统应用。

4. 实践体系

物业管理专业实践体系包括实验、实习、设计、社会实践以及科研训练等方面，旨在通过这一环节的教学，培养学生的分析、研究、解决实际问题的综合实践能力和初步科学研究的能力。实践体系主要包括实验、实习和设计 3 个领域。

（1）实验。实验领域包括基础实验、专业基础实验、专业实验 3 类 5 门实验课程。基础实验包括计算机及信息技术应用实验；专业基础实验包括房屋构建实验、建筑材料实验；专业实验包括物业设施设备工程实验、物业管理信息系统及应用实验。

（2）实习。实习领域实践环节包括 4 类。实习课程包括物业项目观摩、物业管理实务实习、物业专项实习和毕业实习等。各高校根据自身办学特色及所需培养的综合专业能力在实习内容和课程设置上会有所差异。认识实习与物业管理项目观摩、社会调查结合进行；课程实习与专业课程配套进行；生产实习要与物业管理项目的专项物业管理服务现场实习结合；毕业实习则要与物业管理岗位结合，在物业服务、管理、经营等主要岗位上有计划地依次序进行顶岗实习。

(3) 设计。设计领域主要包括课程设计和毕业论文（设计)。课程设计包括物业管理投标书编制设计、房地产估价报告设计；毕业设计包括毕业设计（如项目管理方案整体设计)、毕业论文。

5. 大学生创新训练

物业管理专业人才的培养应体现知识、能力、素质协调发展的原则，注重大学生创新思维、创新方法和创新能力的培养。大学生创新训练与初步科研能力培养在整个本科教学和管理过程中贯彻实施，注重以知识体系为载体，在课堂教学中进行创新训练；以实践体系为载体，在实验、实习和设计中进行创新训练；选择合适的知识单元和实践环节，提出创新思维、创新方法和创新能力的训练目标，构建和实施创新训练单元。提倡和鼓励学生参加课外创新活动，如挑战杯物业管理技能大赛、大学生创新创业训练计划等大学生创新实践活动。

（二）开放教育物业管理专业本科专业知识结构与课程体系

开放教育物业管理本科专业的专业知识结构与课程体系与普通高等教育没有太大差别。但考虑到成人教育的特点，作为知识补齐教育和应用型人才培养，一般基础性、文化性课程在科目和课时上会有所减少，而相应地增加技能训练和能力培养课程。同时也要考虑物业管理行业结构分化发展对物业管理人才培养的需要。

1. 物业管理行业结构

行业结构（industry-structure）指行业内部各参与者的特性及议价能力。它也指主营品种和范围基本相同的商业企业群体的数量及其构成比例。物业管理行业具有综合性、复杂性、模块化特点，行业结构化趋势出现后，物业管理人才培养也需要考虑行业结构发展情况，采取有效应对策略。中国物业管理学会、国家开放大学学习成果认证中心（物业）按照国开学分银行的工作要求和统一规范进行开发，反映了物业管理行业发展现状和未来趋势，也为物业管理专业人才培养和专业核心课程体系建设指明了方向，确保本专业人才培养具有前瞻性、实用性，所培养学生能满足企业需要。

以下是有关物业管理服务作用方向与对应的主要职能：

(1) 物业服务企业经营管理。企业战略管理、品牌管理、市场营销、人力资源管理、财务管理、供应商管理、股份制运营、项目运营管理。

(2) 项目管理与服务。项目早期介入与商务谈判、项目承接查验、前期物业管理、客户服务与公共事务关系管理、环境管理、风险防范与突发事件应急处置、质量管理与绩效评价、生活服务与文化营造、健康管理与居家养老服务、专项维修资金管理、房屋及设施设备维修、养护、管理、房屋装饰装修与管理、项目运营。

(3) 设施管理。供配电系统运维管理、运输系统运维管理、暖通系统运维管理、给排水系统运维管理、消防系统运维管理、自动化系统运维管理。

(4) 资产管理。空间管理、资源开发与经营、物业资产经营、物业招商与租赁管理、不动产中介。

(5) 信息化应用。企业管理系统应用、业户服务系统应用、物联网技术应用、建筑信息模型建立与应用、智能硬件运用。

(6) 绿色物业管理。能源管理、绿色物业运营管理、绿色物业认证管理。

2. 物业管理专业本科主要课程

物业管理专业本科主要课程有：物业管理导论、物业经营管理、物业管理基本制度与政策、建筑安装工程、物业服务质量管理、物业风险管理、客户服务与公共事务关系管理、物业管理信息系统及应用、物业项目运营管理、房屋及设施设备维护管理、物业环境管理、社区服务与管理、物业资产管理与资本运营、绿色物业管理和智能建筑的物业管理。物业管理专业本科的主要课程除专业基础课程、专业核心课程外，还有公共基础课程和其他拓展性、实践性课程，具体来说，主要课程可以分为四类。

（1）公共基础课程。主要包括基本知识课程，如计算机应用基础（本）、管理英语（3）、管理英语（4）、统计学应用；思想品德和法律修养课程，如习近平新时代中国特色社会主义思想、中国近现代史纲要、马克思主义基本原理概论、民族理论与民族政策、形势与政策思维方式与方法、领导科学与艺术等。

（2）专业基础和专业核心课程。主要是物业管理行业入门基础性知识和物业服务企业重要岗位需要掌握的专业核心知识，主要课程包括：物业管理导论、物业经营管理、物业管理社会学、物业管理基本制度与政策、建筑安装工程、物业服务质量管理、物业风险管理、客户服务与公共事务关系管理、物业管理信息系统及应用，这些课程可为接下来的专业实践教学工作的顺利开展提供基础和保障。专业基础课程主要依托学校，在行业企业参与下组织课程资源。专业核心课程结合行业、企业典型案例，以企业为主，通过校企专家联合开发。

（3）满足行业需要的专业方向课程和专业拓展课程。为了培养适应行业、现代物业服务企业发展的不同方向，顺应物业管理行业发展的新趋势所需的专门人才而设计的专业方向课程和拓展课程，包括：物业项目运营管理、房屋及设施设备维护管理、物业环境管理、社区服务与管理、物业资产管理与资本运营、物业服务营销管理、物业管理前沿专题讲座、绿色物业管理、智能建筑的物业管理等。通过上述课程的学习，可增强学生的就业竞争力，拓宽学生的就业适应面。专业方向课和专业拓展课结合企业典型案例，以企业为主，通过校企专家联合开发。

（4）实践性教学课程。为使学生适应社会需要，掌握必需的操作技能，必须设置实践性教学课程，为将来从事相关岗位工作打好基础。综合实践环节按照行业学院统一标准开发，还可将企业职工培训项目直接引入人才培养方案。主要课程包括：综合实践、毕业论文（物管）、物业项目运营、物业企业管理证书课程、物业管理岗位技能证书课程等，在教学中应突出实操性特点，强调理论和实践相结合等。

3. 学习成果认证、积累与转换

根据《国家职业教育改革实施方案》提出的“实现学习成果的认定、积累和转换”精神，通过国家开放大学学分银行，逐步探索行业证书和本专业学历证书间的横向衔接以及本专业学历证书与其他等级学历证书间的纵向衔接，实现“双证融通”。中国物业管理协会组织了职工岗位技能培训项目，员工培训考核合格后，可由中国物业管理协会颁发相关岗位技能培训证书，并标注培训项目名称、培训学时、证书编号。目前，中国物业管理协会颁发的岗位技能培训证书有：全国物业管理项目经理岗位技能证书、全国物业管理项目经理师资培训课程结业证书、全国物业管理从业人员专业岗位培训师资结业证书（设施设备），这 3 项证书可与相应课程学分转换，如表 4－2 所示。

表 4－2　学习成果认证、积累与转换规则

名称	融通培训课程名称	转换方式
1. 全国物业管理项目经理岗位技能证书	物业项目运营（非统设选修）	取得培训证书 1～5 者，可以通过认定，免修免考相应课程。 学习完相应课程有助于学生申请相应证书
2. 全国物业管理项目经理师资培训课程结业证书	物业项目运营管理（非统设选修）	
3. 全国物业管理从业人员专业岗位培训师资结业证书（设施设备）	房屋及设施设备维护管理（非统设选修）	
4. 其他培训证书	物业企业管理证书课程（非统设选修）	
5. 其他培训证书	物业管理岗位技能证书课程（非统设选修）	
6. 岗位工作经历和年限证明	社会实践	具有一定年限的物业管理岗位工作经历，并取得年限证明，通过认定后免修“社会实践”

4. 综合实践环节

综合实践环节是培养学生综合运用所学物业管理理论知识和技能，分析解决物业管理实际工作中各种问题能力的有效方法，也是对学生学习效果进行综合全面考核的重要方式。为锻炼培养学生的实际应用能力，在教学中必须重视实践性教学环节。

（1）专业见习。专业见习的内容主要是安排学生到品牌物业管理公司见习，观摩和学习先进物业服务企业的管理经验。在学习完“物业管理实务（1）”之后，结合“物业管理实务（2）”的学习在第四学期进行。见习时间 2 周，专业见习完毕后，学生需要撰写见习报告，包括见习的主要内容、见习的过程、见习的主要收获、经验与教训等内容。

（2）毕业实习。毕业实习环节，需要在专业教师和实训基地教师的指导下，选择一定的实习题目，以实习小组为单位进行实习，学生在实习期间必须记录实习内容，书写实习体会。实习小组应开展学习、研讨等活动并形成活动记录。实习时间 5 周，实习完毕后，选择物业环境管理、客户服务、设施设备运维、物业质量管理等某一或某些模块，撰写业务处理方案。

（3）探索线上虚拟实践模式。积极探索具有远程开放教育特色的线上虚拟实践模式，逐步引进物业管理虚拟教学软件，在教师指导和计算机的帮助下，对物业管理各业务模块进行模拟操作。

（4）专业实验。可根据物业管理人才培养计划要求，结合各校办学实际开展，本专业的主要实验环节是物业管理信息化软件实验。

（5）毕业论文/毕业设计。毕业论文/毕业设计是物业管理专业学生培养过程中最后一个综合性实践环节。该环节在培养物业管理专业人才的教学过程中占有重要地位，是对学生学习期间所获得知识的综合考察，也是理论与实践相结合的具体应用。

（6）证书课程。在必修的综合实践环节外，学生还可选修行业证书课程，包括：物业项目运营（3 学分）、物业企业管理证书课程（2 学分）、物业管理岗位技能证书课程（2 学分）。

5. 教学管理

（1）教学方式。采用“现代远程开放教育”的教学方式，为学习者自主学习提供适用的多媒体教学资源，重点开展网上教学活动。推进随时入学及选课，随时注册；以专业和岗位需求为驱动，以提升实际动手能力为导向，以满足岗位技能的要求为目标，结合学校自身和国家开放大学系统的优势，开展双师课堂，使理论教学与分组教学、项目驱动教学、多媒体课件、幻灯演示、音像制品的播放等多种教学方法与实践相结合，增强学生主动学习能力、小组协作能力。

（2）课程管理。一是实行课程“五统一”制度：统设必修课严格执行统一课程名称、统一课程学分标准、统一教学大纲、统一教材、统一考试。有条件的情况下可实施在线学习、在线测验和在线终结性考试，学生应参加线下适当的面授辅导课，完成形成性考核作业，参加规定的实践环节教学活动，完成相应的学习任务。没有完成形成性考核的学生将不得参加线上或线下终结性考试。二是课程实践环节成绩计入课程学习成绩，没有完成课程实践环节的不能取得课程学分。三是相似课程不宜兼修，如果兼修，只计其中一门课程的学分。

（3）课程开课学期。专业规则表中各课程的建议开设学期是根据专业知识结构提供的课程先修、后续关系确定的，供学生选课时参考。开放教育各专业所有统设必修课程首轮开设时必须按照专业规则建议开设学期开课，之后实行全年滚动开设。国家开放大学分部或学院开设的选修课程也应在首次开设后滚动开设。

微课 61

第二节 开放教育物业管理专业学习

一、物业管理从业人员继续教育

（一）物业管理从业人员继续教育的重要性

1. 物业管理从业人员继续教育的必要性

物业管理从业人员继续教育的必要性在于房地产市场发展推动物业管理市场发展，物业管理人才需求必然上升。早期企事业单位改制转轨，单位物业管理市场化发展，物业服务相关需求迅速增长。但真正推动物业管理行业发展和市场迅速扩大的是国家住房制度改革后的房地产经济的迅猛发展。20 世纪 90 年代以来，房地产开发、房地产经济推动的城市化发展行为模式流行，房地产开发推动物业管理市场迅速发展。1991 年，国务院进行 24 个省市的房改，全国房地产进入起飞阶段。之后房地产经济经历了 40 年的快速持续的发展。据国家统计局统计，仅 2018 年全国房地产开发投资就达 12.026 4 万亿元，比 2017 年增长 9.5%，商品房销售面积 17.165 4 亿 m^2。从 1981 年第一家物业服务公司成立，至今历经 40 年的发展，全国物业服务企业约 12 万家，从业人员近 1 000 万人，每年约新增就业岗位近 100 万个，物业管理总面积达到 265 亿 m^2，经营收入 6 000 多亿元。截至 2020

年 2 月，A 股上市 3 家，H 股上市 17 家，共有 20 家上市物业服务企业。与此同时，物业管理已经发展成为打理物业资产、维护社区和谐、参与城市治理、助力乡村振兴、参与精准扶贫、促进绿色发展的重要力量。

物业的形态千变万化，如物业的建筑特点、分布、业户特点，物业所在的地区、地段的社会成熟程度和经济发展水平等很多因素，均不尽相同抑或差异巨大，所以物业管理的需求一定会多种多样。每一类物业、每一地区的物业，甚至每一宗物业都有各自的特点，所对应的物管人员的数量必然不同，以及对这些人员的要求也不尽相同，必须根据具体情况来分析。千万不能盲目照搬别的物业的人数和架构，更不能盲目抄袭国外，尤其是发达国家和地区。这就需要大量相应的受过良好专业教育的专业技术人员和管理服务从业人员来做具体工作。面对此种情形，物业管理行业做了很多工作。仅中国物业管理协会就做了很大努力[①]：一是加大职业培训力度，通过建立分类型、分层次的培训体系，组织易居沃顿总裁班、斯坦福物业管理总裁班、设施设备专业岗位师资培训班、项目经理专业技能岗位培训班等专业培训班；二是成立人力资源发展委员会，研究建立健全从业人员职业发展体系和管理规范，并与国家开放大学合作筹建学习成果认证中心（物业）和现代物业服务与不动产管理学院，努力探索应用型、技能型物业管理行业人才培养的新模式和新机制，逐步建立和推行终身职业技能培训制度；三是举办全国物业管理行业职业技能竞赛，以竞赛促提升、以竞赛促发展，并以此带动全行业关注人才建设，为行业发展争取人才政策红利。各地物业管理行业协会也在物业管理从业人员职业与岗位培训、经理人培训和学历教育方面做了很多努力。尽管如此，物业管理行业人才危机仍然没有得到很好的解决。

2. 物业管理从业人员继续教育的紧迫性

物业管理从业人员继续教育的紧迫性在于物业管理行业企业创新发展，迫切需要更优秀的物业管理人才，而目前全行业面临创新型物业管理人才危机。物业服务企业发展的基础是人才，行业能否持续发展、转型能否成功的关键也是人才。

但是物业管理行业专业人才从来没有像今天这样紧俏，人才匮乏问题日益突出。据《2019 物业服务企业发展指数测评报告》，截至 2018 年年底，行业从业人员约为 983.7 万人。然而，庞大的从业人员数量的背后，是文化结构和技能结构的不尽合理，高学历、高技能的专业人员严重缺乏。以物业管理起步较早、发展较快的深圳市为例，截至 2017 年，深圳市物业管理行业从业人员数量为 51.7 万人，其中具有研究生及以上学历的有 1 684 人，占总人数 0.3%；本科生 37 758 人，占 7.3%；大专生 84 424 人，占总人数 16.4%；中专、高中及以下学历占总人数 76%。物业服务企业的从业人员中具有中级及以上职称的有 10 940 人，占企业从业人员总数 2.1%；物业管理师 3 866 人，占总人数 0.7%。从企业从业人员持有上岗证的情况来看，持物业管理员上岗证的 17 011 人，占总人数 3.3%；持物业部门经理上岗证的 6 973 人，占总人数 1.3%；持物业服务企业经理上岗证的 7 812 人，占总人数 1.5%；持其他专业上岗证的 71 969 人，占总人数 13.9%；还有八成从业人员未持有任何上岗证。[②]

---

① 杨萌，耿春芳．壮丽 70 年/专访沈建忠会长：物业管理行业的春天 [J]．中国物业管理，2019 (8)：5－9.

② 深圳市物业管理协会．2017 年度深圳市物业管理统计报表分析报告 [Z]，2018－07－19.

未来发展情况更不乐观，从宏观上看，近几年，随着物业管理行业的发展，物业服务质量要求更高，越来越多的物业服务企业上市，以社区为节点的网络化商业生态正在形成，基层党建和社会治安管理也对物业管理提出了更高的要求。在这样的新经济、新常态下，物业服务企业要开启新的征程，取得新的发展，就需要大量高素质创新型的物业管理专业人才。从微观看，一方面，物业服务企业的特点是以项目为主要管理单元，这个层面的管理人员的素质对行业来说非常关键；另一方面，物业管理服务又是应用新理念、新技术、新材料、新设备最多的行业之一，5G 时代万物互联的物业管理服务情境，物业服务互联网信息技术应用，公司上市、融资和并购等业务，设施管理与资产经营，建立“多位一体”社区治理体系，智慧化城市服务管理等都需要大量高端专业人才，这既是困扰行业的老问题，也是转型中遇到的新问题。

（二）物业服务企业创新型物业管理人才的培养

物业管理事业发展需要大量高素质人才，需要全面提升物业管理从业人员的素质和能力。在社会经济转型发展时期，更需要大量创新型中高端物业管理人才支撑行业持续发展。

1. 物业服务企业创新型物业管理人才不足不强的原因分析

物业服务企业缺乏创新型物业管理人才是普遍现象和共同问题，既有外部原因也有内部原因；既有体制和机制的原因，也有认识和观念的原因。具体包括以下几方面[①]。

（1）从业者转型太慢。物业管理行业从业者激励机制尚未真正建立、物业管理市场职业经理制度仍然处于真空，以及从业者专业学习基础缺乏、兴趣不浓等原因的大量存在，使得从业者的素质、能力和创新性并未得到相应的提升，原来“半路出家”的仍在半路上奔波而未到“家”，原来转行转岗的还在“行”外、“岗”外转悠，未真正成为行家里手。

（2）社会供应偏向。学校培养的物业管理专业学生缺少物业管理理论修养和对物业管理职业价值的认知，大多无意从事本专业，即使暂时以此为业，也不安心工作，最终都会“跳槽”；物业管理专业学历教育尤其是高学历教育的学校还不多，招生数量也很少；社会机构和社会力量培养的物业管理专业人员，大多是现在从事本专业工作的，即使有一些新加入者也是为了找一份工、混一碗饭，因而要想这些人员有大的改观和提高是比较难的。

（3）思想认识误区。当前，整个社会对物业管理行业、物业服务企业、物业管理从业者的认识都存在着很大的偏差和误区。比如，认为物业管理行业低人一等，物业服务企业只是劳动密集型企业，就是搞点儿卫生、收点儿费用、维护点儿秩序、修理点儿故障、帮点儿小忙，有没有无所谓、在不在不紧要。这种错误认识致使很多人不愿加入这个队伍，创新型物业管理人才的出现更无从谈起。

（4）收入待遇偏低。物业管理是微利行业（企业虽可通过多种经营而获利但并不多），长期以来，物业管理费标准普遍偏低又不能或难以调整，物业服务企业收入来源较单一、较低，同时，国家各种税费刚性上涨，物业服务企业盈利较少。由于服务企业大多是民营企业，因此，从业人员薪酬待遇普遍偏低。另外，由于物业管理用房和相关附属设施设备

① 靳能泉．物业服务企业创新型物业管理人才培养策略［J］．经济与管理，2014（11）：38－40.

未达到或不符合项目运营管理所需的场地、环境和条件的要求，需要物业服务企业后续配套投入，影响了企业的盈利能力，也对企业从业者的薪酬待遇产生了不利影响。

（5）企业人力资源投资较少。当前，物业服务企业的人力资源投资的问题主要有以下几个：一是意愿性不强。物业服务企业员工流动性强，人力资源投资短期难见效，加上物业服务企业大多规模小、实力弱，不敢或不愿进行人力资源投资。二是方式和内容单一。基本上是内部培训，而且大多是上对下式的指令性、任务性训话，缺少系统性和专业性。三是对象和时间受限。企业培训，特别是高端培训和时间长一点的培训，参与对象大多是企业总经理、副总经理、项目经理，一般员工尤其是基层员工根本无缘接受培训。而企业的服务水平和质量往往又是由基层管理人员的素质能力决定的，存在培训与使用需求的脱节。

这些原因基本上属于对物业管理行业企业发展面临的困难估计不足，对专业技术人才所带来的价值认识不高，对物业管理规律认识不够，导致的在人才开发利用上的短期行为倾向和实用主义态度。

2. 物业管理创新型人才培养的途径

物业管理人才的培养，一方面需要改善行业企业外部环境条件，如提高思想认识，改变行业认知偏差，需要行业发展，提升实务，以改善待遇、工作环境等；另一方面也需要企业、学校、培训机构以及政府等相关主体，从物业服务企业人力资源开发利用角度，提供制度保障，并加大资源投入，持续发力，不断地大规模培育物业管理人才，形成人才规模效应和竞争效应。

（1）加大与企业有关各方合作培养创新型物业管理人才的力度和强度。在物业服务企业自身有许多困难或限制的情况下，加大与这些有关方面的合作力度和强度，既必然也必要。企校合作、企社合作、企企合作、企政合作、产学研合作、工学合作，都是值得尝试的培育人才的模式。这些合作可采用战略联盟、项目对接、科研平台、培训基地等方式，旨在实现物业管理专业人才尤其是创新型物业管理人才的共同培养、交互利用。当前特别需要通过借助现代信息技术手段，利用国家开放大学学历教育和非学历教育平台学分银行的学分认证中心（物业），构建物业管理专业大专和本科层次学历教育直通车，借助学历教育和非学历教育学分互认制度，为物业管理行业企业大规模培养高端专业人才。

（2）建立健全创新型物业管理人才快速成长的制度体系。物业服务企业创新型人才的培养和成长需要有一套严密科学的制度体系，要建立物业管理从业人员终身教育制度体系和物业管理经理人培养制度体系。另外，还要特别注意非正式制度体系的建设。非正式制度是指价值信念、伦理规范、道德观念、风俗习惯、意识形态等。培养创新型物业管理人才的非正式制度体系，应包括非正式制度认知、接受、体验、应用、升华等方面的文件规定和实施安排。比如，一些企业的岗位培训、职务培训、升职培训等升级版或高级版，就是一种较好的非正式制度建设举措，对创新型物业管理人才的培养和成长是必不可少的。在正式制度体系方面，要强化创新型物业管理人才的发掘、开发与任用制度；创新型物业管理人才的培养、保留和成才制度；创新型物业管理人才的声誉、形象和竞争制度。

微课 62

二、构建物业管理行业终身学习立交桥

人才问题是物业管理行业转型升级过程中遇到的最突出问题。根据习近平同志在中央全面深化改革领导小组第四次会议上的“构建衔接沟通各级各类教育、认可多种学习成果的终身学习立交桥”的重要指示，在我国物业管理行业队伍庞大而总体素质不高的情况下，中国物业管理协会与国家开放大学深入沟通与交流，决定进入中央和教育部“认可多种学习成果”的学分银行体系，成立国家开放大学学习成果认证中心（物业），搭建中国物业管理行业终身学习立交桥，为快速高效、大规模、全覆盖培养物业管理人才创造了条件。对此问题，中国物业管理协会沈建忠会长做了深入研究和阐述，[①] 主要观点如下：

（一）物业管理行业建立终身学习立交桥的基础

1. 行业人才培养需求巨大

我国物业管理行业拥有 800 多万从业人员和 12 万家企业，再加上与物业管理相关的不动产从业人员，共近千万人。同时，随着向现代服务业的转型升级，物业管理行业对人才的素质提出了更高要求。以本行业的核心岗位——物业项目经理为例，随着各企业发展产生的新矛盾、新需求、新挑战，对该岗位的技能要求已经从仅需懂得传统物业管理方法向应该懂得资源整合、经营策划、监控评价、资产管理以及信息化等方面提升。因此，不论是从人才规模扩大还是从素质提升的要求看，都需要物业管理行业抓紧行动。

2. 行业教育培训资源丰富

作为特大型劳动密集型行业，多年来物业管理行业已经形成百花齐放的教育培训格局和多元化培训资源供应主体。一是相当一部分物业服务企业已形成了各具特色的内部培训体系，有些走在前面的正在向企业大学方向努力，如彩生活、保利等都有自己的管理学院。二是很多物业服务企业与高校进行了多方面人才培养的合作，如万科与北京吉利大学合办万科物业学院，丹田股份与重庆水利电力职业技术学院合办丹田学院，并探索符合企业需求的现代学徒制和订单式人才培养模式。三是近些年行业中涌现出一批优秀的专业培训机构，如以专业特色及实操培训见长的深圳房地产与物业管理进修学院，以线上微课程教育为主要形式的中物教育等。四是包括北京林业大学、广州大学、国家开放大学等一批拥有物业管理专业的高校，为行业员工队伍输送了大量新鲜血液。

3. “互联网＋终身学习”有利于发展物业管理行业人才培养事业

当前，以“云物大智”（云计算、物联网、大数据、人工智能）为代表的基于互联网的信息技术与终身学习理念相融合所支持的教育领域的重大变革，正在深刻地影响着我国各领域和各行业，也非常符合物业管理行业人才培养模式改革发展的急迫需求。比如，从业人员分班式的工作模式决定了需要提供可供碎片化时间学习的微课程以及模块化资源；全国型物业服务企业由于管理地域分布广泛，需要现代远程教育手段与传统培训方式相结合；行业中大量企业缺少教育资源和师资而培训经费又紧缺，需要充分整合与广泛开放行

① 沈建忠．以学分银行建设为引领，努力构建我国物业管理行业终身学习立交桥［J］．中国物业管理，2017，9（7）：6－8.

业内一流水平学习资源等。随着以互联网技术所支持的在线教育手段的不断成熟，相信将会有力地带动我国物业管理行业人才培养整体规模和水平的提升。

4. 物业管理协会培训事业具有强有力的组织保障

地方物业管理协会是推动行业人才培养的主要力量，重点物业服务企业既是吸纳人才的蓄水池，也是人才培养的中坚力量。在中国物业管理协会领导以及各级政府的支持下，近几年我国物业管理事业改革创新取得了丰硕的成果。比如打造产业经济生态圈，推进行业供给侧结构性改革，营造学习、研究、众创氛围，推动行业自律建设，拓展行业宣传舆论工作等，这些都为建立终身学习立交桥，全面开创我国物业管理行业人才培养和人力资源发展事业的新局面奠定了良好的基础。

（二）物业管理行业建立终身学习立交桥的基本要素

1. 建立基于学分制的能力水平评价体系

终身学习立交桥，关键词之一是“终身学习”。要推进我国物业全行业的终身学习，首先需要建立起基于学分制的能力水平评价体系。物业管理领域起步较早的美国物业认证体系具有如下特点：一是将核心岗位即物业经理按等级划分为预备和正式两级认证；二是证书可通过不同类型的学习（如培训课程、证书考试、正规学历教育、工作经历、其他继续教育等）成果转换后获得，其中对各类学习都规定了选修和必修的学分；三是学员积累了足够学分后可获得相对应的岗位证书。中国物业管理协会正在按照建设终身学习立交桥的总体要求，在参考国内外成功案例和遵从国家相关政策的基础上，研究制定与国家开放大学学分银行对接的物业管理行业人力资源能力水平评价体系。

2. 促进各级各类教育资源相互融通

物业管理行业终身学习立交桥的关键词之二是“立交桥”，即将与物业管理行业有关的学历与非学历教育、正规与非正规教育、线上与线下教育、高等教育、职业教育与继续教育相互打通（见图 4-4）。各类优质教育资源据中国物业管理协会学分银行统一标准认证后，可自愿对接到行业基于终身学习立交桥的公共学习平台，学员获得的该类学习成果可被物业学分银行认证，所得到的学分将在其终身学习档案中积累，并可与相关行业证书及相关学历证书进行转换，以此实现各类资源的有效对接和融通。此举有望降低整个行业的学习成本，减少企业和从业人员的重复学习，盘活行业的存量学习资源和从业人员的现有学习成果。为此，中国物业管理协会正在与国家开放大学积极推进成立国家开放大学现代物业与不动产管理学院（简称“国开物管学院”），争取条件成熟时开展物业专业专科、本科和学士学位教育，特别是大规模开展非学历继续教育，促进各类教育学习成果间的融通，承担起支撑行业终身学习立交桥建设和运营的重任。

3. 形成围绕物业学分银行的行业人才培养生态圈

终身学习立交桥的核心要素是建立各学习参与方相互依存、为彼此提供支持价值的生态圈（见图 4-5）。

对于企业：从业人员在学分银行存储的学习记录将成为在人才招聘和员工岗位晋升时的重要考量。

对于非学历培训机构：可按照学分银行学习成果的转换规则，对其现有符合质量条件的课程资源进行专门的学分认定，进而转换成学历教育的部分学分。

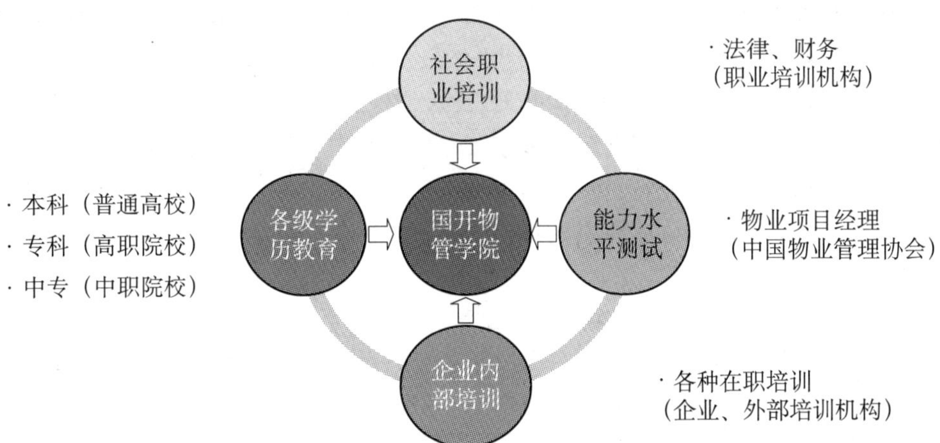

图 4-4　以国开物管学院为平台的终身学习立交桥示例

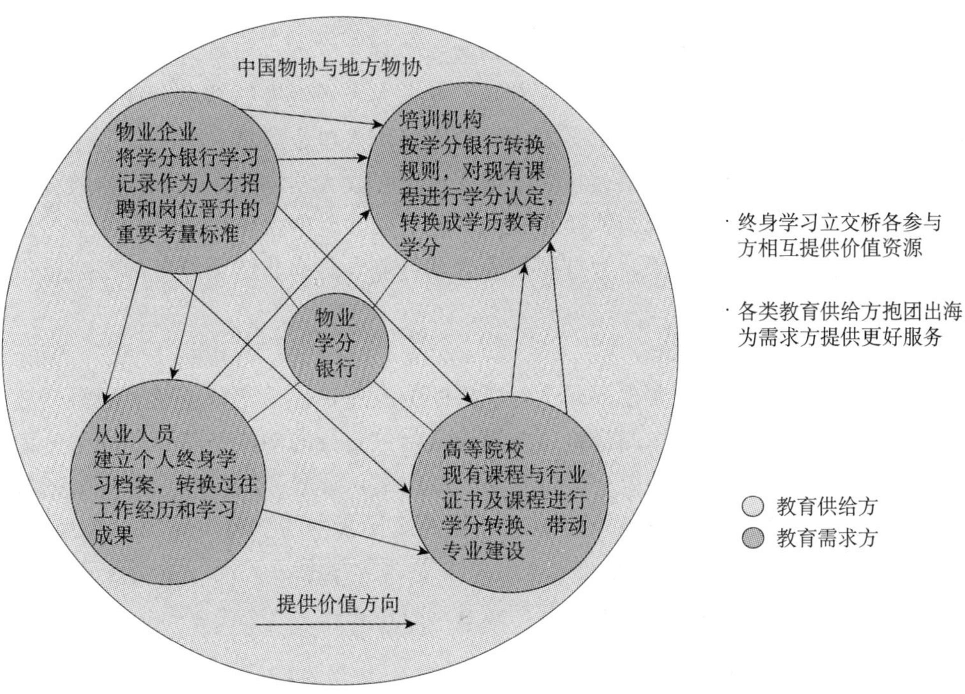

图 4-5　以物业学分银行为枢纽的行业人才培养生态圈示例

对于高等院校：可将现有物业专业课程与行业证书及相对应的培训课程进行学分转换，既可以带动专业建设，使之更加符合行业和企业用人的实际需求，又可以为学生提供行业证书，便于其就业。

对于从业人员：可通过学分银行建立个人终身学习档案，凭借转换过往重要工作经历和各类学习成果的学分，获取相应的岗位认证证书，甚至实现学历的晋升。

(三) 物业管理行业建立学分银行的主要策略

党的十八届三中、五中全会和《国家中长期教育改革和发展规划纲要（2010—2020)》都反复提出，建立继续教育学分积累与转换制度，实现不同类型学习成果的互认和衔接；

建立学习成果认证体系，建立学分银行制度等。党的十九大报告明确指出，“优先发展教育事业”“办好继续教育，加快建设学习型社会，大力提高国民素质”。在此背景下，国家开放大学学分银行已与多个行业和机构开展合作，对于推动各行业搭建终身学习立交桥起到了制度支持和保障的作用。目前已有多家合作机构发布了经过国家开放大学审核的学分银行认证单元，加快推动行业特色专业建设和双证融通工作，创新人力资源发展模式。中国物业管理协会确定的基本战略将引领我国物业管理行业终身学习立交桥以及国开物业学院建设和发展的正确方向。

1. 良好的顶层设计

物业管理行业虽然教育资源众多，但由于多年的政策环境、市场竞争、地域发展水平不均等多种原因，形成了现在相互独立的格局。搭建行业终身学习立交桥，需要中国物业管理协会主导顶层设计，从措施保障、技术路径、合作机制、运行流程、组织架构等角度进行总体规划和全面部署。

2. 新型的制度保障

学历和非学历证书或同类型教育之间成果融通的意义巨大。但是，由于我国原有的体制问题导致各类学习成果间的割裂，无法满足行业人力资源发展的需求。现代化的终身教育体系不能是各类教育形式间的简单叠加，而是满足用人单位需求和员工职业生涯发展前提下的相互融通。中国物业管理协会将充分依托国家开放大学学分银行承接的教育部“国家继续教育学习成果认证、积累与转换制度的研究与实践”项目和“继续教育学习成果认证、积累与转换”试点工作成果，为打通物业管理行业学历和非学历教育的融通提供有力的制度支持。

3. 先进的技术路径

物业学分银行之所以能够实现不同学习成果间的融通，也是充分借助了国家开放大学探索出的“框架+标准”的技术路径，以及模拟、借鉴银行的功能和特点，以学分为计量单位，按照物业管理行业制定的统一标准，通过专门的认证服务机构对从业人员的各类学习成果进行统一的认证，使其在各个阶段通过各种途径获得的学分得到积累或互相转换，通过物业学分银行开发出的认证单元构建能力水平评价体系，实现与学历证书的有效对接。这是能够支持这项全新事业持续发展的先进的技术路线。

4. 共赢的合作机制

物业学分银行的建设是一项系统工程，与行业内各参与方的发展息息相关。因此需要在中国物业管理协会统筹协调下，采用开放、包容方式进行推进。各类参与方均可自愿将教育资源与学分银行对接，并将其质量的评价权交给市场和客户。开放的前提是建立统一的标准和管控体系，并且设立准入和退出机制，促进行业内学习资源的优胜劣汰。这样有望形成通力合作、互相包容、优势互补以及共建、共享的大格局。

5. 持续的创新精神

物业学分银行是新鲜事物，需要具有持续的创新精神和不断探索的勇气。从管理科学的角度，确保战略落地最重要的措施是建立与时俱进、持续改进的机制，通过对行业内推行学分银行工作的成功经验进行总结、表彰和推广，将之提炼成为可复制的流程。国家开放大学学分银行已建立起较为成熟的质量控制体系，物业管理行业完全可以采用“拿来主

微课 63

义”，对其进行符合本行业特点的“本土化”改造。

总之，“办好开放大学”“办好继续教育”是党中央、国务院把握信息化机遇、不失时机地提出的一项重要战略举措，有利于构建终身学习立交桥。

三、开放教育的课程学习资源优势与实现

(一) 开放教育优质课程学习资源的特征与标准

1. 开放教育课程学习资源与教学资源

课程是为了达到一定教学目标所需要的全部教学内容与教学安排，“是指在学校的教师指导下出现的学习者学习活动的总体，其中包含了教育目标、教学内容、教学活动乃至评价方法在内的广泛的概念”①。从此角度理解，开放教育的课程应该是在开放教育背景和条件下实现开放教育专业教学目标所需要的全部教学内容和安排。

远程开放教育的学习资源体系是以专业教育为核心，以学生学习为中心，以课程学习为独立单元的各种开放性学习资源的有机组合体。以课程学习为独立单元需要在专业教育人才培养目标和课程分工前提下，设计建设能满足专业教育教学需要的课程学习资源体系。

课程学习资源与教学资源都是教育教学活动开展所需的教育资源，其基本要素应该是共通。巴巴拉·西尔斯认为，广义地讲，教学资源（Resources）包括了材料（Materials）和环境（Environment），即除了各种各样用于教与学的实物设施、设备和材料之外，有利于教与学的社会活动、环境和情境也是教育资源或学习资源的组成部分。② 可见教学资源与学习资源都包含了上述要素。

但是两种关于教育资源的表述所呈现的教育理念不同，其设计理念和建设思路也就大相径庭。教学资源是以教师的教学为中心组织起来的体现教师主导性的按教师的意志和能力构建起来的资源体系。而学习资源则是以学习者为中心组织起来的旨在满足学习者学习需求的体现资源对学习者支持服务可能的有效性的资源体系。

在教学资源的表述或设计理念下，教学活动将学生的学习行为导向以教师为中心的被动学习状态；学习资源的表述或设计理念是开放教育和网络教育特有的教育理念，教学活动将学生的学习行为导向以学生为中心的自主学习状态，这从学习者的角度讲是革命性的变化。可见，从学习资源角度设计建设开放教育资源体系，不是换个名词的问题，更是一种对教育资源在开放教育类课程教育资源的适用性的具体阐述和演绎。

还需要指出的是，学习或教学资源的本质是专业教育，而不是教育的形式、途径或手段。现代远程教育充分利用网络和信息技术手段，不至于给人以假象，或以此为教育本质，以致发生手段和目的倒置这种原本不该发生的情况。

2. 开放教育优质课程学习资源的特征

根据前面的分析，可以看出开放教育的学习资源应该包括两个组成部分：按一定的教

---

① 钟启泉. 现代课程论［M］. 上海：上海教育出版社，1998：177.

② 巴巴拉·西尔斯，丽塔·里齐. 教学技术：领域的定义和范畴［M］. 乌美娜，刘雍潜，译. 北京：中央广播电视大学出版社，1999：34-35.

学目标、教学策略组织起来的专业教育教学材料，即物质资源；教学活动、环境、情境等社会资源。

开放教育优质的学习资源不等于网络课程或其他素材类教育资源，而应是以网络课程为基础的开放的学习资源体系。它是物质性教育资源和社会性教育资源的集合。开放教育学习资源应具有以下特征：

（1）应该突出专业教育的“课程”的属性。应该包含“课程”的一切特征，如：人才培养目标、课程教学内容、教学活动过程、教学效果评价等。

（2）要体现“网络”的特性。网络课程作为学习资源中心和载体，是开放教育学习资源的重要组成部分，网络媒介不但可以提供个性化学习资源支持服务，还可以提供互联网海量的资源，开放教育应充分利用网络资源，形成网络资源的优势。网络课程的教学过程应符合学习规律，体现教学活动过程，具有交互性、共享性、开放性、适应性和自主性等基本特征，能够促进学生的有效学习。①

（3）应体现整合性的特征，应充分利用各种教育资源，充分整合各种资源优势为开放教育服务。应保留传统面授教学和函授教学的优点，革除传统面授教学和函授教学的弊端，为开放教育所用。如改全面知识学习的“满堂灌”为介绍学习方法，指导自主学习，讲解重点难点的“精讲”和“指导”；改变传统函授学习的无指导、放任自流式的自学为利用网上资源和碎片化时间进行自主学习；另外，本科院校在专业理论教育，高职高专在职业技能教育，行业企业在职业培训和训练方面都有其优势，开放教育也应该进行有机整合，充分利用社会资源为开放教育服务，以设计制作虚拟实训网络课程和软件。

3. 开放教育优质课程学习资源的标准

开放教育的学习资源设计要站在学习者的角度，以学习者为中心来设计建设资源。开放教育学习资源所体现的不只是教学手段和教学方式的变化，而是要推动人才培养模式的变革。根据开放教育学习资源的特征，优质的学习资源应符合以下 6 个方面的标准。②

（1）教学资源设计以学习者为中心。就是要了解掌握学习者的学习需求，并以此为导向设计、建设学习资源，教师在资源设计中处于教学支持服务的地位，竭诚为学习者服务。并与学习者保持沟通，以学习者为本位更新自己的知识，组织学习资源。

（2）知识内容选择的合理性、科学性。开放教育的媒体传播的广泛性和巨大影响性，形成了对开放教育知识内容容错率极低、知识学科性要求极高的特点，因此应有高素质的专业教师队伍，进行知识内容的精心选择，才能满足需要。教学团队在专业、学科、课程的科研、教学、实践等方面有较高的造诣，具备远程教育理论和技术知识，以及其他高等教育工作的背景及经验，进行合作建设，才能胜任学习资源建设任务。

（3）内容呈现的面授与网络优势互补。将面授教学与网络教学各自的功能发挥到极致，应是开放教育优质学习资源的亮点，体现开放教育对传统的教学方式方法的整合作用。也避免将开放教育引入网络教育的歧途。这就是要通过先行的少量面授（包括传统面

---

① 廖宏建，吴涛，庄琪．精品课程中优质网络教学资源建构策略的研究与实践［J］．中国电化教育，2006（3）：77－79.

② 黄安心．从学习者角度构建有效的开放教育课程学习资源体系——以物业管理专业课程学习资源设计建设为例［J］．广州广播电视大学学报，2012（5）：13－20.

授和在线视频指导课)，指导学习者自主学习，提高学习效果和效率。

(4) 资源共享性和适应性、过程交互性、教学开放性和学习自主性。开放教育以网络课程为基础资源支撑学习者的学习活动，必须强调网络教育的特征，要将物质性教育资源同社会性教育资源有机结合起来。一方面，通过技术因素实现或支持网络学习过程的自主性、资源共享性和适应性，就是要开发出适应学习者自主学习需求变化的学习资源；另一方面，要通过网络支持环境和情境，实现开放学习，交互学习，自主学习，即通过过程情境创设、教师参与、社会资源利用进行有互动的开放式教学，使学习资源中有物的资源、有人的资源，从而形成动态学习资源。开放的、交互的、动态的资源才能撑起开放教育自主学习的大旗。

(5) 课程资源的通用性和简洁性。开放教育所开设的专业多为适应社会经济建设应用型人才培养需要的应用学科专业，这些专业的知识结构往往以完成工作岗位职责任务为导向进行构建，以课程为单元组合各种应用专业，满足岗位工作需要，也就是说课程建设与课程教学是开放教育的基础单元，因此课程学习资源的通用性就是必然要求，否则会出现重复建设的问题。通用性要求课程学习资源不但要适应相关专业对同一门课程所要实现的人才培养目标、规格与素质教育的要求，还要考虑到学历教育与非学历教育在该课程的基本功能要求。另外，资源内容和形式的简洁性也非常重要，满足达标要求或达到约定教学计划要求即可，特别是网络课程设计应当根据学习目标，围绕学习的知识点和知识面模块设计建设资源，不要太多、太乱、太杂，不要盲目追求所谓的“丰富的教学资源”。

(6) 教学支持服务的专业性与即时性。开放教育应视面授教学活动和网上教学活动为一个有机整体，不能面授、网授“两张皮”。这就要求设计开放教育学习资源时应通盘考虑，将专业教学活动完整、持续地开展起来，而不将网上教学看作走形式或应付检查评估。专业教师应进入网上教学阵地，实时地、即时地为学习者提供服务，而不游离在网上教学之外。

(二) 开放教育优质课程学习资源建设的思路

如前所述，开放教育课程强调以学生为中心，同时考虑远程开放教育特点，设计能满足专业学习者需要的学习资源。学习资源的设计应该整合各种教育类型的教学设计思想成果，为开放教育所用。优质的教学资源设计应是从学习资源整体出发，将物质性教学资源的功能优化与社会性教学资源可帮助、支持学习资源功能高效实现的特性有机结合起来，其中，实现学习者需求的满足和体现教学团队对教学理念、方式、方法的有机运用是重点。

1. 有效的学习资源是一个要素完整的体系

一般意义上，学习资源或教学资源都是教学环境、教学内容、教学媒体与教学实施等教学要素的结合体。但强调以学习者为导向的学习资源在这些要素中呈现出不同的特征，如图 4-6 所示。

2. 有效的资源是教学科研并举的双师型教学团队的集体智慧的结晶

有效的资源是教学科研并举的双师型教学团队的集体智慧的结晶，知识结构合理、团结稳定、责任心强、素质高、层次高的教学团队是重要的、具有能动性的资源建设条件。团队组成不仅需要有优秀的专业理论知识和专业技能课程教师、具有实践经验的行业专

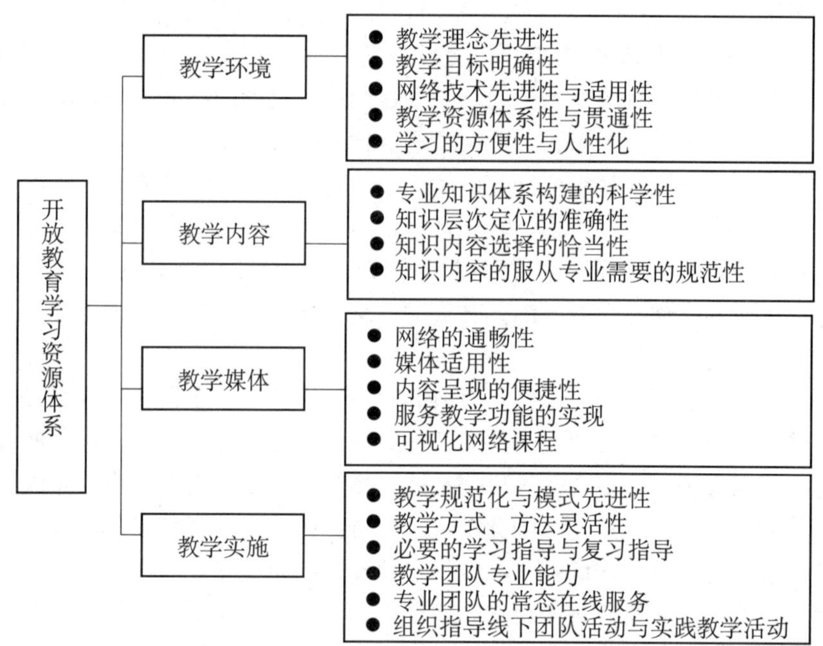

图 4-6　开放教育学习资源设计要素及特征

家，还要有通晓现代信息技术、网络技术的专业人员，教育、心理方面的专家，以及优秀学习者代表积极参与；实现老、中、青相结合，能充分发挥名师的传、帮、带作用，保证学习资源质量及教学互动的专业性和优质的教学服务；把科研、教研中的新思想、新观念和学术新成果引入课程学习资源建设和开放教育教学中来，保持课程的科学性、适用性和新颖性，提高学生对课程的学习兴趣，吸引学生学习，这是开放大学应有之义。

3. 以优质学习资源满足学习者有效学习需求

学习者对学习资源的需求是学习资源设计的依据和创新设计的思路和动力。网络课程教学设计应以物业管理专业学生学习需求为导向。一是学历教育需求，即学习专业知识和技能，课程考试达标，拿到课程学分，最终获得毕业文凭；二是职业教育需求，即通过课程学习拿到职业教育资格证书，以支持其解决实际工作中的问题；三是英才教育需求，即通过学习提高自己对通用管理能力培养的重要性的认识水平，提高物业管理素质和能力。同时，在开放教育条件下，多样性的资源之间应该是相互补充、互相支持、有机结合的，而不是繁杂无序、重复堆积的无效“垃圾”型资源。这就要求在教学设计时贯彻落实现代教育理念，充分整合各种资源功能效用，并在教材、网络课程等多媒体教学资源设计制作时，根据不同类型课程的教育功能，不同课程教材的知识模块的教学功能，采用不同的教学方法、学习方法和技术手段，实现教育教学功能效用。

4. 开放学习资源设计、开发与运营应遵循可视化策略①

远程开放学习与传统的课堂面授学习的根本区别在于学习者与老师在时空上相对分离。“可视化”方法就成为解决这种时空分离带来的一系列问题的必然选择。现代教育理

① 黄安心．开放学习资源设计、开发与运营的可视化策略［J］．中国电化教育，2015（7）：72.

论、教育技术、信息技术以及管理科学的发展也为这种选择提供了重要理论和技术支持。将可视化应用的方法和技术应用到资源建设管理之中可提高开放学习资源整体效能。一是实现知识内容可视化，充分挖掘通过视觉接收信息的通道的潜能；二是知识传播方式可视化，不同的传播方式对知识内容的认知、理解、运用和传播影响极大；三是决策信息可视化，直观、简洁的信息有助于学习者产生理性而果断的学习行动决策；四是学习进程可视化，以直观呈现的学习过程数据管理学习行为，优化支持服务；五是教学管理可视化，可视、透明的教学过程管理有利于教学管理的精细化、高效化。相应地，开放学习资源设计、开发与运营管理可视化的实现策略有三：可接受性策略——适应社会需要，产品标准化，普遍适用性；利益结合策略——通过公益公助主导，多方共建共赢，机制灵活长效；动态模式策略——通过迭代设计，实现知识内容动态更新。

5. 培养学习者自主学习能力，实现优质学习资源的价值

学习资源不是摆设，是用来学习的。这就要求学习者有自主学习能力。首先，要认识到学习资源的使用主体是学习者，教师的作用是根据现有条件来开展学习支持服务。开放教育具有工业化、规模化和经营的特点，为学习者服务，以学习者的学习需求为导向的开放教育与传统的以教师为中心的教育类型有明显的区别。因此，学习资源要确立学习者在学习过程中的主导地位，具体来说：学习资源设计是贯彻支持学生学习的理念，服务于学生素质能力提升的需要；教学内容选择考虑了不同学生的学习需要，尽可能简洁、实用；课程教学互动模式充分发挥了学生参与学习的积极性；立足于培养学生自主学习能力的开放教育理念，使学生掌握学习主动权；通过问卷，网上评价，让学生掌握教学质量评价权，及时纠正设计和教学偏差。其次，要做好先行学习方法指导工作。开放教育学习者大多来自生产经营第一线，具有一定的业务工作能力，或有一定的实践经验，但长期脱离学习生活，缺少学习方法，知识不系统、不全面，需要通过专业教师的少量时间的面授辅导或视频辅导，来掌握学习方法，把握知识脉络，消化重点难点。同时，优质的网络学习资源有利于提高网上学习的效率。最后，应通过各种途径创设网上学习环境，促进学习者自主学习能力的提升：通过专业教师介绍网上教学规律和功能，指导学习者串联碎片化时间开展有效自主学习；学习资源设计时应创设人性化的自主学习环境，营建自主学习氛围，要根据开放教育教学规律和学生的认知规律，以学习者为中心，科学组织学习资料，坚持传统的教学方法、教学手段与现代教育信息技术手段的有机结合，丰富、完善和及时更新学生自主学习资源；建立专业教师网上常态服务值班制度，及时为学习者提供专业的优质学习支持服务。

微课 64

四、物业管理专业本科学习方法

（一）大学与中学学习的差异

（1）计划性。大学阶段的学习有严密的计划性和阶段性，且知识范围广、自主学习任务重。大学生必须根据专业培养目标的要求，在教师的指导下，学会制订严密的学习计划，并严格执行。

（2）专业性。大学学习是以专业理论知识和基本技能方法的掌握为主要任务，围绕具

体专业而展开的活动过程。虽然大学学习与中学学习都是学习继承历代积累起来的知识经验，但是大学学习所传递与接受的除了经典知识外，还有较为高深的专业理论知识和学科前沿理论知识。这种专业性特点决定了大学教学、学习的全过程；从计划教学和制定大纲、设置课程和安排学时、编写教材、选择内容，以及组织教学的形式、方法和手段等，都要围绕具体专业而展开，大学学习的理论基础课、专业基础课、专业课和选修课，也要紧紧围绕传授系统、高深、宽广、扎实的专业理论知识来进行。

(3) 独立性。大学学习过程是运用科学的教学形式及方法，培养学生独立地学习知识、掌握专业理论、从事科学发现的实践活动。大学学习的独立性特点贯穿于教学的每个阶段和环节。中学学习基本上是以简略的、有秩序的方式掌握基本的间接知识，因而是在教师全面而直接的指导下学习。大学生在学业上已开始走向自立，教师在学习过程中的作用只是指点性的“引导”而非全面直接的指导。这种独立性以大学生的身心发展趋于成熟为基础，以大学学习的教学目的及相适应的组织形式和教学方法为表现。较为充足的自学时间，较为广泛的自学内容，都大大增强了大学学习的独立性，要求大学生在学习阶段掌握学习方法论，培养独立学习、独立工作和独立探索的能力。

(4) 创造性。大学学习中，学生在继承掌握前人积累的专业理论知识的基础上，从事探索活动，发展创造能力，获得科学方法，塑造创新精神。大学生的自身条件和大学生所受的教育是奠定大学学习走向创造性的基础。此外，国家发展和社会进步也要求大学生必须具有创新能力，进入社会后成为一支创造性力量。创造性是大学学习的基本特点之一。

(5) 实践性。大学学习是学生将高度抽象的专业理论知识，运用于具体实践活动，以发展学生应用技能和改造世界能力的过程。大学生学习知识、认识世界的目的是改造世界，而这一目的只有实现了感性认识向理性实践能力的转化才能达到。中学的教学实践活动和大学学习的实践性有显著区别，前者是为学生从具体认识上升到抽象认识提供支撑点，后者是将抽象专业知识运用于具体实践的活动，是认识的较高层次，两者无论在内容、形式、结果和意义上都无法比拟。

(二) 物业管理专业学习方法

1. 物业管理专业的特点

物业管理专业主要特点可以总结为以下几个方面：

(1) 文理交融。物业管理专业以市场监管管理和管理科学与工程为主干学科，相关支撑学科包括建筑学、土木工程、环境工程等，专业内容横跨管理学、工学、经济学、法学、社会学等多个门类下相关学科。专业招生对象一般也是文理兼收。文理并重的课程体系，给学生的学习可能会带来一定压力。文科学生可能会因为数学、物理等学得较浅，而对房屋建筑构造、物业设施设备、楼宇智能等工程类课程的学习感到吃力；理科学生则可能对管理学、经济法、物业管理法规等管理、法律类课程缺乏兴趣。但是，物业管理专业文理交叉的学科特点，符合物业管理行业应用型、复合型人才需求，毕业生既掌握相对扎实的工程维护养护技术，又具备一定的综合协调管理能力，在就业市场上有比较宽广的选择空间。同学们应该从培养兴趣入手，接近专业，走近行业，从了解到逐渐喜欢，再到接受，一点点爱上物业管理专业。对专业的热爱，会激发学习的动力，在老师和同学的帮助下，扫清学习中的障碍，圆满完成学习任务。

（2）理论实践并重。物业管理专业是应用性、实操性非常强的专业。要求学生牢固掌握专业基础理论知识的同时，具备较强的实践操作技能。首先，在专业课程体系里，会安排分量较重的实践、实训内容，同学们应该在老师的指导下，结合所学专业理论知识，认真完成此类课程的学习和训练，达到理论实践的有机结合；其次，物业管理行业是非常“接地气”的专业，与民生息息相关，同学们自己就是物业管理的直接被服务者，应善于在日常学习生活中，留意周围物业管理活动的细节，体会物业管理活动中各方主体的感受，关注物业管理服务的关键因素。

（3）发展中的新专业。物业管理是改革的实践。物业管理专业在我国只有二十多年的历史，在我国高等教育学科专业体系中，属于一个年轻的专业。物业管理专科的《高等职业教育物业管理专业教学基本要求》2012 年才编制出版，物业管理本科的《高等学校物业管理本科指导性专业规范》于 2016 年才出版。目前国内开设物业管理专业的高校，在人才培养目标、课程体系等方面差异很大。物业管理行业经过了几十年的发展，正处在一个转型升级、跨越式发展的变革阶段。互联网＋、万物互联、大数据、云计算、机器人、智能建筑等新技术的出现，更是给物业管理行业带来巨大挑战。行业的变革，必然要求物业管理专业教育在培养目标和课程体系上同步跟进。因此，作为物业管理专业的学生，应时刻关注行业动态，及时了解行业最新信息。

2. 物业管理专业学习方法

（1）理论学习。通过专业导论课程的学习，建立职业价值观，在掌握物业管理规律的基础上，对物业管理学科、专业和将要从事的物业管理职业做出理性判断与选择。在专业老师的引导下，借助图书、期刊、广播、网络等媒体，全面了解物业管理专业的行业背景、人才培养方案、课程体系、就业前景等。只有主动地选择物业管理专业，了解这个专业，才有可能走进物业管理专业，并最终爱上物业管理专业。在理论学习过程中，应向辅导员或导学教师、物业管理专业老师请教，掌握本专业的学习方法、学习技巧、学习重点和相关学科的学习内容。积极参加学校开展的各项关于本专业和相关专业的活动，通过参加活动，听取专家、学者的报告，了解本专业的研究现状和理论前沿，丰富自己的专业认知。积极参与学校社团活动，向学长了解各门课程的特点和学习难点，听取他们有益的经验，快速适应专业学习环境。

（2）实践学习。通过观察和考察，了解物业管理行业。通过专业见习、实训、实习、社会调查进一步深入企业经营、管理与服务实际，对所学理论知识有所应用、有所总结，逐步适应物业管理岗位工作需要。通过物业管理专业实践教学活动，直观地了解物业管理行业现状，了解物业管理工作的内容，了解用人单位对物业管理专业人才的需求特点，对照自己的条件、兴趣爱好和职业选择意向，做出分析、规划，进而明确自己未来的职业方向。

（3）自主学习。要改变中学生应试教育的学习习惯。在大学中，自主学习必须代替被动学习占据主导地位。自主学习要求学习者最大程度地发挥主观能动性，根据实际情况制定学习目标，自己寻找资料思考问题，督促自己遵循计划完成学习过程，指导自己在遭遇困窘时做出调整。当然，自主学习并不等于闭门造车，大学学习需要老师导航，要学会通过查阅参考资料、浏览专业学习网站、向教师求助等方式完成自主学习。

(4) 探究学习。在物业管理行业，探究式学习尤为重要，物业管理行业作为新兴产业，无论在理论上和实践上都有很多亟待解决的问题，而理论发展通常滞后于实际，这就为学生探究物业管理问题提供了广阔的空间。要通过参加物业管理专业课程讨论会、物业管理专题研讨会、物业课程教学设计、课题项目研究、学术交流活动等方式参与研究物业管理问题。处在实践中的在职学员更应结合工作实际研究物业管理工作中的常见问题和系统性问题。通过探究式学习，不但能完善已有的知识体系，还可以创新知识，成为行业企业的专家。

(三) 开放教育物业管理专业学习方法

开放教育物业管理专业学生除可按上述学习方法进行线下专业与课程知识学习外，还可根据开放教育的特点，有效地开展在线学习和必要的集中辅导学习。

1. 在辅导教师支持服务下，开展自主学习

这是接受远程开放教育的学生获取知识的主要方式，本课程的教学要注意对学生自主学习能力的培养。学生可以通过阅读文字、收看视频、登录直播课堂、参加网上教学辅导和学习网络课程等方式进行自主学习。

2. 参加教学单位组织的集中辅导

以学生自主学习为主，在总部的指导下，各分部（行业学院）、分校、学习中心应安排一定量的集中辅导。按照课内时数和实践环节时数完成教学任务。

3. 安排好学习进度，完成学习任务

开放教育物业管理本科专业，各门课程责任教师将提供“课程学习安排”，以帮助学员更好地自主学习，跟上教学进度，学员应尽量按照“课程学习安排”进行学习。课程安排中将指导学员进行课程测验，完成形成性考核作业，以便能正常参加期末终结性考试。

4. 掌握国家在线学习网站资源使用方法，保证正常在线课程学习

为了帮助学员更好地学习开放教育专业课程，国家开放大学开放教育在线学习课程设计建立了各种学习栏目，学员应根据说明和指示来了解课程，开展自主学习。不同课程在相关教学栏目、内容和要求上会有所不同，应根据不同课程的在线学习资源设计情况做好学习安排。

5. 参加学习服务中心组织的各项交流活动，拓展事业网络资源

开放教育物业管理专业学习的学习组织一般都在某个学习服务中心，学习服务中心（分校）除组织学生参加国家开放大学和分部、行业学院的统设必修课课程、选修课程的在线学习、在线或线下考试，指导学生完成线上或线下形成性考核作业，完成课程设计作业、毕业论文或毕业设计作业外，还要负责学生的日常教学管理。除此之外，有条件的学习中心应指导成立各种兴趣小组，组织各类交流活动，提供学习增值服务，帮助学生拓展人脉和社交网络，为学生完成学业和职业发展创造良好的环境条件，增强开放教育的吸引力。

微课 65

【本章小结】

本章主要介绍物业管理专业学习的基本知识。读者通过了解物业管理人才培养模式与知识体系，物业管理专业本科学历教育基本内容，物业管理专业人才的规格，物业管理人

员应具有的知识素养与专业能力，可以明确物业管理专业学习目标，增强学习的内在动力和外在压力，适应时代对物业管理专业人才的需要。通过对物业管理从业人员继续教育重要性的分析，提高读者对物业管理继续教育的认识。构建物业管理行业终身学习立交桥，建设开放教育物业管理专业优质课程学习资源，有助于读者掌握高等教育物业管理本科，特别是开放教育物业管理本科专业学习方法，为物业管理从业人员继续教育学习提供了便利条件。

【互动空间】

一个物业管理员的心得体会

从事物业管理工作已有3年，在这3年里先后在两个管理处工作。综合这几年对物业管理的认识、了解，可以说用简单的几个字来概括："物管无小事，细微见真情。"对物业企业及员工来讲，服务管理永远占第一位，在物业管理的日常事务当中的每件事都要尽可能使业主满意，业主满意了物业公司自然就会有收益。举手之劳的一件事看似小事，也许它能给你带来一个很大的收获。

在工作方面遵循"四知，六主动"的原则。何谓"四知，六主动"？

四知：

(1) 知小区内大厦有几座，住户、业主有多少。

(2) 知业主情况。

(3) 知住户情况。

(4) 知辖区内公共设施、治安保卫、园林绿化、环境卫生和各种费用的基本收支情况。

六主动：

(1) 主动上门为孤寡老弱户、困难户服务。

(2) 主动走访业主、住户征求管理意见。

(3) 主动向住户宣传物业有关管理规定。

(4) 主动检查小区内各种公共设施、安全卫生情况。

(5) 主动承接小区的各种服务，为公司创造更多利润。

(6) 主动向领导汇报业主及住户对管理工作的意见。

除此以外，还要做到：

(1) 严格自律、遵守社会公德，讲究职业道德，文明服务，礼貌待人。

(2) 严守岗位，处理好日常及值班期间的业主投诉。

(3) 搞好上下、内部与兄弟单位之间的关系，互协互助。

(4) 处理事情要做到业主满意、领导满意、自己满意。

(5) 努力完成公司下达的经营指标及收缴率。

(6) 在接待业主时，做到说话文明、有理、有利、有节，不损害公司利益，不承诺、不留字据。

这几句话看似简单，要真正做起来可不是件容易事。人们常说跟老百姓打交道的工作不好做，有人还说跟物业业主打交道的工作更不好做。但是，不能因为不好做就不做了，这个工作总还是要有人去做的。有了困难我们要克服，有了矛盾我们要协调、解决，作为一个物业管理员首先要端正自己的态度，我们是来为业主提供服务的，但是服务也不能一味地去讨业主的欢心，那样的话，你在业主心里就失去了威信。我们要在平等、互利的基础上来为小区业主提供我们所能做到的最优质的服务，这才是一个物业管理员所应具备的价值观。

物业公司和业主之间没有不可调和的矛盾，物业公司的服务水平确实还要提高，但物业管理是一个微利行业，不缴费或缴费率低，物业很难提供优质服务，对于无赖业主，有时候还需要强制性管理，如果行不通也不能放弃使用法律手段。只有这样，我们才能在市场竞争如此激烈的今天为公司今后的发展打下坚实的基础。

物业管理作为一种全新的业态形式，已经得到了全社会的认同。伴随着我国房地产业发展的大好形势，人们开始注重提高生活质量，特别是自身居住环境的质量，这使得物业管理因为有了如此难得的“天时、地利”而被人们喻为“朝阳”行业。就像买电器一定关心保修一样，物业管理所起到的为现代城市服务，提升人们居住生活品质，维护社会和谐等重要作用已越来越被人们所重视。

资料来源：物业导读，2019-11-21.

讨论问题

1. 怎样理解本案例中的“四知，六主动”？这在日常物业管理服务工作中有什么作用？

2. 在你过往从事的物业管理服务工作中采用过类似“四知，六主动”的做法吗？学习这个案例之后，如何完善你的类似做法？

【问题探讨】

1. 请结合物业管理行业企业实际，分析物业管理人才的素质与能力要求，提出自己的看法。

2. 请结合自己的经历分析一下中学学习方式与大学学习方式的不同，以及物业管理专业本科教育中的普通高等教育与开放继续学历教育的异同点，并就如何搞好开放教育条件下物业管理专业学习，谈谈自己的看法。

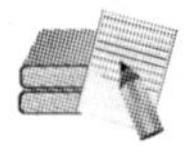

【作业练习】

一、判断题

(　　)1. 人才培养是一个系统工程，它包括人才培养的理念、主体、客体、目标、途径、模式与制度七大要素。

(　　)2. 校企协同人才培养模式的构建是校企双方资源的简单相加，有限的共享。

(　　)3. 岗位能手是指具备优良的心智品质、熟练掌握本岗位业务技能和理论知识，忠诚于岗位职责，按规划完成本岗位目标任务，并创造了较好经济效益，其业务水平受到组织或社会认可的企业职工。

(　　)4. 高等学校物业管理本科专业基本学制为四年。实行弹性学制的，修业年限可以调整为 3～6 年。完成培养方案规定的课程和学分要求，考核合格，准予毕业。符合规定条件的，授予工学学士学位。

(　　)5. 物业管理行业具有综合性、单一性、模块化特点，行业结构化趋势出现，物业管理人才培养也需要考虑行业结构发展情况，采取有效应对策略。

(　　)6. 物业的形态虽千变万化，但物业管理的需求却是千篇一律的。

(　　)7. 企校合作、企社合作、企企合作、企政合作、产学研合作、工学合作，都是值得尝试的培育人才的模式。

(　　)8. 人才问题是物业管理行业转型升级过程中遇到的最突出问题。

(　　)9. 终身学习立交桥的核心要素是建立各学习参与方相互依存、为彼此提供支持价值的生态圈。

(　　)10. 学习资源是以教师的教学为中心组织起来的体现教师主导性的按教师的意志和能力构建起来的资源体系。

二、单选题

1.(　　)对人才培养模式其他要素的选择与确定都产生着极其重要的影响。

A. 人才培养理念　　B. 专业设置模式

C. 课程设置方式　　D. 教学组织形式

2.(　　)是指在一定的教学思想、教学理论、学习理论、管理理论指导下对教学过程进行组织管理的手段与方法。

A. 教学评价方式　　B. 教学管理模式

C. 教学组织形式　　D. 课程设置方式

3. 高等学校物业管理本科专业基本学制为(　　)。

A. 3 年　　B. 4 年　　C. 5 年　　D. 6 年

4. 以下不属于通用能力的是(　　)。

A. 运算能力　　B. 沟通能力　　C. 抗压能力　　D. 专业识图能力

5. 空间管理、资源开发与经营、物业招商与租赁管理、不动产中介属于(　　)。

A. 经营管理　　B. 设施管理　　C. 资产管理　　D. 关系管理

6. 我国内地第一家物业服务公司成立于(　　)。

A. 1978 年　　B. 1979 年　　C. 1980 年　　D. 1981 年

7. 物业服务企业发展的基础是(　　)，行业能否持续发展、转型能否成功的关键是(　　)。

A. 人才，经济基础　　B. 法规制度，人才

C. 人才，人才　　D. 法规制度，经济基础

8. 远程开放教育的学习资源体系是以(　　)为核心，以(　　)为中心，以(　　)为独立单元的各种开放性学习资源的有机组合体。

A. 专业教育，课程学习，学生学习

B. 课程学习，学生学习，专业教育

C. 学生学习，课程学习，专业教育

D. 专业教育，学生学习，课程学习

9. 通过课程学习拿到职业教育资格证书，同时解决实际工作中的问题属于(　　)。

A. 学历教育需求　　B. 职业教育需求

C. 继续教育需求　　D. 英才教育需求

10. 大学学习是学生在继承掌握前人积累的专业理论知识的基础上，从事探索活动、发展创造能力、获得科学方法和培养创新精神的过程。这体现了大学学习(　　)的特点。

A. 专业性　　B. 独立性　　C. 创造性　　D. 实践性

三、多选题

1. 人才培养模式由(　　)组成。

A. 培养目标（规格）　　B. 培养过程

C. 培养制度　　D. 培养评价

2. 校企协同育人实验班培养模式的具体内容包括(　　)。

A. 以物业公司对实验班的系列激励措施（例如给优秀本科毕业生见习经理职位）为牵引，提高专业招生吸引力，提升专业品牌知名度

B. 以物业公司全程深度参与人才培养的形式，如利用专题讲座引导学生尽早进行职业生涯设计和人生专业目标规划

C. 以边学（学校为主）边做（企业为主）、以做促学的轮动协同培养方式，增强学生学习的目的性和效率，促进教师优化改进教学内容和方式

D. 以物业公司在行业领先的技术应用创新成果为依托，全面提升学生在物业管理信息化技术方面的学习和应用深度，提高学生的高科技应用水平

3. 物业管理专业主干学科为(　　)。

A. 环境工程　　B. 土木工程　　C. 工商管理　　D. 管理科学与工程

4. 物业管理专业知识体系由(　　)构成。

A. 人文社会科学基础知识　　B. 自然科学基础知识

C. 工具性知识　　D. 专业知识

5. 物业管理专业实践体系主要包括(　　)领域。

A. 实验　　B. 实习　　C. 设计　　D. 创业

6. 物业服务企业缺乏创新型物业管理人才是普遍现象和共同问题，既有外部原因也有内部原因；既有体制和机制的原因，也有认识和观念的原因。具体表现为(　　)。

A. 从业者转型太慢　　B. 社会供应偏向

C. 收入待遇偏低　　D. 企业人力资源投资较少

7. 开放教育学习资源应具有(　　)特征。

A. 突出学历教育　　B. 突出专业教育的“课程”的属性

C. 体现“网络”　　D. 体现整合性

8. 关于优质的学习资源应符合的标准，以下说法正确的是(　　)。

A. 教学资源设计以课程内容为中心

B. 知识内容选择的合理性、科学性

C. 内容呈现的面授与网络优势互补

D. 课程资源的通用性和简洁性

9. 各类高校经过多年探索，形成了一些人才培养模式，比较典型的模式是（　　）。

A. “分层分岗，工学交替”培养模式　　B. 校企协同人才培养模式

C. 校企协同育人实验班培养模式　　D. 岗位能手型技能人才培养模式

10. 物业管理专业学习方法包括(　　)。

A. 理论学习　　B. 实践学习　　C. 自主学习　　D. 探究学习

四、辨析题

1. “分层分岗，工学交替”培养模式；“校企协同”培养模式；“校企协同育人实验班”培养模式；“岗位能手型技能型”培养模式

2. 学分制、学分银行、终身学习立交桥

3. 自主学习、在线学习、有效学习

五、案例分析题

物业管家应具备的11项服务意识

思想决定行动，行动决定习惯，习惯决定性格，性格决定成败。要想成功地做好某件事，要想成为某一行业的专家，意识的领先、思维的武装是非常重要的。作为管家服务人员，应该去想些什么，如何感受身边的事与业主的事呢？其意识形态该是什么样呢？以下是物业管家在服务过程中应有的服务意识。

1. 业主为中心意识

业主是物业的主人，在任何情况下，每位员工都应礼貌地接待每位业主，都应尽力满足他们的各项合理需要，以使他们尽情享受物业管理区域生活的快乐。业主是公司最重要的人，业主对于公司而言有着丰富而特定的含义：业主是整个服务过程中最重要的人；业主是公司的财源，有了业主，才会有公司的财气；业主的笑脸会带给物业公司稳定的效益。

2. 安全意识

安全是业主第一关注和关心的服务要素，也是公司生存和发展的重要保证。作为管家服务中心从业人员，应实时将业主的安全铭记于心，不断加强安全巡视、检查，在物业管理区域无论在何时何地发现了安全隐患都要及时处理和向上级汇报，为业主提供一个安全的生活环境，给业主安全感。

3. 角色意识

在岗位服务期间必须进入服务角色，也就是一定要以业主的感受、业主的心情、业主的需求，向业主提供其所需要的服务。定位好自己的工作角色，同时能及时转变自己的角色，通过专业的训练确保工作顺畅完成，这对职业发展很重要。在管家服务中心的各岗位中，管家服务中心主任既是服务的组织者，又是服务的提供者，同时也是这个团队的管理者，下属人员既是该岗位的操作者，同时整个团队均需肩负业主的服务员，区域的安全员和清洁员的工作职责。

4. 一站式服务意识

对于业主的服务，只要业主找到我，就要做到“从我开始到我结束”，这就是一站式服务的精神，就是说业主只要找到你，一切问题就都解决了，从这个角度来理解，我们可以得到几点启示：找到你解决了问题；你解决问题的方式我很满意，所以我才找你！接到业主提出服务请求后，应该主动把自己当成实现业主需求的第一责任人，自觉地想办法，

力争在第一时间给业主满意的答复。

5. 个性化服务意识

人人都知道“众口难调”，但也有人认为“世上无难事，只要肯登攀”。在感慨差异化思维的同时，我们要明白差异化存在是人类社会的必然。面对我们的业主，如何去寻找其心理需求点，从而满足甚至超出业主的需求，这就是管家服务中心人员要去思考并去实践的个性化服务问题，只有不断为业主提供和创造周到加惊喜的个性化服务，才能获得业主的满意和感动，从而为公司创造良好的口碑。

6. 精品化服务意识

人人都在做事，但做事的结果不一样，0＋1＝100，100－1＜0（服务好每一位业主，成功率是100％；服务好100位业主而得罪了一位业主，成功率为负），管家式服务区别于其他服务形式的关键在哪里呢？那就是精细化，讲究、精细、有品位的服务才是管家式服务的真正品牌价值所在。

7. 超前服务意识

在服务过程中，发现需求，并主动超前满足业主需求，这样的服务是让人激动的，业主会因意外收获而惊喜，因细心的服务而感受到无比的温暖，而管家服务中心从业人员则会在业主的满意中找到自我价值所在，真正感受到服务的乐趣。

8. 全方位服务意识

业主理想的24小时不间断全方位家居生活服务是什么样的？可以专心自己的工作，有喜欢做的事情，不用为衣食住行过多地操心，有一个善解人意的生活助手……这也是管家服务团队追求的最高服务目标，所以，管家服务中心的服务产品要不断完善，服务的内涵要不断充实，管家人员的素质要不断提升，打造一个令业主满意，能进行全方位服务的团队。

9. 声誉意识

管家服务中心服务人员向业主所提供的一切服务，其服务程序、服务质量标准、服务效率等方面均要以公司的声誉为准则。任何损害公司声誉的服务均被列为低劣服务，对此，管家服务中心人员应肩负起相应的工作责任。

10. 团队意识

树立管家团队员工的共同目标和利益：团队要重视每个员工的利益，协调好员工之间、员工与管理者之间、员工与公司之间的利益关系，尽量使每个员工的目标和利益与团队的目标和利益一致，使团队成为维护和实现大家利益的共同体，使员工能齐心协力为实现团队的目标而努力工作。要信任下属，相信上级，发挥群体的智慧和力量为团队献计献策，在工作中既要注意个人能力的发挥，又要注重整体配合，使大家意识到个人失败就是团队的损失。大家时时处处要有大局观念，以团队利益为重，团结协作，共同前进。

11. 强记业主名字的意识

对一个人来说，有时候自己的名字是世界上听起来最亲切和最重要的声音，因此，管家服务中心从业人员在服务所管区域的业主时，一定要清楚对方叫什么名字，如果第一次拜访时，对方告诉了你他的名字，那么就要牢记于心，第二次拜访或者电话联系时，一定不能出现叫错或者叫不出对方名字的情况。与业主亲密接触并强记住业主的姓名，会给业主带来一种亲切、愉悦、被重视的感受，从而产生一种信赖感，也是提高业主满意度的一种途径。

资料来源："物业精英俱乐部"公众号，2019-09-29.

问题：

1. 结合专业学习和工作实践，分析一下自己在物业管理工作中形成了哪些服务意识，缺少哪些服务意识。

2. 根据自己所在物业服务团队服务意识的现状，结合专业学习提出完善物业服务的意见。

六、训练题

编制物业管理专业学习计划

1. 训练目标

开放教育物业管理专业学习者面临许多学习困难，如工学矛盾、时间不集中、家庭生活压力、学习注意力下降等，但也有很多优势，如有相关的专业实践经验，对实际工作中碰到的各种问题有亲身感受，有寻求解决问题的动机和需求，对专业学习、职务晋升和职业发展有急迫的需要等。开放大学不但有线下教学服务中心的支持服务，还有大量、丰富的在线学习资源供同学们学习。同学们可以利用碎片化时间和手机随时随地自主学习。在这样的学习情境和学习条件下，有必要做好学习规划，有条不紊地安排好学习进程，优化求学生涯，尽快圆自己的求学之梦。

2. 训练要求

（1）首先成立学习小组，确定成员对象。每个小组 5～10 人，小组成员可自行组合。要求成员尽量差异化，按团队成员角色的要求进行组合，以实现优势互补。

（2）制订专业学习计划。每个人根据自身的条件，确定学习目标，制订学习计划。学习计划应当包括理论知识学习、运用知识、总结经验、探讨深层次理论等方面，对学习目标、学习科目顺序、学习时间、重点科目和专业模块内容、实践活动、社交活动等相关内容应有涉及。计划要科学、合理、可行。

3. 成果交流

（1）头脑风暴。召开交流研讨会，运用头脑风暴法，优化完善每个人的学习计划。

（2）每个人将修改完善后的学习计划作为作业提交。

第五章　物业管理职业发展与事业成功

【学习目标】

1. 了解：物业专业学生择业方向，物业管理从业人员职业能力的构成；物业服务企业的使命和社会责任；企业家的素质和应负的主要职责；提升物业管理从业人员职业道德修养的意义；物业经理人制度及其作用。

2. 理解：物业管理从业人员职业价值观；物业管理从业人员职业道德修养的内涵；物业管理职业经理人制度的建立思路。

3. 掌握：物业管理从业人员职业价值观养成方法；物业管理从业人员职业道德修养的内涵和培养途径。

【能力目标】

1. 能根据自身的条件做职业发展规划，恰当选择职业；能自觉培养物业管理从业人员职业道德；能逐步形成物业管理从业人员职业价值观。

2. 会根据职业发展环境变化，不断修正职业发展规划，实现职业价值追求的人生梦想。

【案例导入】

今天起，做一个骄傲的物业管理人

“骄傲”二字，对大多数物业管理人来说，恐怕接近于生词，这正是要谈这个话题的原因——如果我们在石化、通信、电力、金融行业，还谈什么谈？我很清楚今天物业管理人的职业感受，更多与骄傲相反：身为合同乙方的被动角色，什么价格都涨唯独物业管理费不涨甚至反跌，行业人均收入排名靠后的行业，不被业主理解且常常代开发商受过，人工费用恐慌性上升与招聘难并存……物业管理人能骄傲得起来吗？答案是肯定的，只要我们清楚看到物业管理行业的如下基本特征。

一、中国走向现代化的环境条件和重要标志

中国的社会经济正在巨变中走向现代化，一些行业在消失，一些行业在兴起，物业管理行业几十来年走过的路，已经充分证明这个行业是在中国经济体系中应运而生、面向未来的阳光行业。现代化的人居、现代化的办公、现代化的生产、现代化的交通、现代化的娱乐，哪一项离得开现代化物业管理的保驾护航？

一个城市、地区的社会经济发展水平越高，对物业管理的需求就越强；物业管理普及率能从一个侧面简便而准确地衡量中国现代化进程的高度。物业管理行业的高速发展是中国走向现代化的重要标志。

二、正在成长为中国经济体系中最大的服务业

物业管理行业具有极好的外延弹性：一定空间范围内的建筑物、设施、设备及配套环境，其正常使用状态和规范秩序的保障，都可以纳入物业管理的服务范围。随着企业专业分工细化和外包常态化、政府服务社会的模式改革，物业管理范围正在从住宅物业区、写字楼、商业区、工业区，扩展到学校、医院、旅游景区、街道与市政绿化、高速公路、机场码头、土地储备……举目望去皆物业、无数同行在周边。中国物业管理行业将面对远超GDP增长速度的海量市场需求扩张。与此同步，物业管理行业在提供就业机会和推动社区建设方面的贡献也越来越大。

三、将出现真正优秀的航母型物业管理公司

今天最大的物业管理公司，其收入只有约十亿；物业管理行业的总收入仅相当于万科地产一家开发商。但是，随着中国经济快速增长、物业管理普及率的提高、领先物业管理公司在发展上快马加鞭和购并型资源整合，物业管理行业将会涌现出一批收入上百亿、千亿的航母型物业管理公司，它们无论从收入规模、经营效益，还是从发展战略、管理体制、企业文化、社会责任方面，都毫不逊色于中国经济体系中任何行业的领先企业。

四、职业规范与社会道德要求高度统一

尊重客户是物业管理人入行的第一课，而尊重每一个人、尊重人的合法权利是现代社会告别非人性历史的核心标志；重合同、守信用是物业管理人的工作基础，而讲法治、讲诚信正成为中国社会进步的主干道；关注设备设施与建筑物维保状态的物业管理人，在社会上本能反感损害公物的行为；工作中忙于引导客户遵守管理秩序的物业管理人，生活中也会更自觉地遵守公共秩序；习惯于“人过地净”的物业管理人，最不可能在大街上乱扔垃圾。物业管理行业正在培训中国最早一批具备现代意识的公民群体。

五、造就复合型高级管理人才

物业管理项目特别是大型项目中，有不同类别的客户群体和同类群体中风格不同、需求各异的客户，物业经理需要为他们尽心服务并解决各种投诉和矛盾纠纷。同时，物业经理要用多种管理方式去督导不同敬业精神、职业层次、专业水准、价值取向且招聘起来日益困难的员工组成的项目物业服务团队，要熟悉项目建筑物、设施和技术不断进步的各类设备的原理、功能和运行维保要点，在“巧妇须为少米之炊”压力下要做好项目预算收支和经营计划的组织落实，还要以灿烂的微笑与税务、环卫、治安、消防、交管等政府机构保持良好关系。物业经理在如此复杂多元环境中承受的职业磨炼和获得的复合型管理才能在一般职场中是少见的。可以相信，物业管理行业今后将给其他行业和社会组织输送大量高端管理人才。

六、拥有最顺畅的由低到高的社会跨层通道

不想做元帅的士兵不是好兵，物业管理行业的士兵最有可能成长为元帅。首先是入行门槛低，并可很容易地从保安、保洁、客服、维修工等基层服务岗位升至物业管理岗位，而要想进入银行、房地产、IT行业得有高学历，进入政府部门则要通过千里挑一的考试。其次，物业管理行业有着渐次晋升的通道，从最基层的一线岗位到领班、主管、经理助理、经理……城市分公司总经理、区域总经理、公司总经理，只要出色地做好了一个层级的工作，就有晋升上一层级的机会，而一个银行营业部的保安要想成为分行行长比中彩票

一等奖还要难上百倍。再次，物业管理市场需求的急剧扩大，导致物业管理人才奇缺，使裙带关系、任人唯亲的人事恶习被冲淡，有敬业精神、专业能力和职场业绩的人才更加容易脱颖而出。今天，物业管理行业多位领军人物就是从基层一线岗位成长起来的，他们的成功正激励着成千上万的后来者！

总之，做一个骄傲的物业管理人，不仅有助于维护职业心理健康，更有助于从业人员在职业发展生涯中确立清晰的人生目标，凭借激性和韧劲取得更加辉煌的事业成就；而这将使得物业管理行业成为一个令人越来越骄傲的行业！

资料来源：朱江．“物业管理”公众号．2017-07-27.

总结：

本案例给了大家一个认识物业管理、观察物业管理发展前景的独特视角，从6个方面描绘了物业管理行业未来发展趋势及在社会经济中的地位，以及物业管理人拥有的职业发展愿景，给出了“做一个骄傲的物业管理人”的可追求的梦想彼岸。只有抓住机会，努力奋斗，才有可能实现梦想，对物业管理人来说这是一个美好的时代。

第一节　物业管理职业选择与职业发展

一、物业管理专业学生的择业方向

学习物业管理专业既是适应社会经济发展的需要，也是个人价值实现的方式。对于物业管理专业的学生来说，根据个人能力和发展志向来选择职业发展方向，未来大致可以成为管理型人才、学术型人才和经营型人才。

（一）管理型人才

物业管理专业主要为物业管理行业企业培养应用型人才，适应物业管理服务工作需要。管理学科的应用性、实践性很强，物业管理专业更是如此。物业管理专业从一级学科来说，隶属于管理学学科，因此未来成为管理型人才是最基本的发展方向。无论是基层的物业服务企业的员工，还是中高层管理者，处理日常物业管理矛盾和纠纷、管理团队、配置资源、应对管理风险等，都需要在一定的管理思想指导下，运用先进的管理理念、管理方法和技巧来进行。将专业发展方向定为管理型人才，更有利于适应当前物业管理人才紧缺的需要，投身物业管理实践，成为优秀的管理服务人员、合格的项目经理、高端物业管理经理，引领新时代物业管理潮流。

作为物业管理专业本科生，首先，应当学好物业管理专业知识，认识物业管理规律，找到物业管理服务工作的乐趣，建立与物业管理工作的感情，在理性修养和成功体验中形成物业管理职业价值观，维持物业管理职业发展和事业选择的动力。其次，应在物业服务企业基层从事物业管理服务工作，熟悉各岗位的情况，熟悉物业管理实务知识，成为行家里手，成为优秀员工。再次，要学会管理项目和管理团队，逐步形成管理者思维、管理者格局，朝着物业管理职业经理人方向迈进。

（二）学术型人才

当然，物业管理理论型、学术研究型人才在我国更稀缺。我国物业管理行业起步晚，发展迅速，但物业管理理论研究一直滞后于物业管理行业的发展，这需要有一批优秀的物业管理理论专家，投身物业管理理论研究，探索物业管理关系与规律，指导物业管理行业法律、法规与政策的制定，指导物业服务企业战略发展、结构调整、模式构建、内部治理和日常制度优化，物业管理学术型人才大有作为。如果定位为学术型人才，应当不断学习提升自己的水平，成为物业管理学科学术型专家。学位是反映学术水平的重要依据，我国现行三级学位制度包括学士学位（Bachelor's Degree）或第二学士学位（The Second Bachelor's Degree）；硕士学位（Master's Degree）（分为学术性硕士学位和专业或职业硕士）；博士学位（Doctor's Degree）（分为学术型博士学位和职业型博士学位）。

对于物业管理专业本科学生，一般可以考取管理学门类下的管理科学与工程、市场监管管理或公共管理 3 个一级学科的硕士研究生。研究生毕业后可从事物业管理的相关学术研究。研究国内外物业管理发展概况、物业管理行业的发展前景、行业发展中存在的问题、国家相关政策、物业管理法律制度、物业管理经营方式等。培养物业管理学术型人才，加强物业管理行业的研究，是物业管理行业健康发展的必然需求。

（三）经营型人才

国内外经验表明，成熟的物业管理服务必然从综合基础性公共服务发展成以公共服务为基础、多种经营服务为重要发展引擎的全面的管理服务集成，经营型人才将大有作为。目前国内多种经营型人才奇缺，加上物业管理国际市场竞争日益加剧，经营型人才争夺战日益激烈。因此，将职业发展与事业选择的方向定位为经营型人才，也是一种选择。

作为经营型人才，第一，要有风险意识。目前，物业管理经营业务主要在商业物业管理项目，投资大，风险也大。另外，在住宅物业项目，业主对物业经营管理服务有潜在需求，但是有效需求不足也是现实，需要开拓。因此，物业经营服务存在较大风险，需要有风险意识和风险化解能力，还需要保持职业发展与事业追求的定力。第二，作为经营型人才，还要有相关项目经营管理背景知识，是某个领域的高手，不仅仅只掌握经营技巧。第三，要具备多种经营的策划运作能力和迅速进入角色的能力。作为经营型人才，应当有敏锐的市场判断力，要判断物业项目的类型、项目周边设施、管理区域内的人群，判断应该经营何种项目，判断未来的收益情况。既要满足客户的真正需求，又要有个性化，还要有持续的经营控制能力。既要有策划组织能力，方案制作能力，实施执行能力，又要能迅速掌握与物业管理项目相关的所有内容与情况，迅速进入角色的适应能力，这是一种综合实践能力。

微课 66

二、物业管理从业人员职业能力与职业规划

（一）职业能力

1. 职业能力的含义

职业能力是人们从事某种职业的多种能力的综合。例如：一位管理服务人员只具有好

的形象与服务意识是不够的，还必须具有对物业服务活动的组织和管理能力，对业主服务的沟通协调能力，对物业纠纷和服务质量的分析、判断能力，以及解决问题的能力等。

2017 年 9 月，中共中央办公厅、国务院办公厅印发《关于深化教育体制机制改革的意见》，明确提出：要注重培养支撑终身发展，适应时代要求的关键能力。一是认知能力，要引导学生具备独立思考、逻辑推理、信息加工、学会学习、语言表达和文字写作的素养，养成终身学习的意识和能力。二是合作能力，要引导学生学会处理好个人与社会的关系，遵守履行道德准则和行为规范。三是创新能力，要激发学生好奇心、想象力和创新思维，养成创新人格，鼓励学生勇于探索，大胆尝试，创新创造。四是职业能力，践行知行合一，积极动手实践和解决实际问题。这四项关键能力，将是今后很长一段时间内中国基础教育改革与发展的核心。职业能力培养越来越受到国家和社会的广泛重视。

2. 职业能力的构成

由于职业能力是多种能力的综合，因此，我们可以把职业能力分为一般职业能力、专业能力和职业综合能力。

（1）一般职业能力。一般职业能力主要是指一般的学习能力、文字和语言运用能力、数学运用能力、空间判断能力、形体知觉能力、颜色分辨能力、手的灵巧度、手眼协调能力等。此外，任何职业岗位的工作都需要与人打交道，因此，人际交往能力、团队协作能力、对环境的适应能力，以及遇到挫折时良好的心理承受能力都是我们在职业活动中不可缺少的能力。

（2）专业能力。专业能力主要是指从事某一职业的专业能力。在求职过程中，招聘方最关注的就是求职者是否具备胜任岗位工作的专业能力。例如：你去应聘物业管理项目经理岗位，对方最看重你是否具备一定的项目管理经验和项目管理能力。

（3）职业综合能力。这里主要介绍国际上普遍注重培养的四项“关键能力”。一是跨职业的专业能力。包括运用数学和测量方法的能力；计算机应用能力；运用外语解决技术问题和进行交流的能力。二是方法能力。包括信息收集和筛选能力；制订工作计划、独立决策和实施的能力；准确的自我评价的能力和接受他人评价的承受力，并能够从成败经历中有效地吸取经验教训。三是社会能力。这主要是指一个人的团队协作能力、人际交往和沟通的能力。在工作中能够协同他人共同完成工作，对他人公正宽容，具有准确裁定事物的判断力和自律能力等，这是岗位胜任和在工作中开拓进取的重要条件。四是个人能力。随着中国经济体制改革的深入、法制的不断健全完善，人的社会责任心和诚信将越来越被重视，假冒伪劣将越来越无藏身之地，一个人的职业道德会越来越受到全社会的尊重和赞赏，爱岗敬业、工作负责、注重细节的职业人格会得到全社会的肯定和推崇。

3. 职业能力发展的途径

个人的职业能力发展是个人发展、组织发展和社会进步的必然要求。个体要适应更高层次的岗位职责需要，就必须不断提升自身的职业素质。

（1）认识自我的职业能力。首先要明确自己的能力优势以及胜任某种工作的可能性。其次，在条件允许的情况下，可以在专业职业人员指导下从学历状况、职业素养、职业实践、心理健康等方面来分析职业能力，在基本确定职业能力和发展的可能性的基础上进行职业选择。

（2）在职业实践中发挥个人职业能力价值。就是要在选择的岗位上，尽可能发挥自身的职业能力优势，努力参与问题思考，获得良好业绩，取得同事和上司的认同，为个人职业能力发展打下基础。但要坚持以组织效益为先，兼顾个人能力发展的原则，处理好个人能力发展与组织利益的关系。同时要精益求精地不断细化工作规范，提高技术水平，实现个人职业能力向高度专业化方向发展。

（3）终身教育是职业能力持续提升的可靠保证。个体职业能力除了可在实践中磨炼和提高之外，最有效的途径就是接受终身教育，包括学历继续教育和非学历继续教育。以网络和信息技术为支撑的现代远程开放教育，大量的网络课程和微课程资源，能支持学习者在专业教师指导下串联碎片化时间进行自主学习，可提供方便、快捷、实时的支持服务和海量信息，特别能满足工作分散、时间碎片化、工学矛盾突出的物业管理行业求学者职业发展需要。

（4）通过实践反思、总结和科学研究提升职业能力层次。职业能力是在实践中发展的，但实践是受认识指导的，因此要不断在实践中总结经验，同时在实践中发现新问题、分析新问题、解决新问题。探索发现新规律，形成新理论，提升职业素质。

微课 67

（二）物业管理从业人员职业能力要求

1. 物业管理从业人员知识结构要求

（1）物业管理理论及经济学、管理学、社会学、心理学等相关学科知识。一是物业管理者应该掌握物业管理理论知识，按物业管理服务规律办事，形成物业管理职业价值观。能够理性地做出物业管理决策，并能解决系统性问题和日常管理工作中的常见问题。二是应掌握经济、财会与金融保险知识。运用经济学理论指导物业服务市场运作，才能保证物业服务企业决策的科学性，运用资本运作相关知识指导企业并购重组与战略发展。三是掌握一定的管理学基础知识。灵活地运用管理学基本原理，理解管理的真谛，熟悉管理的基本职能，以及市场营销管理、服务营销、企业经营战略、品牌战略等相关管理理论，并应用在日常的物业管理服务实践之中。四是物业管理从业人员需要掌握基本的社会学、心理学知识。科学积极主动地开展或参与社区治理，主动有效地与客户沟通，提高物业服务满意度。

（2）房地产开发管理和房屋工程相关知识。物业管理与房地产开发密切相关，前期房地产项目的开发活动，直接影响后期的物业管理质量。物业管理从业人员应当掌握房地产开发和房地产经营的相关知识；掌握房屋建筑工程及其附属设施、设备的专业知识。物业服务企业在接管物业项目之前要充分了解开发企业的设计意图，注意开发企业的销售业绩，关注即将入住的业主的服务需求，为今后更好地为业主服务做好准备。

（3）法律法规政策知识。物业管理人员要对国家有关物业管理服务及相关的法律、法规和政策，特别是《物权法》《物业管理条例》等非常熟悉，它们是管理和服务工作开展的依据，也是处理物业管理服务纠纷的准则。在实际的物业管理活动中，由于各方法律主体利益不同，会产生各种各样的法律纠纷，如何运用法律知识维护自身合法权益，正确处理物业服务过程中的各方法律主体的权利义务关系，显得尤为重要。

（4）社会治理、公共关系、危机管理及其他相关知识。物业管理活动中的相关主体既包括国家各行政主管部门、街道办事处和行业协会，也包括多方面的业务关联企业，以及各类新闻媒体、民间组织，应寻求有效途径，参与到社会治理、社区治理体系之中，发挥作用，体现自身价值。在社会、社区出现危机时，应当有效运用公共关系、危机管理等知识理论指导物业服务，化解危机，保障物业服务企业的生存、发展和物业服务活动的持续开展。

物业管理服务人员除应具备上述知识之外，还应当掌握与物业管理活动，与社区党组织建设、公用事业、文化娱乐活动、新闻媒体活动等相关的知识，如政治学知识、党建知识、政策理论知识，文化传媒知识等。

2. 物业管理从业人员素质要求

（1）沟通、协调的能力。物业管理的对象是物（房屋及其附属设备设施），服务的对象是人（业主或非业主使用人）。因此，物业管理人员的组织、沟通、协调能力是一项不可或缺的重要素质。物业管理人员要加强人际关系的培养，要尽量与客户做好沟通工作。

（2）良好的服务意识。物业管理人员应树立“以业主为本，服务满意”的意识，就是以人为本在物业服务中的体现，就是要不断主动地了解业主、租户的需求，并努力提高服务质量，使他们感到满意，这是物业管理人员的较强的服务意识和服务能力的体现。同时，要从细节和小事做起，以服务深度赢得业主。单一物业服务活动中几乎都是小事，又都是关联千家万户、影响社区稳定的大事，可谓“物业管理无小事”。因此，物业管理人员必须从小处着眼，把做好每件小事作为自己的分内之事，并尽心尽力。

（3）必须养成良好的行为习惯。作为一名优秀的物业管理人员，必须养成以下 9 种习惯：了解企业目标和自己的职责；预见并满足业主的需求；任何行动都要以客为先；让客人“听”到你的微笑；充分运用企业赋予自己的权力；积极沟通；把每一次的业主投诉视作改善服务的机会；上岗时精神饱满；爱护公共财产，发现企业设备设施破损时及时报修。

（4）良好的职业道德修养。物业管理是比较特殊的服务性行业，涉及社区公益和业主集体利益，对职业道德要求与其他企业也有所不同，所以只要从事这个行业，就必须对其有透彻了解并严格遵照执行。物业管理人员应该遵循以下职业道德规范：爱岗敬业；诚实守信；真诚服务；办事公道。物业管理人员要做到办事公道应注意的事项有：一是记住自己的职责范围，不能超越本人的职责范围滥用职权，一定要根据相关的物业管理法律法规、政策制度办事；二是必须坚持原则，客观地处理各项工作，包括业主与业主之间的纠纷和需求，不能掺杂个人感情或私人利益而厚此薄彼或产生偏差。

（5）物业服务的礼仪礼节。物业服务工作的宗旨是“业主至上、服务第一”，就是要在管理和服务中做到礼貌、理解，使业主、用户满意，给业主、用户留下美好印象，做到礼貌服务、微笑服务，周到服务。首先是注意言语上的基本礼节；其次是注意仪容仪表；再次是注意行为举止。良好的物业服务礼仪，不但可以展示物业服务企业的形象，建立企业品牌，而且可以让业主体会到物业管理服务的专业化、标准化和细致性，对物业服务质量评价时有观察点，能做出积极正面的评价。

（三）物业管理从业人员管理能力要求及提升途径

1. 物业管理从业人员管理能力要求

（1）不同层次物业管理者都应具有的基本管理能力。

1）领导和策划、决策能力。能将企业整体发展的战略意图与项目实际情况及个人对项目管理经营服务的思路、策略、方法有机融合到一起；在管理方案的策划—实施控制—再实施这个循环过程中正确决策。2）交流沟通与协调能力。包括思维能力（思维清晰、敏捷、缜密）；语言能力（表达清晰、准确、逻辑性强）；情感能力（以情动人、以情感人）等方面；学习研究创新的意识和能力；在项目管理组织中建立起相应的体系和机制的能力。3）项目财务和专业技术管理能力。具备对所管项目组织进行以物业管理费为主要对象的费用收支计划编制、实施监控、奖金使用管理与分析的能力；定期向所在企业财务主管部门及业委会报告和定期向全体业主公布项目的总体财务状况、财务变动状况、项目管理费用收支情况和财务管理状况。项目经理应具备对安全监控、互联网、自动化和智能化等设施设备正常运行和各专项维修养护工程进行管理的能力。4）文化建设和人才开发能力。要根据项目硬件条件、环境和业主构成状况，以及管理者自身实力，对社区文化建设档次和内容做出准确定位；社区文化不仅仅是开展文化娱乐活动，项目整体环境的文化氛围建设亦是一个重要方面。同时，要科学搭建高效能的管理服务构架；建立良好的市场化用人机制和有效的员工培训制度，将项目管理服务过程构筑成员工展示才能的舞台。

（2）物业管理者在提高企业管理效率方面应具备的管理能力。物业管理者的管理能力从根本上说就是提高物业企业效率的能力。物业管理者若要准确地把握企业的效率，需具备下列 3 种管理能力：物业管理者应能全面而准确地制定效率的标准；物业管理者必须能敏锐地察觉目前工作水平同效率标准的差距；物业管理者应有纠正偏差的能力。

2. 提升物业管理从业人员管理能力的途径

（1）物业管理能力的提高，关键在于加强学习。作为物业管理者必须增强与时俱进的学习意识，把学习摆在重要地位，从实践中学习，从书本上学习，从对自己和他人的经验教训反思总结中学习，把学习当作一种责任、一种素质、一种觉悟、一种修养，当作提高自身管理能力的现实需要和时代要求。做到学以致用，把学到的理论知识充分运用到工作中，提高分析和解决问题的能力，增强工作的预见性和创造性。

（2）物业管理能力的提高，要树立创新观念。物业企业管理处在不断变化的动态环境中，许多情况是无先例可循的，特别是要使每一位管理者认识到管理不仅仅是用既定的方式重复那些已经重复了许多次的操作，更重要的是要不断去探索新方法，找出新程序，不断提高管理质量。需要各级管理者进一步打破因循守旧的观念，树立大胆创新的观念，自觉运用创新思维，完成公司的经营目标。

（3）物业管理能力的提高，要有良好的执行力。执行力是管理者应具备的最基本的能力，一个出色的管理者应该是一个好舵手，遭遇风浪时，临危不惧，身先士卒。执行力体现在完成公司目标的程度上，物业管理者必须执行公司确立的目标，使目标清晰、具体。在落实执行力方面，最基本的就是严格执行公司的既定目标与规章制度，按时完成各项工作，认真履行组织赋予的职责。物业管理者的个人素质以及思维方式，对执行力会产生决定性的影响。

（4）物业管理能力的提高，要培养勤思考的习惯。物业管理人员要注重提高思考能力，要善于从全局上观察和处理问题，只埋头于事务性的工作，对企业发展全局性、重要性的工作不进行思考，是很难做好管理工作的。同时，在日常工作中要注意培养观察问题和发现问题的能力，抓住管理工作的重点、热点和难点，从中掌握问题的主要矛盾，及时给予处理。

（5）物业管理能力的提高，要有良好的协调和沟通能力。物业企业内部各部门和基层单位处于相互作用、相互依存状态，这就需要管理者在工作中注意协调好部门之间、基层之间、部门与基层之间的相互作用，还要注意与上级、同行之间的协调和沟通。管理工作的每个步骤，都依赖于企业成员良好的沟通，而实现成员良好沟通又依赖于领导者的管理能力，可以说，良好的沟通是组织成功的要素。

微课 68

（四）物业管理从业人员的职业生涯规划

1. 职业生涯规划的含义

职业生涯规划是为实现个人职业理想而制订的职业生涯计划，是为追求最佳职业生涯过程而设计的方案。要根据社会发展的客观需要，特别是社会职业的现实要求，以及个人的兴趣、特点，为自己确立职业目标，选择职业道路，确定教育、培训和发展计划，并为职业目标的实现确定行动方向、行动时间和行动方案，通过职业活动最大限度地实现个人生命价值。

2. 做好职业生涯规划的意义

做好物业管理从业人员职业生涯规划，有助于引导物业管理从业人员认识物业管理职业的价值和前景，有助于物业管理从业人员了解自我，明确职业发展方向，有助于引导物业管理从业人员完善自我，应对人才竞争的挑战。因此，物业管理从业人员的职业生涯规划既是从业人员自身职业发展与事业成功的需要，也是物业服务企业提高人力资源开发利用效率，达成发展战略目标的需要。因此，双方应当有效配合，共同完成物业管理从业人员的职业规划。

3. 物业管理从业人员进行职业生涯规划的步骤

（1）评估认识自我。认识自我是物业管理从业人员进行职业生涯设计的第一步。客观地自我评价或通过他人反馈认识自己，要认识自己的理想、价值观、兴趣爱好、能力、性格；还要认识自己的优势、劣势、与众不同的方面和发展潜力，以明确什么样的职业比较适合自己。既要考虑物业这个行业的需求，又要考虑自己的个性特长，还要认识到职业岗位与自己的关系。认识自己，要客观地评价自己，既不可高估自己，也不能贬低自己。

（2）分析职业选择机会。首先要对自己所处的组织与社会环境进行分析，以确定自己是否适应组织环境或者社会环境的变化，知道怎样来调整自己以适应组织和社会的需要。短期的规划比较注重对组织环境的分析，长期的规划要更多地注重对社会环境的分析。可采用 SWOT 分析法进行分析。通过对优势、劣势、机会和威胁进行综合评估与分析，得出结论，然后评估职业选择与发展机会，这包括对长期的机会和短期的机会的评估。通过对社会环境的分析，结合本人的具体情况，评估有哪些长期的发展机会；通过对组织环境的分析，评估组织内有哪些短期的发展机会。

（3）职业生涯自我定位。一般来说，物业服务公司分为客户服务中心、秩序管理部、环境管理部、工程管理部、质量管理部、物业管理处六大部门、机构，下设岗位众多。物业管理从业人员如何找到适合自己的岗位分外重要，应尽早确定自己的职业定位。物业管理从业人员的 3 种职业定位方向如下：一是技术型。持有这类职业定位的人出于自身个性与爱好考虑，往往不愿意从事管理工作，而是愿意在自己所处的专业技术领域发展。二是管理型。这类人有强烈的愿望去做管理人员，同时经验也告诉他们自己有能力达到高层领导职位，因此他们将职业目标定为要承担相当大的责任的管理岗位。三是经营型。具有财务知识，有经济头脑，注重经济效益，平时比较关注企业资本运作、社区资源开发利用、社区电子商务发展、社区客户资产中介服务和个人理财等方面的信息与应用。

（4）确定职业目标。确定目标可以成为追求成功的驱动力。所以物业管理人员在进行职业生涯设计时，要确定目标，确立志向，这是制定职业生涯规划的关键。根据对自己做出的细致的SWOT分析，发现机遇，来确定自己长期和短期的目标。例如，如果你分析出自己的需求是想在短期内谋生，可选择赚钱的职业，如果想有很好的长远发展和更高的社会地位，应当选择有挑战性的职业。在这个长期目标的基础上可以通过制定短期目标来一步步实现。

（5）制定行动方案。在确定各种类型的职业生涯目标后，就要制定相应的行动方案来实现它们，把目标转化成具体的方案和措施。这一过程中比较重要的行动方案包括职业生涯发展路线的选择、职业的选择、相应的教育和培训计划的制订、职业历练的途径等。

（6）反馈调整。计划赶不上变化，尤其是在现代职业领域，变化是永恒的主题。影响职业生涯设计的因素众多，有的变化因素是可以预测的，而有些则难以预料。环境是多变的，人的追求也是多变的。成功的职业生涯设计需要时时审视内、外环境的变化，不断对自己的设计进行评估和修订并调整前进步伐。

微课69

三、物业管理从业人员职业价值观养成

（一）职业价值观及理解

1. 职业价值观的含义

有人认为价值观在职业问题上的体现就是职业价值观（Vocational Value），也叫工作价值观（Work Value）。工作价值是指超越特定情况，引导个人选择和评估与工作相关的行为和事件，并指向所期望的状态和行为的不同重要程度的概念和信念。① 也有人认为职业价值观（Work Values）是价值观在职业生涯领域的一种具体表现，体现了个人对于职业相关问题的思考、判断和选择的方法与原则 ②。简而言之，职业价值观是指个体对职业的认知、态度、立场及对意向职业的追求，是个体人生态度、目标、规划等在职业中的综合体现。

2. 职业价值观的理解

任何职业都是社会分工的结果，都有自身存在的价值。各行业工作群类及组织内各岗位工作以系统结构形式存在，构成相互联系、相互支撑、相互制约、相互影响的有机整体。职业、工作只有分类、分工，没有高低贵贱之分。这是职业价值观形成的客观基础和前提条件。但是，个体对职业价值的理解与看法又受自身认知水平和能力影响，特别是受个体职业价值观的影响。职业与工作种类繁多，分工明确，属性相异，个体对职业价值的

① 夏韡．企业基于特定职业价值观的“90后”群体管理办法研究［J］．商场现代化，2019（15）：115.

② 周峰．价值哲学视域的职业价值观［J］．河北大学学报（哲学社会科学版），2014（5）．

理解和思考也因人而异。因此，个体是否形成了稳定的职业价值观，以及职业价值观的差异对个体的职业选择，职业期望，工作态度与表现，以及事业成功等均有重要影响。

从哲学层面来看，职业价值观包括个人对于职业（工作）的是非判断、荣辱区分与取舍选择。是非判断是个人基于职业（工作）全面认知的基础上的主观感受，即职业体验；荣辱区分是个人基于内在感受和社会普遍认同对职业（工作）所做出的综合研判，即职业评价；取舍选择是个人基于认知和感受对职业（工作）所体现出的思想倾向，即职业认同。职业价值观的明晰，一方面有利于个体更好地认知自我和探索职业，从而合理确定职业发展方向，促进生涯发展的预见性和可控性；另一方面，职业价值观将指导个体在某个职业领域持续努力，在坚定的意志和毅力下取得事业的成功。

（二）物业管理从业人员职业价值观养成

1. 物业管理从业人员职业价值观

物业管理从业人员的职业价值观是物业管理从业人员对于物业管理职业相关问题的思考、判断和选择的方法与原则。由于现代意义上的物业管理作为新兴产业出现时间较短，人们对物业管理关系及规律的探索、研究与把握并不深刻，对物业管理职业价值或工作价值认识并不清晰。近年来，不少专家学者从不同角度对物业管理职业价值进行了分析研究，提出了自己的看法。早期由于物业管理与房地产“混业经营”，物业管理被看作房地产开发与经营的最后环节，即消费环节的价值，被看作房地产开发经营经济活动中建筑制造业的一次交易的物理形态价值的一部分。但是物业管理是服务业不是制造业，有自身的独特价值。在房地产开发经营与物业管理服务“分业经营的情况下”，才能体现出物业管理作为服务业的价值，进而体现出专业物业管理从业人员的职业劳动价值，包括职业的物业经理人的价值。

2. 物业管理从业人员职业价值观的源泉

（1）职业价值观以物业管理服务业的专业价值为内在源泉。这指专业物业管理服务活动自身的价值，或者说专业物业管理活动创造了什么样的区别于其他产业的也是其他产业无法替代的独特价值。怎么看待物业管理的专业价值？陈伟先生做了很好的归纳和提炼，他认为物业管理的专业价值应当建立在对客户需求准确把握的基础上，从解决专业难点入手，充分运用专业方法，逐步形成专业优势，并通过提供难以替代的物业服务产品得以最终体现。他站在竞争性服务市场的角度，观察和梳理出了物业设施管理、物业资产管理、客户关系管理、客户行为管理四大专业价值。认为物业管理应以物业设施管理为基础，以物业资产管理为方向，以客户关系管理为目标，以客户行为管理为手段，通过四大专业价值构筑物业管理核心竞争力。四大专业价值是物业管理行业在竞争性服务市场中立于不败之地的 4 根支柱，也是物业管理行业有别于其他服务行业的独特优势。① 物业管理专业价值是客户需求和企业能力的高度统一，客户需求是动因，企业能力是保障；物业管理专业价值是客户价值和企业价值的高度统一，客户价值是主导，企业价值是派生。物业管理的专业价值，通过专业教育和专业培训可以内化为专业人员的专业素质；物业管理的专业价值，通过客户认可和客户忠诚可以外化为服务市场的专业优势。

---

① 陈伟．物业管理的专业价值［J］．中国物业管理．2010（4）：6－9.

（2）职业价值观以职业的社会价值为外部支撑。作为物业管理实施载体的物业服务企业的社会价值。物业管理行业恰好是伴随着改革开放起步和发展的，物业服务企业作为社会组织的存在是与房地产经济发展和城市化、城市文明进程分不开的。经过 40 年的发展，全国物业服务企业达到约 12 万家，从业人员近 1 000 万人，每年约新增就业岗位近 100 万个。物业管理行业不但创造了大量就业岗位，提供大量税收，同时在打理物业资产、维护社区和谐、参与城市治理、助力乡村振兴、参与精准扶贫、促进绿色发展方面成为重要力量。社会管理的重心必须落到城乡社区，社区服务和管理能力强了，社会治理的基础就实了。物业管理与居民居家生活息息相关，恰恰填补了政府对公共环境和公共设施以外的社区生态环境、社区安全和人文环境的空白，完善和发展了城市管理功能，为平安社区和城市建设做出了重要贡献。这些年来，物业管理的责任和担当曾经无数次地化解了安全风险，把损失减小到最小。一方面，像抗击台风工作、新疆“7・5 暴力事件”维稳、天津港 8・12 爆炸事件救助、汶川地震抗震救灾等，在各种突发的大事件和灾害中，在维护业主生命财产的第一现场，物业人做出了特殊贡献；另一方面，在重大社会活动如奥运会、世博会、G20 峰会等保障工作中，在与群众居家生活息息相关的日常工作中，在维护管理区域公共秩序的时时刻刻，物业人恪尽职守，发挥了重要作用。① 陈伟先生认为，我们已经拥有世界上最大的管理规模、最快的增长速度、最广的客户群体、最多的物业服务企业和最庞大的从业人员队伍。随着物业管理逐渐覆盖不动产管理的所有领域，物业服务业已成为现代服务业的重要组成部分；随着物业管理重大作用的日益显现，物业管理核心价值的不断被认可，物业管理观念的渐入人心，物业管理在树立行业自信的同时，也赢得了社会的尊重。②

3. 物业管理从业人员职业价值观的养成方法

物业管理从业人员的职业价值决定了物业管理专业价值是否被看到并传播，是否被认可而成为职业自信的源泉，是否被遵从而促使人们规范诚信地履行职责，是否被内化而形成在物业管理行业企业干事创业的动力和为物业管理事业服务的持久毅力。物业管理从业人员职业价值观的养成包括 3 个阶段。

（1）对物业管理关系及规律有清晰的认识。物业管理从业人员的职业价值观建立在对物业管理规律的把握水平基础上，如果不了解物业管理知识，不掌握物业管理关系及规律，是不可能对物业管理有清楚的认识的。而达到这个目标又需要物业管理理论的支持，即有科学的物业管理理论，并有良好的专业教育和培训及其他教育活动，宣传普及物业管理理论知识，形成物业管理从业人员的基本知识素养和能力。只有了解物业管理才能针对自身的条件和兴趣爱好做职业选择。因此，物业管理理论专家应加强理论研究，探索物业管理学规律，形成成熟的物业管理理论体系。物业管理专业从业人员及物业管理专业学生应加强理论修养，提高物业管理理论水平，成为真正懂物业理论的内行、专家，才能投身物业管理行业，做物业管理企业的管理精英和推动行业发展的弄潮儿。

---

① 杨萌，耿春芳．物业管理行业的春天——专访中国物业管理协会会长沈建忠［N］．中国物业管理，2019（8）：5－9.

② 陈伟．行业的尊严与社会的尊重——《物业管理的本质》序［J］．中国物业管理，2014（12）：1.

（2）正确判断和对待物业管理职业所面临的矛盾、纠纷、冲突等是非问题。物业管理行业经过40年的发展，积累了许多矛盾和纠纷，从业人员能否以正确的世界观和科学的方法论对待这些问题，及时、正确、理性、有效地解决这些问题是其职业价值观形成的重要标志。这是因为长期处在物业管理矛盾纠纷的风口浪尖上，物业管理从业人员需要保持清醒的意识、采用科学理性的方法才能克服困难，理清工作思路，排除各种纷扰，将管理服务工作做好，完成物业管理项目工作任务。因此，物业管理从业人员应当将物业管理理论与实际相结合，不断学习新技术、推广新思路、提出新理念，在实践中检验真理，在困难中获得经验，在总结中增强智慧，不断在实践中锻炼成长；做到遇事不慌张，处事不糊涂，办事不混乱，不断在克服困难，取得成绩中积累经验，积累成就感和自豪感，成为优秀的物业管理职业经理人。

（3）愿意并有毅力将物业管理当作自己终身奋斗的事业。物业管理作为新兴产业，许多矛盾纠纷客观存在。一方面，党和政府以及广大居民业主对物业管理人员有众多期待，将其作为社会治理者和人民群众美好生活的创造者来要求；另一方面，社会对物业管理的支持又不够，并存在大量不理解物业管理、怨恨物业企业、工作不配合、传播负面看法、侮辱物业管理人员等不公正的现象。面对这种情况，需要物业管理从业人员不但要有高度的政治觉悟，有强烈的社会责任感和良好的职业道德，而且还要有稳定的职业价值观的支撑，能看到物业管理行业的美好前景，并将物业管理作为终身事业来追求，进而生出持久的毅力和恒心，才能做好这些职业工作，职业价值观才会真正形成。因此，物业管理从业人员应当更多地看到物业管理行业的发展前景，物业管理工作的真正价值，在物业管理行业改革发展和物业服务企业战略选择上做出正确的判断，成为优秀的物业管理企业家和追梦人。

微课70

四、物业管理从业人员的职业道德修养①

（一）物业管理从业人员职业道德的内涵

物业管理从业人员的职业道德是其在物业的管理、服务、经营活动中所应当秉承和遵循的道德要求和行为规范，是一般社会道德在物业管理职业活动中的具体体现，是对物业管理职业活动具有全局意义的基本道德要求的概括与集中反映。

1. 爱岗敬业，专业求精

这是物业管理从业人员职业道德修养的核心内容。爱岗敬业就是在自己的工作岗位上，勤勤恳恳、钻研学习、一丝不苟、精益求精。物业管理从业人员应充分认识自身工作在促进社区生活品质提升、促进社区和谐中的重要作用，做到干一行、爱一行，干一行、专一行，才能为业主创造一个优美整洁、文明安全、舒适方便的生产生活环境。专业求精就是要求物业管理从业人员要具备良好的专业技能和综合素质，这是物业管理从业人员履职担责的基本保证。

① 王文峰．物业管理从业人员职业道德培养刍议［J］．重庆第二师范学院学报，2016（5）：138－141.

2. 积极主动，诚信服务

这是物业管理从业人员职业道德修养的基本内容。作为业主的“贴心管家”，物业管理从业人员在工作上一定要树立“以人为本”“业主至上”等服务观念，积极主动地为业主排忧解难。“诚信”是为人之道，是立身之本，是人际关系友善和谐的重要内容，是形成物业管理人员职业道德规范的基础，是尊重业主、爱护业主、与业主和睦相处的重要法则。物业管理从业人员要在日常管理与服务中诚实做人、诚信做事，努力赢得业主的信任，更好地为业主服务。

3. 遵纪守法，依法办事

这是物业管理从业人员职业道德修养的主要内容。遵纪守法是物业管理从业人员必须遵守的行为规则，是物业管理服务工作正常进行的重要保证。物业管理工作涉及面较广，包括环境卫生与绿化管理、消防安全与秩序维护、房屋与工程设备维修管理、文体娱乐与生活服务、公众代办与商业服务等多个方面。因此，物业管理从业人员必须熟悉我国和地方物业管理方针、政策以及各种法律法规与制度，自觉履行岗位职责，严格按工作程序、操作规程办事，确保物业管理服务过程的正确性、及时性和有效性，杜绝玩忽职守、失职、渎职等行为，努力做到条款使用清晰、方法运用恰当，切实维护和保障业主的利益。

4. 团结协作，顾全大局

随着现代工业文明的发展，社会专业化分工会越来越细。物业管理服务内容众多，涉及业主生产、生活的各个方面，每一方面都需要物业管理从业人员提供周密管理和热情服务。这就要求每个部门、每个员工都要树立全局观念和整体意识，不仅要为本部门的员工着想，而且要为相关岗位的同事着想。在日常管理服务活动中，部门之间、同事之间要搞好团结协作，相互理解、相互支持、相互配合，不推诿、不扯皮，顾全大局，时刻把满足业主利益与需要作为工作的出发点与落脚点，多为业主办实事、办好事。

5. 客观公正，办事公道

这是社会、人民对任何行业从业人员的基本要求，是物业管理工作者提高服务质量的根本保证，其本质特征体现为真实性和合理性。因此，日常物业管理工作必须坚持客观公正、不偏不倚的原则，这既是物业管理从业人员职业道德规范的必然要求，又是物业管理从业人员个人修养与素质的综合体现。作为业主的“贴心管家”，物业管理从业人员必须客观公正地行使岗位职权，自觉加强道德素质和职业修养学习，在服务管理中做到公平、公正、公开，合情、合理、合法，努力维护业主合法权益。

6. 文明礼貌，热情友善

礼貌待人是物业管理人员职业道德规范的基本要求之一，充分体现物业管理从业人员对业主的尊重与友善。服务质量是物业管理行业的生命线，物业管理公司间的竞争很大程度上是服务质量的竞争。作为优质服务的外在体现，文明礼貌不仅反映员工文明程度和服务质量的高低，而且体现公司的精神面貌与服务形象，影响业主对公司的满意程度。因此，这就要求物业管理从业人员做到语言文明、举止端庄、态度亲和、服务热情，考虑业主的感受。

（二）物业管理从业人员职业道德修养的意义

1. 有利于提高物业管理从业人员素质

我国物业管理行业的大多数从业人员来自“转制、转岗、转业”人员或外来剩余劳动力，年龄偏大、学历偏低、专业缺失，素质普遍不高，存在自身要求不严格、责任心不强、服务奉献意识薄弱、缺乏爱岗敬业精神等问题。加之我国长期以来注重应试教育，忽视对人才的道德培育与人格塑造，缺乏对人才的职业道德修养的指导，导致物业管理从业人员职业道德操守普遍低下。行业的年轻性、队伍的不成熟，对处于高速发展期的物业管理行业来说，已经成为制约行业服务水平迅速提高的瓶颈。

2. 有利于提升物业管理公司服务品质，整体提升行业服务质量

职业道德是建立在物业管理服务有序化规范化的基础上，是理性社会的职业规范要求，反过来，职业道德教育有利于培养物业管理规范意识，提升物业管理品质。我国物业管理行业起步较晚，缺乏统一完善的行业服务标准与质量监督体系，物业服务企业也缺乏普遍认可的服务标准与行为规范，并且忽视职业道德教育与修养，使物业管理服务理念不明、服务意识不强、服务水平不高。优质服务不能停留在口号上，要落到实处，加强职业道德，有利于促进物业管理的规范化、标准化，提升物业管理公司服务品质，提升行业整体服务质量。

3. 有利于构建社会主义和谐社会

和谐社会是一种充满活力和创造力、秩序井然、祥和温馨的社会环境。作为物业管理服务对象的社区是城市社会的细胞，也是城市管理的基本依托。一直以来，物业管理企业就发挥着维护社区稳定、提高居民居住质量、协调各方利益的社会作用。加速物业管理人员职业道德建设，既有利于物业管理行业的自身发展，更好地为业主提供高标准、高质量、高水平、全方位的管理服务，又可以为社会主义和谐社会建设贡献力量。

(三) 物业管理从业人员职业道德修养的途径

加强物业管理从业人员职业道德修养是一项长期的系统工程。目前，我国物业管理体制机制尚未完善、行业发展存在诸多问题，加快物业管理从业人员的职业道德建设显得尤为迫切。从物业管理从业人员的职业化、专业化、专家化发展来看，物业管理从业人员的职业道德建设应面向职业、面向市场、面向社会，从职业准备阶段、职业熟悉阶段和职业巩固阶段入手，着力实施。

1. 职业准备阶段

目前，职业准备阶段的职业道德教育主要由各高校承担。各高校物业管理专业应从学生须具备的物业管理服务能力出发，从人才培养模式入手，在课程设置环节安排相应课程，通过多种途径使学生获得职业道德知识和养成良好的职业道德习惯。在职业道德形成阶段，要特别注意学校教育与社会实践相结合，理论学习与专业实践相结合，职业道德和职业能力培养相结合。

(1) 学习专业思想理论，了解物业管理行业及从业基本要求。物业管理专业的人才培养要坚持“立德树人”的方针，培养目标是适应社会主义市场经济建设需要，德、智、体、美、劳全面发展，掌握物业管理的基本理论、基本知识和基本技能，具备维护物业、服务业主、经营项目等职业能力，具有较强的分析和解决物业管理实际问题能力的高级应用型专业人才。针对培养目标的特殊性，高校物业管理专业教师应注意在专业课程的教学过程中贯穿职业道德思想教育，在潜移默化中帮助学生树立正确的职业观和价值观。同时可以聘请物业管理行业专家举办专业讲座，或组织学生到校外见习，通过与行业接轨、产

学结合的途径，了解行业对职业道德素质的要求和评价体系，帮助学生明确物业管理行业职业道德建设的重要性和必要性。

(2) 学习“思想道德修养与法律基础”等专门课程，了解职业道德基本内容。通过对“思想道德修养与法律基础”等课程中关于道德精神和职业精神教学内容的学习，结合物业管理行业的实际情况，帮助学生认识物业管理从业人员在职业活动中应该遵循的行为准则，以及应对社会承担的道德责任与义务，引导大学生认识社会、认识职业和认识自己，学会如何学习、如何做人和如何做事，培养他们全心全意为业主服务的职业道德情感，磨炼他们的职业道德意志，帮助他们养成良好的职业道德习惯。

(3) 学习物业管理专业核心课程，熟悉物业管理行业从业的主要工作内容。物业管理是一个典型的综合服务行业，涉及房屋及其设备、设施的保养维护、环卫保洁、交通绿化、治安秩序、文体娱乐等综合管理和服务，服务行业的特点和性质决定在专业素质培养方面要更多地注意学生服务心理、服务技能和服务素养的培养。在房地产开发、建筑、管理学、公共关系、财务会计、心理学、计算机、消防和治安管理、物业管理法规等专业课程的安排和内容选择上，要注意突出人才培养目标要求，通过情景模拟、案例教学、启发式、讨论式等教学方法，把职业道德和服务意识教育贯穿于整个教学过程中，形成职业道德与职业能力并重的专业特色。

2. 职业熟悉阶段

针对刚进入物业管理行业的从业人员，要根据物业服务企业各个职业岗位的特点和需要，结合员工自身特点，通过以下途径来实施职业道德教育。

(1) 学习并熟悉公司基本规范。物业管理公司的基本规范是企业管理系统化、规范化和科学化的重要制度保障，是企业加强劳动纪律，维护工作秩序，提高工作效率，保持企业专业形象和良好社会声誉的基本保证，内容涉及物业企业员工应具备的职业道德的各个方面。作为刚进入物业管理行业的从业人员，有责任、有义务认真学习公司的基本规范，明确工作目标、工作内容、工作方式，在实际工作中贯彻落实相关要求，真正做到全心全意为业主服务，保持物业管理公司的良好形象。

(2) 开展多种活动，增强员工对公司的归属感和认同感。相对于一纸合同所带来的约束力和影响力，培养员工对企业的归属感和认同感才是稳固双方关系最有效的“心理契约”。物业管理公司首先要积极构建完善、高效的人才管理和发展体系，吸引、激励、培养和保留优秀人才。其次，要善于通过各种场合，向新员工宣传公司理念、公司目标、公司价值，帮助员工了解公司，认识公司，增强对公司的归属感与认同感。再次，要提供新老员工沟通交流的机会，通过“传帮带”的方式使新员工顺利融入新集体，增强集体凝聚力和战斗力。

(3) 组织开展职业道德讨论，利用有效载体进行职业道德教育。营造健康向上的思想舆论氛围是把物业管理职业道德规范的具体要求转化为每个物业管理从业人员道德认识、道德意识与道德行为的重要条件。物业管理公司要积极利用报纸杂志、广播电视、网络等现代化传媒手段对行业职业道德模范进行宣传，还可以通过对物业管理服务中的先进模范及不文明现象等正反两方面现象开展讨论，营造积极的思想舆论氛围，发挥正面舆论宣传导向，阐释物业管理人员职业道德规范，提高物业管理人员职业道德的自觉性，增强物业管理人员的责任感，最大限度地影响员工的职业道德观念和行为，改善员工的职业道德认知标准，改变员工的职业服务形象，帮助员工树立为业主全心全意服务的价值观。

(4) 完善职业道德监督制约机制，提升管理服务制度化、规范化水平。建立完善的职业道德监督制约机制，是做好物业管理从业人员职业道德建设的根本保证。物业管理从业人员职业道德建设必须建立外部的监督机制和内部的制约机制，才能不断地深入开展和深化推进工作，才能更好地接受广大业主的检验并在实践过程中不断总结和提高。因此，在积极加强物业管理从业人员自身道德修养的同时，还应努力从外在的强制性方面提高物业管理从业人员的职业道德水准，探索建立物业管理从业人员职业道德水平追踪制度，使其自觉接受业主委员会、全体业主以及社会各界的监督，不断提升物业管理服务的制度化、规范化水平。

3. 职业巩固阶段

即强化阶段，要将物业管理从业人员对职业的情感认识上升为理性的思维，并转化为自觉行动的阶段。主要通过以下途径强化职业道德建设力度：

(1) 加强企业制度建设，建立完善业绩考评、薪酬福利、职务晋升等激励机制。强化从业人员的职业道德。物业管理公司要制定面向公司全体员工的统一的职业道德和行为规范，通过建立科学完善的业绩考评、薪酬福利、职务晋升等激励机制为员工搭建有序、宽松、融洽的工作平台，提供多元化的工作环境和创新空间，使员工在工作中能得到充分授权并享有决策权，不断调动员工的自主性和创造性，从而实现员工个人发展与公司整体发展的统一与和谐。

(2) 加强企业文化建设，形成健康的、具有特色的企业文化内涵。只有成熟形态的企业文化才能衍生鲜明的管理和服务理念，才能够创造人性管理、融洽工作的软性空间。物业管理公司要通过创造布局合理、和谐温馨的物质环境文化，构建科学有序的制度文化，凝练积极高尚的精神文化来完善“以人为本”的物业管理文化，巩固从业人员敬业奉献、全心全意为业主服务、热爱企业的职业思想，不断增强企业的凝聚力和感召力。

微课 71

第二节　物业管理社会责任与企业家成长

一、物业服务企业的使命和社会责任

作为物业管理从业人员，不但要通过自身的职业生涯规划和职业发展，实现企业职业价值，更要依靠所服务的企业，承担更大的社会责任。随着我国住房制度改革和住房商品化政策的持续推进，以及乡村城市化、城市现代化进程的加快，物业管理作为一个新兴的服务行业，近几年得到了长足发展，在促进经济发展与和谐社会建设中发挥着越来越重要的作用。物业服务企业及企业家在其中的地位和作用日益凸显出来。

(一) 物业服务企业的使命

物业服务企业是构建诚信社会、责任社会与和谐社会的一支不可或缺的重要力量。物业服务与广大人民群众的生活息息相关，物业服务从业人员特别是企业家社会责任意识的打造是这支重要力量能够不辱使命的关键所在。无论从哪方面讲，物业服务企业都应该具有这种责任感和使命感，这也是衡量一个物业服务企业形象的重要标志。

所谓物业服务企业的使命，广义上讲就是物业服务企业以自己的价值观为指引，通过自身的优质服务为物业区域创造一个优美和谐可持续发展的人居环境，提升业主的生活品质，实现社区和谐，同时也为企业员工创造福利和成长机会、为企业创造利润、为国家创造税收和就业机会。狭义上讲就是通过物业服务企业功能发挥，实现物业服务企业、业主及其他利益相关者共赢的目的。

（二）物业服务企业特殊的社会责任

现代企业的发展，不单单体现在企业规模、员工数量、经济实力上，更体现在企业文化底蕴上，体现在企业经营管理中所承担的社会责任的大小上。如一些知名物业企业为什么被广泛推崇，被社会各界一致认可，除了经济实力强、员工素质高等因素外，还有与众不同的企业文化，更重要的是敢为整个行业做表率，勇于担负社会责任。除一般意义上，企业为社会创造财富、为民众提供就业机会、为政府提供税收和为投资人创造利润之外，物业管理行业还有其特殊的社会责任。

1. 物业服务企业成为社区设施建设的主要力量

社区是整个社会的基础单元和组织细胞，一个社区的形象是一个社会状态的缩影，对于物业服务企业来说，所做的每一项工作都直接关系着整个社会机体是否朝着健康的方向发展。一个物业管理区域从没有物业管理到有物业管理，是城市居民居住水平不断提高、物业管理区域配套设施条件不断完善的过程，也是广大人民群众生活水平提高、社会不断进步的真实写照与具体体现。

2. 物业服务企业是社区治理的重要载体，是社区和谐的稳定器

物业服务内容包罗万象，涉及不动产管理和现代物业服务的所有领域。过去物业服务企业无偿承担了大量的社区管理责任。未来物业管理将在城市管理服务、社区治理、社区电商服务、社区公共服务或政府购买社区服务等领域有更多发展空间，承担更多社会服务责任，成为社区和谐枢纽和社会和谐的稳定器。

3. 物业服务企业是科技创新应用的表率

在推进社区综合服务改革、信息化、智慧化、节约能源、现代信息技术应用、科技进步方面成为表率。物业服务和诸多社会问题息息相关，比如社会安全问题、节能降耗问题等。

4. 物业服务企业是所管理社区的文明建设的“领头雁”

作为社区文化的倡导者和宣传者，物业服务企业责任重大。维持一个社区的安定团结、环境质量，甚至业主思想觉悟，物业服务企业都责无旁贷。目前，物业服务企业的专业化管理服务覆盖了城市大部分区域，因而污染减少了，社区整洁了，环境优美了，生活方便了，人们的环境意识不断增强，生活习惯日益文明。可见物业服务企业对社区的管理服务虽然只是从一个角色进入，但事实上已成为社区管理与服务的“领头雁”，在互不隶属的社区各利益主体中，实际上是一个不可替代的关键角色。

微课 72

二、物业服务企业家的素质和应负的主要职责

（一）物业服务企业家的知识素养

从某种意义上讲，企业与其说是资本的物化，不如说是企业家的人化；企业承担的使命和社会责任，与其说是企业承担了，倒不如说是企业家在承担。因此企业家是企业经济王国的“无冕之王”。从事物业服务的企业家同样承担着不可推卸的重要社会责任。特别是一方面要从企业经营管理的角度承担社会责任，另一方面还要从社区管理服务角度承担相当大比例的公共物业服务产品供给的社会责任。物业服务企业家的知识素养和职能执行，不但关系到物业服务企业的发展，而且关系到物业管理区域和谐社会的建设与发展。

企业家的素质可以说是知识、技能、经验、智慧、心理、品质等因素的有机整合与综合体现，很难具体描述。不过从物业服务行业特点和素质区别来看，对物业服务领域的企业家还是有些不同的素质要求，下面从知识和能力两个方面来提出粗线条的要求。

（1）应该具备经济学、管理学、法学、公共管理学、行政管理学、社会学、心理学、公共关系学、服务理论等理论素养，以及礼仪、市场营销、物业服务企业财务管理、物业管理法规、房地产经营管理、物业设施设备与房屋构造与维护等专业知识。

（2）应具备的能力有：物业服务项目管理、社区治理、构建多位一体社区治理体系、社区党建及社区民间组织活动等方面的参与能力；物业服务项目业务组织、内外关系联结等方面的沟通协调能力；物业服务企业决策与战略管理、运作制度的制定与组织落实能力等战略管理能力；经营服务策划、物业服务拓展与合同管理、物业服务方案的制订、项目组织计划与控制、突发事件的处理等方面的项目管理能力。

这些理论知识素养和实际工作能力，对每一个企业家来说都是必须具有的素质，但不同的企业家各有侧重点，不必追求完美。企业家的素质是支撑企业家完成企业使命和社会责任的个体条件和前提条件。

（二）物业服务企业家应负的主要责任

关于企业家的社会责任，不同的学者有不同的看法，不同的企业处在不同的发展阶段，对于不同的社会制度及不同的地区其主要责任也不一样。因此很难提供一个标准的责任规范。企业家的责任应包括对社会和国家的责任、对股东的责任、对员工的责任和对家庭的责任。这里仅从物业企业经营管理角度分析物业服务企业家应承担的责任（见表5－1）。

表5－1　物业服务企业家应承担的六项责任

项　目	应负职责	衡量标准
决策	根据执行董事的要求和授权，对公司的经营活动制订方案或者做出相应决策，确保公司稳定发展	决策失误≤3次
完成计划	根据年度经营目标制订实施方案，确保公司年度经营计划完成	完成收入≥100% 完成利润≥100%

续前表

项　目	应负职责	衡量标准
组织	拟订公司组织机构方案，进行人员定编、定岗，开展考核工作，进行组织氛围建设，保证公司各部门职责明确、配合密切，使组织有效运作	中层考核工作普及率100%
客户满意	建立健全公司质量管理体系，保证提供符合公司要求和客户满意的服务	客户满意率≥90%
培训、挖掘人才	让合适的员工进入合适的岗位，确保人力资源的合理使用和组织的可持续发展；挖掘员工的潜能，调动公司员工的积极性，通过不同方法和途径提高员工的业务能力	骨干员工稳定性≥90%
完善流程	根据物业服务企业的业务特点，制定和完善公司运作流程，保证公司的有序运作和绩效的不断提高	流程可操作性100%

三、物业管理企业家成长与物业管理职业经理人制度

（一）物业经理人制度的含义、作用及建立条件

1. 物业管理经理人制度的内涵界定

职业经理人（Professional Manager）是指以企业经营管理为职业，深谙经营管理之道，熟练运用企业内外各项资源，为实现企业经营目标，担任一定管理职务的受薪人员。其概念有两层含义。其一，经理的职业化。市场经济的发展使企业经营管理成为科学性、专业性极强的社会职业，有其专业化的职业体系与行为规范。其二，作为职业经理，将工作视为职业生命，有相应的社会角色标准与压力约束，在社会选择机制作用下不仅追求物质利益的满足，更重要的是体现一种职业文化与职业精神。职业经理人作为高层次的人力资本的所有者，从资本的所有者手中换取了掌握和支配企业财产的权利。职业经理人的形成是市场经济、现代企业发展的需要，自20世纪70年代以来，在市场经济较发达的国家迅速成长，对社会经济的发展起到了重要的推动作用。

物业管理职业经理人执业资格制度起源于美国。150年前，美国经济高速发展催生了物业管理职业经理人职业资格制度的产生。经过多年实践，业界大多认同物业管理职业经理人是职业化的管理者，不是一种官衔，而是一种风险性职业。与其他行业职业经理人相比，物业管理职业经理人必须具有感召业主的能力，必须熟知多个知识领域，具备成熟的物业项目运作能力。物业职业经理人可描述为：经政府认证，行业注册，具有物业管理任职资格，能够全面执掌数个物业项目，有专业的技能，忠诚于职业，具有领导企业团队开展物业管理服务和协调好企业与业主之间物业管理服务关系的能力的管理者。物业管理职业经理人制度能评价物业管理者的能力，激发物业管理者的内动力，能促进行业向更高层次发展。

2. 物业管理职业经理人制度的作用

（1）有利于推进物业管理的专业化进程。物业管理职业经理人制度的实施，正是通过执业准入控制的方式，保证了物业管理职业经理人必须是有相应能力的专业人才；同时，

也为社会提供了评判物业管理人专业能力的标准和依据。

(2) 实行职业经理人制度有利于物业服务企业产权改革。知识经济时代，知识与资本的对话在企业内就是人力资本与货币资本的对话。人力资本在企业指两种人：职业经理和技术创新人员。重视和承认人力资本以后，实际上企业的产权制度发生了重大变化，人力资本的主要回报不应该是工资（因为工资是劳动的收益），而应该是产权的收益，这样，企业产权结构要重新调整。物业管理行业发展同样遵循这种规律。

(3) 推行职业经理人制度有利于企业治理结构的优化。职业经理人作为一种制度引入企业后，必将引发企业治理结构的变化。目前物业管理行业内大部分企业，还是董事会领导下的总经理负责制。这种制度对于企业的自主决策、自主经营是束缚。实施和推行职业经理人制度，能使企业按照市场规律和现代企业制度自主经营、自主决策。

(4) 推行职业经理人制度有利于提高物业管理经理人队伍素质。目前，物业管理经理人队伍普遍存在年龄偏大、文化偏低、专业素质较差的状况，制约了行业的发展。要想改变这种状况，重要途径就是实行经理职业化。专业化是职业化的重要标志，只有专业化的领导者才能成为这个行业的职业人士，因此，让具有专业知识的人、具有经理人素质要求的人，通过市场竞争走上物业管理的舞台，逐步改变原有的人才结构。

(5) 推行职业经理人制度有利于全面提升物业管理服务质量。经理人的素质对物业管理的服务质量高低有决定性影响。实践证明，合格的职业经理人拥有系统的专业知识和丰富的经验，工作有思路，并能提出和实施结合了企业实际的有效措施，践行企业家精神和诺言，使企业经营管理目标得以实现。

3. 实行物业管理职业经理人制度的基础条件

(1) 营造有利于执行职业经理人制度的氛围。推行职业经理人制度要注意树立正确的思想观念，营造与之相适应的环境和氛围。第一，要树立明确的“社会人”观念。“社会人”最本质的特征是承认个人在社会上的职能定位，进而行使自己的权利和义务。第二，要强调企业内员工的差异性。在企业内部强调能力和收益的差异性，即能力上的差异导致分工的不同，能力、分工的不同又导致收益的不同。普通劳动者的收益是劳动收入，是工资；而人力资本是资本，除工资之外还要获取资本的收益，是剩余价值的部分，是股权、期权、年薪及各种激励因素。第三，要强调企业的目标是追求高效率。企业没有绝对的公平，企业的公平只体现在对同一层次的人的同等待遇和同等的晋升机会上。差异化收益有利于调动大多数人的积极性和创造性。

(2) 加强和规范资格管理。实行职业经理人制度，要有一套科学规范的职业经理人资格评审制度并严格执行。物业管理职业经理人必须具备物业管理行业注册资格。要获取物业管理职业经理人资格，必须通过中国物业管理协会或相关主管部门的职业教育和培训，并得到专家的评定认可，颁发相应资格证书，证书应规定有效期，在有效期内应当参加继续教育培训，在相关的岗位上履行职责，并通过考核，符合继续持有该职业资格证书的条件。

（二）物业管理职业经理人制度的实现

早期，伴随着物业管理行业的兴起，我国劳动部门开设了职业技能类物业管理师考试考评认证制度。中国物业管理协会和省市物业管理行业协会，以及相关行业协会、教育机构也举办物业从业人员、物业企业经理、物业项目经理等各种岗位培训班并颁发相应职业资格证书、从业人员证书。根据《物业管理条例》的规定，人事部和建设部于2005年11月16日制定并颁布了《物业管理师制度暂行规定》等3个文件，物业管理师资格正式纳入了国家专业技术人员职业资格系列。2006年11月至2007年5月，第一批符合条件的一千余位全国注册物业管理师认定考试大会举行，认定人员只参加“物业管理实务”考试；2010年10月23日和24日举行了2010年度全国物业管理师资格考试。2015年3月13日国务院下发《关于取消和调整一批行政审批项目等事项的决定》（国发〔2015〕11号），取消由住房和城乡建设部、人力资源和社会保障部组织的物业管理师注册执业资格认定。

2019年4月4日，教育部等四部门印发《关于在院校实施“学历证书＋若干职业技能等级证书”制度试点方案》的通知（教职成〔2019〕6号），在全国推行“1＋X”证书制度，以社会化机制招募职业教育培训评价组织，开发若干职业技能等级标准和证书，探索建设职业教育国家“学分银行”，构建国家资历框架。2007年10月，中国物业管理协会与国家开放大学建立了学习成果认证中心（物业），并筹建学分银行；2019年9月25日物业管理行业学习成果认证单元顺利通过了国家开放大学的审定。为了持续提升物业管理项目经理的职业素质和经营管理能力，规范项目经理人才培养工作，构建项目经理岗位技能等级认证体系，建立健全科学的行业人才评价标准和体系，驱动行业健康、科学、高质量发展，中国物业管理协会人力资源发展委员会于2019年11月启动了物业管理项目经理岗位技能培训方案的调研、设计和论证。该方案设计思路是基于国家资历框架、学历教育“1＋X”证书制度、行业证书学分转换、人才评价体系四大原则，根据项目经理岗位知识、技能和能力体系以及项目经理的职业发展和成长路径，设定的物业管理项目经理岗位技能等级认证。至此，中国物业管理职业经理培训、考试、考核、认证等相关工作开始走上正轨。

为完善我国物业管理职业经理人培养制度，在认证体系建立和管理上，还有以下问题值得思考：

（1）建立由行业主管部门领导的全国统一的注册认证机构。目前，物业管理职业资格认证很混乱，有建设部门的认证，也有人社部门的认证，还有社会考试，存在政出多门的现象。由于教材、考试标准、证书不统一，使企业在选用人才上存在障碍，不利于行业健康发展。根据国外管理经验，应更多地发挥行业专业功能，由行业牵头负责相关职业资格标准编制、教材编写、基地建设、培训考试、考评考核，由国家人社部门和住建部门联合统一发证。

（2）在物业管理职业经理人评价标准、考试标准全国统一的基础上，赋予省（市）、自治区物业管理行业协会职业经理人培训、推荐、后续管理的职能，通过国家标准，建立起职业经理人地方（行业）与国家统筹管理的体系，确保职业经理人制度健康有效地执行。

（3）在物业管理职业经理人制度的设计中，应充分考虑物业管理机构设置模式多元化在市场运作中的风险控制。物业管理职业经理人的推行，实质就是对其执业资格的认证及管理。物业管理行业是一种用较少资产来管理巨大资产的行业，如果制度设计时未充分考虑风险控制及控制手段，可能出现由于管理不当造成的财产损失而无能力赔付的情况，使管理模式受到质疑。因此，风险控制对未来可期盼的合伙制物业管理事务所、个人物业管理事务所、物业管理人以及业主自行管理组织的政府控制手段选择、制度设计都是十分重要的。

(4) 在物业管理职业经理人制度的设计中，要加强对物业管理职业经理人个人执业行为的控制。物业管理行业是以人力资本力量来保持财富力量的行业，因一个人的能力的发挥，可以让物业项目成为优秀项目；因一个人的失误也可使物业项目成为失败项目。因此，对执业资格标准的制定，是职业经理人制度建设的重要内容。我们应该用开放的思想，借鉴国外先进经验，制定出有前瞻性的、可操作性的执业资格认证标准，真正达到推动行业进步的目标。

微课 73

【本章小结】

本章主要讲解了物业管理从业人员职业发展与事业成功的途径和方法。首先，介绍了物业管理从业人员职业能力、职业规划、职业选择与职业发展，以及职业道德养成、职业价值观养成等职业管理知识，为物业管理从业人员健康成长与发展提供指引。其次，从物业管理经理人事业发展的角度，介绍了物业服务企业的使命和社会责任、企业家的素质和应负的主要职责、物业管理职业经理人制度及物业管理企业成长等知识，为物业管理经理人的发展提供指引。

【互动空间】

物业项目经理的“五大价值”

从现场管理角度总结，物业项目经理存在的意义和价值为：稳定团队、控制成本、创造利润、提升品质、使顾客满意。

一、稳定团队

当前形势下，物业与服务的实现应以人为本是不可否认的。因此业务是否能良好开展和执行，人是最关键的因素。业内皆知，仍然处于人力密集型的物业工作，高端人才的缺失，执行层员工的频繁流动，具备良好素养的物业员工十分稀缺，由此给行业的发展带来了很多新问题。那么，也给物业项目经理人带来了新课题。也就是说，管理服务团队不稳定、人员流失过快等异常的现象会严重干扰和降低项目的服务品质。

如何甄选、培养、稳定团队成员就是验证物业项目经理人称职与否和价值所在的一个课题，也是一个重要的考题。物业项目经理好似军队中的将领，他不是“侦察兵”，不可能单兵作战，如若不能训练出一支“训练有素、战斗有力、能打硬仗、思想一致、兵源稳定”的队伍，他就无法打好一场阵地战。

二、控制成本

根据物业服务的阶段性，可将其区分为前期物业与常态物业。前期物业的管理内容首先是内部服务团队礼仪姿态，即销售现场形象的基本展示；其次是物业建造过程的技术性跟进，即从常态人居角度提出人性化使用与相对低成本管理维护的合理化建议和意见，以降低第一顾客——开发商的成本支出，促进产品实用性。所以说，前期物业阶段不可能彰显物业经营，那么服务现场所需要的人力、物力成本的科学适当统筹，减少不必要的开支将体现经营层面的管理能力。拿常态物业来说，同样讲究成本控制。

通过经理人专业性、前瞻性的预判和分析，针对目标性楼盘进行适当的人力、物力、财力的配置，做好各类支出的管控才是经理人这三个字所蕴含的经营概念之基础要素。所以说，经营物业中的第一步就是成本控制。经营中创利的前提和基础，或者说经营行为的第一个动作就是做好预算和成本控制。

三、创造利润

企业是组织，本就是一种通过经营产生效益的商业组织，只有赚了钱，有了持续的利润方能使其生命延续和成长。否则这个团体就不配称之为企业。无论是从属于开发商的物业服务企业，还是独立于市场的物业服务企业，在效益和利润层面都不可躲避。无论是项目管理服务初期，服务于开发商，在物业服务品质和楼盘服务包装上有所突出，稍稍弱化物业公司经济效益，还是常态物业即业主入伙后进入居住使用期，管理、使用物业管理费，衍生酬金，给企业创造出利润，都是物业项目经理人的价值体现。

当然，我们所提出的创造利润是有前提的，那就是合法、合情、合理。这三“合”主要体现在恪守物业管理合同约定的所有标准与服务事项，不能违反宪法、法律与相关行业规定。即便是传统物业多年以来所提及的“以业养业”也必须在与产权人约定的前提下对其物业时空（产权人所允许的，物业范围内的时间与场所）进行科学开发，从而获取业主知情的利润。对创造利润或者效益望而却步的人不可能成为一名称职的物业项目经理。

四、提升品质

物业管理与服务提供的是无形产品，需要物质技术条件，需要劳动付出。物业管理服务是一种服务行为的不间断触及，顾客先感知享受，而后付款。有时，顾客滞付管理服务费或拒缴管理服务费，这些情形一般与物业服务品质密不可分。良好品质的设计，生产过程的控制，产品稳定性的巩固，与时俱进的创变，直接影响着成本与效益。甚至“企业”是否可能成为“事业”都将是“成也品质，败也品质”。因此，质量意识、品质认知、标准的制定与项目经理是否选对人有直接的关系。

有人偏颇地认为，公司有质量管理部，他们是专业进行质量管理的，为什么要让项目经理对品质具有专业的认知力与控制力呢？回答：如果连所要生产的产品的质量标准都不懂，连如何生产好的产品都模糊不清，您有何资格来担当项目经理人一职呢？质量管理部门在很多“通俗”的从业者眼里都是“挑刺儿的，找碴的”，在很多物业企业或多或少地存在对质量管理人员“鸡嫌狗不爱”的现象。实际上是这些人错了，不仅是错了，而且是不职业了。质量监管部门在我的眼里，首先是帮助者，即对目标项目质量瑕疵和隐患予以及时提醒；其次是督导者；再次是惩戒者；最后是替代者。因此，质量管理部门的每一个成员必须首先是一名合格的项目经理人。质量是企业的生命。因此，当项目经理人连自己所属项目的产品质量都难以保证时，他们已经不称职了。

五、使顾客满意

在服务行业，很多企业都会把“顾客的满意程度就是我们的质量标准”这句话作为执业行为的座右铭或企业理念。显然，顾客满意普遍被认为是服务行业的度量衡，是尺子，是天平。物业是通过对物业的管理来生产出顾客的感知——服务。

因此，有计划地对目标顾客群进行访问，从而得知顾客是否满意、满意的程度、不满意的事项和具体指标，方能为品质的提升采集到有价值的信息，以此持续整改。项目经理人必须关注对物业管理后服务输出的效果，关注顾客的满意程度。通过寓教于乐的形式有计划地开展社区文化活动，在主雇互动间既融洽了社区的氛围，又可对顾客物业管理与服务消费意识进行引导，形成良性的动态循环，以此等方式提升业主满意度。漠视顾客满意率，在顾客满意率信息采集时弄虚作假，这种欺上瞒下的行为可以说与贪腐行为等同。这种类型的项目经理人不会促进企业健康茁壮成长，是企业发展的绊脚石，如不加以纠正和替换，他们将是企业夭折的祸根！顾客满意服务就是满意这个项目团队，满意这个项目团队就是满意这个企业，满意这个企业就是满意这个经理人。这几个满意的叠加就是一个企业生命的共同体。

资料来源："物业资讯"公众号，2018-11-05.

讨论问题

1. 本案例中提出的物业项目经理的"五大价值"，你是否赞同？请说明理由。

2. 物业管理项目经理的价值体现的是个人的价值、企业的价值，还是物业的价值？个人的价值与企业的价值、物业的价值之间的关系怎么处理？

【问题探讨】

1. 简要回顾中国物业管理发展历史，从不同角度归纳其中的规律性，并谈谈对当前工作的启示。

2. 结合实际工作，特别是常见的矛盾纠纷问题，谈谈对物业管理主体关系的处理经验，并列举相关案例说明。

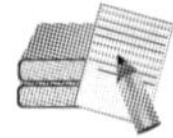

【作业练习】

一、判断题

(　　)1. 我国学位类别分为学术型学位与专业学位。

(　　)2. 职业能力是人们从事某种职业的多种能力的综合。

(　　)3. 物业管理从业人员无须掌握社会学、心理学等相关知识。

(　　)4. 物业管理的对象是物（房屋及其附属设备设施），服务的对象是人（业主或非业主使用人）。

(　　)5. 人生观是指个体对职业的认知、态度、立场及对意向职业的追求，是个体人生态度、目标、规划等在职业中的综合体现。

(　　)6. 职业价值观以职业的社会价值为内在源泉。

(　　)7. 所谓物业服务企业的使命，广义上讲就是通过物业服务企业功能发挥，实现物业服务企业、业主及其他利益相关者共赢的目的。

(　　)8. 物业管理从业人员的职业道德是其在物业的管理、服务、经营活动中所应当秉承和遵循的道德要求和行为规范，是一般社会道德在物业管理职业活动中的具体体现，是对物业管理职业活动具有全局意义的基本道德要求的概括与集中反映。

(　　)9. 现代企业的发展，不单单体现在企业规模、员工数量、经济实力上，更体现在企业文化底蕴上，体现在企业经营管理中所承担的社会责任上。

(　　)10. 经过多年实践，业界大多认同物业管理职业经理人是职业化的管理者，不是一种官衔，而是一种风险性职业。

二、单选题

1. 如果你觉得自己有经济头脑，目前经济压力大，看好物业管理行业的发展机会多，你应选择(　　)职业发展方向。

A. 技术型　　B. 经营型　　C. 学术型　　D. 管理型

2. 物业管理能力的提高，关键在于(　　)。

A. 加强学习　　B. 树立创新观念

C. 培养勤思考的习惯　　D. 具备良好的执行力

3. (　　)是物业管理人员进行职业生涯设计的第一步。

A. 自我定位　　B. 认识自我　　C. 确定职业目标　　D. 反馈调整

4. 取舍选择是个人基于认知和感受对职业（工作）所体现出的思想倾向，即(　　)。

A. 职业体验　　B. 职业评价　　C. 职业认同　　D. 职业规划

5. (　　)是物业管理从业人员职业道德修养的核心内容。

A. 爱岗敬业，专业求精　　B. 积极主动，诚信服务

C. 遵纪守法，依法办事　　D. 团结协作，顾全大局

6. (　　)又称强化阶段，是指物业管理从业人员从对职业的情感认识上升为理性的思维，并转化为自觉行动的阶段。

A. 职业准备阶段　　B. 职业拓展阶段

C. 职业熟悉阶段　　D. 职业巩固阶段

7. (　　)是指以企业经营管理为职业，深谙经营管理之道，熟练运用企业内外各项资源，为实现企业经营目标，担任一定管理职务的受薪人员。

A. 项目负责人　　B. 职业经理人　　C. 企业负责人　　D. 执行总监

8. 物业管理职业经理人执业资格制度起源于(　　)。

A. 英国　　B. 德国　　C. 美国　　D. 日本

9. 物业管理经理人队伍普遍存在年龄偏大、文化偏低、专业素质较差的状况，制约了行业的发展。要想改变这种状况，重要途径就是实行(　　)。

A. 经理专业化　　B. 经理职业化

C. 经理社会化　　D. 经理制度化

10. (　　)是物业管理从业人员必须遵守的行为规则，是物业管理服务工作正常进行的重要保证。

A. 诚信服务　　B. 团结协作　　C. 文明礼貌　　D. 遵纪守法

三、多选题

1. 对于物业管理专业的学生来说，根据个人能力和发展志向，未来大致可以成为(　　)。

A. 管理型人才　　B. 学术型人才

C. 经营型人才　　D. 创业型人才

2. 我们可以把职业能力分为(　　)。

A. 一般职业能力　　B. 专业能力

C. 个人能力　　D. 综合能力

3. 不同层次物业管理者都应具有的基本管理能力包括(　　)。

A. 领导和策划、决策能力　　B. 交流沟通与协调能力

C. 项目财务和专业技术管理能力　　D. 文化建设和人才开发能力

4. 做好职业生涯规划的意义是(　　)。

A. 有助于引导物业管理人员认识物业管理职业的价值和前景

B. 有助于物业管理从业人员了解自我，明确职业发展方向

C. 有助于引导物业管理从业人员完善自我，应对人才竞争的挑战

D. 有助于提升物业管理公司服务品质，加速行业发展

5. 物业管理从业人员职业价值观养成的 3 个阶段分别是(　　)。

A. 对物业管理关系及规律有清晰的认识

B. 正确判断和对待物业管理职业所面临的矛盾、纠纷、冲突等是非问题

C. 能规范、诚信地履行职责

D. 愿意并有毅力将物业管理当作自己终身奋斗的事业

6. 物业管理从业人员职业道德修养的意义包括(　　)。

A. 有利于提高物业管理从业人员素质

B. 有利于提升物业管理公司服务品质，整体提升行业服务质量

C. 有利于构建社会主义和谐社会

D. 有利于应对人才竞争的挑战

7. 物业管理从业人员的职业道德建设应面向职业、面向市场、面向社会，从(　　)入手着力实施。

A. 职业准备阶段　　B. 职业拓展阶段

C. 职业熟悉阶段　　D. 职业巩固阶段

8. 以下关于物业服务企业特殊的社会责任说法正确的是(　　)。

A. 物业服务企业已成为社区设施建设的主要力量

B. 物业服务企业是社区治理的重要载体，是社区和谐的稳定器

C. 物业服务企业是科技创新应用的表率

D. 物业服务企业是所管理社区的文明建设的“领头雁”

9. 企业家的责任应包括(　　)。

A. 对社会和国家的责任　　B. 对股东的责任

C. 对员工的责任　　D. 对家庭的责任

10. 物业管理经理人制度的作用包括(　　)。

A. 有利于推进物业管理的专业化进程

B. 有利于物业服务企业产权改革

C. 有利于企业治理结构的优化

D. 有利于提高物业管理经理人队伍素质

四、辨析题

1. 管理型人才、学术型人才、经营型人才

2. 职业价值观、职业能力、职业发展

3. 物业服务企业使命、物业服务企业的社会责任、物业管理企业家的主要责任

五、案例分析题

亮剑精神，对物业管理经理人员有什么启示

从《亮剑》看管理，分析太到位了，给我们物业管理经理人很多启示。

1. 随时随地招录人才

人才来源于3种方式：一是被吸引来的；二是被筛选出来的；三用重金挖过来的。李云龙的部队无论走到哪里，都不会忘记两件事，一是招兵买马，二是筹备武器装备（工具）。后来由一千多人的团队发展到将近万人。

2. 魂、价值观（团队文化）

发现对手竟是天下第一剑客，这时他明知是死，也必须亮出宝剑。这种精神在军队中叫魂——军魂，如果用在团队中就叫价值观。在团队中如果有一种这样的文化，无论遇到什么困难，无论处于何种不利的形势，都会想尽一切办法解决它。

3. 行动力

在团队中，领导者要有敏锐的洞察力和行动力，一旦发现风吹草动，就要立刻调查分析原因，找出问题的症结，避免问题进一步恶化。比如作为一个部门的负责人，要随时关注员工的行为和情绪，一旦出现异常，要立刻想办法纠正和解决。

4. 职责（分工）与制度

在李家坡战斗中，李云龙安排自己带突击队打前锋，等到前锋打光了（全部牺牲）再让赵刚补上。赵刚说这叫擅离职守，团长就应该在指挥的位置上，而不是带突击队冲锋。这在团队管理中叫岗位职责不明确，部队同团队一样，不同的分工有不同的职责。

5. 领导力

李云龙是一个性情刚烈、不喜欢循规蹈矩的人，但是他偏偏听旅长的话。旅长非常清楚李云龙的性格特点，他没有什么文化，这种人往往痛恨别人给他讲大道理，所以你不能给他讲道理。最好的办法就是用他自己的办法去对付他自己，他平常总是骂骂咧咧的，所以遇到一个比他还厉害的旅长他就服了。因此，领导者必须具备知人善用的能力。

6. 人际关系的沟通能力

大凡领导者都是沟通力和反应能力特强的人，李云龙当然不例外。尽管他平常脾气暴躁，但是有一个优点是从不记仇。所以即便发火了，也可以马上转怒为喜，从来没有隔夜仇，这一点对领导者来说是非常可贵的。

7. 学习力

中央高级领导意识到，不能靠原来那些经验和理论同敌人抗衡，必须学习更好的军事战略。孔捷见识到了外国某些作战方法的确比我们的厉害，他的现身说法让李云龙等人感觉自己是井底之蛙，促使他们在南京军事学院学有所成。

资料来源："物业管理"公众号，2019-06-18.

问题：

1. 你从本案例中得到什么启示？

2. 作为物业管理经理人，你认为哪些能力是最重要的，请简要分析。

六、训练题

物业管理从业人员职业能力调查分析

1. 训练目标

物业管理从业人员的职业能力是社会普遍关心的问题。过去物业管理人员来源广泛，素质不高，但随着物业管理地位越来越高，现代信息技术手段的广泛运用，物业管理专业化、规范化、市场化发展和社区治理体系化融合发展的加快，对物业管理从业人员的专业素质和能力要求越来越高，那么物业管理人员应当具备哪些能力呢？这就是调查的目的，要通过调查，了解物业管理工作对从业人员的能力要求，知道自身的缺陷与不足，通过学习来弥补不足，成为合格的物业管理人才。

2. 训练要求

（1）首先成立调研小组，确定调研对象。每个小组 3～4 人，小组成员可自行组合。选择调查对象，可选择：物业管理专家学者；物业服务企业人员，包括中高级经理、物业管理项目经理、物业管理工程技术人员、普通物业管理服务人员；业主及住户；政府相关部门行政管理人员；基层社区管理服务人员，包括街道和乡镇与物业管理有关的行政管理人员、社区居民委员会工作人员、社区服务机构社工等。确保调查对象具有一定代表性，所获得信息真实可靠。

（2）做好明确分工。工作内容包括：前期文献研究；确定调查方案；设计调查提纲和问卷；选择调查方法；调查数据研究分析；完成调查报告等。确定各项工作的负责人。

（3）实施调查研究，分 3 个阶段进行：调查任务分工；实施问卷调查及访谈；数据收集。

（4）各自根据分工完成自己的工作，并合作完成物业管理从业人员职业能力调查报告。

微课 74

3. 成果交流

（1）召开研讨会，每个人就自己负责的工作进行总结发言。

（2）根据研讨结果和修改意见完善报告，并和个人总结一并作为作业提交。

参考文献

［1］张野．现代物业管理：服务全程运作指南（修订版）［M］．广州：广东经济出版社，2014.

［2］方芳，吕萍．物业管理［M］．上海：上海财经大学出版社，2003.

［3］丁云风．关于物业企业风险管理及防控［J］．上海商业，2018（4）：59－60.

［4］金丽华．基于物业管理风险控制的内控体系构建［J］．管理观察，2018（11）：41－43.

［5］黄安心．物业管理概论．北京：高等教育出版社，2011.

［6］李笑．物业管理实用手册［M］．北京：经济管理出版社，2012.

［7］郭建波，刘洪玉．房地产经营管理百科全书（第二卷）：物业管理实务［M］．北京：人民中国出版社，1999.

［8］［美］罗伯特·C·凯尔．物业管理案例与分析［M］．朱文奇，译．北京：中信出版社，2001.

［9］黄安心．物业管理服务产品过剩问题探讨［J］．现代物业，2006（12）：24－26.

［10］李斌．物业管理理论与实务［M］．上海：复旦大学出版社，2006.

［11］毛寿龙．西方政府的治道变革［M］．北京：中国人民大学出版社 1998.

［12］皮埃尔·塞纳克伦斯．治理与国际调节机制的危机［J］．国际社会科学，1999（1）：93.

［13］俞可平．治理与善治［M］．北京：社会科学文献出版社，2000.

［14］吴慧平．西方大学的共同治理［M］．北京：北京师范大学出版社，2012.

［15］［美］埃莉诺·奥斯特罗姆．公共事务治理之道［M］．余逊达，陈旭，译．上海：上海三联书店，2000.

［16］魏娜．我国城市社区治理模式：发展演变与制度创新［J］．中国人民大学学报，2003（1）：34，135－140.

［17］史柏年．社区治理［M］．北京：中央广播电视大学出版社，2004.

［18］陈伟东，李雪萍．社区治理与公民社会的发育［J］．华中师范大学学报，2003（1）：28.

［19］CLARKE MICHAEL JOHN STEWART．Community governance，community leadership and the new local government. London：The Commonwealth Foundation，1998.

［20］赵国志，钱凯西．企业战略管理方法研究［C］．贵州省科学技术优秀学术论文集，2004：161.

［21］周宏泉．物业服务企业经营策略选择［J］．中国物业管理，2008（6）：24－25.

[22] 黄安永，成欣．用项目管理方法提高物业管理水平［J］．中国房地产，1996 (10)：52－55.

[23] 高芙蓉．浅议加强企业团队管理与构建和谐组织［J］．安阳师范学院学报，2006 (01)：37.

[24] 陈伟．物业管理的商业模式［J］．中国物业管理，2012 (7)：14－16.

[25] 谢爱国，董肇君．物业服务集成商及其集成服务模式［J］．天津城市建设学院学报，2009 (3)：228－231.

[26] 刘忠喜．人才培养模式概念、层次及构成要素［J］．海南广播电视大学学报，2014 (3)：107－108.

[27] 董泽芳．高校人才培养模式的概念界定与要素解析［J］．高教与成才研究，2015 (15)：19－21.

[28] 莫甲凤．中国研究型大学人才培养模式：概念模型与基本特征——基于全国15所"985工程"高校学生的调查分析［J］．中国高教研究，2016 (9)：69.

[29] 徐梅．高职物业管理专业"分层分岗，工学交替"培养模式探析［J］．企业改革与管理，2015 (5)：64.

[30] 包进．物业管理专业校企协同人才培养模式初探［J］．赤峰学院学报（自然科学版），2017 (6)：173－175.

[31] 卢晨，陈德豪．基于校企协同育人实验班的物业管理专业人才培养模式改革初探——以广州大学为例［J］．中外企业家，2017 (16)：242－243.

[32] 黄安心．岗位能手型技能人才开发与培养模式研究——以物业管理企业为例（项目编号：07A124Y）成果综述，2007年度中国成人教育协会成人教育科研规划课题

[33] 杨萌，耿春芳．壮丽70年/专访沈建忠会长：物业管理行业的春天［J］．中国物业管理，2019 (8)：5－9.

[34] 深圳市物业管理协会．2017年度深圳市物业管理统计报表分析报告［Z］，2018－07－19.

[35] 靳能泉．物业服务企业创新型物业管理人才培养策略［J］．经济与管理，2014 (11)：38－40.

[36] 沈建忠．以学分银行建设为引领，努力构建我国物业管理行业终身学习立交桥［J］，中国物业管理，2017，9 (7)：6－8.

[37] 钟启泉．现代课程论［M］．上海：上海教育出版社，1998.

[38] 巴巴拉·西尔斯，丽塔·里齐．教学技术：领域的定义和范畴［M］．乌美娜，刘雍潜，译．北京：中央广播电视大学出版社，1999.

[39] 廖宏建，吴涛，庄琪．精品课程中优质网络教学资源建构策略的研究与实践［J］．中国电化教育，2006 (3)：77－79.

[40] 黄安心．从学习者角度构建有效的开放教育课程学习资源体系——以物业管理专业课程学习资源设计建设为例［J］．广州广播电视大学学报，2012 (5)：13－20.

[41] 黄安心．开放学习资源设计、开发与运营的可视化策略［J］．中国电化教育，2015 (7)：72.

[42] 夏韡. 企业基于特定职业价值观的"90后"群体管理办法研究 [J]. 商场现代化, 2019 (15): 115.

[43] 周峰. 价值哲学视域的职业价值观 [J]. 河北大学学报 (哲学社会科学版), 2014 (5).

[44] 陈伟. 物业管理的专业价值 [J]. 中国物业管理, 2010 (4): 6-9.

[45] 杨萌, 耿春芳. 物业管理行业的春天——专访中国物业管理协会会长沈建忠 [J]. 中国物业管理, 2019 (8): 5-9.

[46] 陈伟. 行业的尊严与社会的尊重——《物业管理的本质》序 [J]. 中国物业管理, 2014 (12): 1.

[47] 王文峰. 物业管理从业人员职业道德培养刍议 [J]. 重庆第二师范学院学报, 2016 (5): 138-141.

[48] 张志红. 物业管理专业导论 [M]. 北京: 中国建筑出版社, 2017.

[49] 张野, 邵小云. 物业管理处与业委会运作 [M]. 广州: 广东经济出版社, 2009.

[50] 武永春. 物业管理 [M]. 北京: 机械工业出版社, 2009.

[51] 姜锐, 姜华. 物业服务企业运作管理 [M]. 北京: 中国人民大学出版社, 2010.

[52] 陈耀东. 房地产法 [M]. 上海: 复旦大学出版社, 2008.

[53] 沈萍. 物业维权百姓读本 [M]. 成都: 四川出版集团, 2009.

[54] 黄安心. 物业管理原理 [M]. 2版. 重庆: 重庆大学出版社, 2010.

[55] 李士和, 蔡庆兵. 物业管理学 [M]. 杭州: 浙江大学出版社, 2007.

[56] 韩朝, 陈凯. 物业管理学 [M]. 北京: 高等教育出版社, 2007.

[57] 刘湖北. 社区与物业管理 [M]. 武汉: 武汉大学出版社, 2009.

[58] 胡龙伟, 姜东民. 物业管理概论 [M]. 北京: 中国电力出版社, 2006.

[59] 黄安心, 宋建阳. 物业管理实务Ⅰ [M]. 3版. 广州: 广东高等教育出版社, 2011.

[60] 黄安心. 物业管理实务Ⅱ [M]. 2版. 广州: 广东高等教育出版社, 2010.

[61] 汪建民. 最新物业管理操作及强制性法规实务全书: 第1卷 [M]. 北京: 光明日报出版社, 2002.

[62] 武智慧. 物业管理概论 [M]. 重庆: 重庆大学出版社, 2004.

[63] 方芳, 吕萍. 物业管理 [M]. 北京: 中国建材工业出版社, 2005.

[64] 郭宗逵. 物业管理 [M]. 北京: 化学工业出版社, 2007.

[65] 韩朝. 物业管理经济学 [M]. 北京: 清华大学出版社, 2007.

[66] 张跃庆, 王德起, 丁芸. 房地产经济学 [M]. 北京: 中国建材工业出版社, 2009.

[67]《物业管理人员实务手册》编写组. 物业管理人员实务手册 [M]. 北京: 机械工业出版社, 2006.

[68] 李冠东. 物业管理法律法规 [M]. 上海: 华东师范大学出版社, 2008.

[69] 胡洁．物业管理概论［M］．北京：电子工业出版社，2007.

[70] 王青兰，齐坚，顾志敏．物业管理理论与实务［M］．北京：高等教育出版社，2006.

[71] 徐鸿涛．物业管理新解［M］．北京：机械工业出版社，2004.

[72] 杨承志，张弘．物业管理热点问题解析［M］．广州：广东经济出版社，2006.

[73] 王慧．我国物业管理中的业主权利及其实现途径研究［D］．厦门大学，2007.

[74] 王比刚，王寿华．物业服务实用手册［M］．北京：中国建筑工业出版社，2009.

[75] 秦兵．二手房买卖操作指南（2007 年版）［M］．北京：法律出版社，2007.

[76] 赵绍鸿，艾白璐，谭善勇．物业管理实务［M］．2 版．北京：中国林业出版社，2005.

[77] 黄安心．物业管理职业能力训练［M］．北京：北京交通大学出版社，2010.

[78] 赵北利，吴仕继．物业礼仪［M］．厦门：厦门大学出版社，2006.

[79] 韩朝，王武魁，夏春锋．物业服务企业信息系统开发与维护［M］．北京：清华大学出版社，2009.

[80] 陈红．楼宇机电设备管理［M］．北京：清华大学出版社，2003.

[81] 谭术魁．房地产管理学［M］．上海：复旦大学出版社，2006.

[82] 郑鹭．物业管理［M］．北京：清华大学出版社，2006.

[83] 戴玉林，王媚莎．物业管理实务教程［M］．北京：化学工业出版社，2008.

[84] 程鸿群．现代物业管理［M］．武汉：武汉大学出版社，2009.

[85] 长川，杨爱华．物业管理理论与实务［M］．北京：清华大学出版社，2008.

[86] 齐坚．物业管理教程［M］．上海：同济大学出版社，2004.

[87] 滕永健，黄志洁．物业管理实务［M］．北京：中国建筑工业出版社，2006.

[88] 谭善勇．现代物业管理实务［M］．北京：首都经济贸易大学出版社，2003.

[89] 夏连悦．物业开发与管理经典（商务写字楼部分）［M］．北京：企业管理出版社，1997.

[90] 王守臣．农村经济管理与发展［M］．北京：中国农业科技出版社，1993.

[91] 王素梅．物业管理概论［M］．北京：机械工业出版社，2008.

[92] 张作详．物业管理概论［M］．北京：清华大学出版社，2008.

[93] 黄安心．公共管理：物业管理的根本性质［J］．广州广播电视大学学报，2004（3）：27－32.

[94] 黄安心．融入社区治理：物业管理服务迈向成熟的希望之路［J］．湖北社会科学，2013（1）：58－60.

[95] 陈伟．物业管理的市场监管［J］．中国物业管理，2011（2）：30－33.

图书在版编目（CIP）数据

物业管理导论/黄安心编著．--北京：中国人民大学出版社，2020.5
21 世纪高等开放教育系列教材
ISBN 978-7-300-28103-2

Ⅰ．①物… Ⅱ．①黄… Ⅲ．①物业管理-高等学校-教材 Ⅳ．①F293.347

中国版本图书馆 CIP 数据核字（2020）第 075287 号

21 世纪高等开放教育系列教材
物业管理导论
黄安心　编著
Wuye Guanli Daolun

出版发行	中国人民大学出版社		
社　　址	北京中关村大街 31 号	**邮政编码**	100080
电　　话	010－62511242（总编室）		010－62511770（质管部）
	010－82501766（邮购部）		010－62514148（门市部）
	010－62515195（发行公司）		010－62515275（盗版举报）
网　　址	http://www.crup.com.cn		
经　　销	新华书店		
印　　刷	北京宏伟双华印刷有限公司		
规　　格	185 mm×260 mm　16 开本	**版　　次**	2020 年 5 月第 1 版
印　　张	15.75	**印　　次**	2020 年 5 月第 1 次印刷
字　　数	366 000	**定　　价**	39.00 元